2014年国家社科基金青年项目"晚清《尚书》学研究"(项目批号:14CZS003,结项鉴定结果为优秀)的最终成果

A Study on the *ShangShu* Learning in Late-Qing Dynasty

晚清《尚书》学研究

刘德州 著

中国社会科学出版社

图书在版编目（CIP）数据

晚清《尚书》学研究 / 刘德州著. —北京：中国社会科学出版社，2021.3

ISBN 978 – 7 – 5203 –7770–6

Ⅰ.①晚… Ⅱ.①刘… Ⅲ.①《尚书》—文学研究—清后期 Ⅳ.① K221.04

中国版本图书馆 CIP 数据核字（2021）第017258 号

出 版 人	赵剑英
责任编辑	宋燕鹏
责任校对	闫 萃
责任印制	李寡寡

出　　版	中国社会科学出版社
社　　址	北京鼓楼西大街甲 158 号
邮　　编	100720
网　　址	http：//www.csspw.cn
发 行 部	010 – 84083685
门 市 部	010 – 84029450
经　　销	新华书店及其他书店
印　　刷	北京明恒达印务有限公司
装　　订	廊坊市广阳区广增装订厂
版　　次	2021 年 3 月第 1 版
印　　次	2021 年 3 月第 1 次印刷
开　　本	710×1000　1/16
印　　张	24.5
字　　数	375 千字
定　　价	138.00 元

凡购买中国社会科学出版社图书，如有质量问题请与本社营销中心联系调换
电话：010 – 84083683
版权所有　侵权必究

序

  《尚书》学历来号称难治。难在哪里？首先是《尚书》难读。两三千年前的东西，文字艰深，语句古奥，正所谓"殷盘周诰，诘屈聱牙"，其中有多少错简误字，讹脱衍倒，至今也很难说清。加以上古文字多通假，哪些是本字，哪些是借字，学者们言人人殊，因此同一句话，说解的歧异往往很大。这就使读《尚书》者，首先要下一番梳理文义的功夫，要从研究每一个字做起，就如面对一片榛莽荒原，每前进一步，都要"斩之蓬蒿藜藿"，消除障碍，才得以前行。所幸《尚书》在先秦时代就已列入儒家经典，历代学者、经师研习讲授不辍，留下了大量的著作，给我们今人阅读《尚书》提供了参考，这些著作也就构成了所谓"《尚书》学"。这个《尚书》学难治的第二个原因，就是这门学问牵涉的问题太多、太复杂。上古书以篇行，故《尚书》究竟有多少篇、篇目究竟怎样，自古就是一笔糊涂账。至于各篇的时代如何，哪些是当时的文档，哪些经过后人的改窜，《尚书》究竟与孔子有怎样的关系，诸如此类，在在都是问题。秦火以后，《尚书》复现，西汉传《尚书》者，以伏生为最早，此后则是欧阳、大小夏侯，但武帝时又冒出来十六篇孔壁古文，这就使治《尚书》者有了今文与古文的分派，为此后的《尚书》学增添了许多纠葛。可以说，经学的今古文问题，在《尚书》学上表现得最为难解。自宋代以后，又产生了关于真伪古文的争议，今所见《尚书》中的二十五篇，学者或攻其伪，或辨其真，笔墨官司一直打到现在。

  尽管《尚书》难读、《尚书》之学难治，但历代仍有学者知难而进，孜孜矻矻，钻研不辍。盖因在昔人眼中，《尚书》乃是圣人之"经"，所收皆五帝三皇"典谟训诰誓命"之文，足以垂世立教，故为历代统治者所尊奉，成为治国理政之根据。加以经筵进讲、蒙馆课读、科举考试都离不开《尚书》，故古人对《尚书》及《尚书》学的研究兴趣，从不稍减。而在今日学者的眼中，《尚书》则是极其珍贵的史料，可以借此探索茫昧的古史，探索我先民的思想意识；又因为《尚书》作为儒家的经典，影响中国人的思想至深至远，而古人对《尚书》的解读，又是不同历史时期学术史的研究素材。因此现代学者对《尚书》学的研究，也十分重视，老一辈的学者以及今日尚年轻的学人，都为此投入了相当可观的精力，不断有新的发现、新的著作问世。摆在读者面前的这部《晚清〈尚书〉学研究》，就是这样一部新的研究成果。

这是一部经学史的著作。我一直有这样一个想法，即目前如果想要写作一部有分量的《中国经学史》，还是应该从最基础的工作做起，先做分经典的研究或者分阶段的研究，《春秋》学史、《诗经》学史、《尚书》学史、两汉经学史、清代经学史等，待到这些分经典、分阶段的研究有了更深入、更精细的成果，撰著高水平的《中国经学史》才有可能。令人高兴的是，这部《晚清〈尚书〉学研究》正是这样一部分经典、分阶段的著作，而且此书的研究更加细化，不只是专门瞄准了清代，而且更进而细化到清代的晚期了。

对清代的《尚书》学做分期讨论，确有必要。因为中国古代的学术，特别是经学，到清朝已达到了高峰，老师宿儒众多，成果璀璨。而到清代的晚期，学术风尚有了非常明显的变化，对近代中国的学术走向甚至都发生了影响，所以把清代晚期的《尚书》学专门提出来做一番探讨，是很有意义的。本书作者之所谓"晚清"，是指道光、咸丰、同治、光绪、宣统五朝，大体上是不错的。但他叙晚清的学术，从庄存与说起，这也是必要而且合理的。严格地说起来，庄存与是乾隆年间的人物，不能算是晚清的学者。但庄存与这个人，与后来晚清几位重要的今文学者关系甚大，他治学不满足于惠、戴式的汉学考据，不肯局限于文字笺注之中，有比较强烈的经世意识。如同其他的乾隆时期的学者一样，他也主张尊汉复古，但他着眼于西汉之学，把研究的重点放在了公羊学之上，同时用治公羊学的方法钻研《尚书》，形成了今文学派的《尚书》学。庄存与的学术在当时影响并不是很大，但他今文学的思路被庄述祖、刘逢禄、宋翔凤等人继承，而刘逢禄又是晚清今文学者魏源、龚自珍的老师，故要想厘清晚清《尚书》学的学术理路，一定要从庄存与说起。本书对庄存与用探求微言大义的方法研治《尚书》，做了精细全面的分析，可谓切中肯綮。

道光以来的九十余年，既是中国传统封建社会的末世，也是中国社会剧烈震荡、转型的时期，所以表现在学术层面上状况是极其复杂的。在这一时期中，今文经学的复兴是最引人注目的现象。本书对刘逢禄、魏源、皮锡瑞等今文学者着墨甚多，对他们以公羊学的思路解析《尚书》，评述十分准确深入。不过这个时期的所谓今文学者，情况也是十分复杂的，有的学者，究竟算是今文家还是古文家，在学术界还有争论。例如陈乔枞，他虽然在《今文尚书》上用力甚勤，却没有一般今文家那样的门户之见，他不排斥古文的说解，对于《今文尚书》，他致力于梳理今文经师的传授系统、辑考有关《尚书》的今文经说，所用的方法与遵循的原则，与段玉裁、孙星衍等相比，并无二致。本书的作者清醒地看到了这一特点，他在将陈乔枞归类于今文学者的同时，也不忘指出陈氏这类学者的实事求是的客观立场。

清代晚期，乾嘉考据学虽已渐趋衰落，但余波尚在，对当时的学者仍有非常大的影响，也产生了一些出色的实证学者，例如俞樾、吴汝纶、于鬯等人，他们的《尚书》学著作都保持有清代汉学的学风，也可以说是晚清《尚书》学的一个重要的支派。本书的作者对此也给予了高度关注，辟有专章，对《尚书》的考据学之延续和发展做了深入的挖掘和客观的评述。在这一个时期，宋明理学也有复兴的迹象，学者以理学的概念、范畴阐释《尚书》，追求经世致用，一时也蔚为风气。还有一些学者，打破门户的樊篱，主张汉宋兼采，并以这样的理念撰著《尚书》的新注、新疏。同时，受西学东渐的影响，有的学者，以西学比附《尚书》，试图从《尚书》中挖掘西方政制之源，这也构成了当时特有的一种研治《尚书》的路径。所有这一切，使得晚清的《尚书》学显得异常复杂多样，学者治经的角度不同，目标各异，学术的色彩可谓五花八门，厘清不易。本书的作者能对晚清《尚书》学做全景式的整体考察，对经学的家派有明确的认知，对各种《尚书》学的主张胪陈列举，条分缕析，给予了清楚的说明。

本书是学术史研究，自然少不了要对学者及其著作进行分析和评论。一个时代的学术构成，固然要有一些学术巨匠的支撑，但也离不开一些次要的、轻量级的学者的参与。作者对此有正确的理解，他指出："学术史的组成，既包括成绩显赫的'一流'学者，也包括声名不彰的'二三流'学者，乃至'不入流'者。舍弃其中任何一环，都无法得其全貌。"由于有这样的认识，所以本书不仅详细分析、评述了像刘逢禄、魏源、皮锡瑞、陈乔枞、王先谦等晚清的著名学者以及他们的重要著作，同时也关注到了声名不是十分显赫的甚至从来鲜有人道及的一些作者的《尚书》学著作，既有对晚清主流的《尚书》学的深刻剖析，也有对一些非主流的、并不为一般人所看重的《尚书》学著作的解读。这就使读者得以纵览这一个时代的《尚书》学的全貌。可以看出，作者沉潜于故纸堆中，做了大量烦琐细致的工作，才得以完成这一课题；同时应该指出，作者如果没有良好的学术素养，也是难以为功的。

　　本书的作者刘德州，2006年考入南开大学，跟随我攻读硕士、博士学位。在南开的五年中，踏实勤奋，攻苦力学。在我的印象中，刘君似乎不怎么善于言辞，然悟性甚高，他读了很多书，旧学根底日渐扎实。他的博士学位论文选题是"今文经学背景下的清代《尚书》学"，已有相当的难度。毕业以后，他就职于江苏师范大学，在原有的基础上继续钻研。屈指算来，他毕业离开南开，已经九年了。不久前接到他的来信，说他的《晚清〈尚书〉学研究》一书就要出版了，希望我给他写一篇序。我因为在电脑上看东西比较吃力，他还特别打印出一部纸本的书稿，给我寄了来。刘君自述，这部书稿是在他的博士学位论文的基础上扩充增订改写而成的。我读过之后，感觉他的学殖又有了明显的增长，学术视野更为开阔，逻辑思维更为缜密，书稿中对古文献的解读准确无误，对各种类型的《尚书》学者，评价基本平允客观，而书稿的行文则更为老到。我由此看到了一位青年学人的成长，由衷地感到欣慰。我也深知，学问之道，并非坦途，刘君能有今天的进步，一定已经尝到了治学的艰辛，而今后的道路则更长，困难也许会更多。然既入学术之门，自当永无止境地追求下去。希望刘君能够继续努力，做出更好的成绩来。

　　　　　　　　　赵伯雄序于2020年4月，时举世抗疫，余禁足家中。

目　录

绪　论 …………………………………………………………… 1

第一章　常州学派阐发《尚书》之"微言大义" ……………… 11
第一节　清代今文经学的学术内涵 ……………………… 11
第二节　庄、刘借《书序》阐发"微言大义" …………… 20
第三节　魏源《书古微》与西汉"微言大义" …………… 41
第四节　《尚书》"微言大义"之学的特点 ……………… 53

第二章　今文学派辑考今文、考辨古文 ……………………… 62
第一节　陈乔枞之《今文尚书经说考》 ………………… 63
第二节　皮锡瑞之《尚书》学 …………………………… 91
第三节　对汉代《古文尚书》的考辨 …………………… 129

第三章　理学复兴与《尚书》学 ……………………………… 157
第一节　订补蔡传之作 …………………………………… 157
第二节　理学派疏解全文之力作：《书经恒解》 ………… 175
第三节　《尚书》义理之阐发 …………………………… 188

第四章　《尚书》考据学的延续与发展 ……………………… 223
第一节　继踵江、王、段、孙之新注新疏 ……………… 223
第二节　考据学之别枝 …………………………………… 240

第三节　札记类诸书之校勘、训诂学成绩 …………………… 262

第五章　卫护晚出《古文尚书》之风的兴盛 ……………………… 274
　　第一节　卫护之风兴盛的原因 …………………………………… 276
　　第二节　丹徒张崇兰与谢庭兰 …………………………………… 285
　　第三节　湖北洪良品与吴光耀 …………………………………… 295
　　第四节　其他诸家 ………………………………………………… 312
　　第五节　余论 ……………………………………………………… 325

第六章　兼综汉宋的新注新疏 ………………………………………… 329
　　第一节　"汉宋兼综"名实再审视 ……………………………… 329
　　第二节　黄式三等人之《尚书》学难称汉宋兼综 ……………… 332
　　第三节　戴钧衡、姚永朴荟萃众说 ……………………………… 335
　　第四节　简朝亮《尚书集注述疏》融会训诂义理 ……………… 338
　　第五节　余论 ……………………………………………………… 347

第七章　清末《尚书》学中的西学映像 ……………………………… 350
　　第一节　成本璞之《九经今义》 ………………………………… 350
　　第二节　刘光蕡之《尚书微》与《立政臆解》 ………………… 353
　　第三节　李元音之《十三经西学通义》 ………………………… 355
　　第四节　西政为要：比附西学的重点所在 ……………………… 358

参考文献 …………………………………………………………………… 362
后　　记 …………………………………………………………………… 382

绪　　论

在传统经学领域，《尚书》学是较为复杂的一个分支，其文字、句意古奥艰涩，今古文传承脉络黯而不彰，尤其是晚出古文疑案重重，即使古代皓首穷经的饱学之士对此亦不能确言之。今人在一些有关《尚书》学问题的认识上，恐怕还未能完全超越古人，故而对《尚书》学史加以梳理，不失为一项基础工作。在《尚书》学史上，清儒前后相继致力于此经，或考释，或疏通，或辑佚，其功甚巨。今日学人欲研习《尚书》，必不能不读清儒著作。但后世所重点关注者，如阎若璩、惠栋之辨伪，江声、王鸣盛、段玉裁、孙星衍之训诂，多为清代中前期之成果。今日观之，晚清《尚书》学虽不如中前期一般名家辈出、成绩丰硕，但亦有系统研究之必要，本书即尝试就此课题作一探讨，以就教于研治经学史之方家。

一　本书的研究旨趣

本书所谓"晚清"，指的是自道光朝以降的九十一年时间。在政治史、社会史等领域，通常将鸦片战争爆发的1840年作为"晚清"这一时间段的起点。但就传统经学的发展脉络来看，嘉、道之际应该是一个更为明显的转折点。正如林庆彰先生所言："清代两百六十八年间的经学，如果仔细加以分析，约可分为三个阶段：一是顺治、康熙、雍正三朝，合计九十二年，是理学逐渐衰落，清学渐次兴起的时期，也可说是清学的建立期。二是乾隆、嘉庆二朝，合计八十五年，是清学大为发皇的时期。三是道光、咸丰、同治、光绪、宣统五朝，合计九十一年，是清学转变、衰微和西学入侵的时期。"①在此期间，世运学风相较之前有了显著的变化，乾嘉考据学家所提倡的治学方法与价值取向业已式微，今文经学、理学、汉宋兼综等思潮渐趋盛行，同时还有西学的大举进入。

晚清学术一向是学界关注的热点，有关康梁新学、西学东渐、经世之学的研究成果可谓汗牛充栋。但除公羊学之外，有关晚清经学的研究尚显冷清，这其中《尚书》学尤其乏人问津，原因在于晚清《尚书》学领域一则缺乏专门名家，二则无热门话题，即使有真伪之争的热烈讨论，但在后世的主流观点看来，已是毫无意义，故而多不予置评。不过，作为晚清经学乃至晚清学术的组成部分，《尚书》学无疑也是不容忽视的。在当时的时代背景下，《尚书》学也有了新的内容，呈现出新的特色，这是《尚书》学史上值得关注的问题；同时，这些新的内容、新的特色又鲜明地体现了当时的时代特征，对此加以探讨，亦有助于全面把握当时的学术潮流。

晚清距今只百余年，保存下来的古籍数量最多。但由于作者往往并非名家，长期不受重视，加之社会动荡，刊刻不易、流传不广，所以大多湮没无闻。近年来，随着文化事业的发展，一批大型丛书相继出版问世，如《续修四库全书》《四库未收书辑刊》《晚清四部丛刊》《清代诗文集汇编》《清代诗文集珍本丛刊》等等，前人无法寓目的古籍在今天则可以十分方便地查阅，这其中有相当多的资料对晚清《尚书》学的研究裨益甚大，因此我们今天有条件也有义务对此加以更深入的研究。或许有人会认为这些古籍的学术质量良莠不齐，没有全面梳理的必要。但学术史的组成，既包括成绩显赫的"一流"学者，也包括声名不彰的"二三流"学者，乃至"不入流"者。舍弃其中任何一环，都无法得其全貌。尤其在今天，对"一流"学者的研究已蔚为大观，有必要将研究的视野放得更宽广一些了。

所以本书的研究旨趣，首先在于梳理晚清《尚书》学之新面貌，尤其是今文经学、西学背景下的《尚书》学。除此以外，晚清《尚书》学还有

---

① 林庆彰："导言"，《清代经学国际研讨会论文集》，台北"中央"研究院中国文哲研究所筹备处1994年版，第1页。

很多其他内容，如对乾嘉考据学的延续和补充，对晚出古文真伪问题的考辨等，其中亦不乏亮点。尤其是近十余年来，为晚出古文翻案的声音又开始壮大，他们的很多观点其实可以在晚清学者那儿找到源头，晚清学者的相关论著值得我们重新审视。在此过程中，尽可能多地将相关著作纳入进来，虽声名不彰者亦然，力图以此勾勒晚清《尚书》学之全貌。不过，由于体例所限、学识所囿，有些学者如宋书升、陈世镕、郭梦星等，未能纳入研究中来，"全貌"云云，尚难完全企及。

最后需要说明的是，学术史、思想史上的重要现象往往是经过长时间的孕育而出现的，例如晚清今文经学的源头通常被认为是乾隆时期的庄存与。所以本课题虽专注于晚清时段，但并不局限于此，相关论述时或上溯至清中期乃至清初。

二　前人研究成果综述

经学史的研究是以专经研究、断代研究为基础的，今天，《尚书》学断代史的研究已经取得了较为丰硕的成果，蔡根祥的《宋代尚书学案》，马士远的《周秦〈尚书〉学研究》《两汉〈尚书〉学研究》都是这一方面的力作[①]。有鉴于此，本书或亦可为《尚书》学史之研究尽绵薄之力，但面临的困难亦不容小觑，晚清经学头绪之繁杂，史料之冗滥，皆显著超过其他时段，好在前贤就此已有成果可资参考，今择其中之要者简述如下。

在《尚书》学研究方面，前辈学者如陈梦家、蒋善国、马雍、刘起釪等皆撰有专书，成绩斐然。这些宏观性的研究皆为名家大作，有助于我们从整体上把握《尚书》学发展的全貌，更提供了系统的研究思路和方法，相关的研究结论也多可借鉴。其中，刘起釪先生所著《尚书学史》作为一部《尚书》学通史，对晚清重要的《尚书》学著作分门别派作了简单介绍，但也多只限于简介，并未展开对诸书具体内容的分析，且所论时或有可商之处。陈梦家先生之《尚书通论》与蒋善国先生之《尚书综述》是两

[①]　此外，尚有多篇学位论文致力于《尚书》学断代史的研究，如程兴丽《魏晋南北朝〈尚书〉学研究》（博士学位论文，扬州大学，2012年）、张建民《宋代〈尚书〉学研究》（博士学位论文，西北大学，2009年）、李霞《明代尚书学文献研究》（博士学位论文，山东大学，2013年）等。

部对《尚书》进行综合性研究的专著。在这两部书中，当涉及诸如孔子作《书》说、伏生《尚书》篇目、《逸书》十六篇真实性、《尚书》今古文经说等问题时，陈、蒋二氏都注重对清代学者的研究成果进行介绍和评价，只是由于著作体例所限，这些介绍和评价多是点到为止，且比较分散和简略，不成系统。

在海外学者中，台湾地区的古国顺先生是较早专门关注清代《尚书》学史的专家，他在1981年出版《清代尚书学》一书，该书以学术流派为纲对诸人之《尚书》学著作作简约分析，并附后世之评论，对本书来说有"导夫先路"的启迪意义。但囿于地域及时代所限，书中遗漏甚多。且该书纲目的划分似乎并不是十分完善，相关名目多有可商之处，尤其将邹汉勋、王闿运、吴汝纶等人纳入"远祧西汉之今文《尚书》学"框架之下就属明显不妥。① 又，该书太过简略，例如对于皮锡瑞这一《尚书》学的重镇，只有寥寥数百字的介绍，对皮氏的考证方法没有探讨，对其继承前人之处也没有揭示，对其考证成果也没有一个基于现代人立场的评判。这是其不足之处。氏又有《清代尚书著述考》一文，志清代《尚书》学著作颇详，可资借鉴。近年台湾程元敏先生出版《尚书学史》一书，皇皇百余万言，对宋以前之学者、著作及相关诸问题皆网罗殆尽，惜乎其后之断代史未能具言之。此外，桥本成文《清朝尚书学》一文，主要就清代古文派、今文派予以梳理，其中有关晚清今文派刘逢禄、魏源、陈乔枞、皮锡瑞等人的内容较翔实。

21世纪以来，专门研究清代《尚书》学的论著明显增多，除《晚出〈古文尚书〉公案与清代学术》（吴通福，2007）、《清代〈尚书〉学若干问题研究》（史振卿，2011）、《清代〈古文尚书〉辨伪发展之研究》（黄世豪，2013）等综论性之专著与博士学位论文外，学术论文更是不胜枚举。其中对晚清《尚书》学的专门研究则以单篇论文为主，而数量较多的

---

① 邹氏《读书偶识》以考证制度、发明训诂为主，亦无门户之见，非可以"今文"限之。王闿运亦重今文，好公羊学，叶德辉说他能"恢刘、宋之统"（叶德辉：《叶吏部与戴宣翘校官书》，载苏舆汇编《翼教丛编》，上海古籍出版社2002年版，第174页）。不过从整体来看，王闿运治学颇杂，不善分别今古文。吴汝纶之学出于桐城，其所撰《尚书故》，虽重西汉《史记》之说，然刻意弥缝今古文差异，亦非今文学路数。

是对具体人物的个案研究，如《陈澧整理陈寿祺〈尚书大传定本〉评述》（郑裕基，2003）、《刘沅〈书经恒解〉研究》（蒋秋华，2006）、《吴汝纶与〈尚书故〉》（刘义峰，2009）、《皮氏〈书〉学成就及其式微之因》（陆振慧，2009）、《定海黄式三、黄以周〈尚书〉学研究》（余全介，2011）等。此外，也有学者进行了专题研究，如对《古文尚书》考辨问题，有《〈尚书〉辨伪与清今文经学——〈尚书〉辨伪与清今文经学及近代疑古思潮研究》（邱志诚，2008）、《学术与世变之间——晚晴古文〈尚书〉辨真的思想史意义》（马延炜，2008）；对于地域性《尚书》学的研究，则有《晚晴四川学者的〈尚书〉研究》（蒋秋华，2007）。这些成果拓展了晚清《尚书》学研究的范围和深度，因此也是本书需要重点参考和借鉴的，在随后具体章节中将随文提及，此处不再一一评述。

综观现有成果，可以发现对于晚清《尚书》学的研究尚有明显不足。首先，对于一些重要学者如刘逢禄、简朝亮、戴钧衡等，尚缺乏有针对性的探究。其次，在一些宏观问题上，还未能深入思考，如晚清作为传统学术的总结阶段，相对于前人有哪些继承和发展？昔人常说"学如积薪，后来居上"，晚清《尚书》学学人之成就是否也在乾嘉诸儒之上？若否，则原因何在？同时，晚清又是学术革新之时代，在时代大潮之下《尚书》学有何新的表现？对这些问题，已有研究还都没有给予明确翔实的回答。有鉴于此，其实已有学者注意到系统研究晚清《尚书》学的必要，如台湾学者曹美秀即著文提出了晚清《尚书》学中为人所忽略但又值得探讨的几个面向，其尤其强调者，如古文《尚书》真伪考辨的新进展以及《尚书》今文学的发展。[①]曹氏所论，提纲挈领，示人以津要，惟其所言"面向"，尚待补充而完善；所论人物，更须深研以探明。

以上是《尚书》学研究的专门论著，除此以外，举凡关系晚清学术史、思想史者皆在本书参考借鉴范围之内。

梁启超、钱穆二先生之同名著作《中国近三百年学术史》及梁氏《清代学术概论》，至今仍是治清学者所不能回避的典范之作。至于今人陈祖

[①] 曹美秀：《略论晚清〈尚书〉学》，载程水金主编《正学》第1辑，中国社会科学出版社2013年版，第43—64页。

武之《清代学术源流》、汤志钧之《近代经学与政治》、田汉云之《中国近代经学史》、郑杰文主编之《清代经学学术编年》、吴雁南主编之《清代经学史通论》等书，虽宗旨不同、体例各异，要皆系清代学术史之重要著作。虽然此类书中涉及《尚书》学之处不多，但其中对晚清人物的探讨，以及与清代今文经学、常州学派、晚清理学等有关的内容，对本书颇具参考意义。

此外，关于晚清各学术流派的分类考察近年亦取得了不错的成绩。在汉学方面，有罗检秋《嘉庆以来汉学传统的衍变与传承》、程尔奇《晚清汉学研究》、王惠荣《晚清汉学群体与近代社会变迁》等书。在今文经学方面，则有蔡长林的《清代今文学派发展的两条路向》及《常州庄氏学术新论》①、艾尔曼的《经学、政治和宗族——中华帝国晚期常州今文学派研究》②、黄开国的《清代今文经学的兴起》。在理学及汉宋兼综之学方面，则有史革新之《晚清理学研究》、陈居渊之《论晚清儒学的"汉宋兼采"》、张昭军之《晚清汉宋调和论析》等。对西学东渐的研究，则有全汉昇《清末的"西学源出中国"说》、熊月之《西学东渐与晚清社会》等。这些成果无疑都是各自领域的代表作，今日研究晚清《尚书》学对此亦不能无视。正如朱维铮先生所说："倘要涉足晚清学术史的领域，便意味着准备下泥沼，没有多方面的学术教养，是爬不出来的。"③扪心自问，笔者离这种"多方面的学术教养"恐怕还有较大的差距，这就更需要吸取前人之所长，用以指导"晚清《尚书》学"这一专门课题的深入研究。

---

① 蔡氏研究视角很独特，也很善于思考，得出了很多不同于前人的观点。尤为难得的是，他注意到《尚书》学同样是常州学派的重要研究领域。这一论断深具眼光，可谓拨开了多年来常州学派研究中的迷雾。蔡氏是当前学界研究常州学派的中坚力量，其所著《庄绥甲与常州学派》和《论常州学派的学术渊源——以钱穆〈中国近三百年学术史〉的评论为起点》两篇论文，搜罗前人不甚措意之史料，对常州学派之《尚书》学有十分精当的论述。

② 此书并未像其他一些论著那样只关注常州诸子的公羊学，而是对其《易》学、《尚书》学、《论语》学等都进行了探讨，其中很多论断和分析是十分精彩的。但艾尔曼氏对常州学派的《尚书》学似乎仍不够重视，所以在涉及这一问题时往往惜墨如金。

③ 朱维铮：《求索真文明——晚清学术史论》，上海古籍出版社1996年版，第7页。

三　清代中前期《尚书》学概论

道光八年（1828），刘逢禄在为龚自珍《太誓答问》所作序文中曾对他那个时代之前的清代《尚书》学作了概括，其言曰：

> 国初，自阎氏始破东晋古文，惠氏继之；王氏搜讨汉学，江氏、孙氏网罗古训，自成门户；段氏深明古今文家法，撰集同异；庄氏以大义微言说百篇之序，作者七人。今君（龚自珍）又有功于经甚巨。衰而论之，国朝《尚书》家略具是矣。①

在清代中前期的《尚书》学者中，刘氏只提到了阎若璩、惠栋、王鸣盛、江声、孙星衍、段玉裁、庄述祖七人。衡以七人之学术影响力，除于庄氏或稍有虚誉之外，刘氏之论亦可谓得其要者，尤其是对诸人研究重心的把握更是颇具眼光。七人之中，前六位皆以考据名家。考据学一向被认为是清代学术的主流，乾嘉考据学甚至被认为是古代学术发展的巅峰。这种看法大致来说是合理的，清代学者中从事考据的要占到大多数，其成果也更加突出，体现在《尚书》学上也是如此。因此，笔者以为用这样一段话来概括清代中前期的《尚书》学成绩是较为合适的。所以笔者借鉴刘氏之说，以此为纲，而复加详述。

清代《尚书》学成就最大、最受后人推崇的一个方面就是对东晋伪《古文尚书》的考辨。这一项工作从宋代就已开始，历经元明吴澄、梅鷟等人的努力，到清初这已经是一个热点问题，大批学人投入这个课题中来。清代学者在这一方面所取得的成绩主要也是集中在清代中前期，而阎若璩、惠栋二人尤为其中之著者。阎氏《尚书古文疏证》列证据一百二十八条（缺二十九条），从文献流传、史事地理、制度历法、引文讹误等诸多方面来辩证伪经伪传；惠栋《古文尚书考》则相对简约，主要挖掘伪古文二十五篇文句之出处，力图从根本上揭露其作伪之迹。经过

---

① 刘逢禄：《太誓答问序》，载龚自珍《太誓答问》卷首，王先谦编《清经解续编》卷九三〇，第4册，上海书店1988年版，第291页。

阎、惠等人的考辨，东晋梅赜所献《古文尚书》及所谓孔安国《传》之为赝作在很多人看来已是不容置疑。虽然毛奇龄、陈第等人试图翻案，但并没有得到太多人的支持。①

东晋梅赜本《古文尚书》在清代被断定为伪书，这无疑对清代《尚书》学的走向产生了极其重要的影响。辨伪工作完成之后，清代《尚书》学学者面临一个新的课题，那就是剔除伪经，并为真经作新注新疏。②因为经文是伪的，孔传也是伪的，而唐代孔颖达依据伪经伪传所作的"疏"自然也不可靠，于是江声著《尚书集注音疏》，王鸣盛著《尚书后案》。两人的著作都是收集遗留下来的汉儒经说为《尚书》作注，然后自己作疏，由此《尚书》有了新的可靠的注解，这是他们不可埋没的功劳。不过，汉儒经说有今古文之分，而江、王二人并没有去着力分辨。

晚清学者王先谦曾感慨说："学者束发受《尚书》，垂老而不明真伪、古今之辨。"③真伪、古今之辨正是清代《尚书》学的两个核心问题。清代学者中，最先关注汉代《尚书》之今古文差异的要数臧琳。臧琳曾作《金縢古今文说》④，专门分别《金縢》篇今古文诸说。臧氏还曾试图将这一工作推广到整部《尚书》，惜未成书。真正全面系统地研究《尚书》今古文差异的著作是段玉裁的《古文尚书撰异》。段氏自言："此书以'撰异'名，详古文、今文字句之同异，而其说之同异不暇详，虽不暇详而时论及之。"⑤可见此书颇致力于古、今文《尚书》之分别。此书在清代也产生了广泛的影响。其后孙星衍著《尚书今古文注疏》，亦注重分别今古文。孙氏自明其书之凡例曰：

---

① 傅云龙《古文尚书辨惑序》云："虽毛氏奇龄著之《冤词》，翁氏方纲为之发指，阮氏元讥补缀之难，齐氏召南辟疑经之论，王氏植揭义理之精，张氏崇兰、王氏劼、林氏春溥等先后著书议之、驳之，而攻之者如故"（载洪良品《古文尚书辨惑》卷首，《续修四库全书》第50册，第244页）。观此可以知清儒维护伪古文之代表人物及其学说影响。
② 参见梁启超《中国近三百年学术史》，朱维铮校注《梁启超论清学史二种》，第318页。
③ 王先谦：《尚书孔传参正·序例》，《续修四库全书》第51册，第427页。
④ 该文收入臧氏所著《经义杂记》。
⑤ 段玉裁：《古文尚书撰异》卷一，《续修四库全书》第46册，第4页。

> 《尚书》古注散佚，今刺取《书》传升为注者，五家三科之说。一、司马氏迁从孔安国问故，是古文说。一、《书大传》伏生所传欧阳高、大夏侯胜、小夏侯建，是今文说。一、马氏融、郑氏康成虽有异同，多本卫氏宏、贾氏逵，是孔壁古文说。皆疏明出典。其先秦诸子所引古《书》说，及纬书、《白虎通》等汉魏诸儒今文说，许氏《说文》所载孔壁古文，注中存其异文异字，其说则附疏中。①

据此可见，孙氏此书在收罗古注时特别注重区分今古文之异文异说，不过这种区分并不容易，即如"司马氏迁从孔安国问故"是否是古文说就很有争议。当然，孙氏此书主要还是为《尚书》作注作疏，其折中前人，义训精当，成就巨大，实清儒治《尚书》之最著者。

《尚书》一经，文字古奥，向称难读。清人文字训诂之学远超前代，于《尚书》用力极深，江、王、段、孙等人自是此中好手。除此以外，李调元、焦循、王引之等亦多建树，由此形成了乾嘉《尚书》学的主流。

以上诸人都是考据阵营、"汉学"②传统的代表人物，他们的著作多精辟独到之见，其成就在清代《尚书》学者中最为突出。除考据学外，清代尚有另一学术阵营，即"宋学"③。宋学虽不如考据学那般耀眼，但从事者也为数众多，其影响力有时亦足以匹敌考据学。作为两种基本的经典研究方式和学术取向，考据学和宋学一重考证训诂，一重义理心性，各有长短，各执门户，构成了清代经学的主要内容，诸经之研究大多难脱这一樊篱。不过，就《尚书》而论，清代宋学家的研究成果却逊于考据家。纪昀曾说："《尚书》、三《礼》、三《传》、《毛诗》、《尔雅》诸注疏，皆根据

---

① 孙星衍：《尚书今古文注疏·凡例》，中华书局2004年版，第1页。
② 对于"汉学"的含义，不同时期、不同学者有不同的理解。清代今文经学以恢复西汉之学为目标，严格说来也应属于汉学的范畴，如魏源评价庄存与之学有云："君所为真汉学者，庶其在是，所异于世之汉学者，庶其在是"（氏著《古微堂外集》卷三《武进庄少宗伯遗书序》，《魏源全集》第12册，岳麓书社2004年版，第244页）。他认为庄氏今文之学才是真正的汉学。其后，章太炎、周予同等人也都将今文经学纳入汉学的范畴。不过笔者认为，应将汉学与今文经学区分开来，以免引起不必要的纠纷。按照通常的理解，所谓汉学指的就是考据学、朴学。
③ 本书所说的宋学包括程朱理学和陆王心学。所谓清代宋学，指的就是以继承程朱陆王为职志的治学路数。

古义，断非宋儒所能。《论语》、《孟子》，宋儒积一生精力，字斟句酌，亦断非汉儒所及。"①纪氏认为重视考据的汉儒比重视义理的宋儒更善于研治《尚书》，此说是符合实际的。即便如此，宋学阵营中的一些《尚书》学学者也不应被忽视，如王夫之、孙承泽、李光地、汪绂等人，他们以挖掘《尚书》中之义理为主，而不拘泥于字词，其著作皆可自成一家，并非毫无价值。

  清代中前期《尚书》学重要的学者、著作大概就如上文所述，此外还有很多未曾引起太大反响的著作、文章，在此不能一一涉及。笔者之所以对此加以概述，就是为了让读者对清代中前期《尚书》学的主要研究方向、发展脉络有一个总体的认识，在此基础上，才能更好地理解晚清《尚书》学的发展。

---

  ① 纪昀：《阅微草堂笔记》，上海古籍出版社1980年版，第10页。

第一章　常州学派阐发《尚书》之"微言大义"

常州学派因治公羊学而名声大噪，被视为清代今文经学重镇。不过正如皮锡瑞所说："国朝诸儒，昌明汉学，亦止许、郑古文。及孔广森专主《公羊》，始有今文之学。阳湖庄氏，乃推今《春秋》公羊义并及诸经，刘逢禄、宋翔凤、龚自珍、魏源继之，而三家《尚书》、三家《诗》皆能绍承绝学"①，今文经学的复兴虽由公羊学开始，但其影响却是全面的。自今文经学兴起后，有关《诗》《书》诸经之研究皆有新的方向，常州学派在《尚书》学领域亦用力甚多，尤其是孜孜讲求其中之"微言大义"。本章拟就常州诸子阐发《尚书》中"微言大义"的方法与特色进行考察，并揭示他们之间的学术传承。但在此之前，需先厘清今文经学之学术内涵。

第一节　清代今文经学的学术内涵

自民国以来，有关清代今文经学的研究论著层出不穷，但在一些基本问题的认识上仍未达成一致，如：清代今文经学的具体含义究竟是什么？

---

① 皮锡瑞：《经学通论·书经通论》，中华书局1954年版，第97—98页。郑卜五先生作《常州〈公羊〉学派"经典释义〈公羊〉化"学风探源》（收入林庆彰、张寿安主编《乾嘉学者的义理学》）一文，考察了常州学者"经典释义公羊化"的学术风尚，即公羊学对其他诸经研究的影响。郑氏此文虽只局限于《论语》一经，但其提出的概念和思路无疑是新颖的，对本章多有启发。

是仅指公羊学,还是所有对今文经典的研究都应包括在内?究竟哪些学者称得上是今文经学家?相关的评判标准又是什么?关于这些问题,各家争论不休。随着近年来相关研究的深入,对于一些前辈学者所主张的清代今文经学等同于公羊学的观点,或者只围绕公羊学的思想、义理来论述清代今文经学的做法,学者大多已经不再认同。在公羊学之外,人们也开始关注对今文经典的辑佚、考证以及对古文经典的辨伪,并且认为这也是清代今文经学的重要组成部分。①除了引人瞩目的常州学派之外,其他的今文学家,如凌曙、陈立、戴望、陈寿祺、陈乔枞等,也开始受到关注。②同时,对于他们在研究方法、研究对象方面的不同,学界也有认识,并尝试着对清代今文经学作一个内部的区分,如中国台湾学者蔡长林认为:"清代经今文学派的发展,可以归纳出两条路向,笼统地给它们一个名称的话,一者可称为'偏向考证的今文学',另一则可称为'偏向义理的公羊学'"③。大陆学者罗检秋也指出:"仅就今文经学而言,当时学者的研究重心和地位亦颇不同。一些学者由古文经而转重今文,尤其是《公羊传》,如受常州学派影响的凌曙、陈立、戴望等人;一些学者研究今文《尚书》及齐、鲁、韩三家《诗》,如福建学者陈寿祺、陈乔枞父子;一些学者研究《春秋穀梁传》,如江苏丹徒学者柳兴恩。他们虽治今文,却注重考据训诂,后人视为清代今文学的考据派,以与龚自珍、魏源等微言大义派相区别。他们的研究成果虽然值得重视,但在嘉庆以后经学发展史上的重要性不如微言大义派。"④罗氏认为清代今文经学存在着微言大义派与考据

---

① 参见蔡长林《清代今文学派发展的两条路向》,载彭林编《经学研究论文选》,上海书店出版社2002年版;陆振岳《关于清代今文经学的几个问题》,《苏州大学学报》(哲学社会科学版)1994年第1期。

② 参见吴雁南主编《清代经学史通论》,云南大学出版社2001年版,第174—181页;刘墨《乾嘉学术十论》之八《今文经学的兴起及其意义》,生活·读书·新知三联书店2006年版,第222—228页。

③ 蔡长林:《清代今文学派发展的两条路向》,载彭林编《经学研究论文选》,上海书店出版社2002年版第76页。

④ 罗检秋:《嘉庆以来汉学传统的衍变与传承》,中国人民大学出版社2006年版,第108页。

第一章　常州学派阐发《尚书》之"微言大义"

派,这种区分与蔡氏大同小异。①

笔者十分赞同将那些以今文经典的考证、辑佚为研究中心的学者纳入今文学家的范畴中来,对于蔡、罗等人将清代今文经学区分为二的做法,笔者认为也是合理的。清代今文经学发端于清代中叶,而大盛于晚清,其间大师十余人,著作数十部,势力可谓雄壮。又,今文学者之间亦注重学术的传承与发展,他们的研究是累积性的研究,积土成丘,影响渐广,今文经学实是一种学术潮流。若对这一风行百余年的学术大潮作一番宏观的概括,其学术内涵可归为两个方面:以公羊学为核心,发挥"微言大义",此为偏义理之趋向;辑考今文遗说、质疑汉代古文,此为偏考证之趋向。不过需要指出的是,清代今文学家虽然在学术旨趣与研究方法上有差别,但他们以今文经典为研究重心、偏好今文的态度并无二致。

一　以公羊学为核心,发挥"微言大义"

皮锡瑞论今古文经学之差异有云:"前汉今文说,专明大义微言;后汉杂古文,多详章句训诂。"②这一观点虽然不能说是完全准确,但大致而言应该还是符合事实的。魏源有一番很著名的议论为后人所熟知,其言曰:

> 夫西汉经师,承七十子微言大义,《易》则施、孟、梁丘,皆能以占变知来;《书》则大小夏侯、欧阳、倪宽,皆能以《洪范》

---

① 其实早在章太炎时就已经注意到了"清代今文经学"这一概念的复杂性,他说:"'今文'之学,不专在常州。其庄、刘、宋、戴(原注:宋之弟子)诸家,执守'今文',深闭固拒,而附会之词亦众,则常州之家法也。若凌曙之说《公羊》,陈立之疏《白虎》,陈乔枞之辑三家《诗》、三家《尚书》,只以古书难理,为之证明,本非定主一宗旨者,其学亦不出自常州。此种与吴派专主汉学者当为一类,而不当与常州派并存也"(见支伟成《清代朴学大师列传》,岳麓书社1986年版,第4页)。章氏论常州学派多附会,论凌、陈等人学术旨趣不同于常州学派,所言皆极是,这些说法都有助于我们对清代今文经学做更全面的思考。

② 皮锡瑞:《经学历史》,中华书局2004年版,第56页。另外,侯外庐也认为:"今文学和古文学的区别,大体上是今文学家主微言大义,而古文学家主分析文义"(见侯外庐主编《中国思想通史》第五卷,人民出版社1956年版,第628页)。汤志钧也认为:"既讲'微言大义',那就必然崇奉今文,因为今文经学是以'微言大义'见称的"(氏著《近代经学与政治》,中华书局1989年版,第71页)。

匡世主;《诗》则申公、辕固生、韩婴、王吉、韦孟、匡衡,皆以"三百五篇"当谏书;《春秋》则董仲舒、隽不疑之决狱;《礼》则鲁诸生、贾谊、韦元成之议制度;而萧望之等皆以《孝经》、《论语》保傅辅道。求之东京,未或有闻焉。其文章述作,则陆贾《新语》以《诗》、《书》说高祖,贾谊《新书》为汉定制作,《春秋繁露》、《尚书大传》、《韩诗外传》、刘向《五行》、扬雄《太玄》,皆以其自得之学,范阴阳、矩圣学、规皇极,斐然与三代同风,而东京亦未有闻焉。①

魏源认为在今文经学盛行的西汉,诸家经师皆能秉承孔门相传之"微言大义",治经切于世用,而这种情况在古文经学盛行的东汉就很难见到了。从这段话可以看出,至少在魏源等清代今文学者看来,是否重视"微言大义"确乎是今古文经学的一个显著差异。

《汉书·艺文志》云:"昔仲尼没而微言绝,七十子丧而大义乖。"这应该是"微言大义"这一名词最早见诸文献记载。这里所说的"微言"不过是指隐微含蓄而又含义深远的话,所谓"大义"不过是指要义、大道理而已。发展到后来,"微言大义"更多的是被《春秋》学家所津津乐道,而且有学者还对"微言"与"大义"的具体含义进行了辨析和区分,例如皮锡瑞曾说:"《春秋》有大义,有微言。所谓大义者,诛讨乱贼以戒后世是也;所谓微言者,改立法制以致太平是也。"②这种刻意的区分宋翔凤也曾为之,宋氏云:"今按,微言者,即夫子之言性与天道不可得闻,如'子罕言利与命与仁',子曰:'予欲无言,天何言哉!'《易》《春秋》皆具性与天道之原,利与命与仁之理。……大义即夫子之文章可得而闻,如《诗》《书》《礼》《乐》是也。"③宋氏以为《易》与《春秋》含微言,《诗》《书》《礼》《乐》包大义。此说殊牵强。梁启超也说:"孔子之学,本有微言、大义两派。微言亦谓之大同,大义亦谓之小

---

① 魏源:《古微堂外集》卷一《两汉经师今古文家法考叙》,《魏源全集》第12册,岳麓书社2004年版,第136页。
② 皮锡瑞:《经学通论》之《春秋通论》,第1页。
③ 宋翔凤:《朴学斋文录》卷三《汉学今文古文考》,《续修四库全书》第1504册,第363页。

第一章　常州学派阐发《尚书》之"微言大义"

康。大同亦谓之太平,小康亦谓之拨乱,谓之升平。拨乱、升平、太平,《春秋》谓之三世。"①梁氏以大同、小康释微言、大义,其说更是附会无据。

其实宋、皮、梁诸人对"微言""大义"所作的这些区分皆属勉强。"微言大义"细分之或许有别,但若通言之,则不过是说儒家经典言语精微、含义深远宏大。经师阐发经典中的"微言大义",其实跟以义理说经并无太大的区别,这同样可以皮锡瑞之言为据:

> 前汉今文说,专明大义微言;后汉杂古文,多详章句训诂。章句训诂不能尽餍学者之心,于是宋儒起而言义理。此汉、宋经学所以分也。惟前汉今文学能兼义理训诂之长。

皮氏以为,今文学以阐明微言大义为主,正是在重视章句训诂的同时也重视义理。皮氏此说或许有夸大今文学优越性之嫌,但能够将"微言大义"与义理联系起来,确能得其实情。另外,在善说"微言大义"的刘逢禄死后,其好友李兆洛曾哀叹:"呜呼!吾乡一意志学、洞明经术、究极义理者辈中遂无人矣。"②李氏以"究极义理"四字属之刘逢禄,亦可证成笔者之说。

清代今文经学与"微言大义"是密不可分的。有学者指出,在乾嘉考据学陷入困境之时,今文经学尤其是公羊学正是在士人寻求义理的需要中应运而兴的,而常州学派的形成和发展根本上在于适应了士人寻求义理的学术潮流。③此说可信,因为这可以从清代今文学者的自我标榜以及相互推许中得到证明。或许有人对此说不甚赞同,但无论如何,讲清代今文经学必然避不开"微言大义",这应该是学界早已达成共识的。

---

① 梁启超:《论中国学术思想变迁之大势》,载《饮冰室合集》文集之七,第46页。
② 李兆洛:《养一斋文集》卷一六《礼部刘君传》,《续修四库全书》第1495册,第261页。
③ 罗检秋:《嘉庆以来汉学传统的衍变与传承》,第89—90页。

清代今文学者大多以善说"微言大义"而为学界所熟知,他们借以发挥"微言大义"的对象,有《公羊传》《周易》《尚书》《论语》等,甚至还有《大戴礼记》中的《夏小正》①,不过,若统观他们的"微言大义"之学,则可以很明显地发现公羊学的核心地位。其因有二,一是《公羊传》是《春秋》学中最为重视"微言大义"的一派②,其中所含"张三世""大一统""黜周王鲁"诸说皆极便于后人发挥,且可套用于其他经典;二是"清儒之治公羊学者,有一根本观念:孔子既作《春秋》,则其他经书曾经孔子之手者,亦必有微言大义存焉"③。在今文学者眼中,六经与孔子关系极为密切,以《春秋》之例推之,可知"微言大义"必定普遍存于六经之中,可以说公羊学观念乃是今文学者"微言大义"之学的出发点。周予同等人认为今古文经学的差异体现在今文学以六经为孔子作,以《春秋公羊传》为主;古文学以六经为古代史料,以《周礼》为主。④此说自有其合理之处。

常州学派毫无疑问最擅长这种治学方法。他们的学术根基是《公羊传》,但并不以此自限,而是主张将公羊大义贯通群经,所以他们说:"圣人之道,备乎五经,而《春秋》者,五经之管钥也。"⑤皮锡瑞曾说:"阳湖庄氏,乃推今《春秋》公羊义并及诸经。"⑥刘师培论常州学派之学术亦云:"强群经以就《公羊》……凡群经略与《公羊》相类者,无不旁通而

---

① 如庄述祖对《夏小正》格外重视,他曾说:"《夏时》古经,其传自孔氏……窃以为《夏时》之等,犹《春秋》之义也"(氏著《夏小正经传考释·大戴礼记夏小正传考异》,《珍艺宧遗书》,嘉庆道光间武进庄氏脊令舫刊本,第13页b—第14页a)。类似说法于庄氏著作中十分常见。
② 孔广森云:"《左氏》之事详,《公羊》之义长"(氏著《公羊春秋经传通义》卷首自序,《续修四库全书》第129册,第185页)。
③ 陆宝千:《清代思想史》,台北广文书局1983年版,第248页。
④ 朱维铮编:《周予同经学史论著选集(增订版)》,上海人民出版社1996年版,第9页。
⑤ 刘逢禄:《春秋公羊经何氏释例序》,《续修四库全书》第129册,第458页。在刘逢禄的学术体系中,《论语》似乎更为重要一些,他认为《论语》总六经之大义,阐《春秋》之微言(氏著《刘礼部集》卷二《论语述何篇》,《续修四库全书》第1501册,第41页)。
⑥ 皮锡瑞:《经学通论·书经通论》,第97页。

第一章　常州学派阐发《尚书》之"微言大义"

曲畅之；即绝不相类者，亦必锻炼而傅合之。"[1]刘师培以古文学家立场评常州学派，自然难免言辞激烈，但这一点评也确实指出了常州学派之学术特色。至于常州学派究竟是如何"强群经以就《公羊》"的，仍有待进一步的研究。

清代今文学家看重六经与孔子的关系，所以相信其中有"微言大义"存焉，作为孔门六经之一的《尚书》理应也蕴含丰富的"微言大义"，至少在一向重视"微言大义"的常州学派看来确是如此。《尚书大传》记录孔子之言云：

> 丘常悉心尽志以入其中，则前有高岸，后有大蹊，填填正立而已。六誓可以观义，五诰可以观仁，《甫刑》可以观诫，《洪范》可以观度，《禹贡》可以观事，《皋陶谟》可以观治，《尧典》可以观美。[2]

由是观之，甚至在孔子看来《尚书》都不仅仅是一部单纯的历史档案。《左传·僖公二十七年》也提到："《诗》《书》，义之府也"[3]，那么后辈经师自然更无法否认其中所含的"微言大义"了。庄述祖云："《尚书》疏通知远之教，三代帝王大经大法略具，窃不自量，欲采集西汉以前诸儒传记为一书，以留微言大义于万分一。"[4]庄氏认为《尚书》体现的是疏通知远之教，是三代帝王之大经大法，此即所谓"微言大义"。刘逢禄说："孔子序《书》，特韫神旨，纪三代，正稽古，列正变，明得失，等百王，知来者，莫不本于《春秋》，即莫不具于《诗》。故曰《诗》《书》《春秋》，其

---

[1] 刘师培：《左盦外集》卷五《论孔子无改制之事》，《刘申叔遗书》，江苏古籍出版社1997年版，第1411页。按，刘氏此论应袭自朱一新，只不过朱氏言辞更加激烈，其言曰："公羊家多非常可怪之论，西汉大师自有所受，要非心知其意，鲜不以为悖理伤教。故为此学者稍不谨慎，流弊滋多。近儒惟陈卓人深明家法，亦不过为穿凿。若刘申受、宋于庭、龚定庵、戴子高之徒，蔓衍支离，不可究诘，凡群经略与公羊相类者，无不旁通而曲畅之，即绝不相类者，亦无不锻炼而傅合之。舍康庄大道而盘旋于蚁封之上，凭臆妄造，以诬圣人，二千年来经学之厄，盖未有甚于此者也"（朱一新：《无邪堂答问》卷一，《续修四库全书》第1164册，第475页）。
[2] 皮锡瑞：《尚书大传疏证》卷七，《续修四库全书》第55册，第791页。
[3] 杨伯峻编著：《春秋左传注》，中华书局1990年版，第445页。
[4] 庄述祖：《珍艺宧文钞》卷六《答孙季逑观察书》，《续修四库全书》第1475册，第107页。

归一也,此皆删述之微言大义。"①刘氏认为《尚书》中的"微言大义"主要体现在孔子的删述之中,这与《诗经》《春秋》是完全相通的。而传常州余绪的魏源也说:"《书古微》何为而作也?所以发明西汉《尚书》今古文之微言大义,而辟东汉马、郑古文之凿空无师传也。"②在其他学者忙于辨伪古文,忙于搜罗古注之时,庄、刘、魏诸人却念念不忘《尚书》中的"微言大义",两相对比,颇可以说明治学途径之不同。

从常州诸子的言语中可以看出,发掘《尚书》中的"微言大义"并非他们自己首创,他们认为自己的工作只是要恢复、发明前人,尤其是西汉经师所早已表彰出的"微言大义"。《汉书·董仲舒传》载董仲舒对策云:"勉强学问则见闻博而知益明,勉强行道则德日起而大有功,此皆还至而立有效者也,《书》云'茂哉茂哉',勉强之谓也。"这大概就是常州诸子所说的西汉儒者之"微言大义"。但诸如此类的话语见于西汉者并不多见,不知常州诸子如何恢复、发明?他们阐发《尚书》中"微言大义"的方法是否也如董仲舒一般?这就是本章所要考察的内容之一。

二 辑考今文遗说、质疑汉代古文

今文经学的兴盛是在两汉时期,随着汉王朝的灭亡,今文经学也逐渐退出了学术舞台的中心。"重以永嘉之乱,《易》亡梁丘、施氏、高氏,《书》亡欧阳、大小夏侯,《齐诗》在魏已亡,《鲁诗》不过江东,《韩诗》虽存,无传之者,孟、京、费《易》亦无传人,《公》《穀》虽在若亡。"③不但汉代诸位今文大师之经解散亡殆尽,即使是今文经典之文本亦多不传,这使得千余年之后的清代今文学家大为遗憾,不由哀叹先师之言中绝,圣人之道衰微。哀叹之余,他们亦复致力于"拾遗订坠"④,钩考佚文佚说,并加以疏通发明,试图重现汉代今文经学之原貌。经此努力,似乎成果颇丰,"汉十四博士今文说,自魏、晋沦亡千余年,至今日而复

---

① 刘逢禄:《刘礼部集》卷九《诗古微序》,《续修四库全书》第1501册,第170页。
② 魏源:《书古微序》,《魏源全集》第2册,第1页。
③ 皮锡瑞:《经学历史》,第109页。
④ 皮锡瑞:《尚书大传疏证·自序》,《续修四库全书》第55册,第698页。

第一章　常州学派阐发《尚书》之"微言大义"

明"①。不过，时代悬隔，学术巨变，加之文献阙如，复原工作谈何容易，今日所应考究者，正是他们的复原方法，他们工作背后的学术理念，当然，我们还要对其成果作出合理的评价。

清代今文经学有一个争议性极大的研究课题，就是对古文经典的辨伪。在清代今文学者看来，古文经典的真实性是存在很大疑问的，如果不加以辨明，则会荧惑众听，导致圣学不明。于是，从庄述祖开始，就对《左传》及《逸书》有所怀疑，其后刘逢禄、宋翔凤、龚自珍、魏源、邵懿辰、廖平等，不但将怀疑面一步步扩大，而且质疑的力度也一步步增强，发展到康有为、崔适的时候，终于彻底抹杀了古文经典的价值。

在此，我们需要着重强调的是清代今文学家辨伪的出发点和立场。对《毛诗》《周礼》《左传》甚至汉代《古文尚书》②等古文经典的怀疑其实早已有之，并不仅限于清代今文学家。但清代今文学家的特别之处在于，他们并非仅仅为求真而辨伪，他们质疑古文经典的来源、师承等等，其实是为了凸显今文经典的可靠，是为了表彰今文经学。这一点在诸位今文学家的言论中体现得十分明显，例如刘逢禄《诗古微序》云："《诗》则顾、阎、胡、戴皆致疑于毛学，而尚不知据三家大义以正其源流。"③在刘氏看来，魏源之《诗古微》与顾、阎等人虽然同样是质疑《毛诗》，但宗旨有别，魏源是要"据三家大义以正其源流"，而顾、阎等人则没有这层意思。又如庄述祖曾说："凡学《春秋》者，莫不知公羊家诚非《穀梁》所能及，况《左氏》本不传《春秋》者哉！"④庄氏所谓"《左氏》本不传《春秋》"正是刘逢禄《左传》辨伪的先声，其目的也是凸显公羊家更能得《春秋》之本义。⑤相同的理念在宋翔凤那儿体现得也是十分明显，宋氏

---

① 皮锡瑞：《经学历史》，第 250 页。
② 阎若璩、惠栋等人对东晋梅赜所献《古文尚书》的怀疑不在本章的讨论范围内，因为梅赜本《古文尚书》晚出，与通常所说的汉代《古文尚书》有别。笔者此处所说的对汉代《古文尚书》的怀疑，是指梅鷟等认为孔壁所出《古文尚书》非真。
③ 刘逢禄：《刘礼部集》卷九《诗古微序》，《续修四库全书》第 1501 册，第 170 页。
④ 庄述祖：《珍艺宦文钞》卷五《夏小正经传考释序三》，《续修四库全书》第 1475 册，第 85 页。
⑤ 庄述祖：《读左杂咏》有云："刘歆未受《左》，古字古言多，妄意开经例，沿讹转益讹"（氏著《珍艺宦诗钞》卷二，《续修四库全书》第 1475 册，第 156 页）。此为后人攻击刘歆之肇端。

《论语说义》云：

> 今文家者，博士之所传，自七十子之徒递相传授，至汉时而不绝，如《王制》、《孟子》之书所言制度，罔不合一。自古文家得《周官经》于屋壁，西汉之末录之中秘，谓是周公所作。……《周礼》之传，无所师承，或者战国诸人，刓周公之制作，去其籍而易其文，以合其毁坏并兼之术，故何君讥为战国阴谋之书。……积疑未明，大义斯蔽，后之儒者不可不辨也。①

对于《周礼》的怀疑，几乎历代有之，唯独宋翔凤借此证明博士所传之学渊源有自，远较古文经可信，苦心孤诣，显然可见。这种态度，在魏源、廖平、康有为等人的著作中也是时常流露。

第二节　庄、刘借《书序》阐发"微言大义"

一　开风气之先的庄存与

庄存与（1719—1788），字方耕，号养恬，乾隆十年（1745）以一甲二名进士授翰林院编修，历任湖北、浙江、直隶、山东、河南乡试考官、学政，官至内阁学士、礼部侍郎。存与治学，"于《六经》皆有撰述，深造自得，不斤斤分别汉、宋，但期融通圣奥，归诸至当"②。存与所著诸书中，以《春秋正辞》最为后世称道，目之为公羊学复兴之标志。学界普遍把庄存与看作清代今文学的开山人物③，不过庄存与治经并无严格的今古文之分。④他以精通《公羊春秋》而广受后人推崇，但他同时也精研《毛诗》

---

① 宋翔凤：《论语说义》卷一，《续修四库全书》第 155 册，第 270—271 页。
② 徐世昌等编纂：《清儒学案》卷七三《方耕学案》，中华书局 2008 年版，第 2793 页。
③ 梁启超《清代学术概论》有云："今文学启蒙大师，则武进庄存与也"（朱维铮校注：《梁启超论清学史二种》，复旦大学出版社 1985 年版，第 61 页）。
④ 马宗霍就说庄存与"犹杂治古文，不执守今文之说"（氏著《中国经学史》，上海书店 1984 年版，第 148 页）。

第一章 常州学派阐发《尚书》之"微言大义"

《周官》，著有《毛诗说》《周官记》等。庄存与治经以探讨义理为主，讲求"微言大义"，阮元论其治学特色有云：

> 于六经皆能阐抉奥旨，不专为汉宋笺注之学，而独得先贤微言大义于语言文字之外。……《尚书》则不分今古文文字同异，而剖析疑义，深得夫子序《书》、孟子论世之意。①

这段话对庄存与治学特色的概括十分精到，因而被后世研究庄氏学术者反复引用。常州后学李兆洛也曾说："侍郎公（笔者按，指庄存与）博通六艺，高朗阔达，于圣人微言奥义能深探而扩言之。"②很明显，庄存与这种治学特点与他那个时代专重考据的学术风气是格格不入的，因此他的学术很自然地被当时的主流学界排斥。

关于庄存与的《尚书》学，龚自珍曾有一段详细的记述。在这篇题为"资政大夫礼部侍郎武进庄公神道碑铭"的文章中，龚自珍说：

> 大儒庄君，讳存与，江南武进人也。幼诵六经，尤长于《书》，奉封公教，传山右阎氏之绪学，求二帝三王之微言大指。……盖公自少入塾，而昭昭善别择矣。既壮，成进士，阎氏所廓清，已信于海内，江左束发子弟，皆知助阎氏；言官学臣，则议上言于朝，重写二十八篇于学官，颁赐天下，考官命题，学童讽书，伪书毋得与。将上矣，公以翰林学士，直上书房为师傅，闻之……自语曰：辨古籍真伪，为术浅且近者也；且天下学童尽明之矣，魁硕当弗复言。古籍坠湮十之八，颇藉伪书存者十之二，帝胄天孙，不能旁览杂氏，惟赖幼习五经之简，长以通于治天下。昔者《大禹谟》废，"人心道心"之旨、"杀不辜宁失不经"之戒亡矣；《太甲》废，"俭德永图"之训坠矣；《仲虺之诰》废，"谓人莫己若"之诫亡矣；《说命》废，"股肱良臣启沃"之谊丧矣；《旅獒》废，"不宝异物贱用物"之诫亡矣；《冏

---

① 阮元：《庄方耕宗伯经说序》，《味经斋遗书》卷首，光绪八年重刊阳湖庄氏藏版，第1页ab。
② 李兆洛：《养一斋文集》卷一五《珍艺先生传》，《续修四库全书》1495册，第240页。

命》废,"左右前后皆正人"之美失矣。今数言幸而存,皆圣人之真言,言尤疴痒关后世,宜贬须臾之道,以授肄业者。公乃计其委曲,思自晦其学,欲以借援古今之事势,退直上书房,日著书,曰《尚书既见》如干卷,数数称《禹谟》、《虺诰》、《伊训》,而晋代剟拾百一之罪,功罪且互见。公是书颇为承学者诟病,而古文竟获,伪学官不废。①

据此文可见庄存与之《尚书》观及其《尚书既见》著作之由,故笔者备录于此。龚氏说庄存与于六经之中"尤长于《书》",这也提醒我们在考察庄氏学术时必不能忽视其《尚书》学。

庄存与早年即已信从阎若璩对伪《古文尚书》的考辨,但是他仍然认为伪古文自有其价值,如保存古籍、蕴含大义等。这与后世今文家不但不信伪古文,并真古文亦怀疑之的态度相差了许多。②又,存与早年"闵秦火之郁伊,悼孔泽之不完具,悲汉学官之寡立多废",这仿佛也是汉代古文家论调,而深为清代今文学者所诋斥的。但是我们都知道,庄存与着实为刘逢禄、魏源等今文家开辟了学术的新途径,而治经重"微言大义"即是其中最为重要的一点。庄存与治经时时不忘阐发"微言大义",这应该与他长期供职上书房有关。魏源《武进庄少宗伯遗书序》云:"武进庄方耕少宗伯,乾隆中以经术傅成亲王于上书房十有余载,讲幄宣敷,茹吐道谊,子孙辑录成书,为《八卦观象》上下篇、《尚书既见》、《毛诗说》、《春秋正辞》、《周官记》若干卷。"③上书房是清王室教育皇子之处,庄存

---

① 龚自珍:《资政大夫礼部侍郎武进庄公神道碑铭》,载《龚自珍全集》,上海人民出版社1975年版,第141—142页。
② 刘起釪先生说:"虽然确认伪古文是伪书,但伪古文的义理有裨益于封建统治,所谓'长以通于治天下',因此不应废弃它。这就是清末今文学派的《尚书》观"(氏著《尚书学史》,中华书局1989年版,第409页)。刘氏此说显然不符合清代《尚书》学的实际。
③ 魏源:《古微堂外集》卷三《武进庄少宗伯遗书序》,《魏源全集》第12册,岳麓书社2004年版,第244页。

第一章　常州学派阐发《尚书》之"微言大义"

与在此处讲经理所当然地侧重于圣王之心、君臣之道①，这可以从庄存与的多部著作中得到反映，而其《尚书》学著作《尚书既见》尤其如此。

《尚书既见》之所以以"既见"命名，按照存与之孙庄绶甲的解释，是"取《书》言'凡人未见圣，若弗克见；既见圣，亦弗克由圣'之意也"②。这是伪古文《君陈》篇之语，其意以为凡人于圣人之道，或未见之，或虽见之而不能用之。存与取此意命名自己的著作，自然是以发明圣道并致于实用自任。此书共三卷，以议论《尚书》中之史事为主，由此来阐发"微言大义"。关于此书内容与主旨，庄绶甲有精到的概括：

> 一卷首篇正后儒之误解《禹谟》为再征有苗，重为《书》诬，因以明不攻古文之意；次篇释《盘庚》而证以二《雅》，因以著以经解经之法；三篇阐《书》之言天言命言性至明确，而怪后儒卤莽读之也。二卷皆论周公相武王、辅成王之事，一衷于经与《序》，以明文、武之志事，述显承之艰难，辨成王不能莅祚、周公践祚摄政之诬。三卷皆论舜事父母之道，以孟子之言为本而证明《逸书》。后述伊尹、周公之遇，皆所以明圣人之于天道也。③

据此可见，此书关注的重点就是三代圣王。庄存与云：

> 古之明德，虞帝其不可及已，其德好生，其治人不杀。伊尹以其道相汤伐桀，未尝行一不义，杀一不辜，然欲如舜未尝杀一人而不能也。文王之心如舜，享国五十年而崩，纣不能以自毙也。武王之德如汤，太公之志如伊尹，不逮舜与文王。此则圣人与天道之命也。④

---

① 《四库全书总目》卷一二"日讲书经解义"条云："大旨在敷陈政典，以昭宰驭之纲维；阐发心源，以端慎修之根本，而名物训诂，不复琐琐求详。盖圣人御宇，将上规尧舜，下挹成康，所学本与儒生异，故黼帐之所对扬，玉音之所阐绎，亦惟是大者远者，与儒生音训迥然有殊"（中华书局1965年版，第101页）。
② 庄绶甲：《拾遗补艺斋文钞·尚书既见跋》，《清代诗文集汇编》第512册，第401页。
③ 庄绶甲：《拾遗补艺斋文钞·尚书既见跋》，第401—402页。
④ 庄存与：《尚书既见》卷二，《味经斋遗书》本，光绪八年重刊阳湖庄氏藏版，第2页b。

庄氏以为舜、伊尹、汤、文王、武王、太公这些古圣人，其心其德皆合于天道之命。此处所举诸圣人，皆《诗》《书》所常道，历代所褒扬，庄氏就此做文章，大概就是为了给皇子们树立榜样。

庄氏所表彰者还有商王盘庚。《尚书既见》云："为君难矣，守成尤难，盘庚其难之至者也。百姓由宁，殷道复兴，诸侯来朝，以其遵成汤之德也，百世视诸此矣。"①庄存与解读《盘庚》，认为"盘庚之世，虽曰商不至若周之大坏，然而乱者数世，诸侯莫朝，则东迁以后事势也"②，唯赖盘庚励精图治，终使殷道复兴。由此庄存与得出结论："天时固不能无险阻，慢之者殃，敬之者昌，长王天下，又何疑焉！"③通过议论《盘庚》篇所记史事，庄存与得出为君不易，必须遵祖宗之德，必须敬畏天时这层意思。

《尚书既见》云："《洛诰》，君臣一德之书也；《顾命》，成王之德之成也。"为什么说《洛诰》是君臣一德之书呢？庄存与认为：

> 《洛诰》曰："惟公德明光于上下，勤施于四方，旁作穆穆，迓衡不迷，文武勤教予冲子，夙夜毖祀。"成王无为以守至正，有圣人之德，允为孝子，飨帝飨亲，毖在夙夜矣。于是大周公之恭德，勖公所不暇言曰："未定于宗礼，亦未克敉公功。"又曰："无敢其康事。"盖成王至是为不可及矣。成王不有丕显德，周公虽圣，能以之扬文武烈乎？文武之烈何等也？奉答天命何事也？且颁朕不暇作礼乐也，非圣人不敢与焉。成王有其德，故周公诏之；成王让于德，必授之周公。盖自执书以泣而成王之于周公咸有一德矣。④

存与之意，盖以为成王有圣人之德，以天下事授之周公，君臣二人共承文武大业，此即所谓君臣一德。但细按存与所引《洛诰》之文，所言皆是周

---

① 庄存与:《尚书既见》卷一，第6页a。
② 同上书，第4页a。
③ 同上书，第6页a。
④ 庄存与:《尚书既见》卷二，第6页ab。

第一章 常州学派阐发《尚书》之"微言大义"

公之德,未及成王。《尚书大传》载孔子之言曰:"吾于《洛诰》,见周公之德光明于上下,勤施四方,旁作穆穆,至于海表,莫敢不来服,莫敢不来享,以勤文王之鲜光,以扬武王之大训,而天下大治。故曰:圣之与?圣也。犹规之相周,矩之相袭也。"① 可见孔子读《洛诰》也仅见周公之德。而庄存与强调的却是成王之德,其中必有自己的苦心。但庄氏所论实在很难从经文中得到直接的佐证。

庄存与借成王、周公之事发挥最多的还数君臣之道,其中尤以辨别成王年幼不能莅政、周公践阼之事用墨最多。《荀子·儒效》云:"武王崩,成王幼,周公屏成王而及武王,以属天下,恶天下之倍周也,履天子之籍,听天下之断,偃然如固有之,而天下不称贪焉。"《史记·蒙恬列传》云:"昔周成王初立,未离襁褓,周公旦负王以朝,卒定天下。"此即成王年幼、周公摄政之说的由来。按照中国古代王位继承的法则,周成王是理所当然的天子,周公摄政既不符合君臣大义②,也有损周公完美的圣人形象,因此庄存与是绝对不相信此说的。庄存与通过《尚书》经文找到了成王即位其年不幼的证据,其说曰:

> 《书》曰:"于后公乃为诗以贻王,名之曰《鸱鸮》,王亦未敢诮公。"岂教诲稚子之言乎?王又能通其说,心不谓然,能不宣之于口,岂尚须人抱负邪!夫孺子、冲子,家人寿耇相与之常言;予冲人、予小子,古天子通言,上下之恒辞,不以长幼而异者,则《书》之训绝无可据为幼不能莅阼之征矣。《书》曰"王与大夫尽弁",曰"王执书以泣",曰"王出郊",此孰抱负之而然耶!曾有提其耳而面命之者邪!且必非羁卝成童之所能然也。③

---

① 皮锡瑞:《尚书大传疏证》卷五,《续修四库全书》第55册,第768页。
② 刘逢禄云:"后世乱臣贼子袭是迹而文其奸言,以窃天位"(氏著《书序述闻》,载王先谦编《清经解续编》卷三二一,上海书店1988年版,第2册,第323页)。
③ 庄存与:《尚书既见》卷二,第7页 a。清代宋学家汪绂曾说:《康诰》以'小子'呼之者,凡父兄之命,卑幼通呼'小子',至今陕俗犹然,不必其年之果幼也"(氏著《双池文集》卷一《康诰、酒诰、梓材说》,《续修四库全书》第1425册,第17页)。其意与庄氏大同。

这是说，据《尚书》所记成王行事，可知成王并非年幼，而《尚书》中所言孺子、冲子、予冲人、予小子也并非成王年幼之证。庄存与又云：

> 盍亦绎《书序》而逊心求之乎！序三监之事曰："成王既黜殷命，杀武庚。""成王既伐管叔、蔡叔。"序淮夷之事曰："成王东伐淮夷，遂践奄。""成王既践奄，将迁其君于蒲姑。"而其初则以"武王崩，三监及淮夷畔"始之，其后则以"成王既黜殷命，灭淮夷，还归在丰"终之，此可以见东征之役成王自将，而云"予惟小子"者，殆非幼不能莅祚之说也；又以见周公为相，实未尝践祚而治也，且居东之不可以为东征，而弗辟之不可以为致辟也。①

在此，庄存与十分看重《微子之命》《康诰》《酒诰》《梓材》《成王征》《将蒲姑》等篇之序，他认为这完全可以说明成王亲伐管、蔡，诛武庚，东伐淮夷之役亦成王亲自将兵，并无成王疑周公之事，而成王之年不幼、周公未尝践祚更是不言自明。但细考《尚书大传》云："禄父及三监叛也，周公以成王之命杀禄父，遂践奄。"②可见伐管、蔡，诛武庚，东征践奄者，周公也。庄存与却对此视而不见。庄氏为说，多以己意去取史料，合者取之，不合者弃置不论，此其病也。③值得一提的是，庄存与这种十分重视《书序》的态度被其后人庄述祖、刘逢禄继承了下去，关于这一点笔者将在下一节详细论述。

在此，笔者要着重指出的是，庄存与不惜笔墨反复说明周公无践祚称王之事，其实是与庄氏向来所主张的《春秋》"尊王"之义一致的。尊

---

① 庄存与：《尚书既见》卷二，第14页ab。宋翔凤继续发挥此说云："天子者，成王也。周公摄政者，相成王也（原注：摄即相义，辩别见）。孔子序《书》，正名之义实见明显。而刘歆撼假王莅政之逸文，傅会周公摄政称王，又以七年归政之后，成王始称元年。康成亦惑于其说，迁就不经之谈，疑误后来，不可不正"（氏著《过庭录》卷六《尚书谱》，中华书局1986年版，第119页）。

② 皮锡瑞：《尚书大传疏证》卷五，第761页。

③ 顾颉刚认为，庄存与论证成王即位年非幼小，是科学合理的，是他的核实精神和考订方法的进步的表现，但他认定成王是一位英伟的天子，则是封建伦理思想在作怪（氏著《周公执政称王——周公东征史事考证之二》，《文史》第二十三辑，中华书局1984年版，第15页）。

第一章　常州学派阐发《尚书》之"微言大义"

王就是尊奉周王、周天子。这是贯穿《公羊传》全书的一条最重要的经义。[1]历代公羊学者阐发尊王之义,很重要的一项工作就是辨正君臣名分。在《尚书既见》中,庄存与之所以要花费如此多的笔墨在这成王、周公问题上面,就是为了彻底明确成王与周公的君臣名分,消除后人对成王王位的疑虑。在这里庄存与虽然没有明确点出"尊王"之义,但所论显然是受到了这一公羊学观念的影响。

通过上面几个例子,我们看到,《尚书既见》主要通过议论史事的方式阐发蕴含于《尚书》中的圣王之心、君臣之道,不过这并非庄存与所要发挥的"微言大义"的全部。

《尚书既见》云:"读祖己、祖伊之书而不知天、不知性、不知命,何其人多且久也。"按祖己之书,指《高宗肜日》;祖伊之书,指《西伯戡黎》。我们来看一下庄存与对这两篇的解读。存与云:

> 其书曰:"惟天监下民,典厥义。"……天于人君,常监下民之善不善,而向之以福,威之以极焉,"典厥义"也。降年有永有不永,大命也。小命身不永者,"非天夭民,民中绝命"也。岂禀于有生之初必然不可易哉!六极其下乃不可救。然而仁爱人君,欲止其乱之心,犹父母之于其子也,不若德,不听罪,乃先出灾害以谴告之,不知自省,又出怪异以警惧之。不知者谓之灾害,谓之怪异,知之者曰:"此天之孚命也,所以正人君之德,扶持安全之也。"不正厥德,乃曰:"其如何!"一以为非天所能禁,一以为非人所能回,则弗克庸帝,而天罔念闻矣。[2]

我们知道,《高宗肜日》的大致内容就是高宗时有飞雉登鼎耳之异,祖己劝高宗正德敬民。按照庄存与的看法,所谓飞雉登鼎耳之异就是上天示警,是上天扶持爱护人君之表现。庄氏就此而展开论述,认为人君之善恶,上天皆有以应之。此处所强调者在"天"。《汉书·董仲舒传》载仲舒

---

[1] 赵伯雄:《春秋学史》,山东教育出版社2004年版,第14页。
[2] 庄存与:《尚书既见》卷一,第6页b—第7页a。

对策云："国家将有失道之败，而天乃先出灾害以谴告之，不知自省，又出怪异以警惧之，尚不知变，而伤败乃至，以此见天心之仁爱人君而欲止其乱也。"存与所论，正袭董仲舒之言。

庄存与所著《尚书说》一书颇简略，且体例不严，很像是随手所作的几十条笔记。但该书主旨与《尚书既见》亦无二致，于议论史事中阐发"微言大义"，例如：

> 尧所以屡试之也，则《序》云"虞舜侧微，尧闻之聪明，历试诸难"是已。若夫知人安民、柔远能迩，犹非大舜之至难也；所难者，处非常之变而不惧，遇非常之事而不惊，而终克全乎天下古今之大常，则惟虞帝一人而已矣。其可及哉！其可及哉！故作《书》者必历叙其难而后著之为典，示天下后世以圣人之极，实父子君臣之极也，实乃天性之至常、五伦之彝法乎！非大圣孰能成此彝典乎！①

《尧典》记舜即位之前所遇诸难事甚详，按照庄存与的看法，这是为了表现圣人之极、父子君臣之极。更有可得而论者，上面这段引文十分明确地体现出庄存与的一个重要观点，即圣人著经必含深意，作《书》者寓大义于经文之中，这并非普通人所能为之，因此他说："非大圣孰能成此彝典乎！"《尚书》中之"微言大义"归根结底还是圣人所赋予的。

《尚书说》中还有一段话值得我们关注，其文曰：

> 天所贵惟圣，其次惟贤，高明非所畏也。"无虐茕独而畏高明"，箕子此言，乃道上古贤贤治不肖之法以为武王法也。卒之周德既衰，世诸侯卿大夫士，而圣贤位在匹夫，帝王之治遂不可复振。②

此存与说《洪范》之文。在存与看来，"世诸侯卿大夫士"是对帝王之治最大的危害。这是什么意思？这不正是公羊学大谈特谈的"讥世卿"吗！

---

① 庄存与：《尚书说》，《味经斋遗书》本，第2页ab。
② 庄存与：《尚书说》，第6页b。

《公羊传》曰："讥世卿。世卿，非礼也。"所谓"世卿"，就是父老子代从政，与任贤使能之义相背。①他在《春秋正辞》中也说："是故非贤不可以为卿。君不尊贤，则失其所以为君，彼世卿者，失贤之路、蔽贤之蠹也。"②此言可与《尚书说》合观之。

总之，庄存与治《尚书》以阐发"微言大义"为主，与前人及同时学人皆不同，已开一派学术新风气。臧庸云："读公《尚书既见》，叹其精通浩博，深于大义，章句小儒，末由问津矣。"③此赞美之者。李慈铭云："(《尚书既见》)凭私决臆，蔓衍支离，皆于经义毫无关涉。……附会纠缠，浮辞妨要，乾隆间诸儒经说，斯最下矣。"④此贬斥之者。一正一反，判若云泥。饱受争议正是庄存与乃至整个常州学派学术的特点。

二 重视《书序》的传统

常州庄氏人丁兴旺，族人中如庄述祖、庄绶甲等皆能传存与之学，且各自名家。但真正能将存与今文之学发扬光大者，当数其两位外孙：刘逢禄与宋翔凤。

刘逢禄（1776—1827），字申受，亦字申甫，号思误居士。嘉庆十九年（1814）进士，改翰林院庶吉士，散馆授礼部主事。逢禄幼时曾得外祖父庄存与赞赏，及长则问学于从舅庄述祖，尽得其外家之传。另外，刘逢禄还曾从同乡前辈张惠言问虞氏《易》、郑氏三《礼》。⑤戴望对刘氏之学曾有精辟的概括，其言曰："先生引经决事，效法先汉诸儒，其为学

---

① 赵伯雄：《春秋学史》，第47页。
② 庄存与：《春秋正辞》卷二，载阮元编《清经解》卷三七六，上海书店1988年版，第2册，第790页。
③ 臧庸：《拜经堂文集》卷五《礼部侍郎庄公小传》，《续修四库全书》第1491册，第600页。
④ 李慈铭：《越缦堂读书记》，上海书店出版社2000年版，第19—20页。
⑤ 钱穆认为张惠言为学亦由惠氏家法而入，所以说："申受论学主家法，此苏州惠氏之风也"（氏著《中国近三百年学术史》，商务印书馆1997年版，第585页）。现代学者汪晖也说："庄、刘之学与惠氏之学有着复杂的历史联系"（氏著《现代中国思想的兴起》，生活·读书·新知三联书店2004年版，第197页）。此说似有合理之处，但所论仍嫌证据不足。清儒严辨家法，确实始自苏州惠氏，常州学派也的确曾受其影响，但庄、刘等人对家法的重视更大程度上应该还是源自今文经学复兴后的家派意识。

务通大义,不专章句,由董生《春秋》窥六艺家法,由六艺求观圣人之志。"[1]对于今古文经学,刘逢禄显然是有所轩轾,其所著《诗古微序》有云:"尝怪西京立十四博士,《易》则施、孟、梁丘氏,《书》则欧阳、大小夏侯氏,《诗》则齐、鲁、韩氏,《礼》则大小戴氏,《春秋》则公羊、颜、严氏,《穀梁》江氏,皆今文家学。而晚出之号古文者,十不与一。夫何家法区别之严若是,岂非今学之师承,远胜古学之凿空,非若《左氏》不传《春秋》,《逸书》《逸礼》绝无师说,费氏《易》无章句,《毛诗》晚出,自言出自子夏,而《序》多空言,《传》罕大义,非亲见古序有师法之言与。"[2]刘氏对古文学之凿空甚为不满,对今文学则推崇有加。逢禄所著之书有《春秋公羊经何氏释例》《左氏春秋考证》《论语述何》《书序述闻》《尚书今古文集解》等。其中尤以《释例》《考证》二书影响为大。前者以全面复原董、何之学为宗旨,后者则是要揭发刘歆作伪之迹,还原《左氏春秋》史书之性质,得此二书而公羊学大昌,因此后人常视庄存与为常州学派之创始人,而视刘逢禄为奠基人。

宋翔凤(1776—1860),字于庭,江苏长洲(今苏州市)人,庄存与外孙。嘉庆五年(1800)举人,官湖南新宁县知县。早年庄述祖在评价刘、宋二甥时曾说:"刘甥可师,宋甥可友。"[3]据此,宋氏之学似逊于刘氏,不过宋翔凤所著诸书,如《论语说义》《大学古义说》《过庭录》等亦影响颇大。宋翔凤治学"通训诂名物,志在西汉家法,微言大义,得庄氏之真传"[4]。

作为常州学派的创始人,庄存与为后人指明了学术研究的方向,其治学特色也被后辈继承。就《尚书》学而论,庄述祖、刘逢禄同样注重发挥"微言大义",这可以从刘逢禄所著《书序述闻》一书中得到很好的体现。

---

[1] 戴望:《谪麟堂遗集·文》卷一《故礼部仪制司主事刘先生行状》,《续修四库全书》第1516册,第160页。

[2] 刘逢禄:《刘礼部集》卷九《诗古微序》,《续修四库全书》第1501册,第169页。此序为刘逢禄去世之年所作,相较于早年,对古文经学的否定更加彻底(参见黄开国《刘逢禄经学思想早晚期的变化》,《中华文化论坛》2006年第3期)。

[3] 赵尔巽等:《清史稿》卷四八二《儒林三》,中华书局1977年版,第13268页。

[4] 同上。

第一章 常州学派阐发《尚书》之"微言大义"

所谓"述闻",述所闻于舅氏庄述祖者也。① 稍加比对就会发现,《书序述闻》一书有相当一部分内容是取自庄述祖的《尚书今古文考证》与《珍艺宦文钞》。因此《书序述闻》虽是刘逢禄所作,但在很大程度上却可以代表庄述祖、刘逢禄二人的学术观点。

笔者之所以选取《书序述闻》作为研究的重点,是因为在庄、刘二人的《尚书》学著作中此书更能体现他们的《尚书》学特色。庄述祖所著《尚书今古文考证》主于考证《尚书》异读,然颇多疏失,可采者少。刘氏《尚书今古文集解》是"述舅氏庄先生一家之学,且为诸子授读之本"②,此书遍采马、郑、伪孔诸说及清人王、段、孙诸家之书,然颇少发明,亦无明确之学术主张。其子承宽称该书"别黑白而定一尊,由训诂以推大义"③,显属过誉。在该书中,刘氏虽然有排斥逸《书》十六篇之处(详本书第二章),但对诸家经说却少别择,古国顺说此书"体例谨密,家法森严,为清代今文家说经之重要著作"④,评价过高。《尚书今古文考证》与《尚书今古文集解》偶有涉及"微言大义"之处也已收入《书序述闻》中,故笔者论庄、刘二人之《尚书》学即以此书为主。

常州学派一向很重视《书序》。⑤ 庄存与在《尚书既见》一书中,多

---

① 江翰认为:"述闻者,盖述其闻于其外王父庄存与者也"(中国科学院图书馆整理:《续修四库全书总目提要(经部)》,中华书局 1993 年版,第 241 页)。是说不确,《书序述闻》中所引"庄先生曰"皆庄述祖之言,且与死时刘逢禄只有十二岁,尚无法真正闻学于存与。但刘逢禄的《尚书》学实源自存与,常州学派的学术有其一贯的传承。谭献云:"阅刘申受《书序述闻》,说《尚书》精深,源于宗伯公"(氏著《复堂日记》,河北教育出版社 2000 年版,第 4 页)。
② 刘逢禄:《尚书今古文集解·序》,《续修四库全书》第 48 册,第 185 页。
③ 刘承宽:《先府君行述》,载《刘礼部集》附录,《续修四库全书》第 1501 册,第 211 页。
④ 古国顺:《清代尚书著述考》,载《台北市立女子师范专科学校学报》第 10 期,第 30 页。
⑤ 唯一的例外要数庄存与的同族曾孙庄有可。庄有可曾著《尚书序说》二卷,其书不传,但该书之《序》云:"先儒以为夏忠商质,非无礼乐也,盖未及周之地辟民众而人文亦加盛也。下逮春秋,盛极而变,理有宜然矣。是故《书》以纪事,即所存以推所佚,大都开创固难,而尤以守成为不易,及其衰且亡也,则忽焉而不甚详。以往故将来,圣人之意原始要终,亦百世可知也,而《序》乃率陋不文之词出之,其又奚取焉。虽然,《序》亦有不可废者,苟无《序》则后人并不知有百篇之目矣"(氏著《慕良杂著》卷三,《清代学术笔记丛刊》第 32 册,学苑出版社 2005 年版,第 221 页)。庄有可认为《书序》乃率陋不文之词,这与常州学派其他人的看法是迥然有别的。庄有可显然并非纯正之今文家,他对《毛诗》《周礼》精研有加,对汉儒之专治《今文尚书》亦颇有微词:"《古文尚书》出于孔壁,汉儒不能读,遂止读伏生所传今文二十八篇,而其余尽废,以至于亡。是忍弃先圣之书,皆汉儒愚陋无学之罪也"(氏著《慕良杂著》卷一,第 158 页)。有可与庄述祖一脉血缘疏远,或许是学术分途的原因。

次借《书序》来辨正史实、剖析疑义，他曾说："盍亦绎《书序》而逊心求之乎！"至于庄述祖，对《书序》更是推崇备至。宋翔凤曾评价其舅氏说："葆琛先生于《尚书》学，推本《书序》，错综论定，如见远古。"①正可谓一语道破庄氏《尚书》学之根本。又，庄述祖在《答孙季逑观察书》中说：

> 述祖尝学《尚书》，病其无可依据，伪孔传又陋且略，求之于伏生传，马、郑、王诸家注，时亦有所去就，而一折衷于《书序》。《书序》所有，传注不同，则从《书序》；汉儒所言，孔孟不言，则不敢从汉儒。②

由是观之，在庄述祖看来，《书序》最能得《尚书》的真义。由《书序》可以求得《尚书》真义、可以考见圣人之心，因此"百篇之《序》存，《书》未尝亡也"。③述祖对《书序》的重视由此可见一斑，而这些说法也被刘逢禄采入《书序述闻》中。

常州学派为何如此重视《书序》呢？这是因为他们相信《书序》是孔子所定，孔子乃是圣人，必定寓"微言大义"于其中。庄绶甲在为《尚书既见》作跋时就曾指出，庄存与认为"《书》为孔子论次，《序》与《书》相表里，别嫌明微，推见至隐，与《春秋》同义，非圣人不能作，亦非游、夏所能赞也"。④庄述祖、刘逢禄所见亦如此。《书序述闻》云："《书序》，孔子所定。"⑤庄述祖《尚书今古文考证》云："孔子序《书》，托微言以示大义。"⑥既然庄、刘二人确信《书序》中有圣人"微言大义"存焉，他们自然就会尝试去加以解读和阐发，因此"孔子作《书序》"其实

---

① 庄述祖：《尚书记》卷首附宋翔凤序言，载《云自在龛丛书》第一册，清光绪刻本，第1页b。
② 庄述祖：《珍艺宦文钞》卷六，《续修四库全书》第1475册，第106页。
③ 庄述祖：《珍艺宦文钞》卷三《旅獒序说》，第39页。
④ 庄绶甲：《拾遗补艺斋文钞·尚书既见跋》，第401页。
⑤ 刘逢禄：《书序述闻》，载王先谦编《清经解续编》卷三二一，第2册，上海书店1988年版，第318页。
⑥ 庄述祖：《尚书今古文考证》卷七，《续修四库全书》第46册，第476页。

是《书序述闻》一书的根本出发点。可惜这个出发点并不可靠，我们今天已经几乎可以确定《书序》并不是孔子所作[①]，这就决定了《书序述闻》一书可能会有虚妄不实之病。

三 对《书序》编排次序与"笔法"的解说

刘逢禄认为，孔子对《尚书》篇目的排列次序是有深刻含义的，而《书序》中字词的使用也常常蕴含深意，只要细细体味，就会发现圣人的良苦用心。例如《书序述闻·君奭》云："序《君奭》于《成王征》之前，所以著召公之不失、成王之善补过也。必曰'召公为保，周公为师，相成王为左右'者，本之武王之命，且著周召之同心以辅成王也。君臣之义、圣贤之心，皆见于此，此疏通知远之教也。"这段话袭自庄述祖。庄、刘二人认为孔子之所以如此排列、如此述说，就是为了体现"君臣之义、圣贤之心"。再如《书序述闻·沃丁》云："伊尹、周公功高震主，后世稗说传记必有诬其不令终者，圣人序《书》，特笔之曰'沃丁既葬伊尹于亳'，曰'公薨，成王葬于毕'，所以著元勋祔葬之礼，所以明君臣始终之义。"刘逢禄又从圣人的"特笔"中看出了"君臣始终之义"。

在刘逢禄看来，这种"特笔"并不仅限于《书序》，《尚书》经文中也包含有圣人"特笔"：

> 郑玄《书赞》曰"三科之条，五家之教"，三科谓虞夏一科、商一科、周一科，五家谓唐、虞、夏、商、周也。孔子序三统之书首夏书，而唐、虞者，夏之三统也，故皆以"粤若稽古"首之，以别于三代。而其序则云"昔在帝尧"，昔在者，即"粤若稽古"之例也。太史公述《五帝》、《三代本纪》无此四字，而以"帝尧者放勋"、"帝舜曰重华"首之，可见"曰若稽古"非周史所载即孔子所加，乃三统以前之特笔。自《白虎通》论皋陶稽古而不得其说，马、郑皆误属下"帝尧"为读，而有同天、考道之训，于是伪《大禹谟》因之，遂有

[①] 可参看程元敏《书序通考》，台北学生书局1999年版，第445—523页。

"曰若稽古大禹，文命敷于四海"之文矣。①

在此，刘逢禄是以"三统说"来解释《尚书》"三科之条，五家之教"说。按照"三统说"的理论，朝代的递嬗可归之于三个统的循环。这三个统的名字是黑统、白统、赤统。每个朝代都有属于自己的一"统"，得到哪一个统而为天子的，那时的礼乐制度就照着哪一个统的定制去办理。该朝代和之前二代构成了本届的三统。②依照刘逢禄的看法，《尧典序》所云"昔在帝尧"与《尧典》所云"曰若稽古"皆圣人特笔，这一点可以与《史记》对比而知。而这一特笔就是要将唐、虞与夏、商、周区分开来，以突出三统之义。三统大义本为公羊学的重要概念，刘逢禄将这一概念用之于《尚书》，很能说明常州学派以《公羊》义治群经。

我们知道，《春秋》学有所谓"笔法"，从中可以看出圣人的褒贬。常州学派研习《春秋》用功颇深，对"笔法"的觉察自然十分敏锐。刘逢禄经常通过捕捉《书序》中的"笔法"来发现圣人的"微言大义"，这一方法应用起来似乎颇为得心应手。如《文侯之命序》云："王锡晋文侯秬鬯、圭瓒，作《文侯之命》。""王"字之上未冠以谥号③，叙述不清，语意不明，刘逢禄借此大发议论，其言曰：

> 盖孔安国所传《书序》无"平"字。去"平"者，孔子时（笔者按，"时"应作"特"，见刘逢禄《尚书今古文集解》卷二八）削之，使不得继于武、成、康、穆也，犹《春秋》王不称天则侪于吴楚。盖深痛篡弑之祸始于平王，故于《诗》则降为国风，次于邶、鄘、卫之后；序《书》则贬去"平"字，以著《春秋》寓王建元之义。微言大义，孟子传之。

---

① 刘逢禄：《书序述闻》，载王先谦编《清经解续编》卷三二一，第 2 册，第 318 页。
② 参看顾颉刚《五德终始说下的政治和历史》，《古史辨》第五册，上海古籍出版社 1982 年版，第 442 页；黄朴民《公羊"三统说"与何休〈春秋〉王鲁论》，《管子学刊》1998 年第 4 期。
③ 按传世伪孔本作"平王"，但刘氏经过考证认为原本应无"平"字。

第一章　常州学派阐发《尚书》之"微言大义"

按，董仲舒、何休等公羊家说《春秋》，有所谓"王鲁"一说。他们认为孔子作《春秋》时，因周道衰微，王道不行，所以孔子以《春秋》当新王而托王于鲁，以此来寄托自己的政治理想。刘逢禄精研公羊学，对这一说法深信不疑，同时他认为孔子定《书序》也与"王鲁"之义相通。具体到上面这段话，他认为因为周平王时国运衰微、风俗大坏，孔子作《文侯之命序》，特将平王之"平"字削去以贬之，使之与《春秋》之义相通。此序之义可概括为"贬庸君"。

《书序述闻·吕刑》云：

> 此序"吕命穆王训夏赎刑"云者，谓吕侯命穆王，犹《缁衣》郑注云"傅说作书以命高宗"也，故篇首曰"吕命"，此周史特加之词，言是时穆王耄荒，命由吕出也。《左氏春秋》载叔向之言曰"周有乱政而作九刑"，即吕侯所作之赎刑，亦谓之祥刑，言重罪亦不死，实开后世枉法鬻狱之始，故《书传》记孔子之言曰：《甫刑》可以观诚（笔者按，应作'诫'）。"申、吕、齐、许皆炎帝太岳之后、周之外戚（吕侯或吕伋之子若孙）。观其述三后举伯夷明刑，以攘皋陶之功，且加诸禹、稷之上，盖伯夷，吕侯之祖也。目无周室，代王为政，是此篇著外戚专政、变乱典刑，亦志齐晋代兴之始，为变书之次，故郑本《书序》以《吕刑》次《费誓》，不以次《冏命》，明此为甫侯之书，非穆王之书也。伪孔不知而移之，岂知编次之旨哉！

这是说：以"吕命"著于篇首，是史官特笔，是为了突出吕侯僭主为政、变乱典刑。[①]而《书序》于此篇的编次顺序也富含深意，是为了说明此篇并非穆王之书，从而表明世运更替。按照这段话的意思，此序所蕴含之"义"似可概括为"刺佞臣"。又，"变书"这一概念是附会《诗经》而来，下文还将作详细探讨。

在此，我们还有必要指出，这种在《尚书》各篇编排次序上做文章的

---

① 庄存与云："'吕命穆王，训夏赎刑，作《吕刑》。'此申吕之专，可以戒矣。其书亦可以为司刑者之戒"（氏著《尚书说》，第18页a）。据此，则《书序述闻》所言似本存与之说。

方法庄存与就已用过。《尚书既见》云:"《多方》曰:'王来自奄。'《多士》曰:'昔朕来自奄。'是故《多方》之诰在营成周之先,《多士》之诰在迁顽民之后,而序如今之第者,以事类叙,不以时先后叙也,古人欲天下后世知三监之事艰大于淮夷之事。"①庄存与认为,《多方》篇之作早于《多士》,而今之《尚书》却是《多士》在前,《多方》在后②,如此排列,是为了突出《多士》所记之事重于《多方》所记之事,此亦古人故意而为之。

四　诸经互相发明

前文提到,庄绶甲认为庄存与擅长"以经解经"之法,这同样也是刘逢禄治《尚书》的一大特色。逢禄遍治群经,并且相信"六经者,圣人以其心诏万世者也"③。《书序述闻·文侯之命》云:"合《诗》《书》以观而平王之罪自见,《春秋》所以作也。"这是说诸经之义相通并可互参而得。因此刘逢禄有条件也很喜好引用其他经典来发明《书序》大义,例如《康诰》《酒诰》《梓材》三篇之序下,《书序述闻》广泛征引《易》《诗》《礼记》《左传》发挥此序之义,指出成王周公伐管蔡而内心悲伤;周公以三王之道授康叔,兄弟而兼师友,由此可见圣人之心。

《书序述闻》中最能体现诸经互相发明的,莫过于刘逢禄所创"变书"之说:

《诗》、《书》皆由正而之变。《诗》四始,言文武之盛而终于《商颂》,志先世之亡以为戒;《书》三科,述二帝三王之业而终于《秦誓》,志秦以狄道代周、以霸统继帝王,变之极也。《春秋》拨乱反正,始元终麟,由极变而之正也,其为致太平之正经、垂万世之法戒

---

① 庄存与:《尚书既见》卷二,第 14 页 b。

② 《多士》《多方》篇第颠倒,前人亦有论之者,如顾炎武曾说:"《多方》之诰曰'惟五月丁亥,王来自奄',而《多士》王曰'昔朕来自奄'。是《多方》当在《多士》之前,后人倒其篇第耳"(顾炎武著,黄汝成集释,栾保群、吕宗力校点:《日知录集释(全校本)》卷二,上海古籍出版社 2006 年版,第 98—99 页)。

③ 刘逢禄:《书序述闻》,载王先谦编《清经解续编》卷三二一,第 2 册,第 325 页。

第一章　常州学派阐发《尚书》之"微言大义"

一也。①

按，《诗经》有所谓"正变"之说，刘氏又推而及于《尚书》。《诗大序》云："至于王道衰，礼义废，政教失，国异政，家殊俗，而变风变雅作矣。"② 郑玄《诗谱序》云："孔子录懿王、夷王时诗，讫于陈灵公淫乱之事，谓之变风变雅……吉凶之所由，忧娱之萌渐，昭昭在斯，足作后王之鉴，于是止矣。"③ 时代政治的改变在诗歌的内容上有所反映，而孔子将这些"变风变雅"收录在《诗经》当中，对后世来说也是一种警诫。刘逢禄认为这种情况在《尚书》中同样存在，例如他指出《西伯戡黎》《微子》二篇"为商书之变，垂戒深矣"。他究竟是如何看出所谓"变书"来的呢？我们举两个例子来说明。

《书序述闻·甘誓》云：

> 谨案，《夏小正》："十有一月王狩，陈筋革。"庄先生说曰："革以为甲，筋以为弓。不言金者，未用兵之刃也。"《司马法》曰："夏后氏正其德也，未用兵之刃，故其兵不杂。"穀梁子曰："诰誓不及五帝，盟诅不及三王。"然则此篇及《五子之歌》《允征》三篇为夏书之变，犹《诗》风、雅、颂俱有正变也。

这是说：夏后氏本行王道，不用兵刃，但《甘誓》中开始有盟誓杀戮之言，正所谓"王道衰，礼义废"，所以《甘誓》是夏书之变，而《五子之歌》《允征》更在《甘誓》之后，自然也是变书。前儒对《甘誓》的评价

---

① 刘逢禄：《书序述闻》，载王先谦编《清经解续编》卷三二一，第 2 册，第 329 页。类似说法又有庄述祖："《易》终《未济》，《书》终《秦誓》，《诗》终《商颂》，《春秋》终于西狩获麟，《夏时》终于陨麋角，戒之哉，戒之哉"（氏著《夏时说义下》，《珍艺宧遗书》，嘉庆道光间武进庄氏脊令舫刊本，第 19 页 a）。刘逢禄《张三世例》亦云："《诗》《书》一正一变，极于周亡，而一终《秦誓》，一终《商颂》。《秦誓》伤周之不可复也，《商颂》示周之可兴也"（氏著《春秋公羊经何氏释例》卷一，《续修四库全书》第 129 册，第 461 页）。
② 孔颖达：《毛诗正义》卷一，阮元校刻《十三经注疏》本，中华书局 1980 年版，第 271 页。
③ 孔颖达：《毛诗正义》卷首，第 1046 页。

多以正面为主，如明儒郝敬云："君子读《甘誓》，而知唐虞之风微，商周之运至矣。孔子删《书》存此篇，一以志夏之继世，一以表启之克家。事虽征伐，而其旨浑厚。数敌之罪，不至溢恶，其言简当。戒众之令，不费多辞，夏道所以为忠也。"① 按照郝敬的看法，《甘誓》虽然代表了虞夏两代的更迭，但其中所言仍是忠厚之"夏道"，孔子实为表彰而存此篇。与此相较，刘逢禄所言确有新的思考。

《书序述闻·费誓》云：

> 孔子序《书》百篇，皆三代废兴之大政，于侯国之书唯《费誓》、《秦誓》二篇。《费誓》虽在周初，视《商誓》、《坶誓》、周公成王之书则褊矣，奚取乎尔？奚取而序之穆王书中尔？曰：此周之变书之始，志荆蛮猾夏之萌也，……故特叙《费誓》，志徐夷之并兴，以卜其终灭于楚；上继《蔡仲之命》，蔡为诛君之后，后亦灭于楚也。疏通知远之教，即《春秋》寓王于鲁、楚不书葬之义也。《孟子》曰："《诗》亡然后《春秋》作。"吾亦曰："《书》亡然后《春秋》作。"

按，《费誓》所记是伯禽讨徐夷之事，其事在周初，孔子却将其掺入穆王时代之书中，刘氏指出这是因为此时徐夷始兴，荆蛮猾夏之端始开，时代政治已有改变，因此《费誓》也是变书，孔子叙《费誓》就是为了突出这一点。

需要指出的是，"变书"一说并非刘逢禄所独持，庄绶甲亦有类似之说："《蔡仲之命》序于《君牙》《冏命》后，而《费誓》又在《蔡仲之命》后，何耶？曰：二篇皆周公遭变之书也，犹变风变雅之作，与此下五篇盖皆为变书，而《冏命》以上为正书，故变后于正尔。"② 此外，宋翔凤《尚书谱》云：

---

① 郝敬：《尚书辨解》卷二，《续修四库全书》第43册，第158页。
② 庄绶甲：《拾遗补艺斋文钞·诗书春秋相通论》，《清代诗文集汇编》第512册，第393页。

第一章　常州学派阐发《尚书》之"微言大义"

　　谨案，孔子序《周书》，自《太誓》迄《冢命》，皆《书》之正经，以世次以年纪。其末序《蔡仲之命》、《费誓》、《吕刑》、《文侯之命》、《秦誓》五篇者，幼尝受其义于葆琛先生，粗晓占毕，未能详纪。奔走燕、豫，留滞梁、荆，函丈斯隔，七年于兹。兹谱《尚书》，细绎所闻而识之曰：《尚书》者，述五帝、三王、五伯之事，蛮夷猾夏，王降为霸，君子病之。时之所极，有无如何者也。蔡之建国，东临淮、徐，南近江、汉，伯禽封鲁，淮夷蛮貊，及彼南夷，莫不率从。不意蔡侯一虏，熊赀始大，楚之霸业，先于五邦，吕命穆王，实作自吕，征彼九伯，浸及齐桓，晋、秦之兴，复在其后，霸者之业，相循而作，帝王之统，由此一变。史伯之对郑桓，言秦、晋、齐、楚代兴；史儋之见秦献，言别五百载复合。运会所乘，惟圣贤能见其微。孔子序五篇于《书》之终，《中候》之文究于霸免，所以戒后王，制蛮夷，式群侯，不可以不慎。①

在此文中，宋翔凤虽然没有明确提出"变书"这一概念，但行文中所透露出来的观点与刘逢禄"变书"之说并无二致，如所谓正经，所谓戒后王等等。而宋氏明言此乃闻之于庄述祖，则庄、刘、宋诸人皆如此。实则庄述祖之著作中确实可以发现此说之踪迹：

　　《芮良夫》者，芮伯谏厉王及诫执政也。《尚书》百篇录《文侯之命》，恭、懿以降无闻焉。文、武、成、康之泽，至懿而衰，诗人于是作谏。逮乎幽、厉大败矣，王室遂东。《十月之交》《民劳》《板》《荡》，降及十五国之风，作者非一人，谏者非一事，要皆疾其始乱，悼其既衰。犹赖先王之泽未泯，相扶相救，复数百年。盖东迁而政在诸侯，吕命作刑，其端已肇，卒之丰镐变为西戎。《蔡仲之命》及《粊誓》，犹《诗》之有《豳风》也，故断自《君牙》《冢命》以上为《周书》正经。《诗》、《书》之文，互有详略。②

---

① 宋翔凤：《尚书谱》，《过庭录》，中华书局1986年版，第121页。
② 庄述祖：《珍艺宦文钞》卷二《读芮良夫》，《续修四库全书》第1475册，第32页。

39

"变书"一语，刘逢禄反复言之，足见他对这一概念的重视。但是揣摩刘氏所言，总嫌其证据不足、立论太果。"变风变雅"之说，古人已疑其穿凿①，况刘氏新造之"变书"乎！上文所说刘逢禄通过捕捉"笔法"来说解《书序》也有这个问题。凡此种种，还是"孔子作《书序》"这一出发点不可靠所致。

五　议论《书》中史事

《书序》虽然简略，但往往是对《尚书》中某些史事的概括，通过对这些史事的议论，也可以考见一些"微言大义"。例如，《旅巢命序》云："巢伯来朝，芮伯作《旅巢命》。"此序本极简单，刘逢禄却认为有深意存焉。《书序述闻》引庄述祖之说，认为武王之时诸侯来朝者众多，《尚书》独录《旅巢命》者，因巢是夏桀之后，"夏命黜而桀之后为蛮夷，芮伯以其来朝，乃陈夏商之所以坠命，为后王监，孔子录之，以为有天下者不可不戒慎也"。这是通过议论武王时巢伯来朝之事阐发《旅巢命》"诫后王"之义。不过，《旅巢命》不传于世，庄、刘二人如何知道芮伯"陈夏商之所以坠命"？这恐怕是他们的想当然之辞。再如，《归禾序》《嘉禾序》所说不过是唐叔得禾、献之周公之事，《书序述闻》却说："读《归禾》《嘉禾序》而知天命之可畏也。"为什么这么说呢？刘逢禄解释说，周公辅佐成王黜武庚，成大功，天降休征，嘉禾以生；周公诫成王，成王不知周公之志，天降休征，乃有风雷之变，由此可见圣人之畏天命。

值得一提的是，这种通过议论《书》中史事来发挥"微言大义"的做法，实承自庄存与，只不过庄存与说解的对象是《尚书》经文，而《书序述闻》说解的对象是《书序》而已。

综上所述，刘逢禄继承庄述祖之学，通过对《书序》编排次序及所

---

① 如郑樵云："正变之言，不出于夫子而出于《序》，未可信也"（氏著《六经奥论》卷三《雅非有正变辨》，《景印文渊阁四库全书》第184册，第62页）。又如叶适云："季札听《诗》，论其得失，未尝及变，孔子教小子以可群可怨，亦未尝及变。夫为言之旨，其发也殊，要以归于正尔。美而非谄，刺而非讦，怨而非愤，哀而非私，何不正之有！后之学《诗》者，不顺其义之所出，而于性情轻别之，不极其志之所至，而于正变强分之，守虚会而迷实得，以薄意而疑雅言，则有蔽而无获矣"（氏著《习学记言序目》，中华书局1977年版，第64页）。

谓"笔法"的解说,通过诸经互相发明,通过议论《书》中史事,来阐发孔子寓于《书序》中之"微言大义"。这些"微言大义"名目繁多,有君臣之义,有圣贤之心,有天命,有三统大义,还有贬庸君、刺佞臣、诫后王等。但这些东西多由庄、刘二人自身体会而得,《书序》中并无明证,实有师心自用之嫌,因此在今日看来,《书序述闻》一书颇多附会。即如所谓"特笔"之说,不但在考据学家看来附会无稽,即使同样强调微言大义的宋学家,恐怕也不赞同,如蔡沈即称:"经曰'大战于甘'者,甚有扈之辞也。序《书》者宜若《春秋》笔,然《春秋》桓王失政,与郑战于繻葛,夫子犹书'王伐郑',不曰'与'、不曰'战'者,以存天下之防也。以启之贤,征有扈之无道,正'礼乐征伐自天子出'也。序《书》者曰'与'、曰'战',若敌国者,何哉?孰谓《书序》为夫子作乎?"[①]蔡沈同样相信春秋笔法,但他认为《书序》之措辞与《春秋》笔法显然冲突,绝不可视为孔子所作。

第三节　魏源《书古微》与西汉"微言大义"

魏源(1794—1857),原名远达,字默深,湖南邵阳人。魏源早年崇尚宋明理学,嘉庆十九年(1814),随父到北京,从胡承珙治汉学,又"学《公羊》于刘先生申受逢禄"[②],先后结识了林则徐、龚自珍等人。道光二年(1822),应顺天乡试,中举人第二名。道光二十五年(1845),考中进士,先后任江苏东台、兴化知县、高邮知州等职。魏源今文之学出于常州。按照梁启超等人的看法,魏源虽不是常州人,但直接承续庄、刘学脉,也应归入常州学派。[③]他的主要经学著作有《诗古微》二十卷、《书古

[①] 蔡沉撰,王丰先点校:《书集传》附《书序》,中华书局2018年版,第303页。
[②] 魏耆:《邵阳魏府君事略》,载《魏源全集》第20册,岳麓书社2004年版,第619页。
[③] 梁启超:《儒家哲学》,载《饮冰室合集》第12册,中华书局1989年版,第69—70页。《清儒学案》也称:"古微说经,本于常州庄氏"(徐世昌等编纂:《清儒学案》卷一六一《古微学案》,中华书局2008年版,第6255页)。又,李伯荣云:"近人叶德辉撰《经学通诰》,以默深附于常州学派庄存与之后,盖渊源固有所自也"(氏著《魏源师友记》,岳麓书社1983年版,第15页)。据此可见将魏源纳入常州学派的做法最早可以追溯到叶德辉时。

微》十二卷等。

关于魏源的经学，刘逢禄曾有很精辟的概括：

> 邵阳魏君默深治经好求微言大义，由董子书以信《公羊春秋》，由《春秋》以信西汉今文家法。既为《董子春秋述例》以阐董、胡之遗绪，又于《书》则专申《史记》、伏生《大传》及《汉书》所载欧阳、夏侯、刘向遗说，以难马、郑；于《诗》则表章鲁、韩坠绪，以匡传、笺。既与予说重规叠矩，其所排难解剥钩沉起废，则又皆足干城大道，张皇幽眇，申先师败绩失据之谤，箴后汉好异矫诬之疾，使遗文湮而复出，绝学幽而复明，其志大，其思深，其用力勤矣。[①]

这一段话透露出很多重要信息，析而论之，可得三点：魏源治经宗今文学，好求"微言大义"；魏源治经的出发点是《公羊春秋》，并兼治今文《诗》《书》；魏源与刘逢禄学术主张大同，所谓"重规叠矩"是也。

魏源是晚清今文经学的中坚人物，是将今文经学发扬光大并产生巨大影响的人物。钱基博先生说："前此治经而张今文者，则《春秋》而已，至源乃推而大之以及《诗》《书》，遍于群经。"[②] 虽然钱先生这话前半句未必完全准确[③]，但说魏源以今文学方法遍治群经是不错的。魏氏《诗古微》认为《毛诗》晚出，故独崇齐、鲁、韩三家，《书古微》则以驳斥马、郑古文为要务。魏氏又十分重视"微言大义"之学，他认为"微言大义"才是经学的最高境界："且夫文质再世而必复，天道三微而成一著。今日复古之要，由诂训、声音以进于东京典章制度，此齐一变至鲁也；由典章、制度以进于西汉微言大义，贯经术、故（政？）事、文章于一，此鲁一变

[①] 刘逢禄：《刘礼部集》卷九《诗古微序》，《续修四库全书》第 1501 册，第 170 页。

[②] 钱基博：《近百年湖南学风》，岳麓书社 1985 年版，第 9 页。按钱氏此说实得之于梁启超。任公所著《论中国学术思想变迁之大势》一文云："前此治今文者，则《春秋》而已，至魏默深乃推及它经"（载《饮冰室合集》文集之七，中华书局 1989 年版，第 97 页）。

[③] 皮锡瑞云："阳胡庄氏，乃推今《春秋》公羊义并及诸经"（氏著《经学通论·书经通论》，第 97 页）。

第一章 常州学派阐发《尚书》之"微言大义"

至道也。"① 这可以说是魏源治学的根本纲领。

魏源之学出于常州，但同前辈庄、刘诸人相比，门户之见明显更深了一层，这也符合今文经学发展的趋势。但魏氏在强调今文的同时，治经却不够严谨，如江瀚评价魏氏云："盖意在求胜，欲以西汉压倒东汉，而立论太果，近于武断，殊乖先儒矜慎之风。"② 其言着实不诬。

魏源曾观点鲜明地发表自己的经学主张："且夫文质再世而必复，天道三微而成一著。今日复古之要，由诂训、声音以进于东京典章制度，此齐一变至鲁也；由典章、制度以进于西汉微言大义，贯经术、故（政？）事、文章于一，此鲁一变至道也。"③ 这一主张落实到《尚书》学上就变成了："夫知东晋梅赜之伪，以返于马、郑古文本，此齐一变至鲁也；知马、郑古文说之臆造无师授，以返于伏生、欧阳、夏侯及孔安国问故之学，此鲁一变至道也。"④ 可见魏源治《尚书》，最根本的还是要返归西汉。

魏源自述《书古微》之作意云："《书古微》何为而作也？所以发明西汉《尚书》今古文之微言大义，而辟东汉马、郑古文之凿空无师传也。"⑤ 据此所述，魏源此书有两个目的：一是发明西汉"微言大义"，二是批判东汉马、郑古文。关于第二点，我们将在第二章予以评述，今先讨论魏氏对"微言大义"的阐发。魏源既然说要"发明西汉《尚书》今古文之微言大义"，那么他于《尚书》似乎并非专主西汉今文，西汉古文同样是其关注的重点。但是魏源之所以有如此主张，其实是由于他相信"西汉今古文本即一家"：

---

① 魏源：《古微堂外集》卷一《两汉经师今古文家法考叙》，《魏源全集》第12册，岳麓书社2004年版，第137页。又，魏源此论与龚自珍可谓是同声相应。有人曾评价龚自珍说："先生之学，在于由东京之训诂以求西汉之微言"（见龚自珍著，夏田蓝编《龚定庵全集类编·序》，中国书店1991年版，第7页）。后人常以龚、魏并称，良有以也。
② 中国科学院图书馆整理：《续修四库全书总目提要（经部）》，第246页。
③ 魏源：《古微堂外集》卷一《两汉经师今古文家法考叙》，《魏源全集》第12册，第137页。
④ 魏源：《书古微·例言上》，《魏源全集》第2册，第1—2页。
⑤ 魏源：《书古微序》，《魏源全集》第2册，第1页。

自伏生得《尚书》二十九篇于屋壁，而欧阳、夏侯传之，后人谓之《今文尚书》。孔安国复得《古文尚书》四十五篇于孔壁，校伏生本多佚书十六篇。而安国从欧阳生受业，尝以今文读古文，又以古文考今文。司马迁亦尝从安国问故。是西汉今古文本即一家，大同小异不过什一，初非判然二家。①

　　按，魏氏此说漏洞很大。据《史记》与《汉书》的记载，从未见孔安国从欧阳生受业之说，只有倪宽从欧阳生学，又受业孔安国，"盖默深误记此事，以为安国曾从欧阳生受业，故亦应得传伏生之学，如此则今古文得混于一家，不须再加分别，实则默深之说无据，并不足取"②。不过魏源此说也可能是出于推断，而非误记。《史记·儒林传》云："伏生教济南张生及欧阳生，欧阳生教千乘倪宽。……自此以后，鲁周霸、孔安国，洛阳贾嘉，颇能言《尚书》事。孔氏有《古文尚书》，而安国以今文读之，因以起其家。"伏生是《今文尚书》的唯一源头，而孔安国又确曾习读《今文尚书》，这大概是魏源此说的依据。但无论如何，在没有明确证据的情况下，魏源就说孔安国曾从欧阳生受业，是十分不谨慎的。又，《古文尚书》较《今文尚书》多十六篇，二者怎能说是"本即一家，大同小异"？此亦魏源立说不周之处。

　　在魏源看来，伏生所传《今文尚书》最能得孔子真意："伏生口授今文《尚书》，传自七十子，微言大义，炳若日星，欧阳、大小夏侯祖述之，各不离其宗。"③然而《今文尚书》久已散亡，欲使西汉古义复兴，必须寻找可资借鉴的资料。魏源认为要发明西汉古义，必须以《史记》《汉书》及《尚书大传》残本为主要依据："西汉今古文既厄于东汉马、郑之臆说矣，至今存什一于千百，而微言大义绵绵延延，竟能回千钧于一发，使古谊复还者，何哉？则全赖有《史记》《汉书》及伏生《大传》残

---

① 魏源：《书古微序》，《魏源全集》第2册，第1页。
② 贺广如：《魏默深思想探究》，台湾大学出版委员会1999年版，第186页。
③ 魏源：《书古微·例言中》，第3页。

第一章　常州学派阐发《尚书》之"微言大义"

本三者为之命脉也。"① 不过魏源此书是否果真完全依赖《史记》《汉书》及《尚书大传》呢？恐怕也不是。魏氏治经主张摆脱传注，直求经文。他说："经有奥义，有大义，研奥义者必以传注分究而始精，玩大义者只以经文汇观而自足。"② 治经有研奥义、玩大义两途，魏氏于此二者其实有所轩轾，"玩大义"才是魏氏治学的最高追求。细究起来，这一观念其实与他强调《史》《汉》《大传》的主张是矛盾的，其根本原因在于西汉典籍中可以汲取的"微言大义"实在有限，不足以支撑魏氏的《尚书》学宗旨。既明乎此，我们再返观《书古微》，就会发现此书在考证河道、舆地等细微处时确实多征引《史》《汉》《大传》，但至于书中触目皆是的"微言大义"，主要还是魏氏自己"独发神悟"所得，与《史》《汉》《大传》所涉无多。甚至有些时候，魏源立说竟然不顾与《大传》之间的矛盾，如《尚书大传·金縢》云"周公身居位听天下为政"，但魏源却竭力否认周公有践祚之事。皮锡瑞对此即十分不满，他说："魏源力辨公无摄王之事，谓《大传》但言摄政，未尝言践祚，则亦未考《金縢》身居位之文耳。"③ 这是讥讽魏氏虽以今文家自我标榜，治《尚书》却不考《大传》。所以，魏源以西汉经学之信徒自居，并非只是简单地搜罗遗说，最根本的是要学习西汉儒生直接探求经典本意的方法。

魏源自言《书古微》一书得于经者凡四大端：补亡、正讹、稽地、象天。所谓补亡，即补《舜典》《汤诰》《泰誓》等篇，正讹即纠正经说之讹传，稽地、象天即探讨《尚书》中天文地理之实际。魏源希望通过此四项工作来恢复西汉今文之原貌，所谓："天其复明斯道于世，尽黜伪古文

---

① 魏源：《书古微·例言下》，第5页。又魏氏《两汉经师今古文家法考叙》云："予据《大传》残编，加以《史记》、《汉书》诸子所征引，共成《书古微》"（氏著《古微堂外集》卷一，《魏源全集》第12册，第137页）。

② 魏源：《古微堂外集》卷一《论语孟子类编序》，第131页。

③ 皮锡瑞：《尚书大传疏证》卷五，第769页。庄、刘甚至不承认周公摄政之事，刘逢禄云："《书序》明著之曰'周公相成王'，相也者，臣道也，非假摄之谓也。自《归禾》以至《息慎之命》，再言天子，再言王命，曰黜，曰伐，曰迁，曰命，曰封，曰诰，皆系之成王，始自《大诰》，以至于《君奭》。《大诰》曰'相成王'，《君奭》亦曰'相成王'，何乃有假摄之说哉"（氏著《书序述闻》，载王先谦编《清经解续编》卷三二一，第2册，第323页）。庄述祖云："所云摄政者，百官总己以听冢宰之谓"（氏著《珍艺宧文钞》卷三《微子之命序说》，《续修四库全书》第1475册，第50页）。

十六篇,并尽黜马、郑之说,而颁西汉古义于学宫矣乎?"① 不过今天看来,魏源此书在这四个方面所取得的成绩着实有限,其考证结果多有失客观。② 相较而言,他对《尚书》"微言大义"的阐发倒是颇有值得深究之处。下文拟分三个方面探讨《书古微》对"微言大义"的阐发。

一　庄刘学术之流裔

魏源曾问学于刘逢禄,从其所撰《武进庄少宗伯遗书序》《刘礼部遗书序》等文可以看出,魏氏对庄、刘等人推崇备至,并以继承发扬他们的学术为职志。《书古微》中有许多地方都采纳了庄存与、庄述祖、刘逢禄的成果,魏氏自言:"《金縢》《大诰》多取武进庄侍郎遗言,《书序》则兼采武进庄述祖、刘申受绪论。"③ 具体到阐发《尚书》中的"微言大义",魏氏也多有取于前辈庄存与、刘逢禄,如《金縢发微》云:

> 《书序》于成王之书九篇,皆大书成王主其事,以释周公称王之疑。而经文则于《酒诰》"成王若曰"以发其凡,于《多方》则以"周公曰"、"王若曰"发其凡,以释假王莅祚之疑。此圣人特笔。

此处魏源所论,不论是"特笔"之说,还是周公未尝践祚称王之说,显然都是继承庄、刘而来。

再如魏源论《尚书》中"三统"之义云:

> 郑氏《书赞》谓《尚书》有三科之条,五家之教。五家者,唐、虞、夏、商、周也;三科者,虞、夏一科,商一科,周一科也。……三科即三统也,周以夏、商为三统,三统以前谓之三古,故周史重修时以"曰若稽古"别之。……至于帝王三统古谊,莫精于董生。……此七十子所口受于夫子微言大义,传之董生,与《书大传》"舜乃称

---

① 魏源:《书古微序》,第5页。
② 可参看贺广如《魏默深思想探究》,第195—197页。
③ 魏源:《书古微·例言下》,第6页。

第一章 常州学派阐发《尚书》之"微言大义"

王而入唐",与尧、舜独称"曰若稽古"若合符节,明为周初"乃命五史"所书"五帝之蛊事",皆所谓由百世之后,等百世之王。太史公问故于孔安国,又问《春秋》于董生,略知斯谊。故《五帝本纪》首黄帝至帝舜,且皆著其有天下之号,曰轩辕,曰太昊、少昊、高阳、高辛,曰放勋、重华、文命。而冠二典谟以"稽古",此《尚书》微言大义,西汉惟伏、孔、董生得闻之,岂东汉马、郑诸儒所闻乎?①

这是说,《尧典》《皋陶谟》两篇以"曰若稽古"开篇,是周代史臣为了将唐、虞"三古"时代与夏、商、周区别开来。此"三统"之义,七十子所传,西汉伏生、孔安国、董仲舒皆曾得闻,非东汉马、郑等人可比。魏源所论与刘逢禄之《书序述闻》大同,由此可见常州学派《尚书》学之传承。

二 新说与新义迭出

前文讨论庄、刘等人的《尚书》学时,就曾指出,他们的著作多迥异于前人及同时诸人,议论颇新。魏源继承他们的学术,自然不甘于仅仅是拾其余唾。在掌握了他们的解经方法之后,魏源马上就"举一反三",从别人注意不到的地方引申出新的"微言大义"来。例如《尧典释经·闰月定四时成岁义》云:

> 帝王出治,必法乎天,而法天之要,不出于观象与置闰,二者皆以执中为主。……故璇机北极者,圣人执中之体,而玉衡斗建者,圣人用中之法也。读《尚书·尧典》,不明璇玑玉衡之古义,无一而可者。

《尚书·尧典》提到了"历象日月星辰,敬授人时","以闰月定四时成

---

① 魏源:《书古微》卷一《尧典释经》,第1—5页。

47

岁"，以及"在璇玑玉衡，以齐七政"，并没有进一步的申说。魏源认为这并非仅仅与天象、历法有关，他将这些与帝王之治联系起来，阐发其"执中""用中"之说。按《礼记·中庸》有云："子曰：'舜……隐恶而扬善，执其两端，用其中于民，其斯以为舜乎！'"这就是"执中""用中"说之渊源，抑或是魏源灵感之所由来。但《尧典》中所言观象、置闰似乎很难与"执中""用中"扯上关系，不过魏源却通过对斗建、节气等等的一番议论，成功地演绎出了这一通大道理。

又如《高宗肜日发微上》云：

> 国以一人兴，以一人亡，乌乎！天胤典嗣，敢不战战兢兢哉！以天下与人易，为天下得人难。官天下传贤之义，于舜诫禹、启"毋若丹朱傲"见之；（原注：见《皋陶谟》解。）家天下传子之谊，于《高宗肜日》"天胤典嗣"见之。《易》以"高宗伐鬼方"分系之《既济》《未济》，盖当朝诸侯有天下极盛之时，而履霜坚冰即伏于其际，故《书》列《西伯戡黎》之前，著殷、周二代兴亡之本焉。序《书》者其有忧患乎？

《皋陶谟》记载帝舜之言曰："毋若丹朱傲。"[1]魏源认为这反映的是当时圣王官天下、以天下传贤之义。《高宗肜日》有"天胤典嗣"[2]的话，魏源认为这反映的是当时商王家天下、以天下传子之义。详魏氏所论，并非主张官天下、反对家天下，他只是强调在选择权力继承人时一定要注重贤德，如此才能确保国家的兴盛。另外，高宗时代也是商王朝由盛而衰的转折点，魏氏认为序《书》者将《高宗肜日》《西伯戡黎》两篇紧次相连，就是要表明殷、周两代兴亡之由。不过魏源此论也并非要贬斥高宗，这只是他对商周兴亡的一种思考。"毋若丹朱傲""天胤典嗣"只是《尚书》中不

---

[1] 今伪孔本"毋若丹朱傲"之上并无"帝曰"二字，但清代学者据《史记》等书认为此乃伪孔本脱漏。

[2] 按，"典嗣"应作"典祀"，不知魏源所据何本。又，此句句读应作"罔非天胤，典祀无丰于昵"，魏氏读作"天胤典嗣"，比较独特。

第一章 常州学派阐发《尚书》之"微言大义"

起眼的两句话，但经过魏源的阐发，却是圣人有关君主继承、天下兴亡的点睛之笔。

再如《甫刑篇发微》云：

> 穆王《甫刑》何以录于《书》也？曰：是篇著谊一，微谊二。
>
> 何谓著谊？曰：圣人欲废肉刑，先汉文而发其端也。……春秋之世，踊贵屦贱，不读穆王《甫刑》之书，孰知为三苗之制哉？夫子录之于《书》，则知圣人用世，肉刑必当变。……录《费誓》、《秦誓》于篇末，示费将代鲁，秦当代周。田、韩、赵、魏以陪臣代诸侯，秦起戎翟，以并天下，则知天下大势所趋，圣人即不变之，封建亦必当自变。
>
> 何谓微谊一？禹、稷、皋陶三后佐唐、虞，禹让稷、契及皋陶，尧舜之道，惟禹、皋陶见而知之，此万世所共圣。……夫子以《秦誓》继《甫刑》，知皋陶、伯益之后将继稷、契、禹而代兴也。惟王变而霸，道德变而功利，此运会所趋，即祖宗亦不能不听其自变。
>
> 何谓微谊二？曰：古今气运之大阖辟，其在颛顼乎！开辟之初，圣而帝者以天治，不尽以人治；纯以人治者，自颛顼始。……夫子删《书》，始自唐、虞，以人治，不复以天治，虽天地亦不能不听其自变。

按，《甫刑》记载的是周穆王时甫侯作刑法事，魏源此处所说的"著谊一、微谊二"都很难看出来。魏氏解释说，蚩尤之世用五虐之刑，颛顼兴而革之，尧舜之世亦无肉刑，流及穆王，始变圣人之法而用肉刑，此所谓"著谊一"；禹、稷、皋陶为三后，自古论定，甫侯利用穆王之耄荒，私尊其祖，以伯夷代皋陶为三后，此所谓"微谊"之一；颛顼之前，天地相通，政令灾祥祸福，一以天治而不纯以人治。颛顼始绝天地之通，纯以人治，此所谓"微谊"之二。周穆王设墨、劓、剕、宫、大辟五刑，暴虐不堪，魏源所谓"著谊"尚属有迹可循，但魏氏所言"微谊"则极为隐晦。《甫刑》云："乃命三后，恤功于民：伯夷降典，折民为刑；禹平水土，主名山川；稷降播种，农殖嘉谷。三后成功，惟殷于民。"此处所述三后为伯夷、禹、稷，与通常所说的禹、稷、皋陶不同。前人对此也有解释①，但魏氏另辟蹊径，他敏锐地发觉伯夷正是甫侯之祖先，《甫刑》所言之三后必是甫侯篡改。此说着实新颖。魏氏所谓"微谊二"则因"乃命重、黎绝地天通"而发，与《甫刑》所言之事无关，然魏氏所论实不易解，所谓天地相通之说本属上古神话，魏氏不应不知，却尊之信之，念念不绝，或有深意存焉。②

此处所引《甫刑篇发微》仍有可得而论者。魏源之所以要费尽心思地从字缝中发挥、演绎这些"微言大义"，并且认为这些"微言大义"确实蕴含于《尚书》之中，还是因为他相信《尚书》乃是孔子所录、所叙，圣人著述，必有深意存焉。篇中所言"夫子录之于《书》"，"录《费誓》《秦誓》于篇末"，"夫子以《秦誓》继《甫刑》"，"夫子删《书》始自唐、虞"，都鲜明地体现了魏源的《尚书》观，即《尚书》曾经孔子亲自编撰、删削，在孔子加工之后，《尚书》不再是简单的历史档案，而是蕴含圣人哲理的"经"。③这一观念正是魏源《尚书》"微言大义"之学的根基所在。

三　魏氏立说病在武断

自《书古微》问世后，批评之声不断，其中最重要的一点就是此书过于武断。如皮锡瑞《书经通论》云："魏源尊信刘逢禄，其作《书古

---

① 孙星衍说："举伯夷不举皋陶者，《汉书·刑法志》云：'《书》云："伯夷降典，折民惟刑。"言制礼以止刑，犹堤之防溢水也。'《大传》说引孔子曰：'古之刑者省之，今之刑者繁之。其教古者有礼然后有刑，是以刑省也。今反是，无礼而齐之以刑，是以繁也。《书》曰："伯夷降典礼云云。"'与《刑法志》义同"（氏著《尚书今古文注疏》，第526页）。

② 魏源向以得风气之先的形象示人，却常常陷于天人感应之说不能自拔。可参见陈鹏鸣《魏源与今文经学》，《历史教学》1998年第10期。

③ 魏源《国朝古文类钞叙》云："《六经》自《易》、《礼》、《春秋》，姬、孔制作外，《诗》则纂辑当时有韵之文也；《书》则纂辑当时制诰章奏载记之文也；《礼记》则纂辑学士大夫考证论议之文也；纲罗放佚，纂述旧闻，以昭代为宪章，而监二代之文献。然则整齐文字之学，自夫子之纂《六经》始。后世尊之为经，在当日夫子自视，则亦一代诗文之汇选，本朝前之文献而已"（氏著《古微堂外集》卷三《国朝古文类钞叙》，第234页）。魏氏此处所言与《书古微》似有差异处，他从"整齐文字之学"的角度论述孔子纂《六经》之事业，似乎不够尊崇孔子。此亦不足深怪，魏氏治学多有前后未周之处。再者，此处魏氏所言同样也认为前代文献经孔子整理即成为经。

第一章 常州学派阐发《尚书》之"微言大义"

微》痛斥马、郑,以扶今文,实本庄、刘,更参臆说。补《汤誓》,本庄氏;补《舜典》、《汤诰》、《牧誓》、《武成》,则庄氏所无。《周诰分年集证》,将《大诰》至《洛诰》之文,尽窜易其次序,与王柏《书疑》无以异。以管叔为嗜酒亡国,则虽宋儒亦未敢为此无据之言。"[1]皮氏与魏氏同属今文家,仍然作如此严厉的批评,则魏氏之书恐怕确实难免此病。若就此书对"微言大义"的发挥而论,魏氏也无力反驳武断之讥,试举例细观之。

《君奭篇发微》云:"周公守三统之义,故称引止及夏、商,而不敢远引三古之事以自比例也。"魏源认为,在《君奭》中,周公回顾前代贤臣,是为了自我比拟,但只提到夏、商,而不提三古,则是因为周公守三统之义。此说附会处颇多。首先,在《君奭》中周公只提到了商代伊尹等人,并没有提及夏代,三统之说似乎无所依附。其次,周公举伊尹等人是否属于"以自比例"姑且不论,但就三统之义而言也并没有要求不许提及三古之事,周公只提夏、商,不提三古,如何就是守三统之义?魏源重视三统之义,总是时刻不忘阐发此说,但此处所论显然是有不顾事实、师心自用之嫌。

又如《尧典》"克明峻德",《史记》作"能明驯德",徐广读"驯"为"训"。魏源指出,训、顺假借,驯、顺诂义,孝之为言顺也。后汉治《今文尚书》之平当说:"天地之性,人为贵,人之行,莫大于孝。《书》曰:'克明峻德,以亲九族。'以此见帝王之德,无以加于孝也。"据此,魏源认为"克明峻德"所要表明的是"德莫大于孝,溥之而横于四海,推诸东西南北而无不准。故德莫大于孝,亦莫顺于孝。尧惟能自明其孝德,享帝享亲,假于上下"[2]。然而魏氏此说着实无据。平当论"孝",显然是就"以亲九族"而言,而不是针对"克明峻德"。另外,魏源辗转训"峻"为"孝",实属牵强。

《书古微》一书中多有罔顾史实、无根失据之论,因此相比于魏氏的

---

[1] 皮锡瑞:《经学通论·书经通论》,第98页。按此处皮氏所说"以管叔为嗜酒亡国,则虽宋儒亦未敢为此无据之言",似不确,此乃魏源袭用朱子之说,详见下文。

[2] 魏源:《书古微》卷一《尧典释经》,第6页。

另一部著作《诗古微》，人们对此书的评价要低许多。①时代稍后之吴光耀在书中一一指摘《书古微》之错误，有所谓"至乃不知谁为西汉人、谁为东汉人，谁为今文家、谁为古文家，今古文异义若何，异字若何，源流盛衰若何"②，言辞极为激烈。甚至从整体上否定魏源之经学者亦不少见，如李慈铭云：

> 自道光以来，经学之书充栋，诸儒考订之密，无以复加。于是一二心思才智之士，苦其繁富，穷年莫殚，又自知必不能过之，乃创为西汉之说，谓微言大义汩于东京以后，张皇幽眇，恣臆妄言，攻击康成，土苴冲远，力诋乾隆诸大儒，以为章句饾饤，名物繁碎，敝精神于无用，甚至谓内外祸乱酿成于汉学。实则自便空疏，景附一二古书，癫语醉讝，欺诳愚俗。其所尊者，《逸周书》、《竹书纪年》、《春秋繁露》、《尚书大传》，或断烂丛残，或悠谬无征，以为此七十子之真传，三代先秦之古谊。复搜求乾嘉诸儒所辑之《古易注》、《今文尚书说》、《三家诗考》，攘而秘之，以为此微言大义所在也。又本武进庄存与之说，力尊《公羊》，扶翼《解诂》，卑《穀梁》为舆皂，比《左氏》于盗贼。盖几于非圣无法，病狂丧心。而所看之书不过十余部，所治之经不过三四种，较之为宋学者，尚须守五子之语录，辨朱、陆之异同，其用力尤简，得名尤易，此人心学术之大忧，至今未已也。魏默深才粗而气浮，心傲而神狠，耻于学无所得，乃遁而附于常州庄氏。……臆决窔谈，无待驳辨。③

不过魏源这种治《尚书》学的途径正是因不满于乾嘉学派的考证训诂之学而有所矫正，魏氏所论或有深意，非仅为治《尚书》而发。对于这

---

① 甚至在朱一新看来，魏氏《诗古微》同《书古微》一样，都是门户之见极深，经学造诣殊浅，其言曰："道咸以来，说经专重微言，而大义置之不讲。其所谓微言者，又多强六经以就我，流弊无穷。即如魏默深《诗古微》之攻《故训传》，《书古微》以杜林漆书诬马、郑，遂欲废斥古文。魏氏史学名家，其经学实足误人"（氏著《无邪堂答问》卷一，《续修四库全书》第1164册，第475页）。
② 吴光耀：《古文尚书正辞》卷三十三《叙目》，《四库未收书辑刊》第二辑第5册，第611页。
③ 李慈铭：《越缦堂读书记·古微堂集》，上海书店出版社2000年版，第1135—1136页。

一"微言大义"之学,我们似乎不可完全斤斤计较于字句、史实,而应着眼于探讨魏氏之深意,否则恐正为前人所讥之"女史诵诗,内竖传令"①。

第四节 《尚书》"微言大义"之学的特点

在前面三节中,笔者对庄存与、庄述祖、刘逢禄、魏源四人的《尚书》学著作进行了剖析,主要关注的是他们对"微言大义"的阐发。常州诸子,除魏源外,今古文的门户之见还不是很深,但这种注重"微言大义"的《尚书》学治学方式却将他们与同时诸人区分开来,形成了独具特色的一派。考虑到今文经学与"微言大义"的密切关系,所以笔者将常州学派的《尚书》学纳入"今文经学背景下的《尚书》学"这一范畴中来,自认为还是合适的。

总结前文的论述可以发现,常州诸子在阐发《尚书》中的"微言大义"方面是一脉相承的,这不仅体现在方法上,还体现在成果上。他们对《尚书》经文作出全新的解读,得出新奇的结论,这是他们治经的特点。或许站在重视客观证据的考据学立场上看,常州学派的《尚书》学著作多牵强附会,甚至一文不值;但如果从学术史、思想史的角度看,这些著作仍然能够因其特色鲜明的内容而深具研究的价值。我们今日对此进行探讨,主要并不是为了以此来解读《尚书》和《书序》,而是为了对常州学派的治学特色有更进一步的了解。毕竟,要了解常州学派就要了解他们对"微言大义"的阐发,而《尚书》学正是他们阐发"微言大义"的一个重要阵地。

今统观常州学派对《尚书》中的"微言大义"的阐发,还可以发现如下三个显著的特点。

---

① 魏源《武进庄少宗伯遗书序》专门引徐干《中论》云:"鄙儒之博学也,务于物名,详于器械,矜于诂训,摘其章句,而不能统其大义,以获先王之心,此无异乎女史诵诗,内竖传令也,使学者劳思虑而不知道,费日月而无成功"(氏著《古微堂外集》卷三《武进庄少宗伯遗书序》,《魏源全集》第12册,第243—244页)。

一 以公羊学为根底

常州学派阐发《尚书》的"微言大义",是以公羊学为根底的。笔者在前文提到,庄、刘、魏等人的《尚书》学著作中曾涉及了"尊王""讥世卿""王鲁说""三统说"等公羊学大义,即是其证。今再举三例而细观之。

《尚书说》中论《高宗肜日》云:

> 此事应也。……天地之大者在五行,各一其性,不得相干,征召若景响。其失也不知救,则已如欲救之,不敢不察其故,所谓"《春秋》之道,举往以明来"也。①

按,所谓"《春秋》之道,举往以明来"乃是董仲舒之言,出于《汉书·五行志》,其所论不外乎上天惩戒之事。前文提到,在《尚书既见》中,庄存与认为《高宗肜日》所记飞雉登鼎耳之异就是上天示警。在《尚书说》中,庄氏进一步阐发其说,认为上天欲救人君之失,必求其所以然,其意正与董仲舒释《春秋》之语相同。

魏源《书古微·顾命篇发微下》云:

> 尊尊者,天下之事也;亲亲者,一身之事也。一身之事可夺于天下,天下之事不可夺于一身。即位者,尊尊之事,以人君为统;服丧者,亲亲之事,以人子为统。故天子之服,可以天下释之。且天子使天下之人得其生,故尊于天下。天子之父使天子治天下之人以得其生,故尊于天子。天子之祖以天下传之世世子孙,使治天下之人以得其生,故尊于天子之父。天则无不尊者也。礼者,上可以废下,下不可以废上,故天子之父之服可以天与祖释之。虽然,反丧服而持之终丧,则亲亲之义亦伸矣。

---

① 庄存与:《尚书说》,第4页 ab。

第一章 常州学派阐发《尚书》之"微言大义"

按,魏氏此处所论乃是就康王即位之事而发,其所言"尊尊""亲亲"正是公羊家所乐道之大义。《公羊传》有云:"《春秋》为尊者讳,为亲者讳,为贤者讳。"董仲舒《春秋繁露·王道》亦云:"教以爱,使以忠,敬长老,亲亲而尊尊。"[①]这些都是"尊尊亲亲"的相关阐述。按照《顾命》篇中所记,康王在成王死后当年就即位称王,似乎不合乎礼制。但魏源认为这正与尊尊之义相符,且亦不背于亲亲之义。关于康王在成王死后应当称王还是称子,历代争议不断,而魏源引《公羊》尊尊、亲亲之义以释礼制之疑,颇具特色。

与魏源一样承续常州学风,并称"今文学之健者"[②]的龚自珍也擅长将《尚书》与公羊学联系起来,其《五经大义终始答问一》云:

> 问:三世之法谁法也?答:三世,非徒《春秋》法也。《洪范》八政配三世,八政又各有三世。愿问八政配三世?曰:食、货者,据乱而作。祀也,司徒、司寇、司空也,治升平之事。宾、师乃文致太平之事。孔子之法,箕子之法也。[③]

三世说是公羊学者关于社会历史的一套理论,他们认为人类社会是沿着据乱世、升平世、太平世顺次进化的。《公羊传·哀公十四年》云:"《春秋》何以始乎隐?祖之所逮闻也。所见异辞,所闻异辞,所传闻异辞。"董仲舒曾以此划分《春秋》十二公,何休又将之命名为"据乱、升平、太平"。这就是所谓三世说。龚自珍认为此一套理论并非仅限于《春秋》,《尚书》中同样包含有三世说。按照他的观点,《洪范》所载八种政事可分别对应据乱、升平、太平三世,甚至每种政事自身也各有三世。然而龚氏并没有对此观点展开详细的论述,因此我们无法得知其详。当然,笔者此处只是要指明龚自珍借用公羊学的概念来阐释《尚书》,至于其是否合理,笔者不拟深论。

---

① 董仲舒:《春秋繁露》,上海古籍出版社1989年,第22页。
② 梁启超:《清代学术概论》,朱维铮校注《梁启超论清学史二种》,第63页。
③ 龚自珍:《龚自珍全集》,上海人民出版社1975年版,第46页。

二　富有致用精神

常州诸子喜言"微言大义",而"微言大义"多与经世致用之精神密不可分。皮锡瑞说:"汉学所以有用者在精而不在博,将欲通经致用,先求微言大义。"①常州学派治经遵循的也是这么一条道路。

钱穆先生论常州学派之治学精神有云:"常州言学,既主微言大义,而通于天道人事,则其归必趋而论政,否则,何治乎《春秋》?何贵乎《公羊》?(左氏主事,《公羊》主义,义贵褒贬进退,西汉《公羊》家皆以经术通政事也。)亦何异于章句训诂之考索?故以言夫常州学之精神,其极必趋于轻古经而重时政,则定庵其眉目也。"②钱先生认为议论时政是常州学派尊崇公羊学的必然结果。有现代学者也指出:"常州学派之学术特质,在利用公羊义理发挥其经世思想。"③这种通过公羊学而论及常州学派经世致用思想的研究思路已为学界所熟知和认同,笔者无须就这一问题再作添足之论,今所欲揭示者,乃是常州诸子《尚书》学著作中之经世致用精神。

上文提到,庄存与长期供职上书房,教育皇子,因此解《尚书》多侧重于圣王之心、君臣之道。又,庄存与曾云:"不知尧、舜、禹、汤、文、武、周公之行事,何以为法于天下后世?不知孔子作《春秋》,何以为王者之事?何以为乐道尧、舜之道?"④尧、舜、禹、汤、文、武、周公之行事,正《尚书既见》《尚书说》所数数称道,存与盖以之为后世法。

刘逢禄治经也是以阐大义、致实用为本,史传记载述刘逢禄"在礼部十二年,恒以经义决疑事,为众所钦服"⑤。《书序述闻》中的很多论述也颇具致用色彩,例如:

---

① 皮锡瑞:《经学历史》,第56页。
② 钱穆:《中国近三百年学术史》,第591页。
③ 江素卿:《论常州学派之学术特质与经世思想》,花木兰文化出版社2008年版,第107页。
④ 庄存与:《系辞传论》,《续修四库全书》第22册,第655页。
⑤ 赵尔巽等:《清史稿》卷四八二《儒林三》,第13267页。

第一章 常州学派阐发《尚书》之"微言大义"

> 夫继体守文之君莫不受命,而太平之基在于得贤,序《周官》而次以《立政》,七年之间,制礼作乐,周道大成,岂非得人之效哉!……读《立政》而知圣人之有作,必集众贤而后成也。大臣之事君,必进众臣以共治也。人主之立政,必择贤而俾乂,勿以己意闲之,勿以憸人误之也。

在此,刘逢禄大力宣扬为君者任贤、为臣者进贤之义,刘氏此论绝不是单纯的解经,他确有一种规谏人主、敦劝人臣的意思。虽然这番议论显得比较空洞,也很难被人主察觉和采纳,但这并不妨碍刘逢禄醉心此道。

至于魏源,更是因积极倡导经世致用之学而广受关注,其所著《武进李申耆先生传》云:"乾隆中叶,惠定宇、戴东原、程易畴、孙叔澐、段若膺、王怀祖、钱晓征、孙渊如及臧在东兄弟,争治汉学,锢天下聪明智能于无用之一途。"这是魏源对"无用之学"的大加贬斥,而魏氏经世致用的主张在《书古微》中的集中体现就是其"变易"思想:

> 《春秋》讥世卿,恶其以贵族妨贤路,则知选举必当变;春秋合伯、子、男为一等,使国无过大过小,以杜兼并,则知封建必当变。录《费誓》、《秦誓》于篇末,示费将代鲁,秦当代周。田、韩、赵、魏以陪臣代诸侯,秦起戎翟,以并天下,则知天下大势所趋,圣人即不变之,封建亦必当自变。……夫子以《秦誓》继《甫刑》,知皋陶、伯益之后,将继稷、契、禹而代兴也。惟王变而霸,道德变而功利,此运会所趋,即祖宗亦不能不听其自变。①

魏源认为孔子录《尚书》,其篇目选择及编次皆有深意,而《甫刑》《费誓》《秦誓》即有运会所趋、天下必变之意存焉。魏氏认为,选举、封建之变皆属必然,这同他的政治主张完全一致,而从《尚书》中发挥此义则是魏氏的独到之见。如果将魏源对这三篇经文的解读与庄述祖、刘逢禄作

---

① 魏源:《书古微》卷十一《甫刑篇发微》,第353—354页。

一比较，就会发现时代风气的转变对学术的影响。前文提到，庄、刘二人视《费誓》《秦誓》为"变书"，寓含贬斥警诫之意，并无"变易"之说。而魏源写作《书古微》的时间，正是国势衰微、社会危机严重的时代，魏源忧心时弊，力倡改革，故而大肆宣传"变易"思想。庄、刘二人的经世致用主要是挖掘经书中有益于君王统治的大义，试图以之辅佐圣君，所论仍仅停留在纸面上，而魏源则见诸行事，力图改变现状。因此可以说，魏源这种从儒家经典中阐发"变易"说的做法确是时代的产物，而此一做法无疑也对其后辈康有为等有很大的影响。当然，无论是庄存与、刘逢禄还是魏源，他们《尚书》致用之学的重点都已经不是汉儒的"以《禹贡》行河，以《洪范》占变"之类。

三　旁参宋学

关于常州学派之兼采宋学，前人已有关注，如皮锡瑞《书经通论》云："其实庄氏所自矜创获，皆阴袭宋儒之余唾，而显背汉儒之古训者也。"[①]《续修四库全书总目提要》说："庄、刘一派，所以有异于同时考据诸儒者，实浸淫于宋学，特讳言之耳。"[②]所言皆极是。至于常州学派为何喜好宋学，现代学者也有精彩的论述："常州学派发轫时，恰值汉学鼎盛，宋学式微。他们选择今文经学，显然是不满于清代汉学的现状，带有尊今文而去古文的倾向。这意味着，相对于以考据见长的汉学而言，好谈微言大义的今文经学与讲求义理的程朱理学在轻考据、重义理方面存在一致的地方。"[③]笔者对此说是完全同意的。即如常州诸子喜言尧、舜、禹、汤、文、武、周公之事，在蔡沈《书集传》已开其端。蔡氏自序云："呜呼，《书》岂易言哉，二帝三王治天下之大经大法，皆载此书……后世人主有志于二帝三王之治，不可不求其道；有志于二帝三王之道，不可不求其心。求心之要，舍是书何以哉？"[④]所谓二帝三王之大经大法正是庄、刘

[①] 皮锡瑞：《经学通论·书经通论》，第98页。
[②] 中国科学院图书馆整理：《续修四库全书总目提要（经部）》，第241页。
[③] 张昭军：《晚清民初的理学与经学》，商务印书馆2007年版，第65页。
[④] 蔡沉撰，王丰先点校：《书集传》卷首自序，中华书局2018年版，第13页。

第一章 常州学派阐发《尚书》之"微言大义"

等人《尚书》学研究的重心所在。

江翰曾举例说明《尚书既见》对宋学的采纳，其文曰："至引《孟子》言象日以杀舜为事，暨封有庳，谓舜待弟之道至矣，事亲之道至矣，所谓尽道而瞽瞍厎豫者，几实由乎象也。舜之于象，变化之矣，不独富贵之也。则全本王守仁《象祠记》之意。"① 又观庄存与所言"读祖己、祖伊之书而不知天、不知性、不知命，何其人多且久也"，天、性、命皆为宋学家所常道，而考据家多摒弃不用。另外，刘逢禄对《文侯之命》篇的解读很能说明问题："平王既立于申，自申还洛，又使周人为之戍申，则幽王之弑不可谓非平王之志矣。诸侯但知其冢嗣为当立，不察其与弑为可诛。虢公有见于此而立携王，文侯杀携王而平王之位定。夫子录此篇，盖著其事而恶自见。"② 在他看来，孔子将《文侯之命》收入《尚书》，是为了彰显平王之罪，其罪在于申侯杀其父而平王厚报之。此说与张九成、朱熹之说大同。③

至于魏源，与宋学更是关系密切。史载："（魏源）初崇尚宋儒理学，后发明西汉人之谊。"④ 据此可见魏源之学术渊源不脱宋学。《书古微》一书受宋学影响也很明显，该书卷八全录黄道周之《洪范明义》。黄道周为明末著名理学家，陈寿祺说他"德业在梁溪（李纲）、考亭（朱熹）之间，其志节在文山（文天祥）、青阳（庄圭复）之列，其发明圣学，卫道宗经，大旨与刘公宗周相近"⑤。魏源对黄氏之书甚为信服，"全录黄文，不敢词赞"，可见其尊信之态度。又如《书古微》引《朱子语录》发明管叔之事，并阐发因酒亡国之戒，也很能说明魏源对宋学的吸收，其文曰：

　　吾读《朱子语录》言：管叔何以从武庚之畔？此必管叔旧有酒

---

① 中国科学院图书馆整理：《续修四库全书总目提要（经部）》，第232页。
② 刘逢禄：《书序述闻》，载王先谦编《清经解续编》卷三二一，第2册，第329页。
③ 参见刘德州《"夫子之意为平王设"——论宋儒对〈文侯之命〉的阐释》，《江苏师范大学学报》（哲学社会科学版）2015年第1期。
④ 王钟翰点校：《清史列传》卷六九《儒林传下二》，中华书局1987年版，第5633页。
⑤ 阮元：《隐屏山人陈编修传》，载陈寿祺《左海文集》卷首，《续修四库全书》第1496册，第56页。

德，武庚以酒酗之，使人乘醉离间，谓弟秉国柄，兄投闲散，激其忿而讦以邪谋。斯言也，吾于《酒诰》经文得之。前半篇恫管叔违文王之教，以酒亡身；后半篇始言殷人违成汤诸先哲王之训，以酒亡国。……《酒诰》一书，其诫殷民酗酒者犹后，其诫周臣酗酒者最先且严，若非惩管叔酿祸之由，何以至是？使管叔苟遵文考之彝训，刚制于酒，原不失为才臣。世固有醒时精明，遇酒辄昏瞀如出两人者，楚之子反、汉之灌夫，身名俱丧；卫武《宾筵》，饮酒悔过。是故禹饮旨酒而叹曰："后世必有以酒亡其国者。"今古貉丘，何独管叔？①

魏氏对朱子之说深为信服，并大加阐释引申，说明酗酒之害，其有取于宋学至为明显。又，笔者在本章第一节中曾说今文家所讲的"微言大义"其实与宋儒所说的"义理"相差不远，以上所论亦可为此说之一助。

常州学派在阐发《尚书》中的"微言大义"时受到宋学影响，清代宋学家治《尚书》，也注重发挥其中所谓的圣人大义，二者有一定程度的相通之处，如桐城大师方苞《读大诰》有云："故读《牧誓》而知圣人之心之敬，虽致天之罚，誓师声罪，而辞有所不敢尽也。读《大诰》而知圣人之心之公，审己之义，察人之情，一禀于天理，而修辞必立其诚也"②，其辞气、行文皆与庄、刘等人极相像。但是，常州学派与清代宋学家对《尚书》中所含大义的阐发也有显著的不同。

今文家的"微言大义"之学与宋学家的义理之学同样鄙薄训诂考据，重视圣贤大义，这是他们价值取向、治学方法上的一致，但是其所发挥的圣贤大义在具体内容上是有显著差异的。宋学家念念不忘的是理、性、心、气等概念，而今文经学并没有这般自我束缚，举凡《易》之占变、《诗》之讽谏、《礼》之制度、《春秋》之决狱、《洪范》之匡世察变，皆属今文经学"微言大义"之范围。冯友兰先生说："清人所讲之义理之学，其大与道学不同者，当始自清代之今文经学家。……以《春秋公羊传》为中心之今文经学家之经学，在清代中叶以后，遂又逐渐复兴。此派经学家

---

① 魏源：《书古微》卷十《周诰发微中》，第314—315页。
② 方苞著，刘季高校点：《方苞集》卷一《读经·读大诰》，上海古籍出版社1983年版，第3页。

若讲及义理之学，其所讨论之问题，与道学家所讨论者亦不同。"①冯先生注意到了今文经学与道学所讨论问题之不同，颇具启发意义，其所论虽仅就清末康、廖等而言，实亦足以概整体。

具体到《尚书》学而论，清代宋学家治《尚书》主要还是遵循程朱，尤其是蔡沈《书集传》的路子，其工作以补正宋人著作为主，自己的发明有限。如孙承泽著《尚书集解》，认为"《尚书》不独治统所属、道统寄焉，言心、言性、言敬，实开万古理学之宗，视诸经为尤要"，是书"所解多从蔡传，参以东莱，其有不合者，正以仁山、白云两先生"②。王夫之著有《书经稗疏》《尚书引义》，也属"笃信蔡传而有所补订者"③。但是常州学派则天马行空，无所拘束，虽然他们有时宣称要归于西汉，但在阐发"微言大义"时其实多是独发神悟的。④另外，宋儒多不信《书序》⑤，而常州诸子则宝之重之。至于常州学派以公羊大义解释《尚书》，更是与宋学家迥异。

---

① 冯友兰：《中国哲学史》，华东师范大学出版社2000年版，第324页。又，宋儒所言心、性、天理等概念，汉人亦并非完全不讲，只是一则数量远不如宋儒，二则具体理解亦有很大差异。可参看刘师培《汉宋学术异同论》，载《刘申叔遗书》，江苏古籍出版社1997年版，第541—542页。
② 孙承泽：《尚书集解·自序》，《四库全书存目丛书》经部第56册，齐鲁书社1997年版，第2、3页。按，序中所云东莱、仁山、白云即吕祖谦、金履祥、许谦。
③ 古国顺：《清代尚书学》，第19页。
④ 李慈铭评论魏源等人说："所看之书不过十余部，所治之经不过三四种，较之为宋学者尚须守五子之语录，辨朱陆之异同，用力尤简，得名尤易"（氏著《越缦堂读书记》，上海书店出版社2000年版，第1136页）。李氏此论未免偏激，但也说明魏源等不受束缚，与宋学家不同。
⑤ 参见程元敏《书序通考》，学生书局1999年版，第200—206页、第263—369页。

第二章　今文学派辑考今文、考辨古文

《隋书·经籍志》云："及永嘉之乱，欧阳，大、小夏侯《尚书》并亡。"曾在两汉时期立为官学、风靡一时的三家《今文尚书》，伴随着汉王朝的灭亡而渐渐衰微，终于在永嘉之乱后散亡了。此后学界通行的《尚书》都是带有所谓孔安国《传》的五十八篇本。但是这部书中的孔安国《传》和《大禹谟》等二十五篇经文在清代被证明是魏晋间人伪作。剩余的三十三篇乃是作伪者析分汉代人传习的二十八篇真经而成，因此并不伪。这三十三篇经文，经历千余年的流传和改窜，早已不是汉代的原貌，而且家派不明①。再就经说而论，两汉今文学家对《尚书》的注解大多早已亡佚。因此，对于《今文尚书》的文本与解说，后人只有经过一番钩稽考证才能得见一二。面对这种局面，清代今文学者十分痛心和焦虑，因此他们就开始注重辑考《今文尚书》的文本与经说，而陈寿祺、乔枞父子与皮锡瑞正是其中的佼佼者。与此同时，汉代《古文尚书》的可信度也被作为问题提了出来。

---

① 刘起釪认为，这三十三篇是袭自马、郑所传的杜林漆书本，而杜林漆书本只是仿照一卷漆书真古文的字体改写的今文二十九篇，所以伪孔本中保存的二十八篇实际原是用古文改写的汉今文本（氏著《尚书学史》，中华书局1989年版，第370页）。此说过于武断，并无确证。而段玉裁则认为这三十三篇是杜林、贾逵、马融、郑玄递传之孔安国本，是汉代真古文（氏著《古文尚书撰异·序》，《续修四库全书》第46册，第2页）。今以伪孔本《尚书》与《史》《汉》《尚书大传》所引《尚书》及汉石经、马郑本《尚书》等对比，会发现诸多差异。阎若璩说这三十三篇"不古不今，非伏非孔"（见阎若璩撰，黄怀信、吕翊欣校点《尚书古文疏证》，上海古籍出版社2010年版，第90—93页），其言诚是。

第二章　今文学派辑考今文、考辨古文

第一节　陈乔枞之《今文尚书经说考》

一　陈氏父子之治学倾向

陈寿祺（1771—1834），字恭甫，一字苇仁，号左海，晚年自号隐屏山人，福建闽县人。少从同县孟超然游，为宋儒之学，憪然以古君子自期。嘉庆四年（1799）成进士，改翰林院庶吉士，散馆，授编修。寿祺会试出朱珪、阮元门，乃专为汉儒之学，与同年张惠言、王引之齐名。所著有《尚书大传》辑本五卷、《五经异义疏证》三卷、《左海经辨》二卷、《左海文集》十卷等。

陈乔枞（1809—1869），字朴园，一字树滋，寿祺长子。道光五年（1825）举人，后以大挑分发江西。乔枞治学，主要是追踪其父。陈寿祺病危时留有遗命："吾生平疲于文字之役，纂述忽忽未尽就。尔好汉学，治经知师法，他日能成吾志，九原无憾矣。"[①] 乔枞时时以此自勉，所著诸书如《今文尚书经说考》三十二卷、《尚书欧阳夏侯遗说考》一卷、《三家诗遗说考》（《鲁诗遗说考》六卷、《叙录》一卷，《齐诗遗说考》四卷、《叙录》一卷，《韩诗遗说考》五卷、《叙录》一卷）、《鲁齐韩毛四家诗异文考》五卷、《齐诗翼氏学疏证》二卷、《礼记郑读考》六卷、《毛诗郑笺改字说》一卷，多是秉寿祺遗志而成。[②] 乔枞另著有《诗纬集证》四卷、《礼堂经说》二卷。

福建本是理学重镇，陈寿祺早年深受理学熏陶，后来受座师朱珪、阮元的影响，开始专攻汉学。《清儒学案》说他"精研汉学，治经重家法，辨古、今文"[③]。陈寿祺因为重视汉儒家法，所以对于汉代今古文问题用力

[①] 支伟成：《清代朴学大师列传》，岳麓书社1986年版，第122页。
[②] 林新图《三家诗遗说考序》云："（寿祺）尚有《鲁齐韩诗说考》《四家诗同异考》《礼记郑读考》《今文尚书考》《毛诗改字说》《齐诗翼氏学》等书未刊"（载陈乔枞《三家诗遗说考》卷首，《续修四库全书》第76册，第41页）。据此可知陈寿祺皆草创诸书，而未刊行，陈乔枞补葺而成。
[③] 徐世昌等编纂：《清儒学案》卷一二九《左海学案》，中华书局2008年版，第5069页。

特深。长久以来，关于陈氏父子是否称得上今文学家的争论一直存在。吴雁南主编的《清代经学史通论》认为陈氏父子是专门的今文经学家。①刘起釪也认为陈乔枞是一纯正的今文学家。②但周予同说："又当时对于今文学的复兴，还有一支有力的援军，那便是辑佚之风很盛，关于西汉今文博士的遗说，考辑颇备，如冯登府的《三家诗异文疏证》、迮鹤寿的《齐诗翼氏学》、陈寿祺的《三家诗遗说考》和其子乔枞的《今文尚书经说考》《尚书欧阳夏侯遗说考》《诗经四家异文考》《齐诗翼诗学疏证》等书，都给予今文学者以有力的援助。不过这些学者仅仅考证今古文学的不同，并非力主今文而排古文，所以我们不能称他们是今文学者。"③可见周予同不承认陈氏父子为今文学者。但是周先生这一段话其实很值得商榷。首先，陈氏父子的工作并非简单的辑佚。辑佚学讲究"确有明据"，陈氏父子的《尚书大传定本》与《尚书欧阳夏侯遗说考》是符合这一原则的，但《今文尚书经说考》（下文提及此书皆省称《经说考》）却不符。《经说考》中所辑《今文尚书》经说多出于陈氏父子自己的判断，若依照严格的辑佚学原则从事收辑是不会有这部篇幅巨大的著作的。陈氏此书是有一定的学术主张在内的，关于这一点将在下文详细探讨。④其次，陈氏父子的工作也并非"仅仅考证今古文学的不同"，他们对今文经学是十分推重和尊崇的。陈寿祺有言：

> 孔安国晚得壁中古文，多逸《书》十六篇，顾绝无师说，终汉之世独传二十九篇而已。何则？二十九篇今文具存，文字异者不过数百，其余与古文大旨略均，足相推校，逸十六篇既无今文可考，遂莫能尽通其义。凡古文《易》《书》《诗》《礼》《论语》《孝经》所以传，悉由今文为之先驱，今文所无辄废。古《春秋左氏传》赖张苍先修其业，故传；《礼》古经五十六卷传《士礼》十七篇，与后戴同，

---

① 吴雁南：《清代经学史通论》，云南大学出版社2001年版，第174页。
② 刘起釪：《尚书学史》，第415页。
③ 朱维铮编：《周予同经学史论著选集（增订版）》，上海人民出版社1996年版，第20—21页。
④ 古国顺也曾指出："陈氏父子于《尚书》今文学之辑佚，厥功至伟，惟其书未标原书名，且别成体例，实与自撰无异"（氏著《清代尚书学》，第177页）。

第二章 今文学派辑考今文、考辨古文

而三十九篇逸《礼》竟废。《书》亦犹是也。向微伏生，则唐虞三代典谟诰命之经烟销灰灭，万古长夜。夫天为斯文，笃生名德期颐之寿，以昌大道，岂偶然哉！《尚书》今学精或不逮古文，然亦各守师法。贾逵以为俗儒，康成以为嫉此蔽冒不悛，乃谓当时博士末师破碎章句之过。而伏生《大传》条撰大义，因经属旨，其文辞尔雅深厚，最近大小《戴记》七十子之徒所说，非汉诸儒传训之所能及也。①

陈氏之意，以为古文经必须有今文经作参考始能通其义，若无今文经，古文经亦难以传于后世，今文经如此重要，岂容忽视、鄙薄？对于《尚书》今文学的重要典籍《尚书大传》，陈氏更是不吝赞美之词，认为它最能得孔门真意。

而陈氏父子的学术旨趣也在《经说考》中得到明显体现，此书之作意备见于陈乔枞之《自序》，其文曰：

> 我朝崇儒重道，经学昌明，士之稽古者皆知旁搜远绍，扶微学而寻坠绪，不以谫陋自安，而汉儒之经学遂隆于时。近儒如阎征士若璩之《古文尚书疏证》、惠征士栋之《古文尚书考》、王光禄鸣盛之《尚书后案》、江处士声之《尚书集注音疏》，证以叔重《说文》，补以季长传谊，皆以郑学为宗，取伪孔之传辞而辟之，黜其赝而存其真，《古文尚书》之学藉以不绝于一线。孙观察星衍《尚书古今文注疏》、段大令玉裁《古文尚书撰异》，间辑今文与古文异同，然于欧阳、大小夏侯专门之学，三家师说之异同者，又不暇致详也。②

---

① 陈寿祺辑校：《尚书大传》卷首自序，《四部丛刊》本，第 2 页 ab。值得一提的是，孙星衍在谈及伏生之功时也说过类似的话："考《尚书》出于伏生壁藏，又口授其义，始有今文二十八篇显于世。及孔壁得古文《书》，孔安国以今文读之，其无今文可证者凡十六篇，竟不能读，又无能注者，谓之《逸书》，存于故府。今之孔传，梅赜所上，非孔壁古文，朱文公疑之。是汉无伏生则《尚书》不传，传而无伏生亦不明其义，即古文《书》后出孔壁，无伏生之今文，亦不能识读，则伏生一人为唐虞三代微言道统之所寄"（氏著《岱南阁集》卷一《咨请会奏置立伏、郑博士稿》，《续修四库全书》第 1477 册，第 448 页）。

② 陈乔枞：《今文尚书经说考·自序》，《续修四库全书本》第 49 册，第 1 页。

据此所述，此书就是要专攻"欧阳、大小夏侯专门之学"，而与阎、惠、孙、段等人大异其趣。由此可见，陈氏父子就是要以董理《尚书》今文之学为职志。

有学者指出："于汉学，陈寿祺本来持兼习古今的立场，即尊古文经学而不排斥今文经学，但他播撒下的是兼尊古今文经学的种子，收获的却是今文经学偏长的硕果。其子乔枞秉承家学，把乃父关于今文经学方面的研究心得发扬光大，成为咸同时期的今文经学名家。"①这话大体不差，但正如廖平评价陈氏父子所说"独取今文，力追西汉，魏晋以来无此识力"②，笔者认为，从陈氏父子的研究重心及其对今文经的推崇来看，他们完全可以称得上是今文学家。

不过需要指出的是，陈氏父子之所以专攻三家《诗》、三家《尚书》，主要是出于纯粹的学术兴趣，他们的门户之见并不深，如陈寿祺曾说："治经之道，当实事求是，不可党同妒真。"③又如陈乔枞论今古文之差异有云："今文、古文两家各有不同之处，信以传信，疑以传疑，盖亦所闻异词、所传闻又异辞耳。去圣久远，不妨各存其是，不必据今文以驳古文之失，亦不必据古文以正今文之非也。"④由此可见陈氏父子在治学过程中尚不失其客观立场。

二 《尚书大传》与欧阳夏侯遗说之辑佚

《尚书大传》相传出于伏生，但郑玄认为它应该经过了欧阳生、张生等人的加工。⑤无论如何，《尚书大传》作为《尚书》学初兴时期的奠基之作，是对《尚书》最早的解说，其重要性不言而喻。然而该书至宋代即

---

① 史革新：《陈寿祺与清嘉道年间闽省学风的演变》，《福建论坛》（人文社会科学版）2002 年第 6 期。
② 廖平：《知圣篇》，载李耀仙编《廖平学术论著选集（一）》，巴蜀书社 1989 年版，第 210 页。
③ 陈寿祺：《左海文集》卷四《答翁覃谿学士书》，《续修四库全书》第 1496 册，第 147 页。
④ 陈乔枞：《今文尚书经说考》卷二三，第 576 页。
⑤ 郑玄《尚书大传叙》云："盖自伏生也。伏生为秦博士，至孝文时年且百岁，张生、欧阳生从其学而授之，音声犹有讹误，先后犹有差舛，重以篆隶之殊，不能无失。生终后，数子各论所闻，以己意弥缝其缺，别作章句，又特撰大义，因经属指，名之曰传"（见陈寿祺辑校《尚书大传》，《四部丛刊》本，第 7 页 ab）。

已不全,"自叶梦得、晁公武皆言今本首尾不伦,《直斋书录解题》言印本刊缺。宋世已无完本,迄明遂亡"①。有清一代,辑佚学大盛,但就辑《尚书大传》而言,即有十余家,如孙之騄、卢见曾、卢文弨、孔广林、任兆麟、庄述祖、董丰垣、王谟、袁钧、黄奭、樊廷绪、王仁浚、王闿运等。但诸人多是专门辑佚家,他们辑《尚书大传》只是为了保存古书,而陈寿祺却有恢复、表彰伏生《今文尚书》的旨趣在其中。陈寿祺对《尚书大传》的辑佚工作最为后人称道。

陈寿祺所辑《尚书大传》共五卷,卷一上叙录,卷一下唐传、虞传,卷二虞夏传、夏传,卷三、卷四周传,卷五略说、佚文、辨伪。《叙录》记历代有关伏生及《大传》之文献记载,颇可考镜学术源流。陈氏此书相较于前人的一大进步就是有详细的按语,或辨正讹误,或注明异文,或补《大传》之缺逸,或引他书以证《大传》,或指出其他辑本之错误,或表明自己尚无法确定之观点,又或解答相关之难题。要之,皆以尽可能恢复《大传》原貌为目的。经陈寿祺这一番努力,《大传》"始渐可读"②。朱维铮说:

> 从乾隆中叶到嘉庆、道光间,辑校《尚书大传》及郑玄注的专著,便相继出现了十余种。其中尤以嘉道间陈寿祺的辑校,较为完备。陈寿祺……致力于恢复伏生所传《今文尚书》原貌的研究,对《尚书大传》也一辑再辑,因而被晚清经今文学家视作《尚书》伏传的功臣。清末皮锡瑞的力作《尚书大传疏证》,便把陈著视作自己研究的起点。③

朱氏对陈寿祺辑本《尚书大传》的这一番评价是恰当的。陈寿祺对《尚书大传》用力颇多,其辑本也比较完备,是后人研究的起点和基础。

---

① 陈寿祺辑校:《尚书大传》卷首自序,第1页a。
② 梁启超:《中国近三百年学术史》,朱维铮校注《梁启超论清学史二种》,第370页。
③ 朱维铮:《中国经学史十讲》,复旦大学出版社2002年版,第259页。

清代辑三家《尚书》者亦不乏其人，如王谟辑《今文尚书说》一卷，黄奭辑《欧阳生尚书章句》一卷①，马国翰辑《尚书欧阳章句》一卷、《尚书大夏侯章句》一卷、《尚书小夏侯章句》一卷。同样，马、黄、王三人皆仅为辑佚而辑佚，与陈氏父子的目的不同。

欧阳、大小夏侯《尚书》久已亡佚，只有很少一部分因为被其他文献明确征引而流传下来，这些文献主要有《五经异义》②、汉魏古书古注、《尚书正义》等，这就是陈氏父子所赖以辑三家《尚书》之材料，试举例说明之。

《五经异义》云："今《尚书》欧阳说：春曰昊天，夏曰苍天，秋曰旻天，冬曰上天，总为皇天。"陈氏据此以为此乃欧阳家说《尧典》"钦若昊天"之文。

《汉书·夏侯胜传》载胜之言曰："在《洪范传》曰：皇之不极，厥罚常阴，时则下人有谋上者。"此乃夏侯家《尚书》说。

《风俗通·过誉》篇引欧阳歙教曰："《书》曰：安民则惠，黎民怀之。盖举善以教，则不能者劝。"据《后汉书·儒林传》，欧阳歙乃欧阳生八世孙，世为博士，陈氏据此引为欧阳家说。

《尚书正义》卷二云："夏侯等《书》'宅嵎夷'为'宅嵎铁'、'昧谷'曰'柳谷'、'心腹肾肠'曰'忧肾阳'、'劓刵劅剠'云'膑宫劓割头庶黥'。"陈氏据此而辑四条夏侯遗说。

诸如此类者共十七条，皆诸书有明文可据者方始录入，与《经说考》截然不同，因此江翰评价说："是编所载遗说，必诸书征引具有明文者，方行列入，至为矜慎。"③不过此书过于简略，似为未完之作，所辑遗漏颇多，如汉熹平石经残碑明为《今文尚书》，陈氏竟完全忽略。

---

① 按，黄氏《欧阳生尚书章句》与王氏《今文尚书说》几乎完全相同，黄书殆据王书而成，不过其书所收乃是《今文尚书》说，而并非仅是欧阳章句，故立名未安。

② 许慎的《五经异义》也早已亡佚，陈氏父子以之辑三家《尚书》，所凭借的当然也是辑本。陈寿祺著有《五经异义疏证》。

③ 中国科学院图书馆整理：《续修四库全书总目提要（经部）》，第250页。

三 《今文尚书经说考》释例

《经说考》共三十二卷，即《今文尚书》二十八卷[①]、《书序》一卷加《泰誓》三卷。是书体例共分三个层次，首列经文，低一格列经说，又低一格为陈氏按语。所列经文并非依照伪孔本，而是陈氏所考之"今文经"，如遇有异文，则更出之。陈氏此书以"经说考"命名，所谓经说，实包括经文与经义两个方面。

此书前有《叙录》一篇，其例与所著《三家诗遗说考》同。《叙录》收录汉代治《今文尚书》者二百人有余，于人名之下摘录与其人治学经历有关之史料，间附陈氏自己的考证。所录诸人多系确然治《今文尚书》者，但也有一部分人显得比较牵强，因而引起了后人的批评，如江瀚云：

> 前有《叙录》一篇，志汉代传《今文尚书》诸儒甚详，而亦不无舛误，如鲍宣，《汉书》本传只称其好学明经，龚舍本传只称其以《鲁诗》教授，皆不言传《尚书》；黄琼、黄琬，《后汉书》本传亦无受《尚书》之事。甚至因杨彪少传家学，而及其子修；因荀爽尝著《尚书五经》，而及其兄子悦、彧，得毋滥乎！其他如桓谭、李郃、樊英、韩说、井丹、刘珍、徐防之伦，并应依洪亮吉之例，列之通经表，不应入此也。[②]

按，江瀚所论确有合理处，如桓谭、李郃、樊英、韩说、井丹、刘珍、徐防，确实缺乏足够的证据证明他们治《今文尚书》。但江瀚亦有失考

[①] 《史记·儒林传》说伏生得《书》二十九篇，其中二十八篇无疑议，唯剩余一篇所指不明。孔颖达在《尚书正义》中解释说，司马迁见《太誓》出而得行，入于伏生所传内，故总云伏生所得，不复区别分析。但此说受到了很多人的怀疑，陈寿祺即不信之。按照他的看法，这二十九篇应是并《书序》数之。在《〈今文尚书〉有序说》一文中，陈氏立十七证以明《今文尚书》有序。概括言之，主要有这么几点：《汉书·艺文志》欧阳经三十二卷，其一卷必含百篇之序；《史记》引《书序》说义、文字往往与古文异，必属今文；张霸作伪，所据《书序》必属今文；《尚书大传》多本《书序》；《白虎通》、孙宝、杨彪、扬雄引《书序》皆今文。

[②] 中国科学院图书馆整理：《续修四库全书总目提要（经部）》，第249页。

处，如鲍宣，《叙录》在林尊条下即已指明：林尊事欧阳高，授平当，平当授鲍宣，师承明晰，由此而知鲍宣治《今文尚书》。再如黄琼，据《桓焉传》可知，琼为桓焉高徒，而桓氏世传欧阳《尚书》，则陈氏将黄琼列入《叙录》也不应该有太大的问题。至于龚舍，陈乔枞亦有解释："胜、舍同族相友，本传称舍通五经，以《鲁诗》教授，虽不言其与胜同受《尚书》，然舍以胜荐曾复征为博士，其于《尚书》当亦与胜同习欧阳之学也。"①首先，龚舍通五经，则必治《尚书》，而不像江翰说的那样"只称其以《鲁诗》教授，皆不言传《尚书》"。其次，龚胜有明证确系传欧阳《尚书》，而他与龚舍同族相友，又曾推荐龚舍，则龚舍理应也是习欧阳《尚书》。陈乔枞这一推论虽不能自坚其说，但也是持之有据的。至于杨氏、荀氏、黄琬，皆陈乔枞所谓家学，这一点合理与否将在下文详论。其实即使是井丹、徐防等人，陈乔枞将他们列入《叙录》中，也不是毫无来由。陈乔枞主张汉人多用《今文尚书》，而井、徐等人或为高官，或曾受业太学，所治很可能也是《今文尚书》，这一点也将在下文详论。总而言之，《叙录》虽有失之牵强、冗滥之处，但也绝非无根之论，它足以作为一家之言而传于后世。后人欲考察汉代《今文尚书》经师，大可取此书为助。

　　陈氏于《叙录》中搜罗、考证经师既毕，接下来就该是此书最重要的一环：辑考《今文尚书》经说了。

　　在上一节中笔者提到，三家《尚书》其亡久矣，只有很少一部分被其他文献征引，后人借此可以做辑佚工作。而陈氏父子想要在《尚书欧阳夏侯遗说考》完成后继续"钩考佚文，得其单辞片义，以寻三家今文千数百年不传之绪"②，其方法必定有不同于时人之处。对于确有明据者，如《尚书正义》、汉魏古书、古注所引《今文尚书》，以及熹平石经残碑，陈氏在《经说考》中只需直接收录即可，此无足深论。对于那些并无明证的材料，陈氏父子究竟如何鉴定它们是不是《今文尚书》经说？这就涉及一个方法论的问题。笔者翻检《经说考》一书，归纳出条例八点，从中可以考

---

① 陈乔枞：《今文尚书经说考·叙录》，第34页。
② 陈乔枞：《今文尚书经说考·自序》，第2页。

见陈氏父子之学术观点。

（一）"汉人最重家法"①

所谓"家法"，关于其准确的含义一直是有争论的。《后汉书·左雄传》李贤注云："儒有一家之学，故称家法。"清儒皮锡瑞则认为家法是师法的分支，他说："前汉重师法，后汉重家法。先有师法，而后能成一家之言。师法者，溯其原；家法者，衍其流也。师法、家法所以分者，如《易》有施、孟、梁丘之学，是师法；施家有张、彭之学，孟有翟、孟、白之学，梁丘有士孙、邓、衡之学，是家法。家法从师法分出，而施、孟、梁丘之师法又从田王孙一师分出者也。"②还有人认为家法就是以家学为师法。③不过也有现代学者指出，这种刻意区分并不符合汉代学者的本意，师法、家法二者，其实并无甚不同。④

笔者并不打算大费笔墨地对师法、家法的概念进行探讨，笔者所关心的是，陈乔枞所说的"汉人最重家法"究竟是什么意思？考陈氏原文云："霸有四子。《传》言光经学尤明，则其三兄亦通经可知也。汉人最重家法，大夏侯《尚书》有孔、许之学，则自放及永以下皆世传《尚书》又可知也。"按，霸乃孔霸，光乃霸之子，放、永皆光之后人。陈乔枞以为孔氏重家法，世传《尚书》，那么他似乎认为家学即是家法。但陈氏又说："汉儒经重家法，博士所习皆有师承。"⑤据此，陈氏又将家法与师承相提并论。统观全书，这后一说才应该是陈氏最根本的看法。所谓家法，在陈乔枞看来就是在经学传承中所产生的家派性、门户性。这种经学传承当然包括两个方面，即师徒相传之学与祖孙父子相传之学。陈乔枞认为汉代经师受家法的束缚，治学宗尚当与老师、父祖相同，这就叫"重家法"。

陈乔枞《今文尚书经说考·自序》云："凡所采摭经史传注及诸子百

---

① 陈乔枞：《今文尚书经说考·叙录》，第37页。
② 皮锡瑞：《经学历史》，第91页。
③ 蒋湘南云："师法不过师弟相传，家法则以家学为师法"（氏著《七经楼文钞》卷一《经师家法说》，《续修四库全书》第1541册，第235页）。
④ 赵伯雄：《春秋学史》，山东教育出版社2004年版，第260—261页。
⑤ 陈乔枞：《今文尚书经说考》卷二一，第547页。

家之说，实事以求是，必溯师承；沿流以讨源，务随家法。"①由此可见，"师承家法"是陈氏辨别某条经说是否是《今文尚书》经说的重要标准。因此书前所列《叙录》一篇，不仅仅是为了搜罗经师，同时也是为了辨明《今文尚书》学之学术传承。在《经说考》中，陈氏通过辨别"家法"辑考出的《今文尚书》经说占了该书很大的比例，试举例而细观之。

《尧典》"协和万邦"条下，《经说考》收录汉明帝中元二年诏书"协和万邦，假于上下"，陈氏加按语解释说："桓荣习欧阳《尚书》，授明帝经，见《后汉书》荣本传。则明帝所受《尚书》乃欧阳之学也。"②此因汉明帝曾师从桓荣，所以认为明帝诏书应该也用《今文尚书》。在陈乔枞看来，章、和、安、顺等东汉诸帝同样如此。

陈乔枞云："始昌为伏生三传弟子，兼通五经，后苍事始昌，亦通《诗》、《礼》，为博士，戴德、戴圣皆其弟子。大小戴记与大小夏侯《尚书》并出自始昌，师传既同，则其所述师说亦无不同矣。"③陈氏认为二戴《礼记》与夏侯《尚书》同出夏侯始昌，所以《礼记》引《尚书》属今文。按，陈氏此说有漏洞，据《汉书·儒林传》，二戴师从后苍，后苍又曾师从夏侯始昌，此即陈氏所言二戴《礼记》出自始昌之根据。但始昌系以《诗》《书》授人，后氏之《礼》实受之于孟卿。因此陈氏说《礼记》出自夏侯始昌恐与史实不符。

《尧典》"以孝烝烝"条下，《经说考》收录宋意之疏"至孝烝烝"，陈氏解释说："宋意本传言意父京以大夏侯《尚书》教授，意少传父业。则意所称是大夏侯今文也。"④此因其父而及其子。

再如陈乔枞论班固之学术渊源有云："固之从祖班伯，从郑宽中受小夏侯《尚书》，固修其世业，当亦习小夏侯之学也。"⑤此因班伯而及班

---

① 陈乔枞：《今文尚书经说考·自序》，第2页。
② 陈乔枞：《今文尚书经说考》卷一上，第69页。
③ 同上书，第62页。
④ 同上书，第90页。
⑤ 陈乔枞：《今文尚书经说考》卷一七，第512页。按，陈氏《齐诗遗说考》卷一云："班固《汉书》多用《齐诗》……固之从祖班伯受《齐诗》于师丹，盖传其家学也"（陈乔枞：《齐诗遗说考》，《续修四库全书》第76册，第334页）。其论证逻辑与《经说考》如出一辙，就此可以看出两书在考证方法上的一致性。

固，亦所谓家学。

　　清代今文家在谈到汉代经学时总是说他们恪守家法，如刘逢禄就说："汉人治经，首辨家法。"① 魏源说："西汉今古文皆出伏生，凡伏生《大传》所言者，欧阳必同之，大、小夏侯必同之，史迁所载孔安国说必同之，犹《诗》齐、鲁、韩三家实同一家，此汉儒师说、家法所最终。"② 康有为说："两汉儒林，皆守家法。"③ 皮锡瑞也说："善夫黄图立学，极重师承；赤制尊经，尤严家法。"④ 如果对汉代经学史稍加回顾，会发现两汉经学的传授确实很重视师承家法⑤，也有很多世代相传的经学世家，如欧阳氏、孔氏、桓氏、杨氏，所以陈乔枞以此来考证经师的治学宗尚确有一定的合理性。但是今日看来，当时的师承家法并非牢不可破，父子治学也未必宗尚一致。例如东汉杨伦"师事司徒丁鸿，习《古文尚书》"⑥。按，《后汉书·丁鸿传》云："鸿年十三，从桓荣受欧阳《尚书》，三年而明章句。"丁鸿治《今文尚书》，而其徒弟杨伦却转习《古文尚书》。⑦ 再如尹敏"初习《欧阳尚书》，后受古文，兼善《毛诗》、《榖梁》、《左氏春秋》"⑧。尹敏最初学习《今文尚书》，后来却转向古文。汉末经学大师郑玄也是这种情况。所以说我们不能简单地认为今文经师的弟子就一定会恪守今文经学的传统而不敢逾越。至于家学，刘向、刘歆父子就是一个有力的

---

① 刘逢禄：《刘礼部集》卷四《春秋公羊解诂笺序》，《续修四库全书》第1501册，第62页。
② 魏源：《书古微序》，第3页。
③ 康有为：《新学伪经考》，生活·读书·新知三联书店1998年版，第190页。
④ 皮锡瑞：《汉碑引经考·自序》，光绪刊《师伏堂丛书》本，第1页b。
⑤ 扬雄《法言·寡见》有云："呱呱之子，各识其亲；詵詵之学，各习其师。"所言正是师承家法之情形。参见边家珍著《经学传统与中国古代学术文化形态》，人民出版社2010年版，第94页。
⑥ 《后汉书》卷七九上《儒林传》，中华书局1965年版，第2564页。
⑦ 按，皮锡瑞认为所谓杨伦习《古文尚书》之说乃是《后汉书》记载之误，他说："若《后汉书·丁鸿传》曰：'鸿年十三，从桓荣受欧阳《尚书》，三年而明章句。'不言其治古文。《儒林传》云'古文尚书'乃欧阳《尚书》之误。汉时教授必用今文，受古文者不过一二好古之士，自马、郑以外未有弟子至千人者，《两汉书》可考也"（氏著《古文尚书冤词平议》卷上，《师伏堂丛书》本，第11页b）。然皮氏此说殊嫌武断。就《后汉书·儒林传》可见，杨伦列于周防、孔僖等《古文尚书》学者之后，而不与《今文尚书》学者为伍，从《儒林传》体例来看，杨伦显然是治《古文尚书》者，不得轻易怀疑史籍记载有误。
⑧ 《后汉书》卷七九上《儒林传》，第2558页。

反证。所以有时候陈乔枞的说法就很牵强,例如他说:"考本传言敞(何敞)六世祖比干学《尚书》于晁错……敞传家学,正伏生所受晁错之《今文尚书》。"①陈氏因何敞之六世祖尝从晁错受《尚书》,就说何敞也治《今文尚书》,这一推论跨度太大,实在难以服人。

(二)汉人多用《今文尚书》

陈乔枞云:"段氏玉裁谓汉人援引《尚书》皆用见立学官今文,其说甚确。"②可见陈氏"汉人多用《今文尚书》"之说得之段玉裁。试看段玉裁对这一观点的详细论述:

> 至若两汉博士治欧阳、夏侯《尚书》,载在令甲,汉人诏册章奏皆用博士所习者;至后汉卫、贾、马、郑迭兴,古文之学始盛。约而论之,汉诸帝、伏生、欧阳氏、夏侯氏、司马迁、董仲舒、王褒、刘向、谷永、孔光、王舜、李寻、扬雄、班固、梁统、杨赐、蔡邕、赵岐、何休、王充、刘珍,皆治欧阳、夏侯《尚书》者;孔安国、刘歆、杜林、卫宏、贾逵、徐巡、马融、郑康成、许慎、应劭、徐干、韦昭、王粲、虞翻,皆治《古文尚书》者,皆可参伍钩考而得之。③

> 凡汉人之于《尚书》,惟博士所习者是业。终汉之世,惟欧阳、夏侯得置博士,是以上自帝王,下及庶人,其所称引《尚书》未有外于是者,而汉季先郑、马季长、郑康成注经乃一用《古文尚书》,此考古之大较也。④

段氏认为,两汉之世唯欧阳、大小夏侯《尚书》立为官学,朝廷所承认者只此三家,故汉人皆习之;而《古文尚书》只是一线之传、不绝如缕而已,至汉末始盛行。段氏这些话依据的是今古文《尚书》的地位和

---

① 陈乔枞:《今文尚书经说考》卷三下,第319页。
② 陈乔枞:《今文尚书经说考》卷三上,第64页。
③ 段玉裁:《古文尚书撰异·序》,第2页。
④ 段玉裁:《古文尚书撰异》卷一,第4页。

盛衰，有其合理的地方，故不但陈乔枞信从，皮锡瑞、王先谦等人也遵信之①。在段氏之前的臧琳也曾说："汉世今文盛行，通古学者少，故所引多伏生书。"②据段玉裁《经义杂记序》，段氏得见《经义杂记》应在乾隆五十八年（1793）或稍前不久，而《古文尚书撰异》则成于乾隆五十六年（1791），则段氏所言似未受臧氏的影响。

陈寿祺曾说："《古文尚书》两汉未立学官，传习亦少，元始五年暂立辄罢，故当时朝廷诏令、臣工章疏所称《尚书》，莫非欧阳、夏侯。"③寿祺与段玉裁多有书信往来探讨学术，不知寿祺此说是否得之于段氏。陈乔枞对于这一番论述十分信服，并且在辑考《今文尚书》经说时对这一理论应用起来也是得心应手，例如他说："或以为张竦好古文，草奏所称是《古文尚书》，此殆不然。前汉时古文藏在中秘，世所不习，竦奏欲以宣示朝野，岂有引世所不习之书而以晓人耶？"④又云："是汉魏晋初所习用者必本于《今文尚书》无疑，若《古文尚书》，汉时并未盛行，又未立于学官，非博士所以课弟子者，故汉碑文字引用绝少。"⑤由此可以很明显地看出，陈氏认为汉代人不会引用朝廷不承认、世人也不熟悉的《古文尚书》。值得一提的是，陈氏父子对汉代《诗经》学的看法亦与此相同。陈寿祺《三家诗遗说考·自序》云："两汉《毛诗》未列于学，凡马、班、范三史所载及汉百家著述所引皆鲁、齐、韩诗。"⑥总之，陈氏父子认为汉代今文经盛行，研习、引用古文经者寥寥可数。

既然汉人多用《今文尚书》，那么对陈乔枞来说，在辑考《今文尚

---

① 皮锡瑞曾说："汉世通行今文"（皮锡瑞著，盛冬铃、陈抗点校：《今文尚书考证·凡例》，中华书局1989年版，第3页）。王先谦《尚书孔传参正·序例》也援引段说以为条例。又毛奇龄《古文尚书冤词》卷三引徐仲山《传是斋尚书日记》云："汉功令最严，其所极重者莫如学官。凡古学、今学必立学官以主之，射策劝禄皆在此数，出此者即谓之逸，以逸于学官外也"（毛奇龄撰，黄怀信、吕翊欣校点：《古文尚书冤词》卷三，上海古籍出版社2010年版，第784页）。这同样是对汉代官学影响力的认同，与段玉裁之说有相通之处。
② 臧琳：《经义杂记》卷一四《金縢古今文说》，《续修四库全书》第172册，第146页。
③ 陈寿祺：《左海文集》卷四《与臧拜经辨〈皋陶谟〉增句疏证书》，《续修四库全书》第1496册，第155页。
④ 陈乔枞：《今文尚书经说考》卷一上，第97页。
⑤ 陈乔枞：《今文尚书经说考》卷六，第346页。
⑥ 陈寿祺：《三家诗遗说考·自序》，《续修四库全书》第76册，第42页。

书》经说时就可以更大胆了。《经说考》中收录的一些经说并没有明证表明就是《今文尚书》经说，而陈乔枞却不加解释地照收不误，如《尧典》"以闰月正四时成岁，允釐百工，庶绩咸熙"条下，陈氏收录如下两条：

> 《后汉书·朱浮传》浮上疏曰："五岁再闰，天道乃备。夫以天地之灵，犹五载以成其化，况人道哉。"
> 《张衡传》衡上疏曰："百揆允当，庶绩咸熙。"①

然而遍检史籍，并没有朱浮、张衡二人治《今文尚书》的证据。陈氏之所以认定二人所言为《今文尚书》经说，唯一的依据就在于他认为汉人多用《今文尚书》。类似的例子在《经说考》中还有很多。

然而段、陈二氏所主张的"汉人多用《今文尚书》"之说恐怕很难让人完全信服。钱大昕在读过段氏所著《古文尚书撰异》后，就写了一封信给段氏，对书中的一些观点表示不敢认同，这就是《与段若膺论〈尚书〉书》。信中说：

> 汉时立学置博士，特为入官之途，其不立博士者，师生自相传授，初无禁令，臣民上书，亦得征引。许叔重《说文解字》所称《书》孔氏、《诗》毛氏、《春秋》左氏、礼《周官》，皆不立学者，而其子冲上书进御，不以为嫌，马、班二君又何所顾忌而必专己守残，不一征引古文乎！《春秋左氏》与《尚书》古文皆非功令所用，而班氏《律历》、《五行》诸志引《左氏》经传者不一而足，以《春秋》之例推之，则《汉书》决非专主今文矣。②

按，段玉裁基于"汉人多用《今文尚书》"之说，认为《汉书》所引《尚书》自然也是专主今文。钱大昕对此说深表怀疑，他认为汉代之所以设官学、置博士，是为了以之作为一种选拔官员的途径，至于没有立为官学的

---

① 陈乔枞：《今文尚书经说考》卷一上，第81—82页。
② 钱大昕撰，吕友仁标校：《潜研堂集》，上海古籍出版社1989年版，第599页。

经学家派也并不禁止，所以汉人研习、称引古文经者亦颇多。钱氏此论举证有力，论述畅达，足以给段氏"凡汉人之于《尚书》，惟博士所习者是业"之说打上一个大大的问号了。基于对两汉经学史的认识，再对比段、钱二氏之说，笔者更倾向于认同钱大昕的观点。我们甚至还可以找出更多的证据来补充钱氏之说，例如《后汉书·贾逵传》云："肃宗立，降意儒术，特好《古文尚书》、《左氏传》。建初元年，诏逵（贾逵）入讲北宫白虎观、南宫云台。帝善逵说。"由此可见，汉帝亦有好《古文尚书》者，治《古文尚书》之经师亦可以得帝王赏识。诸如此类，皆与段、陈之说相抵触。

段、陈二人因为汉代只有《今文尚书》立为官学，所以认为汉人多用《今文尚书》。如果说这还有一定的合理之处，那么《经说考》对很多三国时人的言论也不加解释地收录，这就让人很难理解了。三国时期绝不是只有《今文尚书》立于学官了，《古文尚书》同样设有博士。[①] 如此一来，我们就绝没有理由说三国时人也多用《今文尚书》了。可惜陈乔枞对此却不甚措意，例如《尧典》"母嚚象傲"条下，陈氏收《三国志·魏志·乐陵王茂传》"太和元年诏曰：'昔象之为虐至甚，而大舜尤侯之有鼻'"。其实并没有什么证据可以表明太和元年诏书所说就是《今文尚书》经说，陈氏如此不加辨析地加以网罗，就难免失之于滥了。[②]

（三）《史记》《汉书》用《今文尚书》

司马迁作《史记》时采纳了《尚书》中的大部分篇章，《汉书》引《尚书》之处亦比比皆是[③]，因此这两部书是后世研究汉代《尚书》学所不可忽视的。但是，《史记》《汉书》引《尚书》究竟是今文还是古文却很

---

① 参见王国维《汉魏博士考》，载《观堂集林》，中华书局1959年版，第190页。

② 按，陈乔枞其实也认识到："魏晋时《古文尚书》浸盛，《今文尚书》渐亡，《隶释》载魏公卿上尊号云'让德不嗣'，裴松之《三国志注》引甲子魏王上书亦云'犹执谦让于德不嗣'，皆据《古文尚书》也。"（见陈乔枞《今文尚书经说考》卷一上，第97页）。但是陈氏在辑考《今文尚书》经说时却常常选择性地忽略这一点。

③ 此处所说的《汉书》引《尚书》是指班固作《汉书》时所引用的《尚书》，而不是《汉书》中的人物所引用的《尚书》。

难说清。对于《汉书》，笔者在上文曾提到陈氏父子认为班固之从祖班伯受夏侯《尚书》，所以班固也应该治夏侯《尚书》。但是《史记》引《尚书》的问题则相对比较麻烦，在清代也是一个热点学术问题，诸多学者为此争论不休。班固曾说："司马迁亦从安国问故。迁书载《尧典》、《禹贡》、《洪范》、《微子》、《金縢》诸篇，多古文说。"①有学者就据此认为《史记》引《尚书》皆古文。②

陈氏父子是相信《史记》用《今文尚书》的。在他们之前也有学者持类似主张，如段玉裁就认为"马、班之书全用欧阳、夏侯字句"③，但是段氏并没有详细地加以论证。而陈寿祺则作有《史记用今文尚书》一文，为自己的观点搜集证据，其文曰："虽班固称迁书载《尧典》、《禹贡》、《微子》、《洪范》、《金縢》诸篇多古文说，今以此五篇考之……文字皆与今文吻合。则所谓多古文说者，特指其说义耳，若文字固不尽从古文也。五篇而外，所录皆今文说可知。……司马子长时，《书》惟有欧阳，大、小夏侯未立学官，然则《史记》所据《尚书》，乃欧阳本也。"④陈寿祺对《史记》中所引"曰柳谷""便在伏物"等文进行考证，认为它们都是《今文尚书》之文，所以他认为班固所言《尧典》诸篇多古文说仅仅是针对说义而非文字⑤，而且也只是限于班固所说的这五篇，五篇之外，不论说义还是文字都是今文。陈氏认为《史记》用《今文尚书》的另一个重要论据就是司马迁时只有欧阳《尚书》立于学官，司马迁所习者必定不外于此。

陈寿祺又作《史记采尚书兼古今文》一文，认为"以《史记》所采五篇核之，实有兼用古文者"，并举例说明之，如"肇十有二州"不作

---

① 《汉书》卷八八《儒林传》，中华书局1962年版，第3607页。
② 如孙星衍云："司马氏迁从孔安国问故，是古文说"（氏著《尚书今古文注疏·凡例》，中华书局2004年版，第1页）。
③ 段玉裁：《古文尚书撰异·序》，第2页。
④ 陈寿祺：《左海经辨》卷上《史记用今文尚书》，《续修四库全书》第175册，第385页。
⑤ 陈氏此说亦得之段玉裁，他曾说："段君若膺始辨汉人援引《尚书》皆用见立学官今文之本，迁书多古文说者，特其说义则然，而文字仍悉依今文。此论足以发千古之覆矣"（氏著《左海经辨》卷上《史记采尚书兼古今文》，第385页）。段玉裁在分别《尚书》今古文方面的很多观点都影响深远。

"兆","蠙珠暨鱼"不作"玭""暨","思曰睿"不作"容"。他还分析司马迁兼采今古文,不肯专守一家的原因是"迁非经生,而好钓奇"。但是陈寿祺此论却并没有被其子乔枞继承。在《经说考》中,陈乔枞坚定地认为《史记》用《今文尚书》,并以后人窜改为由宣告了其父所举诸例证的无效。例如他说:"《史记》、《汉志》之一作'玭'者,皆是原本,其作'蠙'者,乃后人用《古文尚书》改之。"①再如:"《史记》、《汉书》每遭俗人妄改……今本《史记》未可尽信也。"②总之,按照陈乔枞的看法,凡是《史记》引《尚书》之文合于今文者皆属实,不合于今文者皆后人改窜。这一番态度很明显不如其父那般实事求是。据此可见,陈氏父子之学术观点也未必完全一致。相同的事情还发生在对《汉书·地理志》引《尚书》的看法上。陈寿祺认为《汉书·地理志》引古文《禹贡》,而陈乔枞则认为是今文。陈寿祺还批评段玉裁说:

  段氏若膺坚执《史记》、《汉书》引《尚书》悉用今文,遂以《地理志》中之吻合古文者尽斥为后人改窜,并古文十事明在《禹贡》者亦强目为今、古之异,而谓非壁中之古文,殆不可凭也。③

恰恰是他认为"不可凭"的观点却被自己的儿子所认同,个中缘由尚需深探。

  陈乔枞既已认定《史》《汉》皆用《今文尚书》,所以在《经说考》中他将《史》《汉》所引《尚书》之文悉数收录。这成为他辑考《今文尚书》经说的重要途径。但这儿仍有一个问题需要陈乔枞解决:《史记》《汉书》引《尚书》差异颇多,如《尧典》"五玉",《史记·五帝本纪》引作"五玉",《汉书·郊祀志》引作"五乐";再如《禹贡》"降丘宅土",《史记·夏本纪》引作"下丘居土",《汉书·地理志》则引作"降丘宅土"。《史》《汉》同用《今文尚书》而差异时见,难免让人产生疑问。陈

---

① 陈乔枞:《今文尚书经说考》卷三上,第216页。
② 陈乔枞:《今文尚书经说考》卷一四中,第408页。
③ 陈寿祺:《左海经辨》卷上《汉书地理志载古文禹贡》,第387页。

氏对此的解释是《史》《汉》宗主不同，他说："《史记》用欧阳《尚书》，《汉书》用夏侯《尚书》，文字既异，义或不同。"①按，欧阳、大小夏侯三家《尚书》既然是分门别派，相互之间自然会有差异，这也可以从出土熹平石经得到证明②，但《史》《汉》之间的差异究竟是不是三家《尚书》异文还有待进一步的证明。

陈乔枞依据《史记》来辑考《今文尚书》，有一个不容回避的难题，就是司马迁为了方便人阅读，引《尚书》时多以汉时通行的词语改动经文，也就是说《史记》所引用的《尚书》有时并非《尚书》的原貌，而是经过司马迁加工过的。③这就要求陈乔枞去分辨哪些地方司马迁直接引用原文，而哪些地方又是司马迁改动过的经文，由于缺乏材料，证据不足，这项工作难免会引起争议。

《史》《汉》引《尚书》究属今文抑或古文，是清代学者争论不休的一个难题。直到现在，学界也没有彻底解决这一问题。现在大家比较认可的说法就是《史记》引《尚书》是兼采今古文的。④而台湾学者骆文琦则认为《汉书》所引《尚书》为小夏侯本。⑤今日看来，段、陈二氏所主张的《史》《汉》全用《今文尚书》之说还有待进一步的论证。晚清学者吴汝纶曾说：

　　《史记》与《尚书》字异者，归熙父云："或史公所见别本不同，或古今文字异，或改用训诂字，亦有全句改者，读之当有辨。"《汉书》言史公从孔安国问故，所载多古文说。段玉裁乃云文字仍从今文。陈寿祺又云今文中有古文，讥段氏以"方"为古文、"旁"为今

---

① 陈乔枞：《今文尚书经说考》卷二，第163页。
② 出土熹平石经残石有当时的校记，可见熹平石经是以欧阳本为底本，以大小夏侯本来校勘，这说明三家《尚书》确有不同。详可参见许景元《新出熹平石经〈尚书〉残石考略》，《考古学报》1981年第2期。
③ 陈寿祺《左海经辨》卷上《今文尚书亦以训诂改经》云："《史记》多以训诂改经文，学者所知也。"
④ 可参看蒋善国《尚书综述》，上海古籍出版社1988年版，第455页；陈桐生《史记与今古文经学》，陕西人民教育出版社1995年版，第133—144页。
⑤ 骆文琦：《汉书尚书说考征》，硕士学位论文，台湾师范大学，1982年。

文，与《仪礼》不合。此皆强生分别。今文亡久矣，古书多异字，郑君所云"一经之学，数家竞爽"，不专是今古文异也。且如《汉书》所载《史记》之文，亦多异同，岂《史》、《汉》亦有今古文邪？①

按，对于段、陈等人以《史》《汉》考证《尚书》今古文的做法，吴氏提出了自己的怀疑和诘问，这是很有道理的。但陈氏认为分别今古文是"强生分别"，则亦可商。今文之亡诚久矣，但通过钩考遗文也还可以得其大概，如置之不问，则两汉今古文《尚书》之真面貌恐永难得见。

(四)《白虎通义》引《今文尚书》

《白虎通义》(亦省称《白虎通》)是东汉章帝于建初四年(79)召开的官方经学会议——白虎观会议的结晶，书中收录了很多经文和经说。陈氏父子辑考《今文尚书》经说自然不能忽视此书。陈寿祺著文论证《白虎通义》用《今文尚书》，其文曰：

> 今所传《白虎通义》非完书，就四十三篇及它书所援缺文考之，凡引《尚书》，无称古文者。……其《宗族篇》解《尚书》"以亲九族"为父族四、母族三、妻族二，与欧阳、夏侯符，而不从古文家上自高祖、下至玄孙之说(见《诗·葛藟》正义、《左传》桓六年正义引《五经异义》)。《丧服篇》解《尚书》"今天动威以彰周公之德"、下言"礼亦宜之"为周公以王礼葬，与《尚书大传》符(《大传》文引见《通鉴前编》成王十一年，又见《汉书·梅福传》注、《后汉书·张奂传》注、《路史后纪》卷十注，又见《后汉书·周举传》注引《洪范五行传》)，而不从古文家周公奔楚之说(见《史记·鲁世家》、《论衡·感类篇》)，然则《白虎通》引《尚书》悉用今文家明矣。②

---

① 吴汝纶：《尚书故》卷一，载吴汝纶撰，施培毅、徐寿凯校点《吴汝纶全集》第二册，黄山书社2002年版，第381—382页。

② 陈寿祺：《左海经辨》卷上《白虎通义用今文尚书》，第388页。

陈寿祺只是说《白虎通义》用《今文尚书》，而其子乔枞则进一步指出《白虎通义》多主大、小夏侯说①，但是他并没有说明这一主张的根据何在。在《经说考》中，陈乔枞引用《白虎通义》之处甚多，例如《尧典》"曰若稽古，帝尧曰放勋"条下，陈乔枞认为"今文曰若稽古，古文皆作粤若"，并说："《白虎通义·圣人篇》云：'何以言咎繇圣人？以目篇曰若稽古咎繇故云。'据《白虎通》引《咎繇谟》作'曰若'，是今文作'曰'之证。"②此以《白虎通义》证《今文尚书》之文本。

又如陈乔枞云：

> 《白虎通·三正篇》云："王者受命必改正朔何？明易姓，示不相袭也，明受之于天不受之于人，是以舜、禹虽继太平，犹宜改以应天。"是可证《今文尚书》说舜、禹受命皆改正朔矣。③

《白虎通义》此处所言乃是舜、禹受命改正之事，陈氏用以解释《尧典》"正月上日，受终于文祖"，认为此处所言"正月"在今文家看来即是改正。此以《白虎通义》证《今文尚书》之经说。

但陈氏父子认为《白虎通义》引《尚书》皆用今文，似亦太过。清人陈立著有《白虎通疏证》，其中有云："《白虎通》于《易》、《书》、《诗》、《礼》、《春秋》多用今文说，于古文说间及之。"④中国台湾学者黄彰健先生即指出，《白虎通》虽多今文说，但也兼采古文说，并举《白虎通》言周公"能斟酌文武之道而成之也"，认为这就是《古文尚书》说。⑤陈、黄二氏所言，相较于陈氏父子，似乎更能得其实情。另外，钱穆先生也说："晚清经师，以《白虎通》为今文宝典，核之范晔《后书》，其事殊不尽然。"⑥钱氏认为白虎观会议之所以召开，正是因为今文章句之徒破

---

① 陈乔枞：《今文尚书经说考》卷一上，第81页。
② 同上书，第61页。
③ 同上书，第97页。
④ 陈立撰，吴则虞点校：《白虎通疏证》卷一，中华书局1994年版，第4页。
⑤ 黄彰健：《经今古文学问题新论》，台北"中央"研究院历史语言研究所1992年版，第193页。
⑥ 钱穆：《东汉经学略论》，载《中国学术思想史论丛》卷三，安徽教育出版社2004年版，第41页。

坏大体，而召开会议之章帝于经学亦不拘守今文家法，因此并无证据表明《白虎通义》皆用今文。

（五）《论衡》用《今文尚书》

《经说考》收录《论衡》之文近二百条。何以知王充习用《今文尚书》？陈乔枞解释说：

> 案《论衡·书解篇》云："著作者为文儒，说经者为世儒。世儒当时虽尊，不遭文儒之书，其迹不传。世传《诗》家鲁申公、《书》家千乘欧阳公孙，不遭太史公，世人不传。"

乔枞谓仲任著书立说，于《诗》三家独称鲁申公，《书》三家独称千乘欧阳氏，此其习《鲁诗》及欧阳《尚书》之明证也。①

王充在《论衡》中提到《尚书》时，只举欧阳家而不及其他，陈氏据此认为王充习《今文尚书》，所以毫不犹豫地收录其说。如《皋陶谟》"巧言令色孔壬"条下，陈乔枞云："《论衡·答佞篇》云'驩兜大佞'，《恢国篇》云'三苗巧佞之人'，据此则今文说以巧言令色孔壬即指驩兜、有苗之人，不以佞人为共工也。"又如《论衡·须颂篇》云："问：说《书》者'钦明文思'以下谁所言也？曰：篇家也。篇家者谁也？孔子也。"陈乔枞将此条收入《尧典序》之下，并解释说："《论衡》以'钦明文思'以下为孔子所言者，盖指《尧典序》、《书序》实孔子所作也。据《论衡》则今文《序》'聪明'作'钦明'为异耳。"据此可以见陈氏对《论衡》的重视。

王充虽是东汉著名学者，但与其生平有关的史料十分简略，其治学宗尚并无明文可征。尽管如此，后世很多学者还是主张王充习今文经学，如孙星衍就说："王氏多用今文"，"充时犹见古《尚书》章句，当本欧阳、夏侯之义"②。民国学者黄晖也说："仲任生当今文盛行之世，古文未立，

---

① 陈乔枞：《今文尚书经说考》卷一上，第59页。
② 孙星衍：《尚书今古文注疏》，第262、523页。

虽其不守章句，然大抵皆今文说。如《尚书》则本欧阳，《论语》则《鲁论》，《诗》则《鲁诗》。"①孙、黄二氏皆以《论衡》与《尚书》遗说比读而得此结论，自然有其合理性。但是王充并非经生，实不能以经学家法绳之。《论衡·效力》云："诸生能传百万言，不能览古今，守信师法，虽辞说多，终不为博。"②可见王充重视的是博通古今，而不是师法解说。实际上《论衡》中还是有与今文说显然矛盾之处的，如《正说》篇云：

  或说《尚书》二十九篇者，法北斗七宿也。四七二十八篇，其一曰斗矣，故二十九。夫《尚书》灭绝于秦，其见在者二十九篇，安得法乎？宣帝之时，得佚《尚书》及《易》、《礼》各一篇，《礼》、《易》篇数亦始足，焉得有法？案百篇之《序》，缺遗者七十一篇，独为二十九篇立法，如何？或说曰："孔子更选二十九篇，二十九篇独有法也。"盖俗儒之说也，未必传记之明也。二十九篇残而不足，有传之者，因不足之数，立取法之说，失圣人之意，违古今之实。③

按，以《尚书》二十九篇当北斗七宿，以孔子为二十九篇立法，此今文家说，而王充不信，且斥为俗儒之说，此《论衡》与今文说矛盾处之一。以《尚书》二十九篇为残缺之余，此又与博士"以《尚书》为备"④之说不同，此《论衡》与今文说矛盾处之二。据此一例亦可见《论衡》并非就是一部彻底、纯正的今文经书。

（六）书纬皆用今文⑤

"纬"是相对于"经"而言的，《四库全书总目》说："纬者，经之支流，衍及旁义。"⑥关于纬学，有很多问题人们的认识还未达成一致，比如

---

① 黄晖：《论衡校释·例略》，中华书局1990年版，第3—4页。
② 黄晖：《论衡校释》，第580页。
③ 同上书，第1127—1129页。
④ 《汉书》卷三六《楚元王传》附《刘歆传》，第1970页。
⑤ 陈乔枞：《今文尚书经说考》卷一上，第60页。
⑥ 《四库全书总目》卷六"经部·易类六"，第47页。

第二章　今文学派辑考今文、考辨古文

纬学的起源、内容等，但纬书与今文经学关系密切，这应该是所有学者都承认的。有中国台湾学者指出："汉代自西汉武帝起独尊儒术，今文经学为官学之势，迄于东汉之终。而纬书的成立与衰微皆与今文经学相次，且东汉于光武中元元年宣布图谶于天下，故同以齐学之阴阳五行说为主要内涵的纬书与今文经学，自儒学独尊起，便不断的相互影响。古文经学在经义上，与齐学之阴阳五行说无所关涉，古文经学家固偶有附会图谶之举，但未有采图谶以解经义者；故纬书与经学的关系，实以纬书与今文经学的关系为最主要。"① 这是说纬书是伴随着今文经学的发展而发展的，且内涵也是一致的，所以二者相互影响，密不可分。所论诚是。具体到《尚书》而言，也有学者指出，纬书多与《今文尚书》相通，且多有袭取《尚书》今文说之处。② 由此可见，辑考《今文尚书》经说绝不能忽视纬书这一重要资料。陈乔枞自然也注意到了这一点，因此在《经说考》中对《尚书中候》《帝命验》《考灵曜》《旋玑钤》《刑德放》等诸纬书遗文采择颇多。

《尧典》"曰放勋"条下，陈乔枞云："据《尚书中候》则放勋乃尧之名，此《今文尚书》说也。"③ 按，"放勋"或以为尧之名，或以为尧之字，陈氏据《尚书中候》得知《今文尚书》说以"放勋"为尧之名。

又《尧典》"夔，命汝典乐"条，陈乔枞认为《今文尚书》"夔"亦作"归"，他将《水经注·江水》篇所引《乐纬》"昔归典协声律"收录，并加按语解释说："《太平御览》八十二引《尚书中候》'让于益、归'，注云'归读曰夔'。据《中候》及《乐说》则'归'字当亦三家今文之异字也。"④ 在此，陈氏不但认为《尚书中候》用《今文尚书》，而且认为《乐说》亦用《今文尚书》。也就是说，在陈乔枞看来他经之纬亦可用来考证《今文尚书》经说，所以他说："纬说皆用《今文尚书》。"⑤ 此类例证颇

---

① 洪春音：《纬书与两汉经学关系之研究》，博士学位论文，台湾东海大学，2002年，第19页。
② 参看钟肇鹏《谶纬论略》，辽宁教育出版社1991年版，第135—138页；李中华《神秘文化的启示——纬书与汉代文化》，新华出版社1993年版，第18—22页。
③ 陈乔枞：《今文尚书经说考》卷一上，第65页。
④ 同上书，第142页。
⑤ 陈乔枞：《今文尚书经说考》卷三中，第268页。

多，如《酒诰》"自成汤至于帝乙"条下，陈氏收录《易乾凿度》之文："孔子曰：'自成汤至于帝乙，帝乙，汤之元孙之孙也。'"陈氏还明言："《乾凿度》用《今文尚书》，故与古文异。"①据此可见陈乔枞在辑考《今文尚书》经说时对纬书的重视。

需要指出的是，陈乔枞"书纬皆用《今文尚书》"的观点其实也是得之于段玉裁。段氏云："凡纬书皆出于汉，《书纬》则皆袭《今文尚书》。"②可见这一观点仍是从"汉人皆用《今文尚书》"生发而来。

（七）郑玄注《礼》引《今文尚书》

郑玄生于汉末，兼治古今文学，遍注群经，尤精三《礼》，其三《礼》注为历代学者所推重，注中引《尚书》处时或可见，这是研究两汉《尚书》学的一笔宝贵资料。陈乔枞认为郑玄注三《礼》所引《尚书》皆今文。

《皋陶谟》"天聪明自我民聪明，天明威自我民明威"条下，陈乔枞收录《周礼·乡大夫职》郑玄注："《书》曰：'天聪明自我民聪明，天明威自我民明威。'古今未有遗民而可为治。"何以知其为《今文尚书》经说？陈氏解释说："郑君注《礼》在赞《书》之前，所引《尚书》自是当时所立学官之本。"③按，郑玄曾自言其注经次第云："遭党锢之事，逃难注《礼》。党锢事解，注《古文尚书》、《毛诗》、《论语》，为袁谭所逼，来至元城，乃注《周易》。"④此即陈乔枞所言"郑君注《礼》在赞《书》之前"所本。陈氏由这一事实而认定郑玄注《礼》时全用《今文尚书》，在《经说考》中大量援引郑注而不加辨析。如郑玄注《礼记·中庸》"壹戎衣而有天下"云："戎，兵也。衣读如殷，声之误也。齐人言殷声如衣，虞夏商周氏者多矣。今姓有衣者，殷之胄与？壹戎殷者，一用兵伐殷也。"陈乔枞在《康诰》"壹戎殷"条下收录此说，并十分确定地说"此

---

① 陈乔枞：《今文尚书经说考》卷一八，第527页。
② 段玉裁：《古文尚书撰异》卷一上，第4页。
③ 陈乔枞：《今文尚书经说考》卷二，第158页。
④ 《孝经》大题下正义引。

用今文家说也"①。

然而陈乔枞的这一做法仍然值得商榷。郑玄注《礼》在遭党锢时，而他习《古文尚书》则在之前从马融游学之时，所以在注《礼》时，郑玄已接受古文经学，而不是直到赞《书》时方习《古文尚书》。郑玄兼治今古文经学，陈乔枞仅仅因为他注《礼》在赞《书》之前就说他用《今文尚书》，推论显然过于草率。段玉裁认为郑玄"注《诗》、《礼》用《今文尚书》绝少"②。所见与陈氏截然相反。皮锡瑞认为郑玄"注《礼》笺《诗》，杂糅今古"③，其说似较陈氏之说更为可信。在陈氏之前，刘逢禄也曾主张郑玄注《礼》用今文，其言曰："郑康成氏总群儒而通六艺，其学则于《礼》深，于《易》《书》《诗》《春秋》浅，故注《礼》用今文，采韩说；及解《易》《诗》《书》《春秋》乃舍今学而从古文，聊以创异门户，存一家之说。"④刘氏所论，乃就郑玄诸经之功底而猜测其家法，同陈氏一样，皆有想当然之嫌。

（八）汉碑多用《今文尚书》⑤

汉代经学昌盛，不仅表现在经师众多、经说丰富，而且经学对整个社会都有广泛的影响，这可以从汉代碑铭大量引用经典这一现象中窥得一斑。陈乔枞在《经说考》中对汉碑资料也十分注重。陈乔枞认为汉碑多用《今文尚书》："若《古文尚书》汉时并未盛行，又未立于学官，非博士所

---

① 陈乔枞：《今文尚书经说考》卷一七，第513页。
② 段玉裁：《古文尚书撰异》卷一下，第51页。
③ 皮锡瑞：《经学通论·书经通论》，第57页。但值得注意的是，在《今文尚书考证》中，皮氏于"皋陶谟""天明威自我民明威"条下，袭用陈氏之说；并且皮氏在所著《郑志疏证·自序》中说："郑君先通今文，后通古文，先所著书多今文说，后所著书多古文说"（皮锡瑞：《郑志疏证》卷首自序，《续修四库全书》第171册，第189页）。皮氏此论也与陈乔枞之说相近。这两处显然与他所主张的郑玄"注《礼》笺《诗》，杂糅今古"说不同。
④ 刘逢禄：《刘礼部集》卷九《诗古微序》，《续修四库全书》第1501册，第169页。魏源也说："（郑、许）二君惟六书、三《礼》并视诸经为闳深，故多用今文家法。及郑氏旁释《易》、《诗》、《书》、《春秋》，皆创异门户，左今右古"（氏著《古微堂外集》卷一《两汉经师今古文家法考叙》，《魏源全集》第12册，第136页）。
⑤ 陈乔枞：《今文尚书经说考》卷一上，第25页。

以课弟子者，古汉碑文字引用绝少。"①可见此说亦从"汉人皆用《今文尚书》"生发而来。在陈氏之前已有学者注意到汉碑与《今文尚书》有关②，所以这一观点并非陈氏所创。

汉碑多是引用经文而不及经注，所以陈乔枞也主要是用汉碑来考证《今文尚书》经文，如《尧典》"于变时雍"条，陈乔枞认为《今文尚书》亦作"于元时雍"，原因在于"洪适《隶释·汉孔宙碑》'于元时雍'"③。又如《尧典》"往哉汝谐"条下，陈乔枞认为《今文尚书》亦作"往才女谐"，原因在于"《古文苑》崔瑗河间相张平子碑铭曰'往才女谐'"④。

汉碑资料由于自身的特点，相对来说更加可信，所以陈氏在辑考《今文尚书》经说时对此加以关注十分可贵。不过陈氏在《经说考》中收录汉碑数量十分有限，远不如后来的皮锡瑞，这一点将在下一节详谈。

以上是笔者就陈氏辑考《今文尚书》经说的主张和方法总结出来的八项条例。当然笔者只是专就其重要者而言，这八项条例并不能涵盖《经说考》的全部，但是通过这八项条例我们完全可以把握《经说考》最核心的部分。

陈乔枞以辑考三家《诗》、三家《尚书》名家。对比其《三家诗遗说考》与《今文尚书经说考》，可以发现两者在体例、方法上都没有大的差别，但是学界在评价两书时似乎有所轩轾，即认为后者不如前者精当，陈氏之《诗》学成就高于《书》学。⑤这是有一定合理性的。就陈氏父子当时所面对的情况来看，辑考三家《尚书》的工作要比辑考三家《诗》困难得多，这一方面是因为三家《尚书》的亡佚状况要远甚于三家《诗》，陈

---

① 陈乔枞：《今文尚书经说考》卷六，第346页。
② 如王念孙认为"汉碑多用《今文尚书》"（氏著《读书杂志》十五《汉隶拾遗》，中国书店1985年版，第94页）。另外段玉裁在《古文尚书撰异》中也曾零星地征引汉碑。
③ 陈乔枞：《今文尚书经说考》卷一上，第69页。
④ 陈乔枞：《今文尚书经说考》卷一上，第139页。按，《古文苑》章樵注云："《古文尚书》'哉'作'才'。"此说与陈氏之说相矛盾。但陈氏从段玉裁之说，认为章樵注所说《古文尚书》乃宋次道家《古文尚书》，而不是汉代《古文尚书》。
⑤ 田汉云：《中国近代经学史》，三秦出版社1996年版，第286页。

第二章 今文学派辑考今文、考辨古文

氏父子可资借鉴的材料要少得多；另一方面是因为在陈氏父子之前已有很多学者从事于辑考三家《诗》的工作，而相比之下对三家《尚书》的重视程度则要差许多。我们在评价陈氏父子的《尚书》学成就时显然也不能忽视这些客观事实。

陈乔枞在辑考《今文尚书》经说时，是务求完备的，《经说考》一书的宗旨似乎可以概括为"宁失之滥，不失之略"。就上文笔者所总结的八项条例而论，似乎每一项条例都谈不上完全确凿无误，但陈氏却坚信不疑，他的目的就是通过这些条例将尽可能多的材料同《今文尚书》经说扯上关系，在这个过程中就难免有些不够谨慎的地方。另外，《经说考》一书的取材范围似乎也有值得商榷之处。陈氏既然是要辑《今文尚书》经说，必须首先确定一条材料是《尚书》经说，但是收录在《经说考》中的一些材料却未必是这样。例如在《金縢》"周公居东二年则罪人斯得"条下，《经说考》收录《说苑·指武》篇之文：

> 齐人王满生见周公，周公出见之，曰："先生远辱，何以教之？"王满生曰："言内事者于内，言外事者于外。今言内事乎？言外事乎？"周公导入。王满生曰："敬从布席。"周公不导坐。王满生曰："言大事者坐，言小事者倚。今言大事乎？言小事乎？"周公导坐。王满生坐。周公曰："先生何以教之？"王满生曰："臣闻圣人不言而知，非圣人者虽言不知。今欲言乎？欲无言乎？"周公俯念有顷，不对。王满生藉笔牍，书之曰："社稷将危，傅之于膺。"周公仰视见书，曰："唯唯！谨闻命矣。"明日诛管蔡。

按，此文与《韩诗外传》大同，显然是古代相传之故事。很明显这一段话不是专门解说"周公居东二年则罪人斯得"的，我们甚至很难说这一段话一定与《尚书》有关，陈氏将其收入《经说考》，难免显得有些不伦不类。在《经说考》中这种情况并非个例。

陈氏书成之后，在当时的学术界引起了较大的反响，学人论及此书，

多有较高评价,如曹元弼称"平直精善,绝无争门户、执意见之弊"①。曾国藩读罢《经说考》后,亦"以为可传"②。又如吴汝纶《答陈朴园论尚书手札》云:

> 大著《今文尚书考》扶千秋之微学,罗百氏之旧闻,世业远媲乎向、歆,专家近掩乎孙、段。自枚赜古文专行于世,即马、郑遗说亦就散亡,若欧阳、夏侯之学,则更废坠失传,莫可考引。是以我朝朴学诸公得汉人片言,宝若彝鼎,而三家之学,绝无有寻其坠绪者。阁下独旁搜远绍,辑成《欧阳夏侯遗说考》,洵为前哲所未逮。③

观此文可知吴氏对陈乔枞之学推崇备至。虽然学人书信往来类多客套之词,但吴、陈二氏治《尚书》之路数并不相同,能有如此赞许,谅非虚誉。

又,廖平曾说:"陈氏父子《诗》、《书》遗说虽未经排纂,颇伤繁冗,然独取今文,力追西汉,魏晋以来无此识力。"④这是廖氏作为一个今文学者对陈氏父子专治今文的赞许。皮锡瑞也说《经说考》"博采古说,有功今文"⑤。可见此书在搜考今文经说方面是得到了同行们的认可的。但是廖平同时也指出了此书缺点所在,即"颇伤繁冗",皮氏也说《经说考》"颇似长编,搜罗多而断制少"。这是对此书体例的不满。至于清末胡元仪所说"惟闽人陈乔枞之书不足取,私意太甚,考核多疏,不及其父恭甫远矣"⑥,亦情有可原,胡氏专宗"郑学",自然对陈氏这种并不十分严谨的辑考今文的方式颇有微词。

---

① 曹元弼:《古文尚书郑氏注笺释》卷首自序,《续修四库全书》第53册,第453页。
② 谢章铤:《左海后人朴园陈先生墓志铭》,载缪荃孙纂辑《续碑传集》卷七四,《清代传记丛刊》第119册,台北明文书局1985年版,第312页。
③ 吴汝纶撰,施培毅、徐寿凯校点《吴汝纶全集》第一册,第9页。
④ 廖平:《知圣篇》,载李耀仙编《廖平学术论著选集(一)》,巴蜀书社1989年版,第210页。
⑤ 皮锡瑞:《经学通论·书经通论》,第104页。
⑥ 胡元仪:《北海三考》卷三,《续修四库全书》第549册,第648页。

第二节　皮锡瑞之《尚书》学

一　皮锡瑞其人其学

皮锡瑞（1850—1908），字鹿门，又字麓云，湖南善化（今属长沙）人。他因景仰西汉今文学大师伏生，颜所居曰"师伏堂"，学者常称之为师伏先生。同治十二年（1873），举拔贡。光绪八年（1882），年三十三岁，举顺天乡试。其后三应礼部试皆不第。皮氏自三十岁始专心治经，后三十年间著述颇丰，卓然成家，其主要的学术著作有《尚书大传疏证》七卷、《尚书古文疏证辨正》一卷、《古文尚书考实》一卷、《古文尚书冤词平议》二卷、《史记引尚书考》未刊、《今文尚书考证》三十卷、《尚书中候疏证》一卷、《王制笺》一卷、《春秋讲义》二卷、《汉碑引经考》六卷附《引纬考》一卷、《经学历史》一卷、《经学通论》五卷、《郑志疏证》八卷、《圣证论补评》二卷、《六艺论疏证》一卷、《鲁礼禘祫义疏证》一卷、《驳五经异义疏证》十卷、《发墨守箴膏肓释废疾疏证》一卷。从皮锡瑞的著作名目可以看出，他一生治经的两个重要方向就是《尚书》学和"郑学"。皮锡瑞是一位今文学者。《汉碑引经考·自序》云："锡瑞束发受书，喜治今学。"[1]可见皮氏对今文经学早已好之，章太炎说皮锡瑞是半路出家治今文，似乎不是很准确。[2]皮锡瑞认为古文经学的兴盛带来的其实是经学的衰落，他说："今文废而经义不明，不得不归咎于毛公、马、郑之崇尚古文者矣。"[3]在他看来，只有今文经学才能得圣人真意，所以他对今文经学在清代的复兴不吝赞美之词，其《经学通论·序》所言治经大旨之一就是"乾嘉以后，治今文者尤能窥见圣经微旨"。可以说，今文经学

---

[1] 皮锡瑞：《汉碑引经考·自序》，光绪刊《师伏堂丛书》本，第1页b。

[2] 章太炎在所撰《量守庐记》中说："近世长沙有皮锡瑞者，故习江、戴诸儒之学。……术既通而时方骛今文，玩奇说。守其故，则不足以致犬酒之馈，乃去习今文"（见《章太炎全集》第五册《太炎文录续编》，上海人民出版社1985年版，第348—349页）。

[3] 皮锡瑞撰，盛冬铃、陈抗点校：《今文尚书考证·凡例》，第322页。

的家派色彩在皮锡瑞的著作中体现得十分明显。

皮锡瑞早年屡困场屋，遂绝意仕途，潜心讲学著述，但同时也留心时务。光绪十六年（1890），皮氏出主桂阳州龙潭书院讲席，后二年，移主江西南昌经训书院讲席，至光绪二十三年（1897）止。光绪二十四年（1898），谭嗣同、梁启超等人于长沙创设"南学会"，延请皮锡瑞为学长，主讲"学术"一科。开讲之日，皮氏首倡学会宗旨，略曰：

> 若欲开拓心胸，目营四海，断非枯坐一室所能通晓。学非空谈而已，必求得之于心，施之于世，切实可行，才算得有体有用。……今开立南学会，愿与诸公讲明大义，共求切磋之益。学非一端所能尽，亦非一说所能该，先在读书穷理，务其大者远者，将圣贤义蕴，了然于胸中，古今事变，中外形势，亦需讲明切究，方为有体有用之学。①

由是观之，皮氏治学反对空谈，主张讲求圣贤大义，并要切于实用。

戊戌政变之后，皮锡瑞身遭党禁，乃专心讲学。光绪二十五年（1899），皮氏主讲经训书院，前后七年，培育人才，开通风气，多所建树。此后历任湖南高等学堂、师范馆、长沙府中学讲席，中路师范学堂讲席，学务公所图书课长及长沙定王台图书馆纂修等职务。

皮锡瑞治经、讲学以严辨家法、倡导今文为重点。他十分重视今古文经学之差异，认为今古文两家是严格对立的，其所著《经学历史》有云：

> 汉经学近古可信，十四博士今文家说，远有师承；刘歆创通古文，卫宏、贾逵、马融、许慎等推衍其说，已与今学分门角立矣。然今学守今学门户，古学守古学门户。今学以古学为变乱师法，古学以今学为"党同妒真"。相攻若仇，不相混合。②

---

① 皮名振：《皮鹿门年谱》光绪二十四年戊戌，《晚清名儒年谱》第13册，北京图书馆出版社2006年版，第643—644页。

② 皮锡瑞：《经学历史》，第100—101页。

第二章　今文学派辑考今文、考辨古文

皮氏认为今古文经学各守门户，相视如仇，这似乎与史实不大相符①，但皮氏对此深信不疑。他认为治经必须以辨明今古文之差异为先务，所以他说："治《尚书》不先考今古文分别，必至茫无头绪，治丝而棼。"②

皮氏不但在自己的学术研究中发扬今文经学，而且在讲学时对此也是念念不忘。《皮鹿门年谱》云："自公以宿学掌教，申明西汉微言大义之学，教人以经学当守家法，词章必宗家数，一时高才隽秀，咸集其门，风气为之丕变。"③可见皮氏讲学，注重以西汉"微言大义"之学导人，并以辨明家法为要务。

皮锡瑞治经，推重孔子，他说："经为孔子所定，孔子以前不得有经。"④他认为六经正是孔子为后世所作的教科书："孔子有帝王之德而无帝王之位，晚年知道不行，退而删定六经，以教万世。其微言大义实可为万世之准则。后之为人君者，必遵孔子之教，乃足以治一国；所谓'循之则治，违之则乱'。后之为士大夫者，亦必遵孔子之教，乃足以治一身；所谓'君子修之吉，小人悖之凶'。"⑤按照一些学者的看法，这种观念也恰恰表明了皮锡瑞的今文家特色。⑥

《尚书》是皮锡瑞的重点研究对象，也可以说是皮氏学术最出彩的地方。皮氏治《尚书》也是以今文经学原则为指导的，其论《尚书》是经非史有云："古时《书》必不少，孔子但取其可为法者，余皆删之，犹作《春秋》，但取其可明义者，余皆削之。"⑦皮氏认为《尚书》经孔子删削之后始成为经，因而篇篇有义。皮氏进而主张治《尚书》当以饱含大义之

---

① 钱穆就曾指出："晚清经师又谓东汉今古文家法绝不相混，至郑玄注经而今文家法始失。此亦非也。大抵东汉儒生，多尚兼通，其专治一经章句者颇少，而尤多兼治今古文者"（氏著《东汉经学略说》，载《中国学术思想史论丛》卷三，安徽教育出版社2004年版，第45页）。

② 皮锡瑞：《经学通论·书经通论》，第47页。

③ 皮名振：《皮鹿门年谱》光绪十八年壬辰，第608页。

④ 皮锡瑞：《经学通论·序》，第1页。

⑤ 皮锡瑞：《经学历史》，第6页。

⑥ 朱维铮编：《周予同经学史论著选集（增订版）》，上海人民出版社1996年版，第7—8页。

⑦ 皮锡瑞：《经学通论·书经通论》，第102—103页。

二十九篇今文①为准，不必考求逸《书》，他说："《大传》、《史记》所引逸文，虽非后世伪作，而全篇不可得见，则大义无由而明。至于逸十六篇以及后世《太誓》，真伪既莫能辨，尤不当以鱼目混珠。"②在此，皮氏虽然没有径斥逸《书》为伪，但也几乎完全予以忽视。

皮锡瑞对《今文尚书》的权威性、可信性千方百计地加以维护，这尤其体现在他对伏生《今文尚书》来源的考证上。《汉书·儒林传》颜师古注引卫宏《定古文官书序》云："伏生老，不能正言，言不可晓也，使其女传言教错。齐人语多与颍川异，错所不知者凡十二三，略以其意属读而已。"伪孔安国《尚书序》也说："济南伏生，年过九十，失其本经，口以传授，裁二十余篇。"《经典释文·叙录》《隋书·经籍志》皆袭此说，因而影响颇大。若此说属实，则《今文尚书》的可信度显然要大大降低，这是今文学者无论如何也不能接受的。皮锡瑞对卫宏之说展开了言辞激烈的反驳，他说："案《史》、《汉》无伏生使女传言之事，古人书皆口授，即伏生老不能口授，使女传言，亦有藏书可凭，何至以意属读，其时山东大师，无不涉《尚书》以教，晁大夫何至不知者凡十二三。"③这是批评卫宏之说无据，且与事理不合。皮锡瑞又进而认为卫宏之说乃是出于门户之见的故意诬蔑：

> 《后汉书·儒林传》曰："卫宏从大司空杜林受《古文尚书》，为作训旨。"是《古文尚书》有训解实始于宏。郑君《书赞》云"后汉卫、贾、马二三君子之业"，叙卫于贾、马之前，亦是其证。卫说今不传。考《帝王世纪》曰："帝挚之母，于四人之中，其班最下，而挚年兄弟最长，故得登帝位，封异母弟放勋为唐侯。挚在位九年，故软弱，而唐侯德盛，诸侯归之。挚服其义，乃率其群臣，造唐朝而致禅，因委至心，愿为臣。唐侯于是知有天命，乃受帝禅，而封挚为高

---

① 对于《今文尚书》的篇目，皮锡瑞赞同龚自珍之说："当从《太誓答问》，分《顾命》、《康王之诰》为二，不数《太誓》、《书序》为是"（氏著《经学通论·书经通论》，第51页）。
② 皮锡瑞：《经学通论·书经通论》，第76页。
③ 同上书，第72页。

第二章 今文学派辑考今文、考辨古文

辛氏。事不经见，汉故议郎东海卫宏所传云尔。"案此事近废立，疑非其实，古书皆不经见，而独传于敬仲，则古文异说疑多敬仲所创。敬仲《序》谓伏生言不可晓，盖诬今文以扶古文。安知后有王肃，即本《序》意，作伪古文，而卫、贾、马、郑之书皆废，则敬仲之诬今文亦奚益哉！①

按，卫宏是东汉传《古文尚书》的关键人物，皮氏认为他为了打压今文而妄造伏生口传之说。皮氏并举例说明，卫宏好造作怪异之说，因此他所谓伏生口传《尚书》也就不足怪了。总之，皮氏就是要证明伏生《尚书》"本藏山之业"，绝非"失其本经"，其可信性是毫无疑义的。

关于治《尚书》应遵循之途径，皮氏有云：

> 当先具列伏《传》、《史记》之说，字字遵信，加以发明，不可误据后起之词，轻疑妄驳。次则取《白虎通》及《两汉书》所引经说，加以汉碑所引之经，此皆当日通行之今文，足备考证。又次则取马、郑、伪孔，择其善者，以今文为折衷，合于今文者录之，不合于今文者去之，或于疏引而加驳正。至蔡传与近儒所著，则于义疏择取其长。两说相同，则取先出，不合于今文者，概置不取，以免缪轕，惟其说尤足惑人，及人所误信者，乃加辩驳，使勿迷眩。②

据此可见，皮氏治《尚书》，一以今文为标准，合于今文者发明之，不合于今文者驳正之。这一点其实也是他著《今文尚书考证》的指导原则。皮氏之所以有如此主张，是因为他对东汉以来的《尚书》学十分不满，认为不论是东汉古文，还是伪古文，抑或是宋儒新奇之说，皆非《尚书》学之正体。他说："《尚书》一经，自东汉古文汩之于前，东晋古文假之于后，宋以来又各创异说，迄今纷纷，莫衷一是。或据宋儒之说以驳东晋古文，或据东晋古文以驳宋儒之说，或据东汉古文以驳东晋古文及宋儒说，未有

---

① 皮锡瑞：《尚书古文疏证辨正》，《续修四库全书》第51册，第47页。
② 皮锡瑞：《经学通论·书经通论》，第104页。

能守西汉今文之学以决是非、正得失者。"①而他对东汉《古文尚书》的不满主要体现在批评古文说不可信上，他说："今马、郑注解，犹存其略，而郑不同于马，马又不同于卫、贾，盖古文本无师授，所以人自为说，其说互异，多不可据。不当以卫、贾、马、郑后起之说，违伏生最初之义也。"②关于这一点将在下文再作进一步的论述。

皮锡瑞治《尚书》学，以搜讨、考证《今文尚书》经说为重中之重，这与陈氏父子是完全相同的，所以皮氏的《尚书》学受陈氏父子影响极大，这一点将于后文详述。今所欲言者，在于陈、皮诸人与常州学派治《尚书》学途径之差异。在本书第一章笔者曾提到，蔡长林、罗检秋等现代学者主张将清代今文经学分为两派，或名之为"偏向考证的今文学"与"偏向义理的公羊学"，或名之为微言大义派与考据派。这一观点自有其合理之处，而以之分析今文经学背景下的《尚书》学似乎也是符节毕合。

常州学派的《尚书》学，概括言之，是以公羊学为根底、以善说"微言大义"为主要特征的《尚书》学。常州诸子治《尚书》，主张体味圣人之心，但所论多附会；他们门户之见深，对《古文尚书》百般攻击，尽斥其伪，但多有任意污蔑之词；他们多推崇《今文尚书》，但对《今文尚书》原貌其实所知甚少，他们也未曾用心于兹。至于陈氏父子与皮锡瑞，则将最主要的精力放在了对《今文尚书》文本与经说的辑考上。他们用严谨的考证、辑佚的方法来董理《今文尚书》遗说，所论多朴实平正。有学者就指出："皮锡瑞在考证方法上很好地继承了乾嘉朴学的优良传统。诸如以经证经，以字说经、以史说经、以群书说经等方法都能运用自如。"③虽然他们也偶有立说未坚之处，但那多是客观条件造成的，并非有意为之。他们在复原《今文尚书》原貌方面所取得的成绩远不是常州学派所能比拟的。总而言之，两派治《尚书》，努力方向不同，治经方法不

---

① 皮锡瑞：《古文尚书冤词平议·自序》，光绪刊《师伏堂丛书》本，第 1 页 b。
② 皮锡瑞：《经学通论·书经通论》，第 61 页。
③ 田汉云：《中国近代经学史》，第 352 页。

同，治学态度也不同。①

正是因为有这些不同，导致陈寿祺父子与皮锡瑞对常州学派的《尚书》学不甚满意。陈乔枞在《今文尚书经说考·自序》中回顾了阎、惠、王、江、孙、段等人的《尚书》学成就，却唯独对常州诸子一字不提，《经说考》中也没有引用他们的成果，其态度由此可见一斑。又如皮锡瑞对常州学派的《尚书》学，仅推许其宗主今文，却痛斥其附会无据。②对于刘、魏等人引以为豪的"微言大义"，皮氏却骂道："以此说经，圣人之书无完肤矣，以臆说为微言，以穿凿为大义，此真经学之蟊贼！"③言辞十分激烈。由于时代稍早，常州诸子并没有见到陈、皮二人的著作，但相信若常州诸子复起于地下，也必然不满于陈、皮二人这种专攻文字、罕及大义的治学路数。

早在民国时，就已有人注意到陈、皮等人治学不同于常州诸子，如邵瑞彭说：

> 晋陵庄、刘诸子好言《公羊春秋》，则为今文之学，由是学者始言门户。其后侯官陈恭甫、朴园父子，长洲陈硕甫，句容陈卓人四陈君者接踵而作，大抵以寻绎师法、辨章条贯为主。虽趋舍不尽同，要之各能自名其家。咸同以降，风气益变矣。鹿门先生兴于南楚，蔚为大师。其学远绍西汉今文之坠绪，兼综北海郑氏之学，淹雅宏通，审思明辩，与井研廖君同源殊流，纵恢广弗逮而澹密过之。晋陵之学至龚、魏而日替，四陈之学得先生而日昌。④

---

① 刘起釪先生在考察清代今文学者的《尚书》学著作时也发现，同样是今文学派也可以分为立论太果而武断的一派与阙疑矜慎的一派。他说："庄、刘、龚、魏下及廖平、康有为是立论太果而武断的一派，陈寿祺、乔枞父子及王闿运、皮锡瑞等则是矜慎的一派，这正和上面提到的政治思想活跃一派和专心治学一派这两者相符同"（氏著《尚书学史》，第414页）。这里关注的也是两派之间治学态度的不同。

② 参见皮锡瑞《经学通论·书经通论》，第97—99，103—104页。

③ 皮锡瑞：《师伏堂日记》癸巳年六月十二日，《皮锡瑞全集》第九册，中华书局2015年版，第175页。

④ 邵瑞彭：《重刊皮氏驳五经异义疏证序》，载皮锡瑞著《驳五经异义疏证》卷首，《续修四库全书》第171册，第139页。

邵氏认为清代今文学者虽然同治今文经学，但学术特色却并不相同，在先则有陈寿祺、陈乔枞、陈奂①、陈立四人异于常州诸子，在后则有皮锡瑞与廖平②之不同。至于这些不同究竟体现在哪些方面，邵氏并没有详言，但他指出皮氏之学显然是承袭"四陈"而来，他们是同一路数。细绎邵氏所论，盖以为"四陈"与皮锡瑞之学精于考证、赡密翔实，而常州诸子与廖平则善说大义、立论恢宏。

以上是笔者就陈、皮诸人与常州学派治《尚书》学途径所作的简单区分。笔者作这一区分，只是试图将他们不同的学术面貌展现给大家，绝没有为他们评定高下的企图，笔者也不认为他们的学术有好坏优劣之分。虽然"微言大义派"不如"考据派"那般朴实平正，但他们观点鲜明、气势恢宏的话语却大大地提高了今文经学的影响力。

另外还需要指出的是，笔者所作的这一区分，并不是说两派之间就是截然对立的，正像蔡长林先生所说，这只是大方向的归纳，它必须基于两者的对照才显其意义。③实际上我们所说的"微言大义派"并非完全排斥考据④，而"考据派"也并非闭口不谈"微言大义"。下文会提到，庄述祖在质疑古文《逸书》十六篇时，就很重视通过考证字词的讹误来证明其伪，这无疑展现了庄氏作为考据家的一面。刘逢禄、魏源、康有为等人对自己的考据功力也是十分自信，在对《古文尚书》的辨伪方面体现得尤为明显。而皮锡瑞在考证《今文尚书》的同时，也念念不忘其中的"微言大

---

① 陈奂治《毛诗》，非今文学，但陈氏宗毛而不宗郑，所以齐思和说："且如陈奂之治《诗》，专宗西京，已开道、咸以来之治经风气"（氏著《魏源与晚清学风》，载杨慎之、黄丽镛编《魏源思想研究》，湖南人民出版社1987年版，第4—5页）。

② 按，廖平一向被视作今文家，廖氏于《尚书》著有《尚书弘道编》《书经大统凡例》，然二书或主于纬说，或释以天人之学，极为荒诞无根。盖廖氏著此二书未尝以今文自限，亦无复西汉今文之意，故笔者此文不拟涉及此二书。

③ 蔡长林：《清代今文学派发展的两条路向》，载彭林编《经学研究论文选》，上海书店出版社2002年版，第84页。

④ 王汎森说："过去有些学者持着一个看法：认为今文经师们反对声音训诂之学，专讲微言大义。对于初中期的今文经师而言，这个观察并不全对。我们不但可以很容易从庄述祖、刘逢禄、宋翔凤、魏源等学者的著作中找到大批声音训诂的文字，更可以找到许多证据证明他们追索古音古字以明六经本义的决心是与考据学家一样强烈的"（氏著《古史辨运动的兴起》，台北允晨文化实业股份有限公司1987年版，第86页）。

义",皮氏云:

> 二十九篇,篇篇有义,如《尧典》见为君之义,君之义莫大于求贤审官,其余巡守朝觐、封山浚川、赏功罚罪皆大事,非大事不书,观此可以知作史本纪之法矣。《皋陶谟》见为臣之义,臣之义莫大于尽忠纳诲,上下交儆以致雍熙,故两篇皆冠以"曰若稽古",观此可以知记言问对之体矣。《禹贡》见禹治水之功,并赐土姓,分别五服,观此可以冠地理水道之书矣。《甘誓》见天子亲征,申明约束之义,观此知仁义之师亦必兼节制矣。……①

即使是一向被视作辑佚家的陈乔枞也有阐发大义之处,如《今文尚书经说考》云:

> 古者圣帝明王恒以民事为重。民之大事在农,故尤以农时为先务。立羲和之官,以主四时,每届一时,必以所当务者上告于天子,下布之民,民无废事,农无失时,而万物得以各遂其生矣。厥后《夏小正》、《时则》、《月令》诸书皆本之《尧典》。孔子删定百篇,以《尧典》为首,尊而重之,若天书然,谓之曰《尚书》,盖以此也。②

按,陈氏此处所论,乃是《尧典》羲和分主四时之事。陈氏以为《尧典》此文表明了"圣帝明王"重民重农之义,所以孔子删定《尚书》③,以《尧典》为首,以突出其所含大义。

总之,在今文学风气影响下,清代学者的治学路数也是有差别的,在《尚书》研究方面,他们的侧重点有不同,努力的方向也不同。一部分人注重阐发《今文尚书》中的"微言大义",另一部分人则注重《今文尚

---

① 皮锡瑞:《经学通论·书经通论》,第74—75页。
② 陈乔枞:《今文尚书经说考》卷一上,第75页。
③ 按,陈氏此处所谓孔子删《书》之说亦值得注意。清代今文学家基本上都同意孔子删《书》序之说,到后期的廖平、康有为、皮锡瑞更是直接说孔子作《书》。这种将《尚书》与孔子密切联系起来的做法也是今文经学观念在《尚书》学上的一个显著体现。

书》文本与经说的考证。我们之所以做这种区分，是为了通过这种对比来更好地展现他们不同的学术特征，但我们不能刻意夸大这种对立，要全面地把握他们学术的全貌。

二 董理《尚书大传》

《尚书大传疏证》七卷，原名《尚书大传笺》，初作于光绪十三年（1887），成书则在光绪二十二年（1896）。此书是皮锡瑞学术研究的第一部结晶。《皮鹿门年谱》云："公治《尚书》，服膺伏生，宗今文说。至是作《尚书大传笺》，为著书之始。"[①]皮锡瑞治《尚书》由《大传》始，由此可见他对伏生今文之学的重视和推崇，这一点与其前辈陈寿祺是一致的。之所以作《尚书大传疏证》，一方面是因为皮锡瑞不满于前人之辑校本，要"重加补正"，另一方面皮氏也要"释滞求通""畅微抉隐"[②]。本节将分四个方面探讨此书的内容与价值。

（一）补正陈氏辑本

在上一节我们提到，陈寿祺所辑《尚书大传》在当时是较为完备的一个本子，很受学者们的推崇。皮锡瑞《尚书大传疏证》一书也是以陈寿祺《尚书大传辑校》为底本，但他对陈本并非完全满意，所以要补正陈本之缺失，此即皮氏《自序》中所说"辑本据陈，间加厘定"是也。所谓陈本之缺失，主要表现在字句的讹误、编排次序的不合理以及部分条目的失收、滥收等，试举例说明之。

例如《大传》"夏后氏逆于庭庭，殷人逆于堂，周人逆于户"一条，皮氏《疏证》云："陈本三'逆'字皆作'迎'，误，今据《公羊疏》更正。"[③]在此，皮锡瑞认为陈寿祺辑本"逆"字误作"迎"，非《大传》原貌，故更正之。

又如"古之帝王必有命民，能敬长矜孤，取舍好让者，命于其

[①] 皮名振：《皮鹿门年谱》光绪十三年丁亥条，第605页。
[②] 皮锡瑞：《尚书大传疏证·自序》，《续修四库全书》第55册，第698页。
[③] 皮锡瑞：《尚书大传疏证》卷五，第769页。

君……"一条,皮氏《疏证》云:

> 陈寿祺本以此文入《唐传》,盖本《玉藻正义》,以此文为《尧典》"车服以庸"之传。然考《尧典》"车服以庸",乃言黜陟诸侯考绩之事,《大传》有明文可据,与此言命民无涉。此言命民,当为《皋陶谟》"车服以庸"之传。《皋陶谟》言举"黎献",又有"谁敢不让,敢不敬应"之文,与此传云"敬长""好让"之文相合,则此当为《皋陶谟》"车服以庸"之传无疑,《玉藻正义》云"唐传",有误,陈本不可依用。①

按,《大传》本是释经之作,所以其条目内容与《尚书》经文基本上是一一对应的。因为《大传》散亡严重,后世学者从事辑佚时,碰到的一个难题就是如何将这些佚文同经文再对应起来,上面这个例子反映的就是这个问题。陈寿祺根据《玉藻正义》,认为此条佚文对应的是《尧典》,而皮锡瑞则认为对应的应该是《皋陶谟》。陈氏所言,有《玉藻正义》为据,而皮氏所言则符合情理,二人皆有所据,笔者不拟断其是非,只是表出《尚书大传疏证》之体例。

《尚书大传疏证》书末附有《补遗》《刊误》二条目。《补遗》者,补他本所遗漏者也;《刊误》者,刊落他本误收者也。在《补遗》中,皮锡瑞据《路史后纪》补"泰岳即伯夷,言佥,非一人也";据原本《玉篇》补"出教不得民心,则民灌讟"以及"故先较其志,见其事"二条;据《离骚》王逸注补"有桀之水出崦嵫之山"。此四条陈寿祺辑本皆失收,而皮锡瑞细检史料,补陈氏之疏漏。在《刊误》中,皮锡瑞所列四条,皆陈寿祺误认为《大传》文。缘其致误之由,或误认伪孔传文为《大传》文,或误认《尚书》逸篇文为《大传》文,或同一条目而陈氏于两处收之。皮锡瑞一一指出这些错误并加以纠正,无疑是对《尚书大传》辑本的一种完善。

---

① 皮锡瑞:《尚书大传疏证》卷二,第722页。

（二）以《大传》与今文说互相发明

皮锡瑞既然以《尚书大传》为《今文尚书》说之初祖，今欲"释滞求通""畅微抉隐"，必定以今文说发明之。如《尚书大传疏证》卷二释《大传》"五岳"之文有云：

> 前云四岳而此云五岳者，今文家本有五岳之文。《白虎通·巡守篇》曰："岳者，何谓也？岳之言粗，粗功德也。东方为岱宗者，言万物更相代于东方也。南方霍山者，霍之为言护也，言万物护也。太阳用事，护养万物也。西岳为华山，华之为言获也，言万物成熟，可得获也。北方为恒山，恒者，常也。万物伏藏于北方，有常也。中央为嵩山，言其高大也。故《尚书大传》曰：'五岳谓岱山、霍山、华山、恒山、嵩山也。'"《白虎通》以五岳系之巡守，且明引《大传》文，是《今文尚书》本有五岳。《公羊·隐公八年传》何氏《解诂》引《尚书》"归假于祢祖，用特"之上，有"还至嵩，如初礼"六字，是其明证。《史记·封禅书》、《汉书·郊祀志》于"皆如岱宗之礼"下文云："中岳，嵩高也。"皆可证今文之义。①

按，《尧典》记舜巡狩只有岱、南、西、北四岳，无中岳，故《大传》有"四岳八伯"之说，但此处《大传》又提到了"五岳"，似嫌矛盾。皮锡瑞举证说明"五岳"之说亦符合今文家之意，《白虎通》《公羊解诂》《史记》《汉书》皆提到中岳，在皮氏看来，诸书所用皆今文说，可与《大传》相证明。

又如《大传》"天下诸侯之悉来进受命于周，而退见文武之尸者，千七百七十三诸侯"一条，皮氏引《王制》《孝经纬》《公羊》诸说解释"千七百七十三诸侯"之文，并说："《王制》《孝经》《公羊》皆今文，故皆与《大传》义合。"②

---

① 皮锡瑞：《尚书大传疏证》卷二，第713页。
② 皮锡瑞：《尚书大传疏证》卷五，第768页。

皮锡瑞坚信《尚书大传》为今文说，并坚持引今文说来疏通证明之，很能体现皮氏的今文家色彩以及他对今文家法的维护，所以梁启超评价说："其疏释专采西汉今文经说，家法谨严。"① 梁先生一语点出此书特色，眼光着实独到。

（三）崇《大传》、黜古说

皮锡瑞自言："锡瑞服膺伏书，罔敢出入。"② 据此可见皮氏对《大传》之推崇，而其中的一个重要表现就是在《尚书大传疏证》中不断批驳与《大传》相违之古文说。如前文所举皮锡瑞释《大传》"五岳"之文一例，皮氏先引《白虎通》《公羊解诂》等书疏通文义，然后大发议论，驳斥古文说，其言曰：

> 后人专据《古文尚书》，谓古只有四岳，无五岳，又谓中岳嵩高是汉制，《尔雅》后一说为后人掺入，唐虞时当以霍太山为中岳。此皆臆说。古无明文，何如据《大传》及《尔雅》、《史记》、《汉书》、《白虎通》、《公羊解诂》之义有明文可证乎！③

皮氏旗帜鲜明地反击古文说对今文说的诬蔑，并且指出古文说无据，远不如今文说可信。

又如周公居东之事，皮锡瑞认为《大传》所云"二年克殷"即《金縢》所谓"居东二年，罪人斯得"。在他看来，《大传》以为居东即东征，而古文说以为居东是避罪居东。对此差异，他评判说：

> 郑义本于《异义》所引古《尚书》说，盖出自卫、贾诸人，西汉以前初无此说，《逸周书》、《史记·周本纪》、《鲁世家》叙述皆

---

① 梁启超：《中国近三百年学术史》，朱维铮校注《梁启超论清学史二种》，第370页。
② 见皮名振《皮鹿门年谱》光绪二十一年引《史记引尚书考·自序》，《晚清名儒年谱》第13册，第620页。
③ 皮锡瑞：《尚书大传疏证》卷二，第713页。

甚明，未有避居之事。《毛传》是古文说，亦不言避居，皆与伏生义同。东汉古文说非也。①

皮氏认为古文避居之说是东汉古文家卫宏、贾逵所创，前无所承，绝不可信。皮氏如此决绝地抵制古文说，拥护《大传》今文说，正是今文家派观念在起作用。

有时，《大传》的说法疑问较大，皮锡瑞也能曲折维护，如《召诰》之著成年代，向有二说，《大传》以为在成王五年，《史记》以为在成王七年。对此，皮锡瑞的看法是：

以经考之，当以《史记》与刘歆之说为合，然《大传》之说亦自不误。《大传》云："四年建侯卫，五年营成周。"封康叔在四年，而《康诰》篇首已云"周公初基，作新大邑于东国雒"者，盖三监既平，迁邶、鄘之民于洛邑，以殷余民封康叔于卫，皆一时之事。故建侯卫、营成周于四五年连言之。基，谋也；营，亦谋也。公于四五年定其谋，七年乃成其事而作《召诰》、《洛诰》。营洛大事，非一时所能办。《大传》言其始，《史记》要其终，两说可互相明，本无违异。②

此说有理，刘起釪亦主此见。③

（四）辨正郑注

郑玄曾注《尚书大传》，为伏生之功臣，故历代辑《大传》者并郑注亦辑之。然而皮锡瑞对郑注甚为不满，其《尚书大传疏证·自序》云：

郑君既注是书，自宜恪遵勿失，乃诋欧阳为蔽冒，信卫、贾为雅材，间下己意，比于笺《毛》；或易本文，同夫注《礼》。易"日

---

① 皮锡瑞：《尚书大传疏证》卷二，第769页。
② 皮锡瑞：《今文尚书考证》卷十七，第333—334页。
③ 参见顾颉刚、刘起釪《尚书校释译论》，第1450页。

第二章 今文学派辑考今文、考辨古文

容"为"曰睿",变"大交"为"南交"。《甘誓》六卿,解以周制;《尧典》八伯,义非虞官。帝者之服五章,天子之城九里,皆由泥古,不免献疑。近人并伏、郑为一谈,昧古今之殊旨。西庄之作《后案》,阿郑实多;朴园之考今文,诋伏尤妄。今将别汉司农之注,守秦博士之传。①

又,皮氏《书经通论》云:

郑君为《大传》作注,可谓伏生功臣,乃于虞传六宗、夏传三公、周传《多士》之言郊遂,皆引《周礼》为说;又谓虞传"仪"当为"羲",以傅合羲仲,《洪范》"容"当为"睿",而改从古文。则郑君之于伏书,亦犹注《礼》笺《诗》,杂糅今古,而非笃守伏书者矣。②

盖皮氏所不满于郑注者,在于郑注违背《大传》,不信今文说,以古文说变乱《大传》。所以皮氏要辨正郑注,维护《大传》之原貌本意。有关皮锡瑞考辨伏、郑之异的情况,《续修四库全书总目提要》曾举十二证以说明之。不过这十二证并非全部针对郑玄《大传注》,也包括《尚书注》《周礼注》等,今只移录与《大传注》有关之数条于此:

"在旋机玉衡",郑注云:"浑仪中筒为旋机,外规为玉衡。"锡瑞以为非《大传》义,旋机、玉衡皆星名。

"致天下于大麓之野",郑注云:"麓者,录也。"锡瑞以与《书》之纳麓不同,郑说误。

"百姓不亲"条,郑注云:"坐而论道,谓之三公,通职名无正官。"锡瑞以为郑所云乃《周官》之三公,非《大传》之三公,引《韩诗外传》、《公羊传》注、《白虎通》三公各有所主,郑盖以古文解

---

① 皮锡瑞:《尚书大传疏证·自序》,第698页。
② 皮锡瑞:《经学通论·书经通论》,第57页。

今文。①

诸如此类之处甚夥，皆皮氏认为郑注未得《大传》真意，故历数其非而辨正之。

需要指出的是，皮锡瑞认为郑玄注《大传》多用古文乱之，此说与王引之的看法类似。王氏云："《大传》所称，皆《今文尚书》，郑注《大传》所引，皆《古文尚书》。"② 但陈乔枞的观点却与二人恰恰相反。陈乔枞认为郑玄注《大传》全用《今文尚书》："郑君注《尚书》虽从古文说，而《大传》之注实据今文家言，固于今文、古文各随家法而为之解，此郑学之所以为宏通也。"③ 其意盖以为郑玄注《古文尚书》用古文说，注《大传》用今文说，郑玄亦刻意维持今古文家法。陈、皮二人皆治《今文尚书》，但观点如此歧异，这一方面说明两人并非党同妒真之流，另一方面也反映了清代学者复兴《尚书》今文学所面临的一个困境，即由于史料、证据的缺乏导致立说的不确定。相较而言，陈乔枞更多的是"自以为是"，他认为郑玄有家法观念，就说他的《大传注》全用今文，这不免有师心自用之嫌；而皮锡瑞则注重证据，虽然其考证不一定完全可靠，但毕竟可以成一家之言，所以应该比陈氏更进了一步，更加可信一些。

三 总结前人成果，复原《今文尚书》

皮锡瑞治《今文尚书》由《尚书大传》始，在《尚书大传疏证》草成之时就开始着力于汉代《今文尚书》之还原，于是有《今文尚书考证》之作。据《皮鹿门年谱》，《今文尚书考证》始作于光绪二十年（1894）十二月，至光绪二十三年（1897）正月书成。是书体例，正文用通行伪孔本，下以小字分注今文，或说明今文作某，或条列今文经说，并附以考证。经过这一番逐字逐句的考证，在皮氏看来，汉代《今文尚书》的原貌得到了最大限度的恢复。此书无疑是皮氏诸多《尚书》学著作中最具学术价值

---

① 中国科学院图书馆整理：《续修四库全书总目提要（经部）》，第 265 页。
② 王引之：《经义述闻》卷三，江苏古籍出版社 2000 年版，第 69 页。
③ 陈乔枞：《今文尚书经说考》卷一下，第 117 页。

的一部，所以王先谦评价此书说："其条理今文，详密精审，兼诸大儒之长，而去其弊。"①

（一）"兼诸大儒之长而去其弊"

作为晚清今文学的殿军人物，皮锡瑞很善于做一些总结性的工作，也很注重继承和发展前人的成果，这是皮氏治学的一大特色，这一点在《今文尚书考证》中得到了很好的体现。此书专为考证《今文尚书》而作，在此之前已经有多位学者做过这方面的工作，如孙星衍、段玉裁、陈乔枞等，其中孙、段二位是兼考今古文，而陈乔枞则专攻今文。《今文尚书考证》正是在这些人工作的基础上写成的。

有清一代，治《尚书》者众多，但在皮锡瑞看来，对《今文尚书》的研究尚嫌不足：

> 国朝经学，尽辟榛芜；山东大师，犹鲜墨守。百诗专攻伪孔，不及今文；西庄独阿郑君，无关伏义。艮庭兼疏伏、郑，多以郑学为宗；茂堂辨析古今，每据古文为是。渊如以《史记》多古说，遂反执郑义为今；朴园谓郑注皆今文，不顾与伏书相背。伯申考证，郅确简略，惜不多传；默深诋诃，实工武断，乃兼宋学。兹取其精当，辨其舛讹。不使今文乱真，非与前人立异。②

皮氏在这里提到的阎若璩、王鸣盛、江声、段玉裁、孙星衍、陈乔枞、王引之、魏源诸人无疑是清代《尚书》学的中坚人物，对于他们在《今文尚书》研究方面所取得的成绩，皮氏是不满意的。虽然如此，对于这些人的研究成果皮氏仍然十分重视，或臧或否，称引颇多，试举例而观之。

《尧典》"乃命羲、和"条下，皮氏引孙星衍说"西汉诸儒用今文说，

---

① 王先谦：《今文尚书考证序》，载皮锡瑞《今文尚书考证》卷首，第2页。
② 皮锡瑞撰，盛冬铃、陈抗点校：《今文尚书考证·凡例》，第7页。类似说法又见于皮锡瑞《经学通论·书经通论》，第99、103—104页。

以羲仲等四人即是羲、和，不以为六官，与马、郑异"，并认为"孙说是也"①。但皮氏反驳孙氏之处亦颇多，如《吕刑》"皇帝清问下民"条下，孙星衍据郑玄说，认为今文家以"皇帝"为尧，皮氏不同意此说，认为这"是古文，非今文"②。

《大诰》"予不敢闭于"条下，皮氏引段玉裁之说"'闭'字，疑《今文尚书》作'比'。'于'字，《今文尚书》无之"，皮氏对此说表示认同。③而在《洛诰》"旁作穆穆"条下，针对段氏"凡《今文尚书》例用'旁'字，凡《古文尚书》例用'方'字"之说，皮氏大加反驳，其言曰："段说非也。四方者，方面之方，自应作方。旁作者，旁溥之旁，自应作旁。非可以古文作方、今文作旁例之，谓一皆作方、一皆作旁也。且四方字屡见经传，无有作四旁者，岂皆古文无今文？亦岂皆后人改之耶？"④

至于陈乔枞，由于从事的是相同的工作，皮氏肯定无法回避陈氏的研究成果。而且陈书条列众说，引用宏富，皮氏自然也不会不加以重视，这其中就包括对陈氏成果的直接引用。如《皋陶谟》"禹拜昌言"条下，皮氏引用陈氏之说："作'谠'作'党'者，盖大、小夏侯之本也，其欧阳《尚书》但作'昌'字。观《史记·夏本纪》云'帝舜谓禹曰：汝亦昌言'作'昌'字可证，此欧阳《尚书》之同于古文者也。"由于陈氏所言已经详备，皮氏就没有必要再重新作一番考证，所以他只是将陈氏之说照搬过来，并简单地加上一条按语"陈说是也"即可。⑤但皮氏反驳陈氏之处亦所在多有，如《禹贡》"三邦底贡厥名"条下，皮氏就说："陈乔枞以郑说为今文，非也。"⑥

据笔者粗略统计，皮锡瑞《今文尚书考证》一书共引用段玉裁之说二百余条，孙星衍说、陈乔枞说各一百余条，王鸣盛、王引之、刘逢禄、

---

① 皮锡瑞撰，盛冬铃、陈抗点校：《今文尚书考证》，第14页。
② 同上书，第443页。
③ 同上书，第279—280页。
④ 同上书，第349页。
⑤ 同上书，第95页。
⑥ 同上书，第157页。

魏源、臧琳等人之说各十余条，可见皮氏对清代《尚书》学有全面的了解和把握，他注重对前人成果的采择，并以己意折中之，即使是不同意前人的观点，他也往往会在表明自己看法的同时，指出前人观点的不合理处。由于各自的性质不同，《今文尚书考证》并不能取代其他人的著作，但该书实已将清代学者关于《今文尚书》文本与经说的研究成果采纳略备。

以上探讨的是皮锡瑞对前人具体研究成果的称引，而前人考证《今文尚书》经说的方法和主张也大多被皮锡瑞继承，这主要表现在以下几点。

1.皮锡瑞对"汉人多用《今文尚书》"之说同样深信不疑，他多次提到"汉世通行今文"①，"汉人多用《今文尚书》"②。这同段、陈二人的看法并无二致。基于"汉世通行今文"的认识，皮锡瑞也善于引用纬书和汉碑来考证今文。他曾说："纬候所陈，多与今文相合。"③尤其需要指出的是，用汉碑来考证《今文尚书》是皮氏的一大特色，皮氏可以说是真正系统地运用汉碑来考证《今文尚书》的第一人。前文曾经提到，段玉裁、陈乔枞在考证《今文尚书》时都曾对汉碑加以利用，但他们掌握的资料实在有限，对这一方法的运用也缺乏系统性。皮氏对汉碑十分重视④，用力颇多，曾撰《汉碑引经考》，该书卷二收录引用《尚书》之汉碑碑铭数百条，故而《今文尚书考证》中有大量汉碑资料，这是他人所不及的。这些资料使得皮锡瑞可以更全面地考证《今文尚书》，例如《禹贡》"筱荡既敷"条下，皮氏举《汉无极山碑》，证明汉时今文"筱荡"亦作"條荡"⑤，而段玉裁之《古文尚书撰异》、陈乔枞之《今文尚书经说考》皆未及之。再如《康诰》"往尽乃心"条下，皮氏征引《汉故国三老袁良碑》《文烈侯杨公碑》等证明《今文尚书》作"往悉乃心"，并讥讽说："江、段、孙、陈诸君皆不一引

---

① 皮锡瑞撰，盛冬铃、陈抗点校：《今文尚书考证·凡例》，第3页。
② 皮锡瑞：《尚书大传疏证》卷一，第701页。
③ 皮锡瑞：《六艺论疏证·自序》，《续修四库全书》第171册，第270页。又，皮氏《经学历史》亦云："谶纬多存古义，原本今文"（皮锡瑞：《经学历史》，第141页）。
④ 皮氏《汉碑引经考·自序》云："翠琬镌文，必非向壁虚造；青编落简，实藉磨崖表遗。"皮氏并列举以汉碑考群经之六善，篇长不引。
⑤ 皮锡瑞撰，盛冬铃、陈抗点校：《今文尚书考证》，第152页。

之，未免失之目前矣。"①

2. 皮锡瑞在考证《今文尚书》的过程中同样重视经师的师承家法，这一点可以从他照搬陈乔枞的观点看出来。例如，皮氏所言"《大小戴记》传自夏侯始昌，与大夏侯同师，则《大学》所引确是今文"②，"何敞六世祖比干学《尚书》于晁错，则敞当亦治今文家说者"③等等，诸如此类皆袭自陈乔枞之《经说考》，显然皮氏也赞同这种通过考察经师的师承家法来考证《今文尚书》的做法。

3. 皮锡瑞同样赞同陈乔枞所谓《史记》用欧阳《尚书》、《汉书》用夏侯《尚书》的观点，所以他说："马迁传经，实守欧阳之法。"④又说："班氏世传夏侯《尚书》，《汉书》引《尚书》皆今文说。"⑤因此在《今文尚书考证》中他同样把《史记》《汉书》作为自己的重要支撑。

在此我们还需要对皮锡瑞关于《史记》引《尚书》问题的看法作进一步的探讨，因为在不同的著作中皮氏对于这一问题的回答是有出入的。皮氏《史记引尚书考·自序》云：

> 汉京之学，皆有师授。龙门作史，自述宗传，《尚书》一经，独不言所自出。《儒林列传》，略可考其由来。其时晁错受书，未远年代；欧阳立学，已历岁时。上溯济南大师，当属再传弟子。故其义皆古义，而其文皆今文。⑥

这是说司马迁时只有欧阳《尚书》立于学官，因此司马迁所习，应是伏生、晁错相传之《尚书》，所以《史记》引《尚书》必然都是今文无疑。不过在《今文尚书考证》中的个别地方，皮氏也还承认班固之说，认为《史记》中有古文说，例如：

---

① 皮锡瑞撰，盛冬铃、陈抗点校：《今文尚书考证》，第312页。
② 同上书，第467页。
③ 同上书，第339页。
④ 同上书，第2页。
⑤ 同上书，第140页。
⑥ 见皮名振著《皮鹿门年谱》光绪二十一年条，《晚清名儒年谱》第13册，第619—620页。

第二章　今文学派辑考今文、考辨古文

史公以为陈《洪范》后乃封朝鲜，与伏生以为封朝鲜来朝乃陈《洪范》说异。《汉书·儒林传》云："迁书载《洪范》，多古文说。"此当为古文说之一。

又云：

《史记·鲁世家》又载周公为成王祷疾，其后周公奔楚，成王发府见周公祷书，乃泣反周公。《蒙恬传》亦载其事。《汉书》云："迁书载《金縢》多古文说。"疑即指此而言。

又云：

《史记》引经皆今文说，班孟坚云："迁书载《尧典》、《禹贡》、《洪范》、《微子》、《金縢》多古文说。"则余篇非古文说可知。①

《史记·宋世家》以为箕子陈《洪范》既毕，而后武王乃封之于朝鲜，此说与《大传》今文说截然相反。而《鲁周公世家》与《蒙恬传》所言周公见疑而奔楚之说，亦与今文经师相传之说不同。所以皮氏以为此两说皆古文说。皮氏这种既主张《史记》用今文《尚书》，又碍于班固之言，不得不承认《史记》中有古文说的情况，在其所著《尚书古文疏证辨正》一书中也是如此：

予考迁书全是今文，以《大传》及两汉诸人所称引证之，历历不爽。班孟坚云"迁书载《尧典》、《禹贡》、《洪范》、《微子》、《金縢》多古文说"，亦谓此五篇有古文说耳。……《史记》述《金縢》，言成王发书有两次，所云周公奔楚，以《论衡》所载《金縢》古文说证之，其说大同，确是用古文说。②

---

① 以上三条分别见于《今文尚书考证》第240、302、418页。
② 皮锡瑞：《尚书古文疏证辨正》，《续修四库全书》第51册，第53页。

111

总之，皮锡瑞认为，司马迁时只有欧阳《尚书》立学，《史记》引《尚书》理应全是今文，但班固所言亦应属实，《史记》载《尧典》等五篇确有古文说，五篇之外全属今文。这样的一种观点在我们看来自然是十分熟悉，因为它同笔者前文提到的陈寿祺的观点极其相似。

但是，皮锡瑞在写作《书经通论》时，却改变了自己的看法。他认为班固之言"亦无确证"，"史迁从安国问故，《史记》所未载，不知班氏何据"，并进一步否定自己先前所发现的《史记》所载《金縢》中的古文说：

> 又云或谮周公，周公奔楚，虽与《论衡》引古文说颇合，而以为公归政后，与马、郑古文避居之说不同，皆不足为《史记》用古文说之证。①

按，据《皮鹿门年谱》，《尚书古文疏证辨正》成于光绪十九年（1893），《今文尚书考证》成于光绪二十三年（1897），而《经学通论》则成于光绪三十三年（1907）。此间皮氏对《史记》有无古文说问题的认识确有一转变，而《书经通论》所言应可看作其定说。

4. 皮锡瑞在考证《今文尚书》时大量援引《白虎通》，这与陈乔枞的做法也无甚差异。皮锡瑞认为《白虎通》用《今文尚书》，他说：

> 西京旧说，既萃龙门；东汉逸文，亦丛虎观。（《白虎通》多载今《尚书》说。）琮璜五玉，麛鹿二牲。九族亲睦，并列异闻；三载黜陟，不拘一义。放勋非号，说见于郊天；伯夷不名，义彰于敬老。鸣球堂上，尤贵降神之歌；燔柴岱宗，斯隆封禅之典。考绩事由二伯，州牧旁立三人。五行衰王之宜，八音方位之别。受铜即位，大敛即可称王；改朔应天，太平亦宜革正。社稷用《孝经》之说，博士理本相通；巡守征《王制》之篇，今文义原一贯。他若周公薨当改葬，康叔

---

① 皮锡瑞：《经学通论·书经通论》，第59页。据现代学者的看法，周公奔楚之说与今文经师不承认周公避居的态度是完全相反的，所以尽管没有明证，但此说极有可能是古文经说（参见陈桐生《〈史记〉与今古文经学》，陕西人民教育出版社1995年版，第142页）。

第二章 今文学派辑考今文、考辨古文

封据平安,皆不背于伏书,亦无违于迁史。①

在此,皮氏举十余例说明《白虎通》皆用《今文尚书》,此一番议论也略见于其《书经通论》。皮氏又进一步指出,治《今文尚书》者绝不可忽视《白虎通》:"《白虎通》为今文各经之总汇,具唐虞三代之遗文,碎璧零珪,均称环宝。虽不专为《尚书》举证,而《尚书》之故实典礼,要皆信而有征。治《今文尚书》者,于伏《传》、《史记》外,当以此书为最。"②可以说皮锡瑞对《白虎通》的重视绝不亚于任何一位今文学者。

5. 以其他今文经典证《今文尚书》。汉时诸经皆有今古文之分,皮锡瑞认为今文诸经是相通的,所以他说:"汉时诸经今文家说无不相通,故诸经今文说皆可以证《今文尚书》也。"③此即皮氏所说"博士理本相通""今文义原一贯"。既然如此,在考证《今文尚书》时,其他今文经典自可作为依据。此一观点是皮氏最先明确提出,但其实早在臧琳时就已运用这一方法。臧氏在考证《尧典》"汤汤洪水方割"之今古文差异时曾说:

《论语》"君子坦荡荡",郑注云:"鲁读坦荡为坦汤,今从古。"《鲁论》,今文也。是古文"荡荡"字,今文作"汤汤",《古文尚书》"荡荡洪水",《今文尚书》"汤汤洪水"。④

这是臧氏以《论语》今古文证《尚书》之今古文。皮氏不但将臧氏此说收入书中,而且还很擅长举一反三。例如《尧典》"胤子朱启明"条下,皮氏认为《今文尚书》作"胤子朱开明",他说:"'启'为'开'者,《今文尚书》。《礼》古文作'启',今文'启'皆为'开'可证。"⑤此皮氏以《礼经》之今古文证《今文尚书》。又如《洪范》"王道平平"条下,皮氏

---

① 皮锡瑞撰,盛冬铃、陈抗点校:《今文尚书考证·凡例》,第2—3页。
② 皮锡瑞:《经学通论·书经通论》,第60页。
③ 皮锡瑞撰,盛冬铃、陈抗点校:《今文尚书考证》,第337页。
④ 臧琳:《经义杂记》卷二三《五帝本纪书说》,《续修四库全书》第172册,第225页。
⑤ 皮锡瑞撰,盛冬铃、陈抗点校:《今文尚书考证》,第28页。

113

云："《诗·采菽》'平平左右'，《释文》引《韩诗》作'便便'。《韩诗》今文，《毛诗》古文，亦今文作'便便'，古文作'平平'之一证。"①在此，皮氏认为《韩诗》《毛诗》之差异与今古文《尚书》之差异亦相通。

不过需要指出的是，这个方法皮氏用得并不多，皮氏对这一方法其实并不十分重视，当该方法与其既有观点相矛盾时他就会选择放弃。例如《禹贡》"羽畎夏翟"，皮氏认为《今文尚书》作"羽畎夏翟"，也作"羽畎夏狄"，因为《史记》引作"翟"、《汉书》引作"狄"。这时候他就说："《诗·卫风》'右手秉翟'，《毛诗》作'翟'，《韩诗》作'狄'，翟、狄古通用。"②根据《毛诗》与《韩诗》的异文，他本可以得出"翟"为古文、"狄"为今文的结论，但为了照顾自己的"《史记》用今文"之说，他只是说"翟、狄古通用"。

就以上五点可以看出，皮锡瑞考证《今文尚书》的方法并非全出于自己的发明，而是以借鉴前人为主，他很注重对前辈学者臧琳、段玉裁等人，尤其是陈乔枞的学术主张的吸收和消化，并以此为基础来写作《今文尚书考证》。就此可以看出皮氏的治学特色以及《今文尚书考证》的学术渊源。

（二）辩驳古文，发明今文

皮锡瑞在《今文尚书考证》中并非只是简单地指出今文作某，或者罗列今文经说，他还注重对今文经说的疏通、阐释，以及对古文经说不合理之处的辩驳，这是《今文尚书考证》的特色之处。笔者在上文提到，皮氏著《今文尚书考证》的指导原则就是合于今文者发明之，不合于今文者驳正之，这是皮锡瑞作为今文学者的重要特征。

《尧典》"乃命羲、和"条下，皮锡瑞云：

> 据此诸说，以羲、和为司天皆无异义。惟马、郑之注以羲、和与四子为天地四时之官，四子即是四岳，与诸儒之说大异。郑云："官

---

① 皮锡瑞撰，盛冬铃、陈抗点校：《今文尚书考证》，第260页。
② 同上书，第148页。

名。盖春为秩宗，夏为司马，秋为士，冬为共工，通稷与司徒，是六官之名见。"今即其说辨之。……是其为说皆不可通。郑创为是说者，盖以重、黎司天地，似近天官地官。四子分主四时，近春夏秋冬之官。不知唐虞官制与周官不同，非可强合为一。羲、和司天之官，不得兼治方岳之事。《汉书·公卿百官表》云："《书》载唐虞之际，命羲、和四子顺天文，授民时，咨四岳，以举贤才，扬侧陋。"是今文家于四子、四岳分别甚明。向疑《今文尚书》家有师说，《古文尚书》家并无师说，专据《周官》等书比附为之，即此可见其概。①

皮氏认为，羲仲、羲叔、和仲、和叔四子本是司天之官，而四岳所主乃是方岳之事，四子与四岳本不相同，而马、郑古文说乃比附《周礼》，强合二者为一，其说不通。

又如《尧典》"帝曰'我其试哉'"条下，皮氏云：

《史记》、《论衡》皆有"尧曰"，则《今文尚书》有"帝曰"二字。马、郑、王本皆无"帝曰"，由当时庸生之徒漏之，直以"我其试哉"为四岳语，其义殊不可通。《古文尚书》不如《今文尚书》，即此可证。②

皮氏以为，古文说以"我其试哉"为四岳语，乃是因为字句脱漏致使理解有误，不如今文说更能得经典本义。

就以上两例可以看出，皮锡瑞在遇到今古文经说歧异的情况时，会不厌其烦地指出古文说不合理之处，以此来凸显今文说更胜一筹。但相较于对古文说的辩驳，皮氏将更多的精力放在了疏通、发明今文说上，试观其详。

《尧典》"流宥五刑"条下，皮氏云：

---

① 皮锡瑞撰，盛冬铃、陈抗点校：《今文尚书考证》，第15页。
② 同上书，第38页。

> 古说象刑，皆与今文义合。而后世疑之者，盖疑五刑但饰画象，则五刑反轻于流宥。或云象刑成罪不复齿，故重。似亦不然。疑所谓流宥五刑者，流放之人又画五刑之象以别异之，如《王制》云"屏之远方，终身不齿"，而《玉藻》有"玄冠缟武，不齿之服也"。①

这一段话颇可考见皮氏之苦心。今文说释"五刑"为象刑，果如此说，则五刑轻于流宥之刑，于理似不合。皮氏有鉴于此，认为"流宥五刑"不可分别视之，其含义应指流放之人并画五刑之象。此说颇新，然证据不足。象刑之说，于情理、实际皆不相符，而皮氏因其为今文说，故曲为辩护，可谓用心良苦。

《微子》"我旧云刻子，王子弗出，我乃颠隮"条下，皮氏云：

> 如仲任所引今文说，则王子属纣，与上文王子指微子不同。"我乃颠隮"为微子自我，与上"予颠隮"合。盖微子闻大师诏以出迪之言，乃云我旧云纣为孩子已不善，虽为王子，性恶不出众庶，长大为乱不变，则商必亡，而我乃颠隮矣。②

按，此一条经文经义不明，后人解说，歧异颇多。皮氏以王充之说为今文说，就此展开进一步的疏通，使经义大白。

《洛诰》"朕复子明辟"条下，皮氏云：

> 《汉书·律历志》引刘歆《三统历》云："后二岁，得周公七年复子明辟之岁。"凡以事纪岁，必属当时大事。则群臣奏所云，必指复政成王，不专指营洛复命一节。且以复为复命，于此文犹可通。而《王莽传》又曰："孺子加元服，复子明辟，如周公故事。"……凡此诸文，皆当解为复政，而不可以复命解之，不得曲徇宋人谬说，反易

---

① 皮锡瑞撰，盛冬铃、陈抗点校：《今文尚书考证》，第67页。
② 同上书，第230—231页。

汉儒古义也。①

皮氏此处所考，是"复子明辟"之真意。此一条经文，有释为复政者，有释为营洛复命者，皮氏认为当以复政为是。

又，《皋陶谟》"虞宾在位"条下，皮氏云：

> 据《大传》，则舜受禅十三祀，犹以丹朱为尸，后乃以丹朱为王者后。至十四祀，帝曰"明哉，非一人之天下"，已有禅禹之意。至十五祀，即自处于宾客。是舜在位五十载，而以大位自处者实无几时，足见圣人公天下之心。黄屋非尧心，舜亦何独不然？惟今文家能发明斯意耳。②

皮氏此处所论，并非简单地疏通今文说，而是要揭示今文说之深意。他认为此处今文家所言可以考见尧、舜公天下之心。

观上述几条例证，可见《今文尚书考证》一以今文说为主，皮氏所论皆不脱离既有今文说这一中心，并不注重发挥自己的新奇见解，这一点与魏源等人是大不相同的。因此，在某种程度上《今文尚书考证》可以说是皮锡瑞为今文经说所作的一部"疏"。在这部"疏"中，皮氏对今文经说字字尊信，颇有"疏不破注"之意。经过皮氏这一番工作，汉代今文经说之真意可谓大白于天下，这是皮氏对前人工作空白的一个填补。

（三）论三家《尚书》之异同

在今文经学风气影响下，出现了一批以汉代《今文尚书》为依归的学者，但汉代《今文尚书》派分三家，似不可混而为一。不过有些《尚书》学者为了凸显今古文的对立，就对三家《尚书》的差异选择性地忽视，例如魏源就说："西汉今古文皆出伏生，凡伏生《大传》所言者，欧阳必同之，大小夏侯必同之，史迁所载孔安国说必同之，犹《诗》齐、鲁、韩三

---

① 皮锡瑞撰，盛冬铃、陈抗点校：《今文尚书考证》，第343—344页。
② 同上书，第128页。

家，实同一家。此汉儒师说家法所最重。"①前文提到，魏源将东汉古文与西汉今古文严格对立起来，并声称自己的工作是要复西汉今古文之旧，因此在他眼中就只有东西汉差异与今古文差异，而没有今文内部的差异了。但魏氏这种视三家《尚书》为一、三家《诗》为一的观点实在无法解释它们分门别派的现象。章太炎先生说："（魏源）素不知师法略例，又不识字，作《诗、书古微》。凡《诗》今文有齐、鲁、韩，《书》今文有欧阳、大小夏侯，故不一致。而齐、鲁、大小夏侯，尤相攻击如仇雠。源一切捆合之，所不能通，即归之古文，尤乱越无条理。"②章氏所言正是魏源《诗》《书》今文之学的一大弊病。

真正对三家《尚书》异同问题进行深入研究的要数陈氏父子与皮锡瑞。陈乔枞《今文尚书经说考·自序》云："孙观察星衍《尚书古今文注疏》、段大令玉裁《古文尚书撰异》间辑今文与古文异同，然于欧阳、大小夏侯专门之学，三家师说之异同者又不暇致详也。"可见，在陈氏父子之前还没有人系统地关注过欧阳、大小夏侯三家之间的异同问题，陈氏父子是立志要对这一问题进行深入研究的。

陈乔枞是明确承认三家《尚书》之间的差异的，绝不像魏源那样只见今古文之异，他曾说："窃谓欧阳与大、小夏侯三家今文固不必尽同，而古文与三家今文亦不必尽异也。"③陈氏父子对三家《尚书》之间异同的研究正是基于这一理念而展开的。有关这一问题，陈寿祺有一篇很重要的论文，题为《今文三家〈尚书〉自有同异》。在该文中，陈寿祺列举了十三条证据来证明"欧阳、大小夏侯之本容有不齐"，例如：

> 古文"在治智，以出入五言"，《汉书·律历志》引作"七始训，以出入五言"，今文也；又作"来始滑，以出入五言"，见《五帝纪》；又作"采政忽"，见《索隐》称今文。④

---

① 魏源：《书古微序》，第3页。
② 章太炎：《检论》卷四《清儒》，《章太炎全集》第三册，上海人民出版社1982年版，第476页。
③ 陈乔枞：《今文尚书经说考》卷一下，第118页。
④ 陈寿祺：《左海经辨》卷上《今文三家〈尚书〉自有同异》，第383页。

第二章 今文学派辑考今文、考辨古文

陈氏的意思是,《汉书》《史记》及《索隐》所称引皆属《今文尚书》,而文字却并不相同,这只能归因于三家《尚书》的差异。陈氏此处所说的三家《尚书》之异同还是侧重于文本字句方面,并没涉及经说。需要指出的是,陈寿祺所论,最根本的前提是承认《史记》《汉书》用《今文尚书》,这一点前文已有提及。陈乔枞甚至明确指出:"《史记》用欧阳《尚书》,《汉书》用夏侯《尚书》,文字既异,谊或不同。"①《史记》《汉书》引用《尚书》差异处特多,陈氏将之归因于欧阳、夏侯之不同,若陈氏之说属实,则三家之差异不可谓之小矣。

三家《尚书》之间的差异绝不仅限于文字,它们对经文的解说同样也有不同,陈乔枞《今文尚书经说考》中有关这方面的内容也不少,如《禹贡》"道淮自桐柏"条下,陈氏引三条经说:

> 《春秋说题辞》曰:"淮出桐柏。淮者,均也,均其务。"
> 《风俗通·川泽篇》曰:"淮者均,均其务也。"
> 《释名·释水》曰:"淮,围也。围绕扬州北界,东至海也。"

《释名》解释"淮"字字义显然与前两书不同,陈乔枞认为:"此皆本《今文尚书》说也。欧阳章句与大、小夏侯章句解诂义各不同,此其一端也。"②

至于三家《尚书》致异之由,陈乔枞也有解释。《尚书·毋佚》"严恭敬畏,天命自度,治民震惧"条下,陈乔枞注意到《史记·鲁世家》所引与熹平石经残碑有不同,因此议论道:

> 蔡邕书石经,司马迁作《史记》,皆用《今文尚书》,而字复有不同者,《史记》所载据欧阳《尚书》本,蔡邕所书据夏侯《尚书》本。三家今文虽皆出于伏生,然其先师承口相传授,后乃著之简策,

---

① 陈乔枞:《今文尚书经说考》卷二,第163页。
② 陈乔枞:《今文尚书经说考》卷三下,第304页。

师读间有不同，故文字亦不无小异也。①

按，此处所论是针对文字差异而言，不及经义。陈氏将三家《尚书》文字之歧异归因于口授相传之故。由于客观条件的限制，在汉代不可能人人都有简策可读，更多时候是通过口耳相传来学习，久而久之就造成了经文读音相同、字形不同的现象，所以陈氏的推论有一定的合理性。但是陈乔枞认为熹平石经与《史记》引《尚书》的不同是欧阳、夏侯之异恐怕就有些疑问了。据今人考证，熹平石经《尚书》所据应是欧阳氏本，而不是如陈氏所说的夏侯本。②如果陈氏所说《史记》用欧阳《尚书》属实的话，那么它与熹平石经引《尚书》的不同就应另找原因了。当然陈氏受制于当时的学术条件，见不及此，我们不能强求古人。

三家《尚书》之间的歧异之所以能够一直存在，陈氏将之归因于"家法"的束缚。他说："三家《尚书》之学皆出于宽，间有文字小异、训诂稍别者，要亦经师相承，各守旧说，宁失之固而不肯轻变家法。"③也就是说，今文经师虽然相互间有不同，但为了维护家法的纯正，他们是不会轻易改变的。

同样是论三家《尚书》之不同，同样是讨论"师法""家法"，皮锡瑞与陈乔枞的观点却有很大的不同。皮锡瑞认为大、小夏侯两家多有破坏师法之处，这是他们与欧阳家出现歧异的原因。皮氏云：

汉人最重师法。师之所传，弟之所受，一字毋敢出入；背师说即不用。师法之严如此。而考其分立博士，则有不可解者。汉初，《书》唯有欧阳，《礼》后，《易》杨，《春秋》公羊，独守遗经，不参异说，法至善也。《书》传于伏生，伏生传欧阳，立欧阳已足矣。二夏侯出张生，而同原伏生；使其学同，不必别立；其学不同，是背师说，尤不应别立也。试举《书》之二事证之。伏生《大传》以大麓为

---

① 陈乔枞：《今文尚书经说考》卷二三，第569页。
② 许景元：《新出熹平石经尚书残石考略》，《考古学报》1981年第2期。
③ 陈乔枞：《今文尚书经说考》卷二七，第613页。

大麓之野，明是山麓；《史记》以为山林，用欧阳说；《汉书·于定国传》以为大录，用大夏侯说，是大夏侯背师说矣。伏生《大传》以孟侯为迎侯，《白虎通·朝聘篇》用之；而《汉书·地理志》，周公封弟康叔，号曰孟侯，用小夏侯说，是小夏侯背师说矣。小夏侯乃大夏侯从子，从之受学，而谓大夏侯疏略难应故；大夏侯亦谓小夏侯破碎大道。是小夏侯求异于大夏侯，大夏侯又求异于欧阳。不守师传，法当严禁，而反为之分立博士，非所谓"大道多歧亡羊"者乎？①

按，皮氏所言其实是显而易见却又是众多今文学者避之唯恐不及的话题。三家《尚书》同出伏生，理应道一风同，但事实上它们不但文本有差异，经说也有差异，最后造成三家分立博士的局面，这显然与今文家所标榜的师法、家法矛盾。因此，皮氏对刻意求异的大、小夏侯两家深为不满。

至于《史记》《汉书》引《尚书》的不同，皮氏认为这是欧阳、夏侯之异，这一点与陈乔枞是相同的。皮氏还借此进一步分析欧阳、夏侯致异之因，其言曰：

大夏侯有孔、许之学，则孔氏之家学，转在夏侯，而非传安国矣。盖古文无师说，博士必以今文师说教授，故夏侯师说有与《古文尚书》相出入者。班氏世习夏侯《尚书》，《汉书》引经，与《史记》引欧阳说颇不同，而《汉书》又间用古字，其异同皆可考而知。孔氏所谓起其家者，不过守此孤本，传为家学耳。②

按，此所谓孔、许之"孔"即孔霸，为孔安国之从孙，曾师事夏侯胜受《尚书》。皮锡瑞认为孔霸既然是孔安国从孙，必定曾研习过孔家世传之《古文尚书》，但《古文尚书》无师说，所以孔霸转从夏侯胜受大夏侯《尚书》，如此一来，孔霸所传夏侯《尚书》必定掺杂有《古文尚

---

① 皮锡瑞：《经学历史》，中华书局2004年版，第46—47页。
② 皮锡瑞：《经学通论》之《书经通论》，第61页。

书》，而欧阳《尚书》则不存在这个问题，因此这是夏侯、欧阳不同的一个重要原因。如《禹贡》"大野既豬"条下，皮氏注意到《史记》引作"大野既都"，《汉书》引作"大壄既豬"，二者截然不同。"壄""豬"皆古文，因此皮氏说："盖夏侯《尚书》兼存古文，故班书多用古文字，与《史记》专主今文者不同。"①诸如此类，在《今文尚书考证》中所在多有。

又，皮氏论夏侯《尚书》中有古文，其言可与陈乔枞之说比照观之。陈氏云：

> 欧阳、大小夏侯之学皆出于倪宽。宽事欧阳生受《今文尚书》，又受业孔安国，故今《尚书》三家文字间有不同，时亦兼存古字。《史》据欧阳本，班据夏侯本，故与《史记》文字偶或有异也。②

可见陈乔枞也认为《今文尚书》中掺杂有古文字，但不仅限于夏侯家，三家皆有之，其原因在于三家《尚书》之祖倪宽曾受业孔安国习《古文尚书》。陈、皮二氏论此问题可谓同中有异。

清代今文学者以汉代《今文尚书》为研究对象，那么三家《尚书》之异同本应是他们研究的重点，但事实却是大部分人对这一问题竟然视若无睹、不予理睬，即使是陈、皮二人的研究，也十分疏略，读罢二人的著作，我们仍然不能确定汉代三家《尚书》究竟有几分相同、几分不同？三家《尚书》致异之因究竟何在？这一方面当然是由于客观条件所限，清代学者能够见到的有关三家《尚书》的资料实在是太少。但另一方面也应与今文学者自身的学术喜好有关，他们更多的是喜欢关注"微言大义"、今古文对立等影响力较大的课题，而不愿在这种纯学术性的工作上花费太多的力气；另外，今文经学强烈的门户观念似乎也促使他们"枪口对外"，而不是刻意强调内部的对立。

---

① 皮锡瑞撰，盛冬铃、陈抗点校：《今文尚书考证》，第147页。
② 陈乔枞：《今文尚书经说考》卷三上，第187页。

（四）《今文尚书考证》的得与失

《今文尚书考证》虽是专为考证《今文尚书》而作，但在训诂字义、考证名物制度、辨析史事等方面也有一定的成绩，不过本书不拟对此作进一步的研究。今讨论该书的得与失，只就其在考证《今文尚书》方面的工作而言。

笔者在上文提到，《今文尚书考证》在考证方法上对前人并无太大的突破，而且在具体内容上也多有照搬前人成果的地方，但这并不是说此书只是简单地继承前人，它更有超越前人之处。其实，对前人成果的吸收和完善本身就是一种成就。

此书最为人称道之处就在于其搜集资料之全备。刘起釪先生说："皮氏的《今文尚书考证》等于把西汉《今文尚书》作了一总结性叙述，凡段玉裁、陈乔枞所集材料，其书中都拥有，另增加了大量汉碑材料及段、陈偶未引到的文献材料。因此在论定今文的文字取材方面，比段玉裁、陈乔枞又大进了一步，使后学者要找早已不传的汉代《今文尚书》，凭这部书就可最大限度地见到它所能见到的材料。"[1] 刘氏所言极是。就搜集资料、考证今文而言，可以说清代《尚书》学者无出皮氏之右者。皮氏往往能够利用别人未曾注意到的资料而发现今文异文，这种例证特别多。例如《尧典》"格于上下"条下，段玉裁认为古文作"格"，今文作"假"，但皮氏举蔡邕《典引》注、张超《灵帝河间旧庐碑》《乐纬注》《献帝传》等文证明三家今文异文有作"格"者，因此他认为段玉裁之说"亦未尽然也"。[2] 又如《尧典》"明四目，达四聪"条下，皮氏详引两汉遗文，证明"达四聪"有作"开四聪"或"开四窗"者，但陈乔枞却见不及此，因此皮锡瑞批评陈氏说："陈本不载今文'开'字之异，失之。"[3]

此书持论平允，注重实据。历来评价皮氏学术者多称许其朴实平正之

---

[1] 刘起釪：《尚书学史》，第416页。
[2] 皮锡瑞撰，盛冬铃、陈抗点校：《今文尚书考证》，第9—10页。
[3] 同上书，第72页。

风格[①]，这一评价用之于《今文尚书考证》亦属恰当。据皮氏自述，此书先用陈乔枞《今文尚书经说考》之例，经字一切改从今文，后觉不妥，乃效仿孙星衍《尚书今古文注疏》体例，皮氏云：

> 良以史公所载，完篇不过十余；博士之传，列宿难寻廿八。若必勇更习本，臆造经文，则天吴紫凤，未免倒颠；《清庙》、《生民》，将遭涂改。自我作古，恐为西河所诃；（毛西河《古文尚书冤词》诋诃罗氏父子私造《今文尚书》，甚至若改造经字，恐为罗氏所为。）独抱遗经，讵真东汉之旧？（汉石经亡，《今文尚书》遂无完本。）仍用通行之字，庶无杜撰之讥。凡有古义可凭，但云今文作某。[②]

皮氏对此书体例之所以再三考虑，就是为了选择一种最严谨的方式，以避免虚浮不实之病。皮氏认识到《今文尚书》亡佚已久，不可妄加论断。此即阙疑之义。皮锡瑞曾说："夫汉人遗说存者无多，学者当确守其说，深思其义，不得妄生驳难。如实不可解，阙疑可也，何得全无证据，妄改古人之书以就己之臆说。此岂信而好古、不知盖阙之意哉？"[③]这种"有几分证据说几分话"的科学精神，在《今文尚书考证》中体现得还是十分明显的。

再就皮氏具体的考证过程亦可看出其平实风格。《尧典》"明明扬侧陋"条下，皮氏云：

> 《史记》曰："悉举贵戚及疏远隐匿者。"段玉裁说："悉举训明扬，贵戚训明，疏远隐匿训侧陋，盖《今文尚书》作'明扬明侧陋'。"锡瑞谨案：蔡邕《琅琊王傅蔡公碑》曰："扬明德于侧陋。"

[①] 如周予同先生说："皮氏治经，宗今文；但持论平允，没有康有为那样的武断，也没有廖平那样的怪诞"（氏著《经学历史序言》，载皮锡瑞《经学历史》卷首，第7页）。又如赵伯雄先生说皮氏治经的风格是"朴实平正，事实求是"（氏著《春秋学史》，第732页）。

[②] 皮锡瑞撰，盛冬铃、陈抗点校：《今文尚书考证·凡例》，第8页。

[③] 皮锡瑞撰，盛冬铃、陈抗点校：《今文尚书考证》，第231页。

第二章 今文学派辑考今文、考辨古文

与段说似相合,然无确证。①

面对同一问题,段玉裁则言之凿凿,皮锡瑞则说"无确证",两相对比,可看出皮氏之审慎。这一点从皮氏对陈乔枞的批评中亦可考见一斑。皮氏说:

> 马、郑治《尚书》初无一定之说,或马从今、郑从古,或马从古、郑从今,又或自立新说,其说多可考见。陈氏治今文,必欲引郑为助,遂概谓马从古文、郑从今文,大都傅会无据。②

马、郑二人注《尚书》,其说多异,孰为今文,孰为古文,并无一定。而陈乔枞尽指马融之说为古文、郑玄之说为今文。皮氏对此甚为不满,他认为陈乔枞的这一做法实在是缺乏证据。皮氏所说的这一问题确实存在,如《禹贡》"三邦底贡厥名"条下,陈乔枞云:"(马融)以'厥名'连上'三邦底贡'为句,与郑读异,马从古文《尚书》,则郑读当是从今文《尚书》也。"③又如"西顷因桓是来"条下,陈氏云:"郑读与马融异,训解亦殊,马治古文者,然则郑说云云盖从今文家言也。"④诸如此类处在《今文尚书经说考》中十分常见。据现代学者的研究,马融治《尚书》亦有从今文处,并非专主古文⑤,所以陈氏所论确属"傅会无据"。而皮锡瑞在《今文尚书考证》中就纠正了这一错误做法,例如《禹贡》"又东至于澧"条下,皮氏就说:"马、王、郑说异,未知孰为今文。陈乔枞云'郑从今文家说',无据。"⑥此等处皆可考见皮氏讲求实据、反对附会之谨慎态度,正是皮氏胜于前人之处。

皮锡瑞爬梳、钩稽经传子史及诸古注所引《尚书》经文及经说,参

---

① 皮锡瑞撰,盛冬铃、陈抗点校:《今文尚书考证》,第35页。
② 同上书,第426页。
③ 陈乔枞:《今文尚书经说考》卷三上,第232页。
④ 陈乔枞:《今文尚书经说考》卷三中,第247页。
⑤ 金德建:《经今古文字考》,齐鲁书社1986年版,第366页。
⑥ 皮锡瑞撰,盛冬铃、陈抗点校:《今文尚书考证》,第179页。

考前人成果，尽其最大可能地还原了《今文尚书》的原貌，形成了一部自成系统、条理清晰、证据详博的著作。书中观点或许可商，但在当时来说确实是一部难得的巨著。此书不仅是对汉代《今文尚书》的全面探讨，而且也是对清人相关研究的总结。后人研究《今文尚书》，此书也是绝对不能绕开的。蒋善国先生评价《今文尚书考证》说："清季皮锡瑞（鹿门）根据《尚书大传》和《史记》、《白虎通》、两《汉书》所引经说，撰《今文尚书考证》三十卷，考证精详，更比陈氏的书明审，实集汉代今文《尚书》经说的大成。"①《今文尚书考证》一书的整理者也说此书是"集清人《尚书》今文学大成之作"②。诸人以"集大成"归之此书，良有以也。

以上所论乃是《今文尚书考证》之成就，然而此书亦不能无失。笔者认为此书的不足主要表现在两点：一是对某些资料有偏见，二是过于自信。今分别论述如下。

对于汉代今古文文字的歧异，由汉魏以至唐宋一直有学者关注，在他们的著作中也不时提到今古文的差异，例如郑玄经注以及《玉篇》《一切经音义》《汗简》等字书中都有今文作某、古文作某的记载。这部分资料的价值不一，但应该可以用来考证《今文尚书》，而皮氏对此运用得并不充分，有时甚至是视而不见。究其原因，皮氏或是不重视，或是因为它们与己说冲突而故意回避。皮氏的这种态度是不够客观的，试举两例：《文侯之命》"敷闻在下"条下，皮氏云："今文'敷'作'布'。"③但《聘礼》郑注却说："今文'布'作'敷'。"④《禹贡》"淮夷蠙珠暨鱼"条下，皮氏云："今文作'淮夷蠙珠臮鱼'。"⑤但《一切经音义》云："暨，古文作臮。"⑥皮氏的观点与郑注、《一切经音义》显然矛盾。皮氏于此等处皆不加辨析，难以让人信服。近人金德建先生著《经今古文字考》，利用郑注、字书等资料，得出的结论与皮氏大异，例如皮氏认为《汉书》用今

---

① 蒋善国：《尚书综述》，上海古籍出版社1988年版，第450页。
② 盛冬铃、陈抗：《今文尚书考证点校说明》，载《今文尚书考证》卷首，第1页。
③ 皮锡瑞撰，盛冬铃、陈抗点校：《今文尚书考证》，第463页。
④ 贾公彦：《仪礼注疏》，阮元校刻《十三经注疏》本，第1046页。
⑤ 皮锡瑞撰，盛冬铃、陈抗点校：《今文尚书考证》，第149页。
⑥ 释玄应：《一切经音义》，《丛书集成初编》本，第613页。

文，但金氏认为用古文；皮氏认为《论衡》用今文，金氏认为用古文。①虽然我们不能说金氏必对、皮氏必误，但皮氏对上述资料与己说相异处不予置辨实在让人感到不能惬心。

皮氏另一不足之处就是过于自信，有时遇到与己说不合的资料便怀疑是后人窜改，如《尧典》"协和万邦"条下，皮氏说："今文'邦'多作'国'。……《后汉书·明帝纪》、《论衡·儒增篇》引作'协和万邦'，与今文不合，疑后人改之。"②再如《禹贡》"达于济"条下，皮氏说："《今文尚书》'达'为'通'，《汉志》前后文'达'字亦作'通'字，此盖后人改之。"③此等处皆过于武断，所以上文说《今文尚书考证》比较平允、注重实据，也只是大概而言，不能绝对视之。需要指出的是，这种动辄怀疑后人窜改古书的做法在段玉裁、陈乔枞书中也大量存在，这或许是今古文《尚书》考证中的一大通病。汉代经学今古文差异十分复杂，后人立说过于绝对自然会有龃龉之处。且今古文《尚书》亡佚已久，后世所考，难免缺乏确凿的证据和资料。立说未坚，又以想当然之辞解释矛盾之处，弥缝之迹显然可见。

今天的学者在回头评价《今文尚书考证》时，还有一个问题是不容回避的：皮氏《今文尚书考证》影响并不广，甚至在皮氏之后，这种治《尚书》的路数竟至乏人问津，其故何在？有中国台湾学者归纳了四点原因，笔者十分赞同，故摘录于此：其一，皮氏《尚书》学著作思想孱弱，无补于时政，不足以风动人心；其二，今文经学命脉在《春秋》不在《尚书》；其三，缺乏研究方法上之创发；其四，伴随新史料之相继出现，学术风尚发生转移。④所言皆极是。除此之外，我想应该还有另外一层原因：皮氏《今文尚书考证》本就是一部总结性的著作，它对现有资料及前人成果的利用已近其极，在此书之后，对于《今文尚书》的考证已经没有多少余地留待后人去开发了，这一项工作其实已进入了尾声。

---

① 参看金德建《经今古文字考》，第273—317页。
② 皮锡瑞撰，盛冬铃、陈抗点校：《今文尚书考证》，第13页。
③ 同上书，第339页。
④ 夏乡：《皮锡瑞〈尚书〉学述》，硕士学位论文，台湾师范大学，2003年，第128—132页。

陈乔枞、皮锡瑞两位，考证虽勤，用力虽深，但所得是否果真是汉代《今文尚书》呢？其所考证出的字句差异是否果真就是今古文《尚书》之异文呢？事实恐怕未必如陈、皮所认为的那般乐观。廖平曾说：

> 试以《尚书》一经言之，其言今古文字不同者，不下千百条。盖近来金石剽窃之流，好怪喜新，不务师古，专拾怪僻，以矜雅博。夫文人制词，多用通假，既取辟熟，又或随文，其中异同，难言家法。两汉碑文，杂著异字，已难为据，况乃滥及六朝碑铭，新出残篇。……石经以前，经多译改，今古之分，不在异文，明证在前，无俟胪证。陈左海以异字通假为今古之分，亦不得已之举，所取汉人辞赋之异文，徒取简编宏富，非正法也。古今异字，必系不能通假有意改变者，方足为据，如《左传》之改"逆"为"送"、改"尹"为"君"、改"伯"为"帛"之类，实义全反，然后为异。不然则毕录异同，亦但取渲染耳。若词人之便文，晚近之误夺，牛毛茧丝，吾所不取。①

廖平治经多怪诞之说，但此论实有其合理之处。两汉时期文字通假现象十分普遍，由此造成的经书文本差异不见得都是今古文差异。而且今古文经学之分也不仅限于文字、字义。因此陈、皮二位专就字词异同用力，恐怕也难免有不足为训之处。究其根源，恐怕还是今文学门户观念所致。段玉裁、孙星衍二人是清代对《尚书》今古文问题关注最多的学者，不过他们也仅仅是出于考古的目的而为之，并无门户之见。②但是段、孙二位的工作却为《今文尚书》的复兴作好了铺垫。中国台湾学者王汎森说："开始动手辑《今文尚书》的臧庸、孙星衍、段玉裁都是拿它来与《古文尚书》

---

① 廖平：《今古学考》，载李耀仙编《廖平学术论著选集（一）》，巴蜀书社1989年版，第89—90页。

② 有学者批评段玉裁偏主古文［参见皮锡瑞《经学通论·书经通论》，第103页；中国科学院图书馆整理《续修四库全书总目提要（经部）》，中华书局1993年版，第237页］，其实段氏推崇今文处亦时或可见，如"《今文尚书》作'愿而共'，胜于《古文尚书》"、"此条今文实胜古文"（两条分见《古文尚书撰异》卷二、卷二二）。

并列以存古注而已，并没有什么特别的义理动机，但却对《今文尚书》重见天日意外地帮了大忙。到了陈寿祺就反客为主，以今文为主，以古文为从了，究其理由，主要是因为今文近古这个理由罢了。"①王氏此一番议论不但提到了臧②、孙、段三人对《今文尚书》的复兴所起的帮助，而且也涉及了陈寿祺等人专治《今文尚书》的原因，应该说是与当时的实际情况相符合的。王氏指出，在陈寿祺等人眼中，《今文尚书》比《古文尚书》更古更早，更能得圣人真义，所以他们更加推重《今文尚书》。王氏自言这一看法源于梁启超先生"以复古为解放"之说。③我们可以遵循梁、王二位的思路继续探讨清代《尚书》学的有关问题。在阎、惠等人的辨伪工作之后，寻找一个可信的《尚书》文本就成了《尚书》学者的首要任务，于是有学者以东汉马、郑《古文尚书》为宗，认为这是值得信赖的文本。但是在当时学界盛行的返归西汉的潮流影响下，另有一部分学者注意到了时代更早的西汉《今文尚书》。对于江、王、段、孙等人，陈乔枞批评他们"于欧阳、大小夏侯专门之学，三家师说之异同者，又不暇致详也"④，于是专注于西汉《今文尚书》，并以此自重，由此而言门户，于是造就了饱含今文学特色的《尚书》学。

第三节　对汉代《古文尚书》的考辨

在汉代，今古文之争是经学的一大特色。清代今文经学复兴后，对

---

①　王汎森：《古史辨运动的兴起》，第81页。

②　按，臧庸并无专门的《尚书》学著作，唯其所著《拜经日记》中多有辨别《尚书》今古文差异之处。

③　王汎森说："清代复活的今文经学便有一个相当明显的趋势，想返求圣经，直探圣人的真意，尤其是发掘圣人未明白说出的'微言'。由于当时学术界为东汉许郑之学所笼罩，而东汉毕竟离开孔子的时代较远，在他们看来，东汉经师们已不如西汉经师那样了解真正孔子及经典的真貌，所以有雾里看花终隔一层的遗憾。因此想跨越东汉的经说，透过西汉经师的经说去了解圣人的'微言大义'。但这并不是说考证学派就不想返求原典，事实上，诚如梁启超所说的，整个清学的内在精神即是'藉复古为解放'，层层上翻，今文经学派与考证学派在返求原典的路上正是百步与五十步之间耳"（氏著《古史辨运动的兴起》，第75页）。

④　陈乔枞：《今文尚书经说考·自序》，《续修四库全书》本第49册，第1页。

这一问题格外关注，旧案重提，大有替古人主持正义的意思。具体到《尚书》学而言，在《古文尚书》被发现后，以刘歆为代表的古文家就一直努力使之立为官学，但此举遭到了今文博士的反对，于是双方展开了激烈的争论。古文学者认为《今文尚书》残缺不全，今文学者则认为《今文尚书》对应二十八宿，是完备无缺的。降及清代，一干今文学者很为汉代今文家打抱不平，他们认为古文学者的攻击多属居心叵测、不合实际，于是转而质疑汉代《古文尚书》的可信度。

一　质疑《逸书》十六篇

《汉书·艺文志》云："《古文尚书》者，出孔子壁中。武帝末，鲁共王坏孔子宅，欲以广其宫，而得《古文尚书》及《礼记》《论语》《孝经》凡数十篇，皆古字也。共王往入其宅，闻鼓琴瑟钟磬之音，于是惧，乃止不坏。孔安国者，孔子后也，悉得其书，以考二十九篇，得多十六篇。安国献之。遭巫蛊事，未列于学官。"根据孔颖达《尚书正义》，《古文尚书》多出来的这十六篇是：《舜典》《汨作》《九共》《大禹谟》《益稷》《五子之歌》《胤征》《汤诰》《咸有一德》《典宝》《伊训》《肆命》《原命》《武成》《旅獒》《囧命》，此即所谓《逸书》十六篇，因其中《九共》一篇可分为九篇，增多八篇，所以有时又被称为二十四篇。

古文学家最为自豪的一点就是《古文尚书》比《今文尚书》足足增多了十六篇，这也就是他们讥讽《今文尚书》残缺不全的最好理由。但在清代今文学家看来，这增多的十六篇是完全不可靠的。

对此十六篇的怀疑其实早已有之，《正义》已发其端。但常州诸子的辨伪并未沿袭《正义》的路径。

最早对古文《逸书》十六篇表示怀疑的应该是庄述祖，其所撰《嘉禾序说》是一篇重要文献，其中观点主要有三：

> 郑氏漆书古文增多篇目无《嘉禾》，而《王莽传》引《书·逸嘉禾篇》；漆书无《毕命》，而《三统》引《毕命》、《丰刑》。不知孔

第二章　今文学派辑考今文、考辨古文

安国所献、刘歆所论、王莽所立、杜林所得，何儳互不齐若是？

庄氏认为，汉代传习《古文尚书》者有数家，但其篇目参差不齐，可证其不可信，此其一。但两汉人谈《古文尚书》从未将《嘉禾》《毕命》包括在内，《王莽传》与《三统历》所引，应是《尚书》流传中之残篇断简[①]。先秦两汉典籍中引用《逸书》者颇多，且今文学之祖《尚书大传》中亦有《九共》《帝告》《嘉禾》《揱命》《揜诰》诸逸书之名，此本不足怪。庄氏又云：

> 惟刘向以中古文校欧阳、大小夏侯三家经，凡《酒诰》、《召诰》之脱简皆具焉。是漆书古文之信而可征者亦仅二十八篇而已，《舜典》以下二十四篇之目固不足尽据也。

庄氏认为，刘向校《尚书》，只及今文二十八篇，则外之者固不足信，此其二。但此说恐亦不合逻辑。刘向校书，取双方皆有之篇目以校文字之异同，古文有而今文无者自无从校之。庄氏又云：

> 《书·逸嘉禾篇》曰："周公奉鬯立于阼阶，延登，赞曰：假王莅政，勤和天下。"王，成王也。假王即《高宗肜日》所谓"惟先假王正厥事"也。古文徦、格通，作"假"者误。孟子曰："惟大人为能格君心之非。"故格君心者，莅政之本，而佞邪傅会乃谓周公假王者之号。是所云十六篇者，歆等各以意属读，非复古文旧书，宜博士之不肯置对矣。[②]

庄氏认为，古文家之经解多附会不可信，此其三。但徦、假二字可以通

[①] 孙星衍云："《嘉禾》不在逸十六篇之内，是亡《书》之残语仅存者"（氏著《尚书今古文注疏》，第601页）。

[②] 庄述祖：《珍艺宧文钞》卷三《嘉禾序说》，《续修四库全书》第1475册，第45页。

131

用①,庄氏于此大发议论,难免深文周纳之嫌。②且庄氏所批评的"佞邪傅会"指的是为王莽摄政鼓吹的群臣,也没有足够证据表明他们都是古文家。

庄述祖在《书校定〈逸周书·世俘〉后》中又说:

> 值汉中微,王莽专政,向子歆作聪明以乱旧章,自谓古文毕发,扬雄见之于符命,欲以媚伪新、诬当时,而古文之藏秘府者,一时不能尽通,杂取他书充数。……刘歆所欲立学之《书》十六篇,未必出于孔壁,而古文之藏秘府者,应毁于新莽之时,不待至永嘉之乱矣。歆之颠倒五经,其弊可胜言哉!③

在这里庄氏明确提出了自己的怀疑,他认为刘歆为了讨好王莽而伪造《古文尚书》。庄氏的这一观点影响深远,后世今文学者在质疑古文经学时都将矛头对准了刘歆,而且将篡位乱政的王莽也牵扯进来。庄氏还进一步怀疑《逸书》十六篇未必出于孔壁。这是在试图从根本上动摇十六篇的可信性,但庄氏只限于怀疑,还没有提出具体的证据。

刘逢禄承其舅氏之余论,也认为所谓逸十六篇《尚书》不可信,是刘歆伪造。他说:"盖此十六篇亦《逸周书》之类,未必出于孔壁。刘歆辈增设之以抑今文博士耳,东汉初治古文者卫、贾诸子皆不为注说,故遂亡佚。要之,据《舜典》《皋陶谟序》读之,则典谟皆完备,逸书别有《舜典》《大禹谟》《弃稷》等等,必歆等之伪也。"④此处所谓"典谟皆完备"正是对汉代古文家的有力反击。刘氏又说:"逸十六篇毫无意义,故绝无师说,且疑刘歆伪托以厌伏今文博士者。"⑤刘逢禄将《逸书》十六篇与《逸

---

① 参见顾颉刚、刘起釪《尚书校释译论》,第1001页。
② 据刘逢禄《尚书今古文集解》所引庄述祖之说,庄氏认为《今文尚书》正作"假",并引汉儒孔光为证(刘逢禄:《尚书今古文集解》,第262页),与此处所谓"作'假'者误"显然矛盾,不知庄氏为何自相抵牾。
③ 庄述祖:《珍艺宦文钞》卷五《书校定〈逸周书·世俘〉后》,第98—99页。
④ 刘逢禄:《尚书今古文集解》卷三十,《续修四库全书》第48册,第339页。
⑤ 刘逢禄:《尚书今古文集解》卷三十,第341页。

周书》等同，则其重要性大大降低，在佐莽篡政这一理由之外，刘逢禄又提出了刘歆伪造古文经的一条新的理由，他认为刘歆是为了与今文博士争胜而作伪，如此一来，所谓今古文之争不过是刘歆处心积虑挑起的无谓纠纷，与今文家、今文经无干。刘氏也尝试着用实证的方法来证明十六篇不可信，例如：

> 《古文尚书》逸十六篇绝无师说，郑氏载其目有《舜典》，则非百篇之旧，盖夫子所删之余。又有《弃稷》，周人讳始祖，故《尧典》曰"让于稷、契"，惟"帝曰弃"则不讳，则《弃稷》篇亦伪托也。其余如《史记》、《三统术》、《王莽传》所引，多战国诸子所托，或有歆等改窜者，故博士抱残守缺，恐失其真。①

按，刘氏《尚书今古文集解》引庄述祖之言曰："百篇，圣人所定。稷为周配天之祖，周人以讳事神，虽《诗》、《书》不讳，而典谟稷独称官，惟帝命乃名耳。据周立法，决无以'弃稷'名篇之理也。"②据此可见，刘氏对《弃稷》篇名的怀疑是得之于庄述祖，不过庄氏只是主张篇名应为"益稷"而非"弃稷"，刘氏则认为此篇乃是后人伪托。刘氏指出，《弃稷》篇名不为周人始祖避讳，若是孔子所定，断不会有此纰漏，必出自后人之手无疑。对于此说，程元敏认为其实是站不住脚的。他说："《曲礼》言'《诗》、《书》不讳，临文不讳'，定《书》篇名制《书序》者即为周人，断无讳不称弃理，且以'弃稷'命篇，上名下官，尊之之甚，未见其失礼。且所记唐虞事，作者以虞史身份著文，亦无缘为周祖讳理。"③

宋翔凤的《尚书谱》则力图证明"逸书"并非自孔子流传下来的真本："东晋古文《书》固伪，而汉时得多十六篇亦未是真。如刘歆所引诸文，太史公不著于《史记》，马、郑又不作注，正以不可信也。"他说：

---

① 刘逢禄：《左氏春秋考证》卷二，载阮元编《清经解》卷一二九五，上海书店1988年版，第7册，第440页。
② 刘逢禄：《尚书今古文集解》卷三十，第339页。
③ 程元敏：《尚书学史》，华东师范大学出版社2013年版，第161页。

刘歆《移太常博士书》云:"鲁恭王坏孔子宅,欲以为宫,而得古文于坏壁之中,《逸礼》有三十九,《书》十六篇,天汉之后孔安国献之,遭巫蛊仓卒之难,未及施行。"据歆书似十六篇至天汉始出,然伏生《大传》已引《九共》逸句、《大誓》全文,董生亦引《大誓》,则不出自鲁壁也。大氐十六篇者,在秦汉之间,去周为近,诸子百家所记,往往可傅合于经,学者补缀以比于二十八篇,足以考究前闻而已。故伏生能引《大誓》之文,而所传《尚书》仍缺是篇,亦以为正经之所无而出于百家之杂说,遂不以溷于二十八篇也。①

宋翔凤认为《逸书》十六篇在秦汉间一直有人研习,不待孔壁出书始见天日,但这十六篇只是杂说之类,不能与二十八篇②相提并论。清末成本璞说:"武进庄氏世传古文之学,心知其伪而不敢废,意取笃慎,匪云左袒。其甥宋于庭复传其学,遂欲扬西河之波,与阎、惠为难,岂不异哉"③,显然是搞错了宋翔凤对《古文尚书》的看法。《过庭录》又云:

盖《书》有百篇,而汉时仅有三十二,故周、秦引《逸书》者,其文颇多。然详《书序》之意,《舜典》即在《尧典》,《大禹》、《益稷》并合《皋陶谟》;《大传》引孔子"《书》有七观",更无在廿八篇之外者。考所传十六篇佚文,皆艰浅无足取,疑是孔子删存廿八篇之文,而存百篇之目于《序》,故汉代今文家以廿八篇《尚书》为备也。④

---

① 宋翔凤:《过庭录》卷六《尚书谱》,中华书局1986年版,第102页。
② 按,对于伏生《尚书》二十九篇,宋翔凤赞同陈寿祺之说,认为当并《序》数之,他在《与陈恭甫编修书》中说:"大著证今文无《太誓》而有序,确不可移"(氏著《朴学斋文录》卷一《与陈恭甫编修书》,《续修四库全书》第1504册,第337页)。他还进一步论证此说云:"《论衡·正说篇》云:'或说《尚书》二十九篇者,法斗四七宿也。四七二十八篇,其一曰斗矣,故二十九。'案,此以四七宿当廿八篇,以序当斗,言序之隐括廿八篇,犹斗之制制四乡,若《太誓》不足当斗矣"(氏著《朴学斋文录》卷一《与王伯申学士书》,第339页)。
③ 成本璞:《九经今义》卷三《今文尚书》,《四库未收书辑刊》第四辑10册,第402页。
④ 宋翔凤:《过庭录》卷十《逸经》,第179页。

第二章　今文学派辑考今文、考辨古文

宋氏在此仍是贬低《逸书》之价值，以二十八篇为备。① 此处值得注意的地方在于，宋氏论证二十八篇为备，一个重要的理由就是"《大传》引孔子'《书》有七观'，更无在廿八篇之外者"。此一说影响颇大。按所谓"《书》有七观"即"六誓可以观义，五诰可以观仁，《甫刑》可以观诚，《洪范》可以观度，《禹贡》可以观事，《皋陶谟》可以观治，《尧典》可以观美"，据《尚书大传》之文，此乃孔子之言，而所举不出二十八篇，以此证明二十八篇为备确有其说服力。另外，宋氏此处所说的"孔子删存廿八篇之文，而存百篇之目于《序》"亦值得探讨。我们知道，宋翔凤是相信《书序》的②，但"二十八篇为备"之说与百篇《书序》之间显然是有矛盾的。对于这一矛盾，宋翔凤的解释是："孔子序《书》以存百篇之号，录廿八篇，可以明删《书》之旨。"③ 这是说二十八篇是孔子所选的"精品"，而《书序》则是为了表明自己编选的深意。宋氏此说虽然有"妄揣圣意"之嫌，不过也确实是一种解决矛盾的思路。后来康有为等人因相信二十八篇为备就彻底怀疑《书序》，其思路与宋翔凤截然不同。

需要指出的是，宋翔凤明确地提出今文二十八篇完备无缺，此说较之庄述祖无疑更进了一大步。庄述祖只是认为《逸书》十六篇不可信，他其实也同意《今文尚书》是残缺之余，所以他会说"六艺中，《尚书》《礼》多缺略，唯《易》《诗》《春秋》为完书"④，并叹息"自秦无全经，至晋无全传，使我怅怅然"⑤。宋翔凤对《今文尚书》的尊崇，以及对《古文尚书》的贬低明显比庄述祖更甚一层。

谈到对《逸书》十六篇的怀疑，还不得不提及邵懿辰。邵懿辰（1810—1861），字位西，浙江仁和（今杭州）人，著有《尚书通义》《孝

---

① 宋翔凤对刘歆所谓《今文尚书》残缺不全之说最为不满，曾著《拟太常博士答刘歆书》驳斥之，其文曰："伏生《尚书》二十八篇，帝王之事已备，孔子虽为百篇之序，或虚存其目，或并合其文，条列明白，子夏之言'《书》有七观'，莫逾于此。近闻得多十六篇，亦微文碎词而已"（氏著《朴学斋文录》卷一《拟太常博士答刘歆书》，第335页）。其言可与《过庭录》合观之。
② 宋氏曾说："孔子序《书》，正名之义实见明显"（氏著《过庭录》卷六《尚书谱》，第119页）。
③ 宋翔凤：《朴学斋文录》卷一《与王伯申学士书》，第339页。
④ 庄述祖：《历代载籍足征录》，《珍艺宦遗书》，嘉庆道光间武进庄氏脊令舫刊本，第1页a。
⑤ 庄述祖：《珍艺宦诗钞》卷二《珍艺宦诗》，《续修四库全书》第1475册，第146页。

经通义》《礼经通论》若干卷，其中大多已亡佚。关于邵氏的学术倾向，是个很值得探讨的问题。邓实说："与默深同时，有常州宋于庭、阳湖李申耆、仁和邵位西，皆治今文学。"① 汤志钧认为他"基本上是今文经师"②。刘大年也说他治今文经学。③ 但邵氏最初却是个纯正的理学家。曾国藩在为邵氏所作的墓志铭中提到："位西之学，初以安溪李文贞公、桐城方侍郎为则，摈斥近世汉学家言，为文章务先义理，不事缛色繁声以追时好。厥后……亦颇采异己之说以自广询。"④ 据此可见，邵氏治学曾有一个转变的过程，但我们也很难说他就此变成了一位地道的今文经师，他的著作中更多的还是宋学的色彩。⑤

邵懿辰最著名的学说就是他在《礼经通论》一书中竭力论证的《仪礼》十七篇全备无缺，《逸礼》不可信。此说影响颇大，王汎森说："清季今文家学说有一个重要环节，即廖平、康有为所称秦焚书而五经未尝亡缺之说，邵懿辰《礼经通论》这一本小书对这个论述的形成发挥过关键性作用。这一本深受理学影响的书为晚清思想界所带来的破坏力量，绝对是它的作者所从未想到过的。"⑥ 看来邵氏与"五经未尝亡缺"之说颇有渊源，那么他对《逸书》十六篇的看法如何呢？邵氏曾明确指出："刘歆曰：'鲁共王得古文于坏壁之中，《逸礼》有三十九，《书》十六篇。天汉之后，孔安国献之。'此刘歆之奸言也。"⑦ 据此所述，则邵氏认为《逸书》与《逸礼》同不可信。他分析刘歆伪造《逸书》十六篇之经过有云：

---

① 邓实：《国学今论》，载章太炎、刘师培等撰，罗志田导读，徐亮工编校《中国近三百年学术史论》，上海古籍出版社2006年版，第341页。
② 汤志钧：《近代经学与政治》，第142—143页。
③ 刘大年：《评近代经学》，载《刘大年集》，中国社会科学出版社2000年版，第345页。
④ 曾国藩：《邵位西墓志铭》，载《半岩庐遗集》卷首，《续修四库全书》第1536册，第586—587页。
⑤ 参看史革新《晚清理学研究》，商务印书馆2007年版，第114—115页。
⑥ 王汎森：《中国近代思想与学术的系谱》，河北教育出版社2001年版，第28页。
⑦ 邵懿辰：《礼经通论·论逸礼三十九篇不足信》，王先谦编：《清经解续编》卷一二七七，上海书店1988年版，第五册，第587页。

第二章　今文学派辑考今文、考辨古文

> 安国尝受业于伏生①，或得伏生壁藏隶古兼存之本，以相质对，亦用隶古写定藏弆于家。后乃就更写之本作传，而先所得壁中竹简百篇者尽献上书府。此即刘向所据以校《酒诰》《召诰》之中古文，而刘歆所谓天汉后孔安国上之者也。然古文虽上书府，而无隶释，时安国之传既隐而未见，而伏生壁中之本亦辗转亡失。刘歆校书中秘，得此古文，苦于不能识别，惟据安国并上之《书序》，以及初献时安国所整定四十六卷、五十八篇之数，且见《史记》言得多十余篇，遂乃揣摩形似，剽窃书传，伪撰十六篇。②

可见邵懿辰承认孔安国曾得《古文尚书》于孔壁，但他认为诸人皆不识之，后刘歆利用校书之便得见之，乃伪撰十六篇以欺世。此说与庄、刘等人颇类似，极具今文学色彩。但是邵氏所怀疑者只是刘歆所伪造之十六篇，对于孔安国所献"壁中竹简百篇者"则毫不怀疑。如此看来，邵懿辰与"五经未尝亡缺"之说还是有一定的距离的。尤其值得注意的是，邵懿辰对东晋伪古文竟然深信不疑，这与同时代的今文家是截然不同的。③ 因为相信东晋伪古文，邵懿辰认为孔壁所得《尚书》的确比今文本要多，只是并非刘歆所说的十六篇。《史记·儒林传》云孔安国得《逸书》十余篇，而没有提到十六篇，邵氏对此大发议论：

> 云"得十余篇"者，迁从问未尽，故但为约略之词，而刘歆遂据此数造伪书十六篇以合之。④

---

① 按，并无史料直接表明孔安国曾受业于伏生，邵氏此说乃是据《史记·儒林传》推论而得。见邵懿辰《尚书传授同异考》，《续修四库全书》第50册，第4页。

② 邵懿辰：《尚书传授同异考》，第16页。

③ 谭献有云："（邵懿辰）以载籍所称《逸书》皆刘歆伪撰，与宋于庭之论似同实异，出于方桐城而已"（谭献著，范旭仑整理：《复堂日记》卷二，第33页）。按，方苞确实以东晋古文为真，并认为刘歆有"遍窜群书，以曲为弥缝"之事（参见《方望溪先生文集》卷一"读古文尚书""读尚书又记"诸篇，《续修四库全书》第1420册，第293—294页）。邵氏之《尚书》观的确有同于方苞之处，但他对《逸书》十六篇的怀疑也有可能受今文家之影响，或者最起码他影响了后来的今文家，因此笔者也将其纳入本章的讨论范围中来。

④ 邵懿辰：《尚书传授同异考》，第13页。

可见邵氏怀疑的是刘歆十六篇，而不是孔安国《逸书》，这是他与今文家不同的地方。当然，如果换一种思路，邵氏这一理念或许与庄存与有异曲同工之处，正如胡玉缙所言："独于梅氏所上古文断断焉颂其可信者，或者颇以为异，不知其具有深意也。先生以为古文久列于经，非笃信好学研究群经如阎、惠诸儒，不得轻议古文，否则无忌惮之小人将有偏主今文学，而概以他经古文为伪者，势不至废经不止，此先生所大惧也。……先生之维古文，意在兼维群经，盖即庄氏之志，而又有进焉者也。"①

在《尚书》学方面，邵懿辰并非专主今文，但他的很多论断确有今文学特色，例如他对刘歆的猛烈攻击就为清季今文经学家指明了道路和方向。邵懿辰怀疑《汉书·儒林传》所言《古文尚书》之传授亦出刘歆之徒伪造：

> 司马迁虽从安国问古文，不为受业，故不传其学。自都尉朝以下传次，皆王璜、涂恽依附刘歆所造，以见伪书之渊源有自也。其实安国并未献书（并未献其所定隶古之书），世多习今文以牟禄利，亦未以古文授人，特世世子孙相传不替，故至晋时犹存耳。②

据此所言，刘歆之徒不仅伪造《古文尚书》，亦伪造其传承，其用心可谓良苦！不仅如此，邵懿辰认为所谓"刘向以中古文校三家今文"之说也是刘歆伪造的：

> 《志》自云此所言本之刘歆《七略》，盖中古文即安国所献科斗古书，而以校三家经文则亦歆之所为而托之于向也。其云脱简、脱字及文字异，皆歆伪造古文时，意以为二十九篇《书》若与三家今文无异，不足以服当时而欺后世，故托言其父校书时今文已多讹谬。其实《酒诰》《召诰》并不脱也。伏生《大传》盖亦歆所伪托，其引《酒诰》曰"王曰：封，惟曰若圭璧"，殆即歆臆造以实脱简之说者。然

---

① 胡玉缙：《尚书传授异同考叙》，《尚书传授同异考》卷首，第2页。
② 邵懿辰：《尚书传授同异考》，第13页。

"惟曰若稽田"以下三喻统用"惟曰"二字引起，若上文又有"若圭璧"一喻，不应复出"惟曰"二字，此歆作伪心迹之显然者也。①

按，《汉书·艺文志》云："刘向以中古文校欧阳、大小夏侯三家经文，《酒诰》脱简一，《召诰》脱简二。率简二十五字者，脱亦二十五字，简二十二字者，脱亦二十二字，文字异者七百有余，脱字数十。"邵氏以为此，刘向并无校经之事，今文亦无脱简之说，此皆刘歆所伪托。按照邵懿辰的看法，刘歆不仅伪造《逸书》十六篇，亦伪造《古文尚书》之传承，并伪造《尚书大传》，不但欺世，并欺其父，其罪可谓罄竹难书。

二 质疑东汉《古文尚书》

古文经学至东汉始大显，《古文尚书》经卫宏、贾逵、马融、郑玄诸人发扬而影响渐广，不过诸人所传只二十八篇，不及《逸书》十六篇。庄、刘、宋诸人对《古文尚书》的攻击主要针对《逸书》十六篇，对于与《今文尚书》篇名相同的二十八篇以及东汉《古文尚书》的情况并无太多的涉及。直到魏源出现，才对东汉《古文尚书》展开了猛烈的批判，在魏源看来，东汉马、郑所传《古文尚书》完全不可信。

在论述魏源对东汉《古文尚书》的质疑之前，我们有必要先探讨一下他对《逸书》十六篇的看法。魏源在《书古微序》中说要"尽黜伪古文十六篇，并尽黜马、郑之说"，此处所谓"伪古文十六篇"其实指的是东晋梅赜本《古文尚书》。梅本《古文尚书》较《今文尚书》增多二十五篇，魏氏显然是混淆了十六与二十五之数，观其《书古微·例言上》所言"《大禹谟》《仲虺之诰》《咸有一德》《伊训》《太甲》……等十六篇"可知。这是魏源治学不严谨，下笔偶误所致。魏源是十分相信孔壁《古文尚书》较今文多出的《逸书》十六篇的。魏氏著《书古微》，其要务之一即"补亡"，所谓补《舜典》、补《九共》而并补《汤诰》，又补《泰誓》三篇、《武成》二篇、《牧誓》下篇以及《度邑》、《作雒》为《周诰》之佚

---

① 邵懿辰：《尚书传授同异考》，第25页。

篇"①,《舜典》《九共》《汤诰》《武成》皆属《逸书》十六篇,而魏氏费尽心机为之补亡,其尊信之态度显然可见。

更有可得而论者,魏源对《逸书》十六篇之态度迥异于常州庄、刘等人,可见魏氏之学虽出于常州,在阐发《尚书》中"微言大义"方面也受庄、刘等影响,但其《尚书》学与常州学派亦有差异,不可等而论之。

魏源在《书古微序》中分五个方面来说明马、郑本《尚书》非真孔安国本,马、郑之说非真孔安国说,其具体内容是:

第一,马、郑《古文尚书》源自杜林所得漆书《古文尚书》②,但"考漆书竹简,每简一行,每行二十五字或二十二字。若四十五篇之《书》漆书于简,则其竹简必且盈车。乃谓仅只一卷,遭乱挟持不离,不足欺三尺孺子"。

第二,孔安国未曾为《古文尚书》创新解,东汉古文说皆因袭今文。"东汉古文力排今文之本而自有其漆书之本,力排今文之说而自有其师说,则必此佚十六篇者卓然皆有师说,而后可以压倒今文,何以今文无之者,古文亦无师说乎?十六篇既无师说,则其二十九篇之师说,既不出于今文,又出自何人?岂非因袭其膏,阳改其面,而又反攻其背乎?"

第三,司马迁从孔安国问故,实得真古文之传,但马、郑之说无一不与司马迁相反,"南辕北辙,诬圣师心,背理害道,不可胜数……上无师传,且皆反背师传"。

第四,东汉古文无师传,"马融不同于贾逵,贾逵不同于刘歆,郑玄又不同于马融……向壁虚造,随臆师心,不知传受于何人"③。

第五,杜林之本不言得自何所,其师说亦不言授自何人,其不可信显然可见。

---

① 魏源:《书古微序》,第4页。

② 《后汉书·杜林传》云:"林得漆书《古文尚书》一卷,常宝爱之,虽遭艰困,握持不离身。出以示宏曰:'林流离兵乱,常恐斯经将绝,何期诸生复能传之!'"又,《后汉书·儒林传》云:"扶风杜林传《古文尚书》,林同郡贾逵为之作训,马融作传,郑玄注解,由是《古文尚书》遂显于世。"

③ 按,刘逢禄就曾凿点破这一层意思,他说:"今文之师受远胜古文之凿空"(氏著《刘礼部集》卷九《诗古微序》,《续修四库全书》第1501册,第170页)。可惜刘氏未曾深言,更非专门针对《古文尚书》而发此论。

第二章　今文学派辑考今文、考辨古文

魏源对东汉古文《尚书》的质疑主要在两点：来源不可信、师说不可信。但是从他字里行间仍可看出他是承认西汉《古文尚书》的存在和真实性的。本书第一章曾指出，魏源认为西汉时今古文《尚书》并存："孔安国复得《古文尚书》四十五篇于孔壁，较伏生本多佚书十六篇。而安国从欧阳生受业，尝以今文读古文，又以古文考今文。司马迁亦尝从安国问故。是西汉今古文本即一家，大同小异，不过什一，初非判然二家。"据此可见，魏源对孔壁得书之事还是承认的。梁启超曾说："魏默深著《书古微》，提出《古文尚书》根本曾否存在之问题，是为阎百诗以后第二重公案，至今未决。"① 任公此言与史实稍有出入。

稍后于魏源的邵懿辰也曾对杜林所传东汉《古文尚书》提出过质疑，其言曰：

> 杜林得西州漆书事，颇茫昧不可知。漆书即科斗文字，在汉初已无人能识，林生东汉之初，独能识而传之，无是理也。……窃意此即伏生壁藏之本，隶古兼行者，故传至马、郑，马、郑为之作注，乃二十八篇。（原注：马、郑亦注伪《泰誓》，盖参用今文本伪《泰誓》，非林所传。）与伏生初传之数符合，其与今文又异者，原远而末益分，欧阳、夏侯之学背道而驰，已非伏生之旧，故得伏生之本而反谓之古文，以别异于当时三家之今文也。②

邵氏以为杜林本其实就是伏生所传本，根本不是所谓孔壁古文，此说无异于从根本上颠覆了东汉《古文尚书》的存在意义。又，魏源与邵懿辰在论及东汉《古文尚书》时都认为它同《今文尚书》密不可分，或是因袭今文，或是错认今文为古文，这或许也是今文家意识在作祟。

魏源的观点对皮锡瑞影响颇大，例如皮氏所言"今马、郑注解，犹存其略，而郑不同于马，马又不同于卫、贾。盖古文本无师授，所以人自为

---

① 梁启超：《中国近三百年学术史》，朱维铮校注《梁启超论清学史二种》，第301页。
② 邵懿辰：《尚书传授同异考》，第29—30页。

说，其说互异，多不可据"①，此说显然是袭自魏源。②皮氏对东汉《古文尚书》的攻击同样是言辞激烈，他明确指出不但伪古文可疑，即马、郑古文亦不尽可信。③论及经说，皮锡瑞认为古文家为了与今文家对立，刻意创立新说："古文家说《尚书》，务创新说，以别异于今文。"④至于古文家创立新说之原因与过程，皮氏亦有推断：

> 孔安国《古文尚书》惟以今文正其文字，并无义说。其义说盖创自刘歆。歆于哀帝时请立《古文尚书》，为诸儒所持。平帝时，王莽从之，卒立学。既立学，当有章句义说，盖皆歆为之。莽立六宗，建三公，歆作三统历，以为文王受命九年崩，武王十三年克殷，皆与《今文尚书》异，即其说也。《后汉·儒林传》云："杜林《古文尚书》，贾逵为之作训。"又云："卫宏从杜林受《古文尚书》，为作《训旨》。"是杜林止有定本而无训义，卫、贾、马、郑相继成之。马、郑注《尚书》，多引《周礼》说虞、夏之制，或亦本于刘歆说也。⑤

皮锡瑞认为《古文尚书》之义说创自刘歆，经卫、贾、马、郑之相继努力而成，因此东汉诸儒之《古文尚书》义说皆承刘歆余绪，绝非传自孔安国。皮氏又云：

> 一代有一代之制度，未可据后王而强同之也；一代有一代之事实，尤未可凭胸臆而强易之也。伏生《大传》、《太史公书》所载事实，大致不异，古来口授相传，本是如此。两汉今文，并尊师说；东汉古文，始有异义。所改制度，多本《周官》；所改事实，不知何本，大率采杂说、凭臆断，为宋明人作俑。自此等说出，不仅唐虞三

---

① 皮锡瑞：《经学通论·书经通论》，第61页。
② 可参见陈其泰、刘兰肖《魏源评传》，南京大学出版社2005年版，第236—238页。
③ 皮锡瑞：《经学通论·书经通论》，第93页。
④ 同上书，第66页。
⑤ 皮锡瑞撰，盛冬铃、陈抗点校：《今文尚书考证·凡例》，第4页。

代之制度乱,并唐虞三代之事实亦乱。①

按,此文题为"论《古文尚书》说变易唐虞三代之事实",皮氏另有一文题为"论《古文尚书》说误以《周官》解唐虞之制",在这两篇文章中,皮氏认为东汉古文家说《尚书》,或据《周官》杂说,或凭主观臆断,皆与史实不符。皮氏举证数十条来说明《古文尚书》说之荒谬。同样是说东汉《古文尚书》不可信,魏源多空发议论,皮锡瑞则注重以实例说话,据此可见二人治学风格之不同。另外,对于东汉古文说之渊源,魏、皮二人看法也有分歧。魏源认为东汉《古文尚书》说实出于今文,所谓"阴袭其膏,阳改其面,而又反攻其背"是也;皮锡瑞则认为东汉《古文尚书》说多本《周官》及杂说,与今文无关。相较而言,皮氏之说更为合理一些,因为魏氏之说实在没有证据佐证。总之,在对东汉《古文尚书》的质疑方面,皮氏有继承魏源的地方,也有与他显然不同之处。

三 质疑孔安国壁中得《书》说

《逸书》十六篇不可信,东汉《古文尚书》亦不可信,清代今文学家对《古文尚书》的攻击可谓步步紧逼,终于到康有为时臻于其极。

康有为(1858—1927),原名祖诒,字广厦,号长素,又号更生。广东南海人。十八岁时拜同县著名学者朱次琦为师。有为早年治学不分门户,后来转宗今文经学,既是因为时事使然,也与廖平等人的影响有关。康氏是晚清今文学巨子,其代表作有《新学伪经考》《孔子改制考》《论语注》《孟子微》《大同书》等。《伪经考》专以辟古文经为目的,总前人辩驳古文经之大成;《改制考》发挥孔子作六经以托古改制之说,二书皆影响巨大。

康氏总前人旧说,对古文经之伪作了最全面、最深刻的论述。康氏曾自言:"仆之忽能辨别今古者,非仆才过于古人,亦非仆能为新奇也,

---

① 皮锡瑞:《经学通论·书经通论》,第 67—68 页。

亦以仆生于道咸之后，读刘、陈、魏、邵诸儒书，因而推阐之。"①由此可见前辈学者对康有为辨伪之学的影响。本书重点关注的是康氏对《古文尚书》的批判。康有为并无专门的《尚书》学著作，他对《古文尚书》的批判主要是集中在《新学伪经考》中。此书最基本的观点就是秦焚六经，而六经未尝亡缺，康氏所举证据有八：

>其一，博士所职，六经之本具存，七十博士之弟子当有数百，则有数百本《诗》、《书》矣，此为六经监本不缺者一。其二，丞相所藏，李斯所遗，此为六经官本不缺者二。其三，御史所掌，张苍所守，此为六经中秘本不缺者三。其四，孔氏世传，六经本不缺者四。其五，齐、鲁诸生，六经读本不缺者五。其六，贾袪、吴公传，六经读本不缺者六。其七，藏书之禁仅四年，不焚之刑仅城旦，则天下藏本必甚多，若伏生、申公之伦，天下六经读本不缺者七。其八，经文简约，古者专经在讽诵，不徒在竹帛，则口传本不缺者八。有斯八证，六艺不缺，可以见孔子遗书复能完，千岁蔀说可以袪。铁案如山，不能动摇矣！②

康氏认为暴秦虽有焚书之举，但六经仍通过诸多途径流传下来，不可能残缺不传。至于《尚书》是否也有这么多途径流传下来，康氏没有明确的说法，不过他对伏生《尚书》的可信性是毫不怀疑的。他刻意指出伏生所传之《书》乃是讽诵口授，其言曰：

>考六经之传，有书本，有口说。博士所职，孔庙藏书，是传本也。然吴佑写书，汗青盈车，其子辄以薏苡之谤为谏，则当时写本甚难，颇赖口说。……《诗》不过三百五篇，《书》不过二十八篇，

---

① 康有为：《答朱蓉生书》（1891年），载《康有为全集》第一册，中国人民大学出版社2007年版，第1035页。

② 康有为：《新学伪经考》，生活·读书·新知三联书店1998年版，第14页。

为文甚简，人人熟诵，诚不赖书本也。若专赖壁藏之简而后二十九篇得存，则《诗》、《春秋》未闻有壁藏之简，何以三百五篇之文，二百四十二年之事得全乎？若谓《诗》有韵语，讽诵易存，《书》文聱牙，非简不存，则《春秋》及二传岂有韵语乎？①

康氏此处力主伏生口授《尚书》，然而却与卫宏之说有本质不同。卫宏等认为《今文尚书》篇简散失，几近绝传，唯赖伏生记诵勉强得二十余篇；而康有为认为《尚书》本被人熟诵，伏生以《尚书》为专业，自然是能够完整无误地背诵下来，其所传二十八篇必然也是完整无缺、绝对可信的②。据此可见，康氏一再强调伏生口授《尚书》反而是为了突出《今文尚书》之可信度，与卫宏等根本不同。按照康有为的看法，伏生所传《今文尚书》既无散失，也无脱讹，那么《古文尚书》对《今文尚书》就没有什么优越性可言了。不但没有优越性，康氏甚至认为所谓《古文尚书》根本就是子虚乌有、凭空捏造的。

在《新学伪经考》中，康有为列举十条证据证明所谓孔安国得壁中古文之说为伪③，文繁不录。康有为所举诸证有很多确实是《古文尚书》发现与流传过程中的疑点，因而影响颇大，直到现在仍时时被提及④。康氏认为孔安国得《古文尚书》之说，与史实不符，与事理不符，与文献记载亦不符，必为伪说无疑。此一番议论无疑是要从根本上抹杀《古文尚书》的存

---

① 康有为：《新学伪经考》，第29—30页。
② 康有为认为伏生所得《尚书》只有二十八篇，他说："《隋志》之言曰：'至汉，唯济南伏生口传二十八篇，又河内女子得《泰誓》一篇献之。'曰'口传'，曰'二十八篇'，曰'河内女子得《泰誓》一篇'，其说出《论衡》。此必今学家之说，足以破壁藏流亡失数十篇之谬，并足破伏生得二十九篇之误矣"（氏著《新学伪经考》，第30页）。但是康有为所举证据其实都很成问题。《隋志》所言，实本《孔丛子》。《孔丛子》乃是伪书，本不足据。而康有为所据《论衡》也没有"二十八篇"之说，因此康说并不足信。至于他说后人窜改《史记》更是空口无凭。
③ 康有为：《新学伪经考》，第57—58页。
④ 如金德建说："康有为《新学伪经考》中最重要一点，便是怀疑鲁共王壁中书以及河间献王得古文旧书不可靠。康氏立说容有不少可斟酌，但这一点我想是确切的"（氏著《经今古文字考》，第450页）。

在。①至于作伪之人，康氏继承前辈观点，断为刘歆。②他认为西汉无得《古文尚书》之事③，所有古文经，包括《古文尚书》，皆刘歆伪作，而刘歆为弥缝其作伪之迹，故校书中秘时，于一切古书多所羼乱。④康氏的辨伪，按照他自己的说法，是以西汉之说尤其是《史记》为标准的，这似乎与我们的直观印象一致，但事实上康氏在考辨过程中并未严格依据他所标榜的西汉之说。⑤

康有为对孔壁《古文尚书》的彻底抹杀可以说是前有所承，而又后启来者。在康氏之前，廖平曾著《辟刘篇》（后修订为《古学考》），认为古文经典皆系刘歆等人所伪造，《史记》《汉书》等有关古文经之记载亦属刘歆窜入。按照大多数学者的看法，康氏《新学伪经考》显然是受到过廖平《辟刘篇》影响的。⑥而《新学伪经考》一出，马上就收获了一位忠实的信徒，那就是崔适。崔适在所著《史记探源》一书中对《古文尚书》的攻击同样是不遗余力，而《史记探源》正是受《新学伪经考》启发而作。⑦在书中崔适列六条证据，证明所谓孔安国得书献书及司马迁从孔安国问故、《史记》多古文说皆不属实。概括言之，这六条证据是：其一，《汉书》所云武帝末鲁恭王得古文事与恭王实际年代不合；其二，安国既得古文，不应迟至巫蛊之祸始献，且与早卒之说不合；其三，《史记》不言从孔安国

---

① 康有为云："夫'古学'所以得名者，以诸经之出于孔壁，写以古文也。夫孔壁既虚，古文亦赝，伪而已矣，何'古'之云"（氏著《新学伪经考》，第3页）。

② 康氏云："得魏氏源《诗古微》，刘氏逢禄《左氏春秋考证》，反复证勘，乃大悟刘歆之作伪"（氏著《新学伪经考》，第123页）。

③ 康氏以为所谓河间献王得古文书之说亦刘歆伪造。

④ 参见梁启超《清代学术概论》，朱维铮校注《梁启超论清学史二种》，第63—64页。

⑤ 可参看唐赤蓉、黄开国《评康有为考辨新学伪经的"采西汉之说"》，《重庆师范大学学报》（哲学社会科学版）2009年第4期。

⑥ 有关廖、康二人的学术纠纷，本书不拟作详尽的检讨，笔者是同意康氏曾受廖氏影响的说法的。可参见李耀仙《廖平经学思想述评——代序》，载李耀仙主编《廖平学术论著选集（一）》，巴蜀书社1989年版，第6—8页；汤志钧《近代经学与政治》，第188—189页；朱维铮《晚清学术史论》，上海古籍出版社1996年版，第219页。

⑦ 钱玄同曾说："崔君著《史记探源》……皆引申康氏之说，益加邃密"（氏著《重论经今古文学问题》，载《古史辨》第五册，上海古籍出版社1982年版，第24页）。有关崔适对《新学伪经考》的推崇亦可参见该文。

第二章 今文学派辑考今文、考辨古文

问故事,则其事不可信;其四,倪宽学出伏氏、孔氏,则孔安国之经当与今文同;其五,《尚书》古文说自贾逵始有之;其六,《史记》载古文说之言,当出马续。考崔适所举诸证大致仍不出康有为之樊篱,其有取于康氏至为明显。对《古文尚书》的攻击、质疑,到康、崔二人时可以说是发展到顶峰了,在他们看来,所谓《古文尚书》不过是一个彻头彻尾的骗局和谎言。这一观点无疑比前辈今文学家激进了很多,但其学术递变之痕迹仍不容抹杀,正如钱玄同所说:"康、崔二君之说固精,但实是集一百年来今文学者考辨之大成而更加以精密的修正者。"①

康有为、崔适二人怀疑《古文尚书》,还连带着将《书序》也推入不可信的境地。康氏说:"二十八篇即孔门足本,《书序》之目伪妄难信。"②崔适则说:"刘歆伪托孔安国所传,造古文十六篇,亦篇各为卷;又造《书序》百篇,合为一卷,与大小夏侯所传二十九卷杂书之。"③总之,康、崔二人认为,若以《今文尚书》二十八篇为备,则不能不断定百篇《书序》为伪,二者显然抵触,不可能都正确。早先的庄、刘、宋、魏等今文学家尊信《书序》,或是认为二十八篇乃残缺之余,或是曲为调和,如宋翔凤所说"孔子删存廿八篇之文,而存百篇之目于《序》,故汉代今文家以廿八篇《尚书》为备也"④。诚如宋氏所言,则《书序》与二十八篇为备之说并非截然对立、不可共存,与康、崔二氏所言有异。其实,不论信不信《书序》,诸位今文学者尊崇今文之意并无二致。

最后值得一提的是,早在明代梅鷟就已经怀疑孔安国所传孔壁所出的十六篇《古文尚书》是伪书了,他甚至认为根本没有孔壁得书这回事。梅鷟所著《尚书谱》有云:

> 若乃经值时恶,家被操切,畏难不敢藏,难定不知废(发),历高祖过鲁祀孔子时不言古文,惠帝除挟书令时不言古文,文帝求能

---

① 钱玄同:《左氏春秋考证书后》,载《古史辨》第五册,第5页。
② 康有为:《新学伪经考》,第324页。
③ 崔适:《史记探源》,中华书局1986年版,第11页。
④ 宋翔凤:《过庭录》卷十《逸经》,第179页。

治《尚书》时不言古文，虽景帝时亦无一人言孔氏有古文者。至孝武世延七八十年间圣孙名安国者，专治古文，造为伪书，自谓以今文读之，因以起其家，《泰誓》十六篇显行于世。然革成周之籀篆，友仓颉之科斗，诬厥先祖父以不从周之罪，此岂近于人情？且辞陋而诸所引悉不在，故伪败而书废。①

  吾意安国为人必也机警了悟，便习科斗文字，积累有日，取二十九篇之经，既以古文书之，又日夜造作《尚书》十余篇杂之经内，又裂出正经数篇以为伏生老耄之误合。②

梅鷟所论没有任何论据支撑，"实以臆断之，别无证"③。梅氏对孔壁古文的怀疑是因为辨东晋伪古文而发，当时的学者对于东晋古文、马郑古文、张霸古文、孔安国古文之间的区别还没有完全厘清，因此多有错误的理解。梅氏其实就是因为怀疑东晋古文而一股脑儿地将孔安国古文也打倒在地④，他同清代今文家为了突出今文经的优越性而质疑古文是完全不同的，而清代今文家对他的相关论述也完全没有采纳。

四　是求真求实还是门户之见

  上述这些《尚书》学者对《古文尚书》的质疑最能体现他们的今文家派色彩。伴随着今文经学运动的一步步深入，他们对《古文尚书》的质疑

---

① 梅鷟：《尚书谱序》，《北京图书馆古籍珍本丛刊》第一册，书目文献出版社1998年版，第405页。
② 梅鷟：《尚书谱》卷二《孔安国专治古文谱》，第422页。
③ 《四库全书总目》卷一三"经部·书类存目一"，第109页。
④ 对于孔壁古文十六篇，梅氏所著《尚书谱》认为是孔安国伪作，而其所著《尚书考异》则认为是张霸伪作，具体情况可参看姜广辉《梅鷟〈尚书考异〉考辨方法的检讨——兼谈考辨〈古文尚书〉的逻辑基点》，载《历史研究》2007年第5期。又蒋善国论《尚书考异》说："由于梅氏受唐代《尚书正义》的影响，把晋代出现的伪《古文尚书》和汉孔壁《古文尚书》混淆在一起，把伪孔传本《尚书》经文里面与孔壁《古文尚书》相同的十六篇认为就是汉代的孔壁《古文尚书》，所以他在揭发伪《古文尚书》的恒订摭拾的过程中，直接攻击了汉代真《古文尚书》"（氏著《尚书综述》，上海古籍出版社1988年版，第280页）。此说亦不确。梅氏在《尚书考异·序》中曾明确提出"先汉真孔安国之伪书"与"东晋假孔安国之伪书"的概念，可见他并没有混淆二者。

力度也是逐渐加强，由早先的怀疑《逸书》十六篇，到怀疑东汉《古文尚书》，再到怀疑孔壁得书说。发展到最后，所有有关《古文尚书》的记载在他们眼中全不可信。① 他们还一步步"坐实"刘歆作伪之罪，其胆量和"打击面"越来越大，相应地，他们的门户之见也越来越深。

这些《尚书》学者对《古文尚书》的质疑和抨击究竟是出于什么样的动机呢？在回答这个问题时，我们难免会联想到阎、惠等人对东晋伪古文的考辨。今文学者质疑《古文尚书》是不是承袭阎、惠等人辨伪的余绪呢？前文所引魏源之言有云："夫知东晋梅赜之伪，以返于马、郑古文本，此齐一变至鲁也；知马、郑古文说之臆造无师授，以返于伏生、欧阳、夏侯及孔安国问故之学，此鲁一变至道也。"据此可知，魏氏质疑东汉古文，自认为是由阎、惠等人更进一层的。他还认为之所以要更进一层，就是要拨弃迷雾，直探孔子之道，这就是王汎森先生所说的"尊孔卫道与疑古辨伪内在可能的关联"②。从去伪存真、求真求实这个出发点来说，今文学者同阎、惠等人确有相通之处，"求真"总是他们所一再标榜的，如阎若璩所说"何经何史何传，亦唯其真者而已"③，这一"求真"的口号或许是阎、惠等人留给今文学家最重要的遗产。正因为这层关系，就有人将今文学家与阎若璩等捆绑起来一起评头论足，如梁启超就说："自阎若璩攻《伪古文尚书》得胜，渐开学者疑经之风。于是刘逢禄大疑《春秋左氏传》，魏源大疑《诗毛氏传》。若《周官》，则宋以来固多疑之矣。康有为乃综集诸家说，严画今古文分野，谓凡东汉晚出之古文经传，皆刘歆所伪造。"④ 甚至还有学者梳理《尚书》学自身的发展脉络后，认为这种今古文真伪之争恰恰是源于阎、惠，如中国台湾学者黄彰健说：

---

① 龚自珍还曾专门撰文驳斥中古文之说，他列举十二证来证明中古文之说不可信，他说："中古文亦张霸百两之流亚，成帝不知而误收之；或即刘歆所自序之言如此，托于其父，并无此事"（氏著《说中古文》，《龚自珍全集》，第125—126页）。

② 王汎森：《古史辨运动的兴起》，第63页。

③ 阎若璩撰，黄怀信、吕翊欣校点：《尚书古文疏证》，第58页。

④ 梁启超《清代学术概论》，朱维铮校注《梁启超论清学史二种》，第5页。晚清专为伪古文辩护的张谐之也曾说："夫阎百诗之《书疏证》既不难诋程朱，而惠定宇之《易微言》即不惮叛孔孟，吾道日非，至康有为出，直谓圣人之六经皆刘歆之伪书，而阎百诗毁经侮圣之祸于斯为烈"（张谐之：《尚书古文辨惑》卷二二，《四库未收书辑刊》第三辑第5册，第555页）。

149

在阎若璩著《尚书古文疏证》、惠栋著《古文尚书考》，证明东晋梅赜所献《尚书孔安国传》及孔传本所增古文《尚书》二十五篇系伪作以后，清乾隆朝的学者治《尚书》，遂据裴骃《史记集解》、陆德明《经典释文》及孔颖达《尚书正义》等书，钩稽东汉马融、郑玄所作《尚书注》，并据两汉三国时人著作引用《尚书》处，推测《尚书》文句，真古文《尚书》作某，今文作某，并分辨哪些是汉代古文《尚书》经师的解说，那些是今文《尚书》的解说。既分辨《尚书》今古文及其经说，则对他经亦应如此。于是学者于研究东汉古文经学经师经说后，溯源而上，进窥西汉今文经师经说，遂重新检讨今古文经学争执旧案，引起清末民初今、古文学派的争执。①

按照他的看法，由于梅赜本《古文尚书》不可信，学者们只能去搜讨早已散佚的汉代《尚书》的文句与解说，在这个过程中他们开始关注汉代《尚书》的今文、古文之分，而这种对今古文之分的重视和关注也直接引发了清代今文学的兴起以及今、古文学派的对立。

不过，这批今文学者与阎、惠等人肯定不能并为一谈。他们质疑《古文尚书》并非完全像自己标榜的那样是出于求真的目的，他们其实是预先有一个宗主在心里的，那就是凸显《今文尚书》的优越性和可信度。他们强调《今文尚书》二十八篇为备，于是就说《逸书》十六篇靠不住；他们强调西汉《尚书》今文说最可信赖，于是就说东汉马、郑古文说无师承，多出于臆造。总而言之，他们的辨伪工作是以维护《今文尚书》二十八篇大经大法地位为出发点的，这一点可以征诸康有为之言："《尚书》二十八篇，为孔子删定大法，一乱于《太誓》，再乱于张霸，三乱于刘歆，四乱于王肃。然张、王之伪，人皆知之，《太誓》后得，人亦知之。若刘歆伪古文，二千年无人知之者。"② 这种理念是今文学家与阎、惠等人最根本的不同。至于辨伪方法上的不同，如阎、惠等注重文献、地理、历法等证

---

① 黄彰健：《经今古文学问题新论》，台北"中央"研究院历史语言研究所1992年版，第1页。
② 康有为：《新学伪经考》，第323页。

第二章 今文学派辑考今文、考辨古文

据，而今文学者多以"事理"辨伪①，其实也是这种理念上的不同导致的。②

汉代《古文尚书》与东晋伪古文不同，一方面，汉代《古文尚书》早已不存；另一方面，汉代《古文尚书》也没有东晋伪古文那么多明显的可疑之处，因此清代今文学家费尽心机地质疑汉代《古文尚书》，更多的应该是出于门户之见，所以笔者说这一点最能体现他们的今文家派色彩。我们可以借此机会进一步探讨清代今文经学的门户之见在《尚书》学上的体现。

只要我们对清代学术略有知晓，就会对今文家的门户之见有一个直观的印象。他们极力贬低古文经、抬高今文经，甚至为此而罔顾史实、恶语相加。其实，这一现象亦不难理解。今文经学、古文经学本是一对相反相成的概念，唯其对立，唯其有区别，这对概念才有存在的意义。清代今文经学之名的成立，必有一个与其相对立的清代古文经学的存在。因此，清代今文学家既以今文经学自重，就必须与古文经学划清界限。清代今文学家，除庄存与外，都对古文经典有不同程度的贬低，而随着今文经学自身的发展，今文学家的门户之见也是越来越深，在《尚书》学方面自然也是如此。我们可以魏源为例来说明清代今文学家在《尚书》学上的门户之见。魏氏不但对汉代《古文尚书》学予以贬低，这一点已在上文有所交待，而且对清代《尚书》学之异于今文者亦深致不满。魏源《书古微序》云："近世治《尚书》者，江声、王鸣盛多祖马、郑，孙星衍持平于西汉今古文，而段玉裁则凡史迁本之异于马、郑者，皆挤为今文说，专以东汉乡壁虚造之古文为真古文，且谓今文之说皆不如古文，而伏生、欧阳、夏

---

① 刘师培评价庄、刘等人有云："其说颇返于怀疑，然运之于虚而不能证之以实，或言之成理而不能持之有故"（氏著《左庵外集·近代汉学变迁论》，载《刘申叔遗书》，江苏古籍出版社1997年版，第1541页）。

② 有学者认为，常州先贤杨椿对孔壁《古文尚书》的怀疑无意中为常州今文学派提供了支持，甚至"不经意间播撒下了今文经复活的种子"（见艾尔曼《经学、政治和宗族——中华帝国晚期常州今文学派研究》，江苏人民出版社1998年版，第88—90页；杨旭辉《清代经学与文学——以常州文人群体为典范的研究》，凤凰出版社2006年版，第289—290页）。此说恐怕仅属猜测，杨椿只是认为"《古文尚书》本孔氏家所有，非出于壁中"（氏著《孟邻堂文钞》卷六《孔书非壁藏辨》，《续修四库全书》第1423册，第81页），他并不怀疑孔氏《古文尚书》的真实性及学术价值，也没有证据表明庄、刘等人曾受到过他的影响。

侯、孔安国之微言大义几熄灭于天下。"魏源认为，江声、王鸣盛、段玉裁皆主东汉古文，所治皆《尚书》古文学，于三家今文之学危害甚大。虽然现在看来，江、王、段等人是不是古文家还值得商榷①，但至少就魏源自身而言，他以今文学原则治《尚书》学，是自觉地为自己树立了一个对立面的。

　　清代《尚书》学的今古文对立还可以从章太炎、刘师培等古文家对今文学者的批判中看出来。章太炎批评皮锡瑞之《尚书》学有云："近皮锡瑞所著，采陈氏（陈寿祺）甚多。陈氏并无古今是否之论，其意在网罗散失而已。皮氏则以为今文皆是，古文皆非。其最荒唐者，《史记》明引《汤诰》，太史公亦明言'年十岁，诵古文'，而皮氏以为此所谓古文，乃汉以前之书，非古文《尚书》也，此诚不知而妄作矣。"②按章氏认为陈寿祺无古今是否之论，似可商，此处姑勿论。章氏对于皮锡瑞之《尚书》学最不满意的地方，在于皮氏以为今文皆是、古文皆非。皮氏以今文学原则治《尚书》学，于今古文差异处自然一概遵从今文，其所著《书经通论》之条目有云"二十九篇之古文说亦参差不合，多不可据"，"古文《尚书》说误以《周官》解唐虞之制"，"古文《尚书》说变易今文，乱唐虞三代之事实"，"庸生所传已有脱漏，足见古文不如今文"。身为古文家的章太炎目睹此类话语自然是怒火难平。又如刘师培曾著《汉代古文学辨诬》，此文之所以作，即因"近人创伪经之说，扶今文而抑古文，于汉代古文之经均视为刘歆之伪作"，刘氏对此深为不满，故著文加以反驳。观此可以知清末《尚书》今古文学两派相争之激烈。

　　值得一提的是，虽然《尚书》今古文学如此对立，但大多数今文学家却刻意标榜自己并无门户之见，如刘逢禄云："稽古求是而门户不除，亦

---

① 钱玄同曾说："从郑玄以后至章君（章太炎）以前，没有一个古文家，或目郑学者与惠、戴、段、王诸氏为古文家，则大误"（氏著《重论经今古文学问题》，载《古史辨》第五册，第98页）。但也有学者认为："乾嘉师儒诵法许、郑，以训诂名物为治经途术，弗尚墨守，弗标流别，于东汉古文之学为近"（邵瑞彭：《重刊皮氏驳五经异义疏证序》，载皮锡瑞著《驳五经异义疏证》卷首，《续修四库全书》第171册，第139页）。

② 章太炎：《经学略说》，洪治纲主编《章太炎经典文存》，上海大学出版社2003年版，第60页。

通人之弊也。"①刘氏所著《尚书今古文集解》亦以"祛门户"为凡例之一。魏源也曾偶尔提到："西汉今文，千得岂无一失；东汉古文，千失岂无一得？并行不悖也。"②皮锡瑞也屡次说："学求心得，勿争门户；若分门户，必起诉争"③，"解经当实事求是，不当党同妒真"④。他们推重《今文尚书》，是因为他们认为《今文尚书》更能得圣人真意；他们怀疑《古文尚书》，在他们自己看来，也是科学的"辨伪"，因此他们并不认为自己有门户之见。应该说他们内心或许确实有消弭门户之见、追求学术真义的想法，但在涉及今古文问题时，他们却总是不自觉地偏向今文，例如魏源著《书古微》时"凡是遇到东汉古文说法有别于西汉今古文之说者，默深便好像回答是非题一般，合于西汉者是，异于西汉者非"⑤。这种态度说明今文学家在实际的《尚书》学研究中很难做到真正的客观，他们的所作所为实际上大大助长了今古文门户的对立。

经过庄、刘、宋、魏、康、皮等人的这一番辨伪工作，《古文尚书》受到了打击，今文经学在《尚书》学领域扩大了影响，但无疑也引发了一场旷日持久的争论。

对于庄、刘等人这些措辞激烈、大胆新奇的言论，很多学者是不以为然的，有些学者，如孙诒让等，甚至不屑于与他们辩论。⑥他们在自己的《尚书》学著作中继续为《逸书》十六篇之散亡而叹息，继续为发扬马、郑古文之学而努力。当然，也有一部分学者对今文家之说明确提出了反驳，例如简朝亮云：

---

① 刘逢禄：《书序述闻》，载王先谦编《清经解续编》卷三二一，第2册，第318页。
② 魏源：《书古微》，《魏源全集》第2册，第302页。
③ 皮锡瑞：《经学历史》，第228页。
④ 皮锡瑞撰，盛冬铃、陈抗点校：《今文尚书考证·凡例》，第6页。
⑤ 贺广如：《魏默深思想探究》，第195页。
⑥ 章太炎《瑞安孙先生伤辞》云："会南海康有为作《新学伪经考》，诋古文为刘歆伪书。炳麟素治《左氏春秋》，闻先生（孙诒让）治《周官》，皆刘氏学，驳《伪经考》数十事，未就，请于先生。先生曰：'是当哗世三数年，荀卿有言："狂生者不胥时而落。"安用辩难？其以自熏劳也'"（氏著《太炎文录初编·文录》卷二，载《章太炎全集》第四册，上海人民出版社1982年版，第224页）。但《新学伪经考》并没有像孙氏预期的那样，三数年即销声匿迹，而是影响于近代学术甚巨。

夫《毕命》今古文皆无之也,《汉志》得引之者,殆孔氏壁本之残而不能成篇者也。《大传》引《九共》及《帝告》文,亦伏生壁本之残也。今《大传》无引《毕命》文,其出于孔氏者欤？此《史记》录《汤征》之例也。或曰《书》亡篇之逸文见于他说者也。其疑刘歆之伪者非也。①

按,简氏不信晚出古文,其《尚书集注述疏》即专释今文二十九篇,但并不怀疑孔壁出书之事。②具体到上面这段话,简氏对"刘歆伪造《毕命》"说做出了驳斥。此说之主人,简氏没有点明。其实此人必是宋翔凤无疑。宋氏《汉学今文古文考》云："古文诸经,俱藏中秘,博士多未见,绝无师传。歆既典校,因任意改易,如《三统术》所引《伊训》《毕命》《丰刑》之辞,及左氏'日南至'之事,皆改窜以就其术。又改易《鲁史家》之年,与《史记》不合,亦以其无师传也。汉世以伪乱真,无过于歆。"③宋氏以今文为备,对《逸书》十六篇尚且不信,更何况毫无佐证之《毕命》《丰刑》,故皆归之于刘歆所伪窜。简朝亮因对孔壁《古文尚书》抱有坚定的信仰,所以对宋氏之说概不信从。他认为诸如《毕命》之类残章剩篇其实也是《尚书》的组成部分,也自有其来源,绝非刘歆凭空捏造出来的。

又如朱一新批评康有为之《新学伪经考》有云：

当史公时,儒术始兴,其言阔略,《河间传》不言献书,《鲁共传》不言坏壁,正与《楚元传》不言受《诗》浮邱伯一例。若《史记》言古文者皆为刘歆所窜,则此二传乃作伪之本,歆当弥缝之不暇,岂肯留此罅隙以待后人之攻？足下谓歆伪《周官》,伪《左传》,伪《毛诗》、《尔雅》,互相证明,并点窜《史记》以就己说,

---

① 简朝亮：《尚书集注述疏》卷三十,《续修四库全书》第52册,第644—645页
② 该书《自序》云："《尚书》古文梅本,其为今文所有,而取诸马、郑古文本者二十八篇,其窜之者甚微,今幸犹有所据,皆复其始。"
③ 宋翔凤：《朴学斋文录》卷三《汉学今文古文考》,《续修四库全书》第1504册,第363页。

第二章　今文学派辑考今文、考辨古文

则歆之于古文为计固甚密矣,何于此独疏之甚乎? 史公《自叙》"年十岁则诵古文",《儒林传》有《古文尚书》,其它涉古文者尚夥,足下悉以为歆之窜乱。夫同一书也,合己说者则取之,不合者则伪之! ……班史谓迁书载《尧典》、《禹贡》、《洪范》、《微子》、《金縢》诸篇多古文说,今按之诚然,足下将以此亦歆所窜乱乎? 歆果如此,曷不并窜《河间》、《鲁共》二传,以泯其迹乎?①

按,朱氏此文收入苏舆编辑的《翼教丛编》中,该书中诸如此类反驳康有为处所在多有。朱氏对康有为所谓《史记》曾经刘歆窜改之说甚为不满,他认为此说与事理全不相符、矛盾丛生。细绎朱氏所言,确有其合理之处,但单凭事理议论,似乎难以服康氏之心。欲明双方之是非,欲辨《古文尚书》之真伪,尚需凭客观实据说话。

刘师培曾撰《汉代古文学辨诬》,驳康有为《新学伪经考》,并溯源而上,驳刘逢禄,驳宋翔凤,驳龚、魏。所言皆重实据,不发空论,例如他驳宋翔凤"《尚书》二十八篇帝王之事已备"之说云:

佚《书》之文关于帝王之事者,不知凡几,试观"念兹在兹""允出兹在兹",非《虞书》之佚文乎? 而孔子两引其文(《左传》襄公十三年及哀公六年)。"惟彼陶唐"一节,非《夏书》之佚文乎? 而孔子亟称其语(《左传·哀公六年》)。而尧舜执中之训,商王告天之词,均《尚书》之佚文也,而载于《论语》。推之《荀子》引《禹谟》,《孟子》引《泰誓》,则二十八篇之外多儒家所取,不得谓孔子删《书》时以帝王之事具备于二十八篇之中也。②

按,宋氏所谓"《尚书》二十八篇帝王之事已备"之说是他怀疑《逸书》十六篇的大前提,刘师培对此说进行反驳,无疑从根本上动摇了宋氏对《逸书》十六篇的攻击。刘氏举例说明佚《书》之文也有很多与帝王之事

---

① 朱一新:《佩弦斋诗文存》卷上《答康长孺书》,《续修四库全书》第1504册,第363页。
② 刘师培:《左庵外集》卷四《汉代古文学辨诬》,载《刘申叔遗书》,第1384页。

密切相关，并被孔、孟、荀等重视，宋翔凤如何能说《尚书》二十八篇帝王之事已备呢？这种反驳就远比那种单以情理论事者更具说服力。

近代以来，虽然由于疑古精神深入人心，仍有一部分学者信奉清代今文家的观点，但更多的学者越来越认识到他们学说的疏漏和穿凿。钱穆于1930年发表的《刘向歆父子年谱》以无可置疑的证据反驳了刘歆伪造古文经之说。就《古文尚书》而论，清代今文家将其彻底抹杀的做法也逐渐被证明是不符合史实的。康有为在《新学伪经考》中列举十证证明孔壁得书说为伪，但符定一则在《新学伪经考驳谊》中给予了逐条反驳[①]，证明了孔壁古文的真实性，其论证显然比康氏要严密得多。针对魏源质疑东汉《古文尚书》的五条证据，也有学者进行了逐条反驳，证明其说之不合理。[②]今日回头来看，清代今文学者对《古文尚书》的质疑多是出于门户之见，其所论断不乏牵强附会、任意诬蔑之处，但作为一个学术课题，却自有其存在的理由和价值。笔者对此进行考察，是要从宏观上把握此一现象之起源演进，以期对清代《尚书》学领域的今文家派色彩有更直观、深刻的认识。

[①] 符定一：《新学伪经考驳谊》，上海商务印书馆1937年版，第13—16页。
[②] 参见孙钦善《中国古文献学史》，中华书局1994年版，第1154—1155页。

第三章　理学复兴与《尚书》学

晚清理学的复兴已是学界所熟知的学术现象，由于名卿钜公之提倡，更由于世运时风之转变，宋明理学家所喜谈的性理诸说又重新流行开来，读两宋人之书也再次成为风尚。这一风气对经典研究的影响还是十分显著的，就《尚书》学而论，一批学者或舍江、王、段、孙诸汉学家之书而专研蔡传，或循宋儒路径而讲求经世致用，或以诸理学术语阐释《尚书》[①]，亦蔚然成风。

第一节　订补蔡传之作

一　傅斯年图书馆藏《书经集传异同商》

台湾"中央"研究院傅斯年图书馆藏有一部《书经集传异同商》，未见其他馆藏，可谓孤本，弥足珍贵。据考证，此书为稿本，成书时间应为

[①] 有当代学者提出："汉唐尚书学在今、古文之争渐归《伪古文尚书》的背景下大体属于随文释义之学，至宋代才真正走上帝王经世的轨道。拙见以为，这一时期的尚书学以'二帝三王之道'为中心，其主流有义理经世派和道统心传派，王安石父子《尚书新义》和蔡沈《书集传》是各自的代表作。义理经世派尚书学，视《尚书》为二帝三王法度之书、帝王致治之书。……道统心传派尚书学，在义理经世的基础上视《尚书》为尧、舜、禹、汤、文、武、周公传心之书"（吴国武：《概说宋代经学的发展脉络、基本面貌和学术特色》，《北京大学中国古文献研究中心集刊》第十三辑，北京大学出版社 2014 年版，第 44 页）。吴氏将宋代《尚书》学区分为"义理经世派"和"道统心传派"，确可于其各自经解中得到佐证，验之以晚清宋学家之《尚书》学，亦大致吻合。

同治、光绪间。[①]不过，由于此书未署名，因此诸家目录皆著录为无名氏或佚名。或怀疑此书为郭嵩焘所著，但笔者以为此说亦有待商榷。至于此书之内容及学术价值，向来留心者甚少。笔者既得见之，故亦予以探究，俾晚清《尚书》学史得此而更趋完整。

（一）关于作者的推测

关于此书作者，《续修四库全书总目提要》说："或云湘阴郭嵩焘著。……窃观此编兼采汉宋，无所偏倚，与嵩焘所著《礼记质疑》宗旨相近，殆真出郭手与？"[②] 此说可谓对作者问题的唯一回答，但仅为猜测之词，证据不足，毕竟晚清兼采汉宋的经师不胜枚举，绝非郭氏一人。笔者取郭嵩焘所著书与此书比对，发现对同一问题的解释往往存在歧异之处，因而对此说产生了怀疑，试举三例如下。

其一，《皋陶谟》"愿而恭"一句，此书引用刘敞《七经小传》"恭当为荼，字误也。荼者，舒也"，作者并加按语说："《玉藻》'诸侯黜前荼后'[③]，荼读舒。《诗》'荆舒是惩'，《汉书》作'荆荼'。神荼读为中（笔者按，当为'申'字之误）舒。"[④] 认为"恭"当作"荼"，并引三例证明应释之为"舒"。反观郭嵩焘的解释则是："恭者，礼之著，愿而济之以恭，盖文质相宣之义。注家但以谨愿恭恪释之，殊未分晓。"[⑤] 可见郭氏仍按"恭"字来解释，并不认为是"荼"字之误，也未释为"舒"义。

其二，《金縢》"未可以戚我先王"条，此书曰："疾（笔者按，当为"戚"字之误），忧也，未可忧怖我先王也"（卷四）。乃是采用郑玄之说。但郭嵩焘则说："'戚我先王'，当依孔传。戚，近也。支子不祭，入

[①] 傅斯年图书馆善本书志编纂小组：《"中央"研究院历史语言研究所傅斯年图书馆善本书志·经部》，台北"中央"研究院历史语言研究所2013年版，第51页。
[②] 中国科学院图书馆整理：《续修四库全书总目提要·经部》，第259—260页。
[③] 按，此处当为"诸侯荼前诎后"，字之讹也。因此书为稿本，故错别字较多。
[④] 无名氏：《书经集传异同商》卷一，稿本。下引此书只随文注明卷帙，不再出注。
[⑤] 郭嵩焘：《尚书疑义——答曾业民太守问》"愿而恭"条，《郭嵩焘全集》第二册，岳麓书社2012年版，第557页。

庙而戚近先王,所不安也。"① 二者一宗郑玄,一宗孔传,释义不同。

其三,对于《尧典》"禋于六宗"的理解,此书先引杨复、王鸣盛、裴骃诸人之说,最后则引司马彪《后汉书·礼仪志》:"天宗,日月星辰寒暑之属也;地宗,社稷五祀之属也;四方之宗者,四时五帝之属也。如此则群神咸秩而无废,百礼遍修而不渎,于理为通。"(卷一)虽然作者并未以按语的形式明确表明自己的意见,但从行文来看,当是取司马彪之说。郭嵩焘有《释六宗》一文,其中说:"禋祀者,日月星辰之附丽于天者也,羲和治历,首明中星,以定四时成岁,举鸟火虚昴与日月并尊,由始治历时测日长短,与中星相应,准此以为民极,故谓之六宗。"② 又郭氏《礼记质疑》也说:"六宗自为日月星辰,而以鸟火虚昴四中星分主四时。"③ 据此可知郭氏释"六宗",乃依据《尧典》文本,以日、月及鸟、火、虚、昴四星当之。此说为前人所未有,故郭氏颇得意,云:"其义历数千年,诸儒无能辨者,斯亦可谓习焉不察者矣。"④

由此可见,在经说上此书与郭嵩焘所著书之间存在着明显的差异,而郭嵩焘在《尚书疑义》中曾着力考辨的"月正元日""沮入于渭""导山""盘庚新邑""父师少师"等等诸条,此书皆未涉及,这也显得不合常理。若深入考察还会发现其他方面的不同。如此书大量称引金履祥之说,可见其重视程度。但郭嵩焘则对金履祥颇有微词,他说:"孙氏《尚书集解》多采仁山金氏之说。金氏《尚书表注》窜改经文,以就己意,往往有之。孙氏因附会及之耳。"⑤ 另外,对于伪古文这一《尚书》学的重要问题,此书与郭氏的看法亦有差别。此书虽全解梅赜本《古文尚书》五十八篇,但力辨《伊训》《咸有一德》《泰誓》《君陈》等篇及《舜典》篇首二十八字之伪。郭嵩焘则对考辨伪古文持有保留态度。⑥

---

① 郭嵩焘:《尚书疑义——答曾业民太守问》"金縢疑义"条,第582页。
② 郭嵩焘:《养知书屋文集》卷一《释六宗》,《续修四库全书》第1547册,第133页。
③ 郭嵩焘:《礼记质疑》卷二十三《祭法》,《续修四库全书》第106册,第502页。
④ 郭嵩焘:《养知书屋文集》卷一《释六宗》,第134页。
⑤ 郭嵩焘:《养知书屋文集》卷一《鸿范朝鲜本增多五十二字辨》,第134页。
⑥ 参见郭嵩焘《尚书疑义——答曾业民太守问》"《大禹谟》文义最精,今通以为伪书"条,第553—557页。

虽然上述这些差异可以作者学术的前后转变来解释，但是在现今没有一条有力的证据证明郭氏曾作此书的情况下，我们更应该去寻求另一种解释。笔者翻检史料，发现此书的作者更有可能是黄鹤。

黄鹤，字伯声，一字汉皋，湖南新化县人。据同治《新化县志》记载，黄氏为道光五年（1825）拔贡。其生卒年虽不详，但完全有可能在同治年间尚存于世，与此书写作年代并不冲突。黄氏今有《四书异同商》一书流传于世，又"《五经》皆有《异同商》，书成未梓"[1]。可见黄氏十分喜欢以"异同商"来名书，且于《五经》皆已写成，只是未曾刊印。《书经集传异同商》既为稿本，书名又符合，其为黄氏所著，其证一也。

郭嵩焘《日记》曾记载："王逸吾、刘牧村、黄镜亭过谈。镜亭为黄汉皋之子，并携到黄汉皋《尚书集传异同商》、《春秋传说辨正》二种。"[2]此处提到的《尚书集传异同商》理应就是《书经集传异同商》，郭氏明言该书为黄鹤所撰，清晰明白，足以服人，其证二也。值得一提的是，黄鹤之子将此书献于郭氏，或求指正，或求刊印，不得而知，但此书或就此留置郭府，后人以此书为郭氏所作，很可能即因其出于郭府。

《书经集传异同商》与黄鹤传世之《四书异同商》体例完全一致，其证三也。二书均以采择前人之说为主，如有异说，则标以"存异"；如有疑问，则标以"存疑"，但亦不甚严格，间或以"按""愚按"的形式表明己见。[3]

《书经集传异同商》与《四书异同商》均喜引"御案"[4]，可谓黄鹤著作的一大特色，其证四也。所谓"御案"，即清代钦定诸义疏。引用钦定义疏自属常见，但冠以"御案"之名则实不多见。

---

[1] 同治《新化县志》卷二十三《人物志六·儒宿二》，《中国方志丛书》"华中地方"第319号，成文出版社1975年版，第1714页。

[2] 郭嵩焘：《日记》"光绪八年七月初九日"条，《郭嵩焘全集》第十一册，第501页。

[3] 苏上瑛总结此书体例云："体裁则一宗钦定三礼义例。其诠释之当，适合经旨者，列诸首条以为正义焉；其字义不同，可备参考者，则附之存异；其旧说未安，急宜驳正者，则始以存疑，继以辨正。分别又何精也！"（苏上瑛：《四书异同商叙》，载黄鹤《四书异同商》卷首，光绪壬寅湖南书局刻本，第一册，第1页a）。

[4] 如《四书异同商》之《上论异同商》第四册，第97页a、第133页b、第149页a。

根据上述四条证据，笔者以为《书经集传异同商》之作者为黄鹤，当无太大问题。更有可得而论者，《四库未收书辑刊》收录《周易异同商》一书，其作者被定为郭嵩焘，而《郭嵩焘全集》也将该书收录其中。然该书与郭氏《周易内传笺》歧异颇多①，却与《书经集传异同商》十分类似，因此其作者也更有可能是黄鹤。如笔者所论不误，则黄鹤虽仄居乡间，不为人所知，但有此三书传世，其学术成绩亦应重视。

（二）此书之学术价值与不足

此书以"书经集传异同商"命名，分卷亦与蔡沈《书集传》（蔡沈《书集传》以下简称"蔡传"）相同，似乎是专为商榷蔡传而作，但很多时候却又不引蔡传，不知何故。此书于每篇之中，择其有疑问之词句加以阐释，并不逐字逐句予以讨论，亦不全录经文。不论是为了商榷蔡传，抑或是为了阐释经文，此书主要的方式是广引众说。因此本书的价值之一就在于网罗宏富，自汉唐以迄明清诸儒，皆在采择之列。粗略统计，不下百余家，除引郑玄、朱熹、阎若璩、王鸣盛等声名显赫者之外，董铢、周章成、万希槐等不甚被人重视者亦在称引之列，由此可见作者用功之勤、见识之广。而读者得此一编，获览百余家之说，便利殊甚。

在称引前人之说的同时，作者本人有时也会发表看法，这其中的一些新见也值得我们重视。如《君奭》"有殷嗣，天灭威"条下，此书云："旧谓纣为殷嗣，今考本文上下义旨不合。灭，犹蔑也，谓无所用之也。盖言'平格'者，著保乂之功，故有殷得以继天为君，而天不降以刑威也"（卷五）。作者认为，蔡传将"殷嗣"解释为纣王，然上下文都是称颂之词，显然矛盾，因此认为"灭"不当依字面的意思训为灭亡，而当训为无所用之。按作者此说亦不无道理。《国语·周语》韦昭注云："蔑，犹灭也。"《大雅·板》毛传云："蔑，无。"可见"灭"训为"无"是有依据的。虽然我们并不确定此说一定符合《君奭》的经文原意，但毕竟有理有据，自

---

① 如乾卦九三，《周易异同商》作"君子以终日乾乾，夕惕若夤"（见《郭嵩焘全集》第二册，第34页）。《周易内传笺》则作"君子以终日乾乾，夕惕若，厉无咎"（见《郭嵩焘全集》第一册，第8页）。

成一家之言。

又如此书论周公"居东"之事云:"人皆知周公东征,而不知二公亦东征。成王元年,管蔡流言,秋,公出东,武庚入于卫。二年,王师临卫攻殷,殷大震溃,武庚入于邶,管叔自经卒,秋,王迎公归。则是公未归之先,王师已攻殷矣。其攻殷之师非二公帅之而谁哉"(卷四)。这是认为周公为避流言而居东,在此期间,太公、召公曾率军东征管、蔡,与之后周公"践奄"的亲自东征并非一事。按,关于周公"居东"的解释,后世众说纷纭,此书所言,则提供了一个新的理解角度。

至于黄氏对《尚书》中义理的阐发,亦时见新意。如论《大禹谟》"人心惟危"四句云:

> 程子曰:"人心惟危,人欲也;道心惟危(当为微),天理也。"是说也,朱子《中庸序》观心说、蔡氏章句皆本之。按如此解一与孟子言心之旨不合,一与大舜传位之意不切。心之所同然者,谓理也义也,故孟子言心以恻隐、辞让、羞恶、是非八者为主。尽心则知性知天,存心则养性事天,未有以人欲言者。……古字人与民通,故孔疏以民言,宣公以人言。夫亿兆之心去就无常,至危者也,故必有以绥定之,斯危者可庇于安焉。二帝三王之治本于道,二帝三王之道本于心,故大舜以道心言。夫道德之旨渊奥无尽,至微者也,故必有以阐发之,斯微者可底于明。将欲明道,必先精心,精则明,所谓致知在格物也(卷一)。

对于程朱以人欲、天理释人心、道心,黄鹤并不认同,而是解释为民心、道德,其依据则是孟子言心未尝涉及人欲。不过此说亦可商榷,孟子所言乃是人之本心,日后为人欲所遮蔽难道并无可能?另外,黄鹤在《四书异同商》中也曾论及《秦誓》,涉及对孔子删《书》之深意的看法,其言曰:

> 夫子删《书》,以《秦誓》终篇。谓夫子知秦必继周者,固妄。先儒以为悔过,似矣。但败殽之后又有彭衙诸役,自食其言,何悔之

有？然则夫子以之终篇何也？曰：《秦誓》一篇大约是谨用舍之意。询黄发、远谄言，则与夫子平日远佞视贤之意相合；用有容、屏媢嫉，则与夫子举直错枉之意相符。平天下莫大于用人，……夫子以此继帝书王言之后，盖欲有天下国家者于休休之人信任之，冒疾之人放流之，而谨于用舍也。其旨深矣，故《大学》终篇亦有取焉。①

夫子删《书》，终以《秦誓》，在黄鹤看来，其中必有深意，但前人所言多未得之。按照他的看法，应该是孔子希望治国者学习其中重贤人、远佞人之道。此说颇新颖，可见作者之善于思考。

此书之价值已如上述，然其不足亦十分明显。概括言之，一则剪裁失当，一则擅改经文。

此书称引众说，自当肯定，然而在称引过程中不加删削，动则数百上千言，甚至照录全文②，致使枝蔓太多，类于长编，诚非著作之体。至于擅改经文，则主要集中在《周诰》诸篇，如此书论《康诰》云："子贡讥哀公称'予一人'非名也，若周公诰康叔，岂宜称'予一人'乎？则以'王曰外事'十一节为武王诰康叔司寇之词，'孟侯'以下为周公代成王诰康叔封卫之词，分作两篇，较为妥当"（卷四）。这是将《康诰》横割为二，认为后半篇有"予一人"的自称，不应出自周公之口。诚如此说，则前半篇之"王若曰：孟侯"又该如何解释？因此，此说殊显牵强。

此书认为《梓材》与《洛诰》存在严重的错简问题，并按照自己的理解进行了重新排比：

此篇（按，指《梓材》）前三节，周公命侯、甸、男、邦伯之词。"若稽田"以下，则周公告成王之词也。"若稽田"一节，宜在《洛诰》"公曰：女维冲子"之下。"皇天既付中国民"三节，宜在《洛诰》"彼裕我民，无远用戾"之下。"庶邦丕享"宜接以《洛诰》"汝其敬识百辟享"一节。盖"惟其陈修"三段，正说父作而子终之

---

① 黄鹤：《四书异同商》之《学庸异同商》，光绪壬寅湖南书局刻本，第一册，第39页a。
② 如卷六抄录汪中《居丧释服解义》、黄中坚《肉刑辨白》。

之事;"女其敬识百辟享"正说"庶邦丕享"之事;"和怿先后迷民"正说"彼裕我民"之事,词意相贯,不知后人何以错乱也(卷四)。①

按,《梓材》前后文意不相贯通,蔡传疑其"得于简编断烂之中"②。此书以"若稽田"为界,将《梓材》分为前后两段,尚有些道理,但将此篇拆散,安插进《洛诰》则自信太过,失于武断。除此之外,此书对《洛诰》还有新的"发明",即认为《洛诰》不应只是一篇,而应有上、中、下三篇。具体的分配是:以《多士》为上篇,《康诰》篇首四十八字加《梓材》前三节为中篇,传世《洛诰》加前述《梓材》错简为下篇。此举不但颠倒经文次序,并其篇名亦予改换,更属牵强。

这种擅改经文的轻率之风实承袭宋儒而来,尤其受金履祥、陈栎、蔡沈等《尚书》学者影响较大。此书称引前人之说,虽然汉宋兼采,但其中宋学家的比重要更大一些。由此亦可见,此书在学术宗尚方面仍然是较为偏向宋学。然晚清宗宋学者如戴钧衡、方宗诚等人,治《尚书》已基本不再沾染改经恶习,此书却仍沿而不改,亦可谓特例。因此,此书对于我们考察宋儒《尚书》学在晚清的影响具有重要意义。

二 戴钧衡之《书传补商》

清代的桐城以文学、理学享誉当时,但以经学名世者并不多见,尤其在《尚书》学领域人才寥落,方苞、姚鼐及"姚门四弟子"等人都没有这一方面的专著。直到方宗诚、戴钧衡这一辈时,才开始重视《尚书》,并有解经之作问世。方、戴二人过从甚密,友情深厚,于《尚书》分别著有《书传补义》《书传补商》。《书传补义》以泛论大义为主,失之空洞。相较而言,戴氏的《书传补商》则更为平实,成就更高,作为《尚书》学大家的顾颉刚先生曾称赞说:"此书之作,实用苦功。惟适值太平天国军兴,

---

① 按,对于《康诰》《酒诰》《梓材》三篇,蔡沈承袭朱子之说,以为乃是武王诰命康叔者;苏轼、林之奇、时澜等人则主张是周公奉成王命以诰康叔者[参见李振兴《尚书学述(上)》,台北东大图书股份有限公司1994年版,第247—252页]。此书显然与蔡传不同。

② 蔡沉撰,王丰先点校:《书集传》,第203页。

社会动荡，故流行不广，无闻于世。余今读得，必表章之。"①不过学界迄今没有专文深入探讨此书，其特色与价值尚未得到充分认识。②同时，戴钧衡之经学家的身份亦常被忽视，其学术渊源及经学观点尚暗而不彰。笔者以为，不论是考察清代《尚书》学史，抑或是探究桐城派之学术流变，戴钧衡及其《书传补商》都是应当关注的。

（一）戴钧衡的学术渊源

戴钧衡（1814—1855），字存庄，号蓉洲，桐城人。道光二十九年（1849）举人。太平军攻克桐城后，妻妾皆遇难，钧衡后亦抑郁得疾，呕血而卒，年仅四十二。清代的桐城是理学重镇，同时也是文学渊薮。戴钧衡生长其间，备受熏陶。钧衡早年私淑刘大櫆，以诗文得名，又"交许丈吾田，攻考证学，务为汇古数典之文"③。按，许吾田即许睕，字芳畴，吾田乃其号，桐城人，据称"兼通训诂考订，尤善说《诗》"④。据此可知，其时钧衡之治学志向为博通古典，方法则为训诂考订，颇近乾嘉汉学一途。钧衡在二十七岁时拜乡贤方东树为师，"先生勉以务笃实，勿尚浮华、驰声誉、为客气所使。存庄始知穷经，求实用"⑤。在方东树的影响下，其学问因之大变，自此开始重视宋学并讲求实用。

方东树在晚清学界颇为知名，尤其因所著《汉学商兑》而名噪一时，激烈抨击汉学、扶持宋学是其治学特色。他批评汉学家说："不出于训诂、小学、名物、制度。弃本贵末，违戾诋诬，于圣人躬行求仁、修齐治平之教，一切抹杀。名为治经，实足乱经；名为卫道，实则畔道。"⑥

---

① 刘起釪：《尚书学史》，中华书局1989年版，第378页。
② 古国顺只简单介绍了此书的体例与内容，未及其他，至为简略（氏著《清代尚书学》，第25—26页）。刘起釪指出此书是一部推重宋学之作，但并没有分析其阐发义理之特色及解经之方法（氏著《尚书学史》，第377—379页）。
③ 戴钧衡：《味经山馆文钞》卷首《自序》，《清代诗文集汇编》第655册，第518页。
④ 刘声木撰，徐天祥点校：《桐城文学渊源考、撰述考》，黄山书社1989年版，第144页。
⑤ 方宗诚：《柏堂师友言行记》卷一，《续修四库全书》第540册，第553页。
⑥ 方东树：《汉学商兑·序例》，江藩、方东树：《汉学师承记（外二种）》，中西书局2012年版，第215页。

戴钧衡在其教导下，于是"求之宋五子书以明其理"①，治学转向扬宋抑汉一途。他认为"专汉学者，多失于偏"②。此处所谓的"偏"，当指偏执训诂、小学等，而这在戴氏看来并非治学的根本目的。他甚至言辞激烈地表示："予独慨夫说经之书破碎支离、穿凿武断，未有如乾嘉间所称汉学家者也。……今试取汉学家破碎支离、穿凿武断之书，谓足以诚意乎？正心乎？修身而齐家乎？治国而平天下乎？无一而可者也。律以孔子之道，断当取而焚之，以无蔽惑乎学者之心思耳目。"③可见其态度十分决绝，认为乾嘉汉学非但无功，而且有过，理当废弃。

与批判汉学相对应的则是戴氏对宋学的推崇，例如关于《尚书》，他认为："《书》之大义与读《书》之法，宋贤出，无遗蕴矣。章句、训诂之末，固有前贤未及谙而后儒可日推以明之者。"④在他看来，宋学真正把握住了治学的根本，而汉学所重视的章句、训诂不过是细枝末节。所以他说："训诂、章句、名物、典章者，治经之舟车也。治经而不求得圣人之心，亦何异飘摇转徙于天地哉！"⑤细味此言，似乎戴氏认为大义之阐发已不能超越宋儒，只能用力于章句训诂之类的缝缝补补。只有像宋儒那样讲求义理，把握住圣人之心，才是真正地理解了经典。反之，像乾嘉汉学家那样埋头训诂考证则毫无意义。⑥

当然，我们也应注意到，戴氏并不是反对训诂考证这种治学方法，他反对的是以此作为治经目的，为训诂而训诂，为考证而考证。所以他也承认"舟车不具，无以行也，治经者舍训诂、章句、名物、典章，亦无由以入"⑦。甚至其师方东树在程朱思想体系下也肯定考据功夫的价值。⑧

---

① 戴钧衡：《味经山馆文钞》卷首《自序》，第518页。
② 戴钧衡：《书传补商》卷首《序例》，《续修四库全书》第50册，第38页。
③ 戴钧衡：《味经山馆文钞》卷二《致经堂诸记书后》，第545页。
④ 戴钧衡：《书传补商》卷首《序例》，第36页。
⑤ 戴钧衡：《味经山馆文钞》卷一《桐乡书院四议》，第529页。
⑥ 其实乾嘉汉学家也多讲求义理，并非像戴氏讥讽的那样支离破碎。可参看林庆彰、张寿安主编《乾嘉学者的义理学》，台北"中央"研究院中国文哲研究所2003年版。
⑦ 戴钧衡：《味经山馆文钞》卷一《桐乡书院四议》，第529页。
⑧ 参见田富美《乾嘉学风下的尊朱视域——方东树儒学思想研究》，《彰化师大国文学志》（彰化）2012年12月第25期。

第三章 理学复兴与《尚书》学

对于宋学的某些弊端，戴钧衡也并不回避，他指出："宋元据理求通，每多更易，《武成》《洪范》《康诰》《梓材》变本改弦，似为过甚。"①这是对宋儒疑经、改经之风的不满，所以戴氏治《尚书》要谨慎许多，如对《康诰》篇首四十八字，宋儒多以为是错简，但戴氏说："篇首四十八字，今文古文皆明白可据，何可妄移。"②

至于戴氏讲求实用的治学特色，与方东树也是密不可分的。③戴氏曾宣称"自幼读书，不甘为无用之学，每以人心世道为忧"④。然此说稍嫌自夸，戴氏早年好尚诗文，追逐虚名，所以在拜方东树为师之后，才会被告诫"勿尚浮华、驰声誉、为客气所使"，转而"求实用"⑤。

最能体现戴氏"求实用"主张的，莫过于他对科举制度的批评与建议，这集中反映在《上罗椒生先生书》一文中。该文作于咸丰初年，戴氏之学术思想已然成熟。他对当时科举考试的内容十分不满，认为："今乡、会试主试与同考官专重时文，二三场经策视为具数，一二留心经策者，又特取奥博富衍之词、章句笺疏之琐、名物象数之微，不知此记问之学，饾饤钞胥所能，无关心得与经世实用。"进而提出改革的措施："今拟二场经文易为论解，义理政事之题曰论，典章制度考辨之题曰解，务择援经证史，实有发明，关系人心世道、经制学术者录之，非是，虽佳不选。三场策问，经则举要义三四条，史则举某代君臣贤否、某代政治得失，或某代大事、某君臣始末二三条。余三策则无定题，要以关于国计民生、典礼风化、人情利弊为问。"⑥戴氏希望通过科举改革，督促读书人更加关注现实问题，这一主张自然是有进步意义的，可惜并未被当政者采纳。

需要指出的是，戴氏所强调的经世致用，是以程朱理学为根底的。他

---

① 戴钧衡：《书传补商》卷首《序例》，第38页。
② 戴钧衡：《书传补商》卷七，第81页。
③ 关于方宗诚对经世致用之学的重视，可参看周中明《桐城派研究》，辽宁大学出版社1999年版，第268、274—277页。
④ 戴钧衡：《味经山馆文钞》卷三《上罗椒生先生书》，第549页。
⑤ 方宗诚：《柏堂师友言行记》卷一，第553页。
⑥ 戴钧衡：《味经山馆文钞》卷三《上罗椒生先生书》，第547—548页。

为朋辈指示为学路径云："日取《性理精义》《朱子全书》《大学衍义》三者，时加玩索，以立经世之本。然后参观通鉴、通考以善经世之用。他若历代名臣奏疏与夫《皇朝经世文编》，则亦当随事随时而考验之。"①在他看来，经世之学的基础当建立在程朱理学之书的基础上，这一根本绝不容许动摇，正所谓"经世之学有本有末，穷理精义，本也。不得其本，终无以善其末"②。

严格来说，戴钧衡对宋学的推崇，对经世致用的重视，基本上是承袭自方东树，且并没有产生太大的现实影响，戴氏在思想史上并非重要的角色。不过与方氏无解经专著不同的是，钧衡将这种学术观点贯彻到了具体的解经过程中，撰成《书传补商》一书，从而在《尚书》学史上留下了特色鲜明的痕迹。

（二）推尊蔡传、重视义理的治经理念

戴氏虽笔耕甚勤，但享年不永，又逢乱世，著作多散佚。在经学领域只著有《书传补商》《书传疑纂》二书。但后者并未梓行，今未见。至于为何专重《尚书》，于他经未有撰述，戴钧衡并没有明确解释。或者因《尚书》言二帝三王之法，最有关现实政治？又或者因为戴氏英年早逝，未暇研治他经？今已不可详考。

《书传补商》共十七卷，戴钧衡自述此书之作意云："殷盘周诰，诘屈聱牙，历汉迄今，义多未显。《微子》《金縢》《多士》《君奭》《多方》《立政》《顾命》《康王之诰》《吕刑》诸篇语意艰深，无殊盘诰。穷经者不求甚解，试士者不以命题，苟无古文诸篇，则斯经几同废弃。是书特加诠释，仍以次编。"③在戴氏看来，这些难解之篇必须真正阐释明白，方便诵习，才不至于成为让人望而生畏的空文。由此既可以看出戴氏对

---

① 戴钧衡：《味经山馆文钞》卷三《与方海舲书》，第554页。
② 同上。
③ 戴钧衡：《书传补商》卷首《序例》，第36页。《书传疑纂》则专释盘诰之外诸篇，"其他明显之篇间有龃龉之处，别为《疑纂》，附以质贤。不敢效近儒之摈绝古文，亦并异草庐之专释今文也"（戴钧衡：《书传补商》卷首《序例》，第36页），与《书传补商》可谓"姊妹篇"。

前人经说的不满，也可以看出他敢于解决难题的勇气。①

关于《书传补商》的著成、刊刻时间，均无明文可证。不过据戴氏《味经山馆文钞自序》所言，由于太平军兴，社会动荡，故董理旧作，付之剞劂，以免散乱。而此书与《味经山馆文钞》版式相同，卷首皆有门人马起升题签，应为同时所刻，其时间应依戴氏《味经山馆文钞自序》定为咸丰三年（1853）。②此书作于拜方东树为师之后，当无疑问，故宋学色彩颇为明显。

此书之命名，是因为"一以蔡传为之主，差诸家之精当者，参以管见，补伸其义，商榷其讹"③。可见戴氏对《书集传》的重视。他对《书集传》的评价很高："《书》有蔡传，犹《易》之有程子、《四书》之有朱子也，虽分量微有不同，而发前儒之未明，为功则一。"④戴氏认为蔡传之所以重要，在于它将汉魏诸儒所忽视的义理阐发明白。戴氏说：

> 伏生、欧阳、大小夏侯、马、郑、王、顾之说，非绝不传于后者，观其大略，测其全书，类不能远过于今行孔传。秦火肆虐，圣道晦盲，绪已绝而仅延，道欲明而未启，当时诸儒之所得制度、名物、典章而外，大率相同，其于圣人之道，若九牛之一毛、沧海之一港而已，非其心思才力逊于后儒，亦时会气运使然，搜罗掇拾之功勤，而穷理精义之功少也。有宋苏子瞻、陈少南……诸家之说出，而《书》之大旨以明。其间又得程子、朱子先后论订，蔡氏本师意，折群言，以成《集传》，而后二帝三王之心、修齐治平之道、天人兴废之故、礼乐刑政之原，灿然犁然，无幽不烛。⑤

---

① 四库馆臣注意到，"宋儒如吕祖谦《书说》，亦先释周诰，而后及虞夏商书，盖先通其难通者，则其余易于究寻。简作是书（今按，指杨简作《五诰解》），惟解《康诰》以下五篇，亦是意也"（《四库全书总目》"经部·书类一"，第93页）。戴钧衡或许亦受此启发。
② 参见戴钧衡《味经山馆文钞》卷首《自序》，第518—519页。
③ 戴钧衡：《书传补商》卷首《序例》，第35页。
④ 同上书，第36页。
⑤ 戴钧衡：《书传补商》卷首《序例》，第35页。又，戴氏此说与乃师方东树颇为相似。方东树有言："至于马、郑之注存于他书者，王氏所辑《后案》，具有成书。以愚观之，岂必能得二帝三王之意乎？第以为存古书可也"（氏著《汉学商兑》卷下，第339页）。

戴氏认为，蔡传综括宋儒之说，在阐发《尚书》中微言大义方面可谓集大成者。他虽然不迷信蔡传，认为其中有过于简略或者可议之处，但在解经的价值取向上同蔡沈是完全一致的，即阐发其中的微言大义。他说："经内微言，贵能阐发；篇中大旨，类有要归。前儒多以天人性命、治乱兴衰发挥义蕴，洵有关于治道，亦启迪乎人心。是书篇后录收，俾学者知古人读《书》用意，不徒规规然字句解释间也。"①在此，戴氏明确指出，微言与大旨才是研读《尚书》者最应着意之处，《书传补商》自然对此十分重视。

由于《书集传》较为简略，所以《书传补商》在每篇结尾处大都会有"附录诸家论说"的条目，采择前贤之说，以为补充，这是此书阐发义理的途径之一。②这其中又以宋元儒者为主，如《多士》篇末，采录张九成之说，以明周公处置商民之巧思深智；采录林之奇之说，以明周公谆谆告诫殷民之故，及汉代迁豪杰与周之迁殷民之不同；采录董鼎之说，以明《多士》不以利诱殷民；采录张英之说，以明革命与窃国之分。其所关注的都是政权更替之际的治国之道等宏大道理。

戴氏并不满足于仅仅称引前人之说，他还通过自己的阐发来表明对义理的重视。如在《大诰》篇末，他曾着力讨论君臣名分：

> 古者，天子崩，嗣王谅阴三年，百官总己以听冢宰。周公摄政，亦臣职之常。惟厥时成王小弱，未克经事，一是周公主之，故他日有复政之事。然而圣人之心谨凛谦恭，公忠坦白如皎日青天，固未尝一日无君也。其作诰也，意虽出己，语必称王，篇中所陈，皆称王语气，未尝擅自居王也。而说经者必以王为周公，不惟于"予小子""予冲人"之文不合，是开天下乱臣贼子无父无君之渐矣。莽之依托，安知非当时经生之言有以助其奸胆而作其悖心乎？此蒙所必争者也。③

---

① 戴钧衡：《书传补商》卷首《序例》，第39页。
② 《康诰》《洛诰》《吕刑》篇后无。
③ 戴钧衡：《书传补商》卷六，第79页。

第三章　理学复兴与《尚书》学

戴氏认为，周公为千古圣臣，忠君之心不容丝毫质疑，后世释《大诰》等篇中之"王"为周公，是置周公于篡位之地，有悖于君臣大义。而这不但是对经文的理解问题，更与政治密切相关，王莽为篡逆之需，也仿造《大诰》，依托周公称王之故事，正是由于当时经生曲解经文，不顾大义，因此不可不引为教训。

同样需要辨明的还有微子之行事。微子是孔子所称"三仁"之一，但当殷末衰亡之际，微子却谋划出奔，其事难解。戴氏指出，微子之去商，绝非"私筹身家，忘其君而自矜明哲"[①]，而是因为担负延续宗祀之重责，微子之出，与比干之死、箕子之囚皆为仁义之行，史臣恐后世不明微子之心迹，故特录《微子》之篇，使后世知之。这一番解释，目的仍是维护圣贤的完美形象，展示圣贤之心的光明磊落。

当然，此书绝非全为阐发义理而作，其中也有不少训诂、考证的内容，但戴氏还是更为看重义理，尤其是在判断疑难问题时，更强调"准理揆义，掇除谬悠"、"逆之以心，通之以义"[②]。甚至有些时候书中的训诂、考证还是为阐发义理而服务。如《康诰》"不率大戛……汝乃其速由兹义率杀"一节，蔡传以为是惩罚不忠之臣的意思。但戴氏认为蔡传多迂曲不通，故另作训释，如释"别"为遍、"造"为成、"誉"为善等，认为此节"仍指民言，非谓戮庶子等官之不善者"。戴氏并不满足于对字词释义的修订，而是以此为基础进而阐发其中大义：

> 殷纣无道，教化不行，民之干犯伦纪及不由常道者众矣。不孝、不慈、不友，不由常道之最甚者也，故特先提出言之，所以正纲常也。次及不由常道之人，教之不改而后诛，则知不孝、不慈、不友者，亦非不教而诛也。古人文简而意相足。[③]

戴氏认为从经文的前后顺序可以看出圣人教化对纲常伦理的重视，而经文

---

① 戴钧衡：《书传补商》卷四，第62页。
② 戴钧衡：《书传补商》卷一一，第115页。
③ 戴钧衡：《书传补商》卷七，第87页。

所言对"不由常道之民"的教化,也可以看出圣人治国绝非不教而诛,这又是取《论语》"不教而杀谓之虐"的思想来阐释《尚书》。

综上可知,《书传补商》在解经取向上是偏重义理的,其"补商"的目的是羽翼蔡传,而非反对,因为二者同属宋学一脉。戴氏挚友方宗诚称赞此书:"贯穿古训,补正蔡传,而一衷诸程朱之理,吾尝推为不可少之书。"①"不可少"云云,或有溢美之嫌,但"一衷诸程朱之理"则可谓的论。

(三)"推玩经文,反复情事"的解经方法

戴氏在《书传补商》卷首罗列"序例"二十五条,其中多涉及解经方法,如"诂经之体,不能不增字成文,但必删除所增之字,按之经语,仍自明通,乃为无病。苟增字可说,删字难通,则委曲傅会之解也。《传》中此类不敢曲从"②,这是强调增字解经必须谨慎为之。这一主张自然是合理的,然统观戴氏此书,其中最重要的应该是其所谓"推玩经文,反复情事"。观戴氏释周公居东之事有云:

> 盖以大义言之,读辟为致辟,似得圣人之正大光明,毫无委曲。蒙初亦主之,既而推玩经文,反复情事,而知当以避位之说为合,何也?经言"流言",未言叛逆,从孔传则必如钱氏时,以"不利孺子"为管蔡挟以作乱之辞,增文傅会。从避位则不须增辞解矣。以居东为东征,则下文亲迎、出郊,乃远迎东国,情事难信,又无经传可凭,且证以《东山》诗,公归乃春,非秋也。以为避位居东,则迎于东郊近地,情事可信。③

按,所谓"推玩经文,反复情事",指的就是推敲、玩味字词含义,尤其是上下文的联系,同时以事之常理、人之常情加以裁断。《金縢》所载周

---

① 方宗诚:《柏堂集前编》卷六《送戴存庄叙》,《清代诗文集汇编》第672册,第93页。
② 戴钧衡:《书传补商》卷首《序例》,第37页。
③ 戴钧衡:《书传补商》卷五,第66页。

公之言"我之弗辟",向有二解,一为讨伐,一为避位。相应地,"居东"也有二说,一为东征,一为避居东方。戴氏最终选择信从避位居东之说,原因在于一方面经文只说管蔡"流言",未说作乱,周公无由讨伐,此即所谓"推玩经文";另一方面,成王亲迎周公,不可能远至东国,此即所谓"反复情事"。

关于《康诰》究竟是哪一个王的诰辞,戴氏也是用这一方法来分析的,他说:"《康诰》为周公述武王往日诰辞,《酒诰》《梓材》为周公代成王作诰,而同颁于作洛之日,亦推之情事,按之经文,考之史传、《书序》,而无不合者也。"①此外,此书还多次提到"以情事揆之"②"以情事衡之"③"以情事考之"④,可见戴氏对这一方法的重视。

同时,我们还应注意到,与"推玩经文"密切相关的是戴氏对贯通全文的重视。他说:"昔儒经说,彼此参差,不治全经,终多未合。尝见微辞妙解,创若天生,或一句可通,反乖全节;或一节可训,刺谬全篇。……是书一文一句,必玩全经,其或一语而彼此殊宗,一字而后先异诂,惟求其是,不敢强同。"⑤他认为只有将字词的释义放在全篇中加以衡量,才能判断究竟是否正确。不仅于此,他认为通过反复吟诵经文,还能更深刻地体会其中微妙之意:"解经固资笺注,而通经只在白文。尝有旁索诸家,微言愈晦;屏除百氏,妙义潜通。惟反复而沈吟,乃精神之契合。"⑥这种摆脱笺注,独发神悟的方式可谓"推玩经文"的最高境界了。

由于戴氏从经文中"推玩"出的解释并非明文可据,而其所体会的"情事"往往也不是牢不可破,所以这种解经方法不可避免地带有某种想当然的色彩。好在戴氏在使用这一方法的同时,还注重训诂、文献的佐证,反对毫无根据的猜测,他说:

---

① 戴钧衡:《书传补商》卷七,第81页。
② 戴钧衡:《书传补商》卷二,第48页。
③ 戴钧衡:《书传补商》卷一〇,第107页。
④ 戴钧衡:《书传补商》卷一七,第175页。
⑤ 戴钧衡:《书传补商》卷首《序例》,第39页。
⑥ 同上书,第38页。

> 夫说经有可以意断者，有不可以意断者。名分所关、义理所系、时势情事所必有与所必无，此可以意断之，然亦不能为毫无凭藉之言。若夫朝廷非常之典，国家稀有之举，贤君圣相筹画安危，则当时事实不见于经，必见于史，不见于经史，必见于诸子百家之传闻，苟其绝无据依，而但就经文一二字之可通，遂欲径创数千年未经人道之新语，恐不足以启学者之信，而转以乱经义之真也。①

他认为，对于名分、义理、时势情事这些相沿已久的东西，解经者可以以己意揣度，但也要有所凭借；对于不常见之事，由于年代悬隔，若无文献依据，不可以任意发挥。这一主张使得戴氏能够在疏通经文的同时，尽可能避免主观臆断之弊。

应该说，这一方法并非戴氏所创，也非其所独擅②，但却成为戴氏解经的一大特色，原因在于一方面戴氏用此方法的频率很高，另一方面戴氏也用此方法得出了较为可信的新说。如关于周公避位居东究竟所居何地，戴氏云："马氏融以为东都，其时未营洛邑，安有东都？郑氏康成以为东国，虚而无指。《墨子·耕柱篇》以为东处于商，三监方欲谋公，岂有避居于商之理？《越绝书》以为东巡狩于边，王方疑公，避位将以释疑也，而反公然代天子巡狩乎？"③其对马融等人的批评全以情事为据，但论理周密，让人信服。又如《金縢》篇"未可以戚我先王"一句，向来多释"戚"为忧，戴氏通读全文，发现这一解释与下文周公祝祷之事明显矛盾："案下文公方自祷，其词哀切，正所以戚先王也。岂于二公之卜独以为忧恼先王不可行乎？"④这一反驳十分有力，同样也是建立在对经文、情事的玩味揣度之上的。戴氏于此又不仅限于反驳，更进而提出新说，认为

---

① 戴钧衡：《书传补商》卷一一，第128页。
② 如朱熹在判别孟子、程子论"才"之差异时就说："二说虽殊，各有所当，然以事理考之，程子为密"（朱熹：《四书章句集注》，中华书局1983年版，第329页）。
③ 戴钧衡：《书传补商》卷五，第68页。
④ 同上书，第63页。

当释"戚"为动。此说亦有理,为后人广泛采纳。①

《书传补商》宗主程朱,发挥义理,补正蔡传,大有功于宋学。更难能可贵的是,此书同时还称引王鸣盛、钱大昕、王引之等宗汉学者之说,虽所占比重有限,但也说明戴氏门户之见不深。曾国藩评价此书"犂然当于心"②,是称赞其析理之精、新说之确,而后人称此书"贯穴汉宋,多前贤所未发,折衷一是,无偏见也"③,亦非过誉之辞。谢庭兰站在宋学的立场上,评价此书称:"桐城戴氏钧衡著《书传补商》,大旨宗宋儒,贤于近时说经家远矣!桐自望溪方氏、姬传姚氏,皆主程朱,乡后学濡染有自故也。然间有不合经旨,且纠九峰旧说多不得其当者,兹录鄙见若干条于下。"④虽然对此书个别地方有所不满,但"贤于近时说经家远矣"的评价还是很高的。总体来看,此书在《尚书》学史上确是一部有特色、有创见的解经之作。它不仅代表了戴氏自己的学术成就,更让人们对桐城派文士治经的功力有了新的认识。

第二节 理学派疏解全文之力作:《书经恒解》

刘沅(1768—1855),字止唐,四川双流县人。乾隆五十七年(1792)举人,曾官湖北天门县知县。一生著书极多,于《易》《书》《诗经》《春秋》及三礼皆有所谓"恒解"之作。《书经恒解》六卷,兼释今古文诸篇。于各篇经文篇名之下,首先注明今古文之有无,一如蔡沈之《书集传》,其次全录经文并予以阐释,篇末以"附解"总论全篇。此书成书年代不详,然每卷卷题之下标以"晚年定本"四字,可知此书至刘氏晚年时方写定。刘氏一生,学术思想及渊源较为庞杂⑤,然"整体而言,他解经的方式,以义理为尚,尽管有所考辨,也

---

① 参见吴汝纶《尚书故》卷二,《吴汝纶全集》第二册,黄山书社2002年版,第627页;顾颉刚、刘起釪《尚书校释译论》,第1225页。
② 马其昶著,毛伯舟点注:《桐城耆旧传》,黄山书社1990年版,第416页。
③ 刘锦藻:《清朝续文献通考》卷二五七《经籍一》,台北商务印书馆1987年版,第10024页。
④ 谢庭兰:《读尚书隅见》卷九,清光绪刻本,第1页a。
⑤ 参见段渝《一代大儒刘沅及其〈槐轩全书〉》,《社会科学战线》2007年第2期。

是相当粗浅，不似考据学者罗列庞杂的证据，而且鲜有文字、声韵方面的考察。书中又常常引用宋明理学的术语和观点，阐述经义，所以实可将其归属于宋学系统的经说"①。今观此书，对《尚书》学之诸多重大问题都有自己独到的见解，对经文的阐释亦自有特色，实为晚清《尚书》学之力作。唯前人对此关注甚少②，今特详加梳理，分三点予以剖析。

一　维护晚出《古文尚书》

《书经恒解》囊括传世《古文尚书》五十八篇，且书中多有反驳辨伪派、护晚出古文之语句，尤其集中见于书前之《凡例》，以及各篇篇末之"附解"。今观刘氏所言，多就义理纯正立论，并未有太多深入的考辨，对于前人提出的疑点，也多未有正面的回答。因而，虽然书中相关内容较多，但对于晚出古文真伪一案实在贡献殊少。例如对于辨伪派极为看重的篇目问题③，刘沅仅以一笔带过，轻描淡写，认为不足以大做文章：

> 然则今文古文其在汉时并行，灼然可据，第其篇目与今传五十六篇之数不合，或古人分析卷目，于后不同。毛大可据《隋书·经籍志》力辨古文非伪，论者谓长生无忌等所言不足为信，然《史记》、刘歆、班固所言则可信也。阎百诗、惠栋等必尽斥古文为伪，其可乎？故今即《史记》、刘歆、《汉书》以决古文之非伪，其中或有后人增入者，要以义理断之，亦必求其可信而后信之，不敢

---

① 蒋秋华：《刘沅〈书经恒解〉对〈古文尚书〉的护卫》，《经学研究集刊》2009年11月第7期。
② 除前引之文外，蒋秋华尚有《刘沅〈书经恒解〉研究》，载《经学研究集刊》2006年10月第2期。
③ 阎若璩对此极为重视，《疏证》开篇第一条即就此而发。阎氏认为："只此篇数之不合，伪可知矣"（阎若璩撰，黄怀信、吕翊欣校点：《尚书古文疏证》，第2页）。更有现代学者将此篇目之不同视作辨伪古文的逻辑基点（姜广辉：《梅鷟〈尚书考异〉考辨方法的检讨——兼谈考辨〈古文尚书〉的逻辑基点》，《历史研究》2007年第5期）。

人云亦云。①

《史记》、刘歆、班固确曾记载古文在汉代的传承，但彼时所谓古文与晚出古文是一是二疑问很大，辨伪派之所以针对篇目问题大谈特谈，正是由于这一点。刘沅则简单地以此来说明晚出古文为真，殊嫌浅陋。又如，对于古文文从字顺、今文诘屈聱牙之说，以及所谓二十五篇无一字无来历之说，刘氏仅引金履祥、章如愚、陈第、毛奇龄、李光地之说为据，自己亦未有进一步论说。

相较而言，刘氏更多地将笔墨用在称赞晚出古文之义理方面，不厌其烦，一再申说，如论《大禹谟》云："此篇历来疑其伪者甚多，然词义粹美，非后人所能伪造也。第中有错简，宜酌之。"②又如论《汤诰》云："观篇中罪己之意，事天爱民之诚，非圣人必不能为此言，而后人疑其伪，亦可谓不辨苍黄矣。"③几乎对于每一篇晚出古文，他都有与此类似的说法。今天来看，这显然是传统儒生的迷信之见，不足为据。

此外，论及《五子之歌》，刘沅注意到阎若璩、胡渭曾怀疑其不协韵，刘氏对此亦稍加辩驳云：

> 然古韵与今韵不同，毛西河谓五子述祖训以为歌，原可无韵，况其韵铿然，首章用古押法，余声类法也。其言甚为有见。愚按，曼声长啸曰歌，明、良、喜、起，击壤之歌语，亦何尝古奥？况五子所述者祖训，训有成言，不尽皆叶韵，而曼声歌之，以致其怨嗟之情，冀幸君之一悟，未可以后世韵语例之也。且其义正大忠厚之意宛然，故当存焉。④

此间所言亦不过就毛奇龄之说而稍加演绎，最后仍归结到文中所蕴含之大

---

① 刘沅：《书经恒解·凡例》，《槐轩全书》第三册，巴蜀书社2006年版，第865—866页。
② 刘沅：《书经恒解》卷二，第894页。
③ 刘沅：《书经恒解》卷三，第935页。
④ 刘沅：《书经恒解》卷二，第924页。

义，可见其所谓维护晚出古文实未真正用力，与同时及稍后的辨真派相比，功力远逊。但这是刘氏《尚书》学之基础观点，不可不察。

与其他辨真派相比，刘沅还有一个明显不同的观点，就是怀疑《泰誓》：

> 《序》以为十一年武王伐殷，一月戊午师渡孟津，作《泰誓》三篇。然《泰誓》为武王伐纣时作，本无确据。伏生二十八篇既有《牧誓》，孟子所称又有《武成》，则《泰誓》似可以不作。汉武帝时伪《泰誓》出，与伏生今文合为二十九篇行世，先儒多斥其非。至东晋复有《泰誓》三篇，诸儒以此较《国语》《礼记》《荀》《孟》诸书所引，皆合，故不敢疑。然今考其文义，悖谬多不类于圣人，安得不别其是非而致误将来邪？①

之所以怀疑《泰誓》，是因为刘沅认为其义理不纯，与圣人身份不符。其理由如："其数纣之罪，层见叠出，毫无和平之致。且誓之为义，主于约束将士而已，《甘誓》、《费誓》、《牧誓》大略相同，此三篇文体不类。况浅露近于恶骂，稍知礼者不为，况圣人乎！故当断为伪作也。"②刘氏此处辨伪，实与阎若璩无大异，甚至明引、暗用阎氏之说③，所微异者在于更加强调圣人之理。但刘氏认为《泰誓》为伪，却未分析伪作者何人，亦未解释为何晚出古文只有《泰誓》为伪，颇显突兀。

刘沅尊信晚出古文，但对其中之字句偶有质疑，认为有后人增入及错简处，这也可以说是秉承了宋儒大胆疑经之风。④对于孔传，刘氏同样

---

① 刘沅：《书经恒解》卷四，第959页。
② 同上书，第963页。
③ 参见阎若璩撰，黄怀信、吕翊欣校点《尚书古文疏证》，第524—526页。
④ 如论《武成》云："但古文《武成》篇汉建武之际已亡，后人补缀而为今书一篇，其文既有错简，至宋刘原父辈始各自为更定，至朱子而益密。蔡仲默因之为《今考定武成》篇，然其义终多乖舛，不得为古文之完书。今详著于篇，以俟观者考焉。今文古文皆有"（刘沅：《书经恒解》卷四，第965页）。按，此处所云"今文古文皆有"显系笔误，不足深论。唯就此可见刘氏对古文篇章之态度，以及宋儒改经之风对他的影响。

第三章　理学复兴与《尚书》学

有所怀疑，所谓："今之《书》古文未必尽安国原本，而其义可存则存之矣；今之安国《书传》亦非安国原本，而其说可采亦采之矣。"①当然，这种怀疑只是文字层面的，他对晚出古文的信奉绝不会动摇。更何况他还主动将孔传与经文切割开来，这同样也是受毛奇龄的影响，此书《凡例》云："毛大可谓梅赜所上乃孔安国《传》，非谓经文，是也"②，由此看来，刘氏恐怕对"晚出古文"这一概念也不认可了。

与此相关，刘氏对《书大序》的看法也值得探讨。他认为朱子对《书大序》的怀疑没有道理：

> 《书大序》，朱子疑其非孔安国作，谓"传子子孙孙，以贻后代"汉时无此文字。然《诗》已有"子子孙孙，勿替引之"之语，且全文古朴，自是汉人本色。小序可疑，此不可疑也。其序古文本末甚明，学者赖以考焉，所云"其余错乱摩灭，弗可复知"，则残缺不成篇目者，悉弃而未收，而一二好奇嗜古之士别存其说，及诸经所引《书》文，有今《书》所无者，皆在错乱之列者也。而后儒必据以斥古文尽伪，毋乃不察乎！③

他认为仅凭《书大序》中的语句风格而加以怀疑是毫无根据的，《书大序》对古文本末的记载翔实可信，正可以解答古文真伪问题。但刘沅又说：

> 今迁载伏生授受本末甚明，既云"山东大师无不涉《尚书》以教，又传张生、欧阳生"，则知《尚书》者非止伏生矣。文帝以《书》传自伏生，故特遣晁错往受业，非伏生传诸于人，竟无传本而徒口授也。安国《书序》乃云"伏生失其本经，口以传授"，卫宏因而云"伏生老不能正言，使其女传言教错，齐人语与颍川异，错又不

---

① 刘沅：《书经恒解·凡例》，第866页。
② 同上书，第867页。
③ 同上书。

能尽通，略以其意属读"，然则所谓山东诸大师及张生、欧阳生者安在？诏求遗书，竟无传本，而但据一老翁一女子之口，当时君臣粗疏已甚。是安国《书序》实启后世之訾，而朱子疑其非安国作者，亦有由也。①

这是认为《书大序》对今文的记述不符常理，且与《史记》矛盾，值得怀疑。此外，对《书大序》所言"八索九丘"之说，刘氏亦多有质疑。刘沅对《书大序》之所以会有这种首鼠两端的态度，究其原因，在于他对孔安国之学问不甚认同，所谓"孔安国去伏生已远，其于圣人之道又未有得"②，亦可谓勇于自信者也。

另外值得一提的是，刘沅虽尊信东晋古文，但认为今之《尧典》《舜典》当合二为一，这一观点在卫护晚出古文的学者中亦不常见。他说："今之《尧典》《舜典》本为一篇，自姚方兴托云于大航头得'曰若稽古帝舜'二十八字，于是始析为二。……阎百诗疑别有《舜典》，不知何时逸之，抑或有然。"③

刘氏此书对古文真伪问题着墨甚多，在个别问题上也有自己独特的看法，但总体来看，并没有对辨伪派的观点作太多正面的回应，本质上不足以被视作辨真学著作，故晚清民国的辨真派对其多未引为同道。

二 摆落前儒，勇于创发

《书经恒解》之所以作，是因为刘沅相信梅本《古文尚书》，但认为其注解尚不完善，孔传不可尽信，蔡传"亦有讹失"④。此书虽有订补前人处，但更大的目的则是"梳栉其文，务求意理之贯通，不敢附会于旧说，非故为矫异也"⑤，故此书并无所主，不似晚清订补蔡传诸作。书中对蔡传

---

① 刘沅：《书经恒解·凡例》，第865页。
② 同上书，第867页。
③ 刘沅：《书经恒解》卷一，第890—891页。
④ 《自序》云："蔡传亦有讹失，不免启他人之滋疑"（刘沅：《书经恒解》卷首《自序》，第862页）。
⑤ 刘沅：《书经恒解》卷首自序，第862页。

第三章　理学复兴与《尚书》学

时有微辞，或曰"优者亦多而误者尤不少"①，或曰"于文义不顺"②，且对其经说多有商榷，如有关傅说之职位，刘沅云："蔡氏谓冢宰兼师保，然高宗呼之曰汝、曰说，则非师保可知，故不从其说。"③又如论《吕刑》云："而先儒乃谓王创赎法以敛财，夫子存以示戒，又谓文繁不杀，可觇盛衰。夫以缠绵之词为琐屑，以仁厚之意为敛财，其得失奚啻霄壤。不详辨之，则本文意义不明，古人之志晦，而夫子删《书》之旨亦晦。"④刘氏于此虽未明言针对的是蔡沈，但比对可知确属蔡传无疑。⑤这一批评就不是简单的字词文意的差别了，而是认为蔡沈在根本上并未理解此文，错会了孔子的深意。古国顺认为此书系"笃信蔡传而有所补订者"⑥，恐怕不当。

刘氏所不满者不惟蔡传，《大传》《史记》《正义》等皆在其批评之列。其论伏生《大传》云："世多引用，然其言不雅驯，首尾不伦，未必伏生自作也，当缺之。"⑦论《史记》云："史迁疏浅，于圣贤事迹往往不察其实，而以己意增省文义，致启疑窦。"⑧论及《甘誓》而批评《正义》云："有扈氏盖桀骜无道，为祸于民者，启不得已而伐之，深恶其人，严饬军士，兵法贵严，故夫子录之，以为后世驭兵之法。唐孔氏乃谓尧舜受禅，启独继父，以此不服，其谬妄实甚。"⑨

上述诸书皆是由汉至宋《尚书》学之最重要成果，刘氏对此概不满意。非止于此，刘氏在书中还往往将前人之说一并抹杀，此类例证颇多，如论及《盘庚》云："旧解于各节承接、语意多不明，今悉正之"，"篇中意义，旧多欠稳，今悉正之"，"前人之解多滞，今顺其文义大势而疏

---

① 刘沅：《书经恒解·凡例》，第870页。
② 刘沅：《书经恒解》卷三，第939页。
③ 同上书，第952页。
④ 刘沅：《书经恒解》卷六，第1047页。
⑤ 蔡传云："穆王巡游无度，财匮民劳。至其末年，无以为计，乃为此一切权宜之术，以敛民财。夫子录之，盖亦示戒。然其一篇之书，哀矜恻怛，犹可以想见三代忠厚之遗意云尔"（蔡沉撰，王丰先点校：《书集传》，第287页）。
⑥ 古国顺：《清代尚书学》，第19—25页。
⑦ 刘沅：《书经恒解·凡例》，第867页。
⑧ 刘沅：《书经恒解》卷三，第941页。
⑨ 刘沅：《书经恒解》卷二，第923页。

通之，明者当不以为凿也"[①]；论及《洪范》云："旧解亦多拘滞，今皆疏之。"[②]至于马、郑及清代诸汉学家之说，由于学术宗尚之不同，刘沅对其更是不予赞同，甚至毫不提及。

翻阅《书经恒解》，我们经常可以发现很多发前人所未发、言前人所未言的地方，鲜明地体现了作者丰富的想象力。如关于《文侯之命》，宋儒多主张该篇主旨是批评周平王[③]，刘沅在书中也征引了苏轼、张九成、吕祖谦等人之说，认为"皆有所见"，但对此并不满意，而是另创新说云：

> 夫子删《书》存此，则以周家立国，赖藩侯拱卫，不必权归一人。文侯于当时有靖乱之功，而东迁后子孙世主夏盟，周赖以安，故与《费誓》同存。见圣人封建，既以天下为公，亦藉臣下相维相恤，不以心膂股肱之谊第为空谈。至积久变乱，乃因圣学不传故，无有圣人随时补救之，不得以咎前王也。[④]

将该篇立意归结为赞赏分封制度，认为平王因无大贤辅佐，故至不可为，实乃迫不得已，不可因此而加以怪罪。此说合理与否姑且勿论，其为刘氏之创见确属无疑。

这种摆落前儒，独出胸臆，自创新解的注经特色，正是刘沅极端自信的一种体现。不过这种做法，其实在宋儒治经时就已经较为普遍，鄙弃前贤，疑经改经，正是宋代经学的特征。刘氏虽然在具体经说上与宋儒不同，但其思维方式显然是接续宋儒而来。在这一点上，最鲜明的体现莫过于其对《尚书》中所谓错简的怀疑。如《舜典》有"夔曰：'於！予击石拊石，百兽率舞'"之文，《益稷》有"夔曰：'於！予击石拊石，百兽率舞，庶尹允谐'"之文，刘氏于《舜典》篇云："'夔曰'以下十六字，《益稷》文本当在此，简编错落，此处反缺'庶允谐'句，而《益稷》文重

[①] 刘沅：《书经恒解》卷三，第946、949、950页。
[②] 刘沅：《书经恒解》卷四，第976页。
[③] 参见刘德州《"夫子之意为平王设"——论宋儒对〈文侯之命〉的阐释》，《江苏师范大学学报》（哲学社会科学版）2015年第1期。
[④] 刘沅：《书经恒解》卷六，第1049页。

第三章 理学复兴与《尚书》学

出。先儒不详文义,反以此为衍文,误也。"①于《益稷》篇又说:"本《尧典》之文,错简于此,当从删逸。"②按,宋儒如苏轼等多以为"夔曰"云云系《益稷》之文,简编脱误,复见于《舜典》。③刘氏与其意见恰恰相反,认为该句本系《舜典》之文。这其中自然有他自己的创见,但也不能忽视前人对他理念的影响,因为这种敢于怀疑的精神实则并无二致。刘氏因论此句,更进而认为《益稷》"戛击鸣球"上之"夔曰"二字亦系衍文,当从删削,其言曰:

> 二字衍文。盖《尧典》"夔曰于"十六字既错简于此,传写错误,又增"夔曰"二字于"戛击鸣球"之上。然来格、德让、凤仪、兽舞等语出自夔口中,有美无规,既不合帝廷情事,且与上下文不属。盖此乃史臣记夔典乐事,以见舜治定功成,又歌赓相戒,以明君臣交儆,所以能致治,而此篇杂记其言之意,亦明本无"夔曰"字也。④

观其所言,仅以所谓情事、文气为据,亦可谓得宋儒疑经精神之真传。

当然,我们也要注意到,刘沅书中所言绝非全是自出胸臆。除明确称引王柏、王炎、何孟春等人外,此书对前人之说还多有暗用。如刘氏释《甘誓》"三正"为"三纲正道"⑤,与蔡沈释为子丑寅之正不同,其实是袭用林之奇说。⑥意见相左时,刘沅对前儒屡加驳斥,目中无人;意见相合时,则因袭而暗用之,其治学之态度很难让人认可。

---

① 刘沅:《书经恒解》卷一,第889页。
② 刘沅:《书经恒解》卷二,第904页。
③ 参见顾颉刚、刘起釪《尚书校释译论》,第308页。
④ 刘沅:《书经恒解》卷二,第904页。
⑤ 同上书,第923页。
⑥ 林之奇云:"有扈氏,夏之同姓也,其骄蹇跋扈而不可制,废尊尊之义,失亲亲之恩。启之声言其罪,而曰'威侮五行,怠弃三正',此义不必求之太深。要之,但言其废三纲五常而为是昏迷耳。威侮者,专其威虐而侮慢之也;怠弃者,怠慢而废弃之也。味此言,启之致讨于有扈之辞可谓简而尽、微而显矣"(林之奇:《尚书全解》卷十二,《景印文渊阁四库全书》第55册,第225页)。

三　以圣人之心，求圣人之书

刘氏反驳辨伪派，维护晚出古文，主要是以义理为据，其释经亦同样以义理为重。此书之所以得名"恒解"，是因"人心之公理即圣人维世之大经也"①。可见刘氏希望通过此书，阐发万世不变之公理，至于字词训诂全是为这一终极目的服务，所谓"不逊训诂之讥，而详枇其字句，使易知而入德焉"②。刘氏在书中一再声言这一宗旨，唯恐人不知其重视义理，试举数例如下：

> 今愚折衷诸说，不废汉儒，亦不废蔡传，惟求其不谬于圣人。③
>
> 圣贤虽往，其言具存。即其言以求其心，因即圣人之心以去取千百世之心，此圣经所以维持天理，而教天下后世也。④
>
> 读圣人书，必以圣人之至理为权衡，尤须会通经文，若抉摘字句，横生议论，书籍所以日多，经义所以日晦也。⑤
>
> 夫读古人之书，必深悉古人之情事，而又以圣人中正之理衡之，然后不迷于趋向。摘句寻章，以为诟病，其亦疏矣。⑥
>
> 愚于《商周书》再三申明之，诚虑后世失圣人之真，则汤武反为篡窃者所藉口，其为名教害非浅也。至周公东征事亦然。学者当以圣人之心，求圣人之书，然后得其至是而不为众说所淆乱。⑦

考据学家治经，往往并不会反复宣称自己重视小学；理学家治经，则屡屡强调义理为重，这是其特色，不足为怪。但像刘沅这样，如此频繁，再三标榜，就显得有些啰唆。义理的重要性并不在于强调次数的多寡，而在于

---

① 刘沅：《书经恒解》卷首自序，第862页。
② 刘沅：《书经恒解·凡例》，第871页。
③ 刘沅：《书经恒解》卷四，第975页。
④ 刘沅：《书经恒解·凡例》，第870页。
⑤ 刘沅：《书经恒解》卷二，第905页。
⑥ 刘沅：《书经恒解》卷首自序，第862页。
⑦ 刘沅：《书经恒解·凡例》，第869—870页。

第三章 理学复兴与《尚书》学

对其阐发是否合理，是否有说服力。今试观刘氏所言究竟如何。

刘氏论"虞廷十六字"云：

> 夫求圣贤之书，必当知圣贤之理；知圣贤之理，必先能实践圣贤之事。此篇虽有残缺，而其言多至理，"人心"十六字尤宋儒所服膺。虽宋儒未深达其理，知道心、人心之源，然闲邪存诚之功以此而始，未为不可也。十六字先儒以为圣学之本矣，而何以云犹未深达哉？盖人心、道心，一心而有二名；危者、微者，一念而有公私，由先天、后天而分。①

这是批评宋儒未能真正把握道心、人心之本质内涵，尤其未能明了二者之区别。按照他的解释，"道心，性也；人心，情也。性为体，情为用，本不可分。但情动易入于妄，故危；性静难极于纯，故微"②。刘氏进一步不吝笔墨地说明，人出生之前，于母体中孕育，皆为性善，然出生后受外物熏陶，性情常失其正，故不得不有复性之学。他进而指责前人说："先儒以心为性，谓昭昭零零之心即纯一不已之性。不知心在先天纯乎天性，心在后天纷于七情。情者，性之用，即人心也，不可以一息而无，然情得其正即性，不得其正即非性。"③今按刘氏对道心、人心的理解其实也是因袭前人。明儒罗钦顺云："道心，性也；人心，情也。心一也，而两言之者，动静之分，体用之别也。"④刘沅所言，其实完全是就罗氏之说而扩充之，但却未提罗氏之名，难免有攘人之美的嫌疑。更进一步说，刘氏所谓性情论，朱熹等早已详尽言之⑤；二程以天理、人欲释道心、人心⑥，与刘氏

---

① 刘沅：《书经恒解》卷二，第898页。
② 同上书，第897页。
③ 同上书，第899页。
④ 黄宗羲著，沈芝盈点校：《明儒学案（修订本）》卷四十七《诸儒学案中一》，中华书局2008年版，第1109页。
⑤ 参见蔡方鹿《朱熹"心统性情"说新论》，《孔子研究》1991年第4期。
⑥ 参见刘力耘《宋代儒家经典解释的性理化过程——以"虞廷十六字"为例》，载钱宗武、卢鸣东主编《第四届国际〈尚书〉学学术研讨会论文集》，广陵书社2017年版，第629—670页。

所谓先天、后天之说相比，恐怕也谈不上有根本的区别。所以说，刘氏此一番长篇大论似乎价值不大。

前儒如王心敬等论《西伯戡黎》，以为西伯即武王，戡黎即灭商之渐。刘沅对此说予以批评，认为其对圣人形象有所误解：

> 文王袭父之旧，伐密、伐崇、伐黎，皆不道之国，文王伐而服之，使恭于朝，所谓率商之叛国以事纣者也。据伏生《书传》，伐耆在伐崇、密之前。耆即黎也。周之伐诸国，若无纣命，纣岂能容之乎？况黎去朝歌不远，文王擅伐国于王畿之内，尚可为止于敬乎？惟其奉命而伐，故纣不以为嫌，而且安于文王之忠，曰"我生不有命在天也"。祖伊见周德日盛，以理卜其必兴，藉戡黎之会，进谏于王，冀其或悟，非谓周有凌逼之意也。何嫌而以为非文王事乎？且即武王亦岂异于文王之忠敬哉？……因《书序》有"殷始咎周"之言，《史记》亦云"西伯伐饥国，祖伊闻之而咎周"，于是人遂以周势焰凌商，祖伊故恐而奔告。然此篇无一语咎周，误解经文，诬圣人而使乱逆藉口，可乎？①

认为文王禀纣命而伐黎，绝无不臣之心，祖伊之恐，乃因惧此事助长纣之淫侈之心。刘氏此说颇新。前人论《西伯戡黎》，多言天命周人代殷，甚或如顾炎武以天下形势释之②。刘氏别出心裁，谓文王禀忠敬之心，为纣伐黎，可谓"以圣人之心，求圣人之书"。然汤武革命，应天顺人，与儒家伦理并无冲突，刘沅费尽心思，塑造文王忠君的形象，其实既无必要，也与史实不符。值得一提的是，时人戴大昌亦有类似意见："戴补庵曰：'文王率殷之叛国以事纣，故孔子称为至德。盖为纣讨其不庭，而祖伊恐而奔告者，恐天夺纣之鉴而益其疾，不然纣何以恬不为怪，而自谓

---

① 刘沅：《书经恒解》卷三，第956—957页。
② 顾炎武云："以关中并天下者，必先于得河东。秦取三晋而后灭燕、齐，苻氏取晋阳而后灭燕，宇文氏取晋阳而后灭齐。故'西伯戡黎'而殷人恐矣"［顾炎武著，黄汝成集释，栾保群、吕宗力校点：《日知录集释（全校本）》，第81页］。

有命在天也？'"① 按戴补庵即戴大昌。戴氏师从凌廷堪，颇好程朱之学。其所言与刘沅十分类似，但今尚未见其中因袭之证据，或各自为说，不谋而合。

刘沅在阐发《尚书》中义理时，尤其重视与理学术语相结合。如论《益稷》"安汝止"云："禹乃言九德之原在安止也。汝，语词。止，谓心所止之地，人身之太极也。静而含其未发之中，止之本也；动而当于天理之和，止之用也。安，纯一不迁意。……盖安止之功，即执中之道，千圣所同。"② 太极、天理云云，经周敦颐、二程等人表彰，成为理学的核心概念。刘氏以此来解释"安汝止"三字，与蔡传止于至善之说稍异，虽嫌牵强，亦可谓创见。

总的来看，《书经恒解》篇幅较大，观点颇新，于文章脉络、义理微言提出了很多颇具想象力的见解，可以称得上是晚清理学家治《尚书》的名著。但如深入分析，可以发现其所自矜创获之处，或因袭前儒，或引申太过，只能以一家之言目之。且此书释经，常就不重要处着力，解说往往漫无边际，如《召诰》"以庶殷攻位于洛汭"条下，刘氏云："庶殷，殷之众庶。用庶殷者，蔡仲默曰：'是时殷民已迁于洛，故就役之。'愚谓周之民皆殷之遗也，云'以庶殷'，见殷民亦乐于营洛之举。"③ 此处可谓不知所云。周民何以谓之"殷遗"？"殷民亦乐于营洛"是否包含周民？如若包含，所谓"亦"字从何说起？如若不含，则前句所云是何道理？凡此之类，皆刻意引申之过。刘氏批判前人云"以空言饰之，以浅见说之，则《书》传日多，圣人之道日晦"④。今读其书，不免亦有"空言"之叹！

---

① 赵绍祖：《读书偶记》卷一《西伯戡黎》，《续修四库全书》第1161册，第36页。
② 刘沅：《书经恒解》卷二，第902页。
③ 刘沅：《书经恒解》卷五，第998页。
④ 刘沅：《书经恒解·凡例》，第870—871页。

第三节 《尚书》义理之阐发

一 明体达用：方宗诚《书传补义》之特色

方宗诚（1818—1888），字存之，号柏堂，桐城人。诸生，曾官枣强知县。方氏生长于理学之乡，师从族兄方东树，一生恪遵程朱之道，于汉学、心学则大加排斥，这一点已为研究晚清理学者所熟知。[①]中国台湾学者田富美更著文指出，"明体达用"是方氏尊朱思想的基本原则。[②]此说确实准确把握住了方宗诚思想的核心所在，不过这只是思想史层面的讨论。我们还应注意到，方氏著有大量的经学著作，如《读易笔记》《书传补义》《诗传补义》《礼记集说补义》《春秋传正谊》《春秋集义》等。这些经学著作与其明体达用的思想同样关系密切。一方面，方宗诚宣称："学者穷经，所以明体而达用也"[③]，将明体达用视为治经之目的；另一方面，又视治经为明体达用必经之途径："六经是明体达用之书……学而不穷六经，则吾心之体不明，而经世之用不达。"[④]有鉴于此，我们不免进一步追问：方宗诚如何通过研治六经实现明体达用？在明体达用的原则下，其经学研究相较于他人又有何特色？本节以其《书传补义》为例，站在经学史的角度来审视其中的思想意涵，尝试对此予以回答。

（一）方宗诚《尚书》学之立场

《书传补义》成于同治四年（1865），方宗诚自述其作意云：

> 《书经》一书，二帝、三王、皋陶、伊、傅、周、召治身治世之

[①] 参见张昭军《方宗诚与柏堂学》，《安徽史学》2007年第4期。
[②] 田富美：《明体达用——方宗诚尊朱思想及其学术论辩》，《孔孟学报》2013年第91期。
[③] 方宗诚：《春秋传正谊》卷首《春秋传正谊叙》，《柏堂遗书》本，《稀见清代民国丛书五十种》第71册，国家图书馆出版社2014年版，第309页。
[④] 方宗诚：《柏堂读书笔记》卷一《论文章本原一》，《柏堂遗书》本，《稀见清代民国丛书五十种》第72册，第2页。

第三章 理学复兴与《尚书》学

大法备矣,而三代治乱兴亡之要莫不令人洞悉其所以然,尤足以为有国有家者之鉴戒焉。……朱子《诗集传》、蔡氏《书集传》大体纯正无疵,余反覆玩味有年,间尝引申其义,以发二书之大纲要旨。至《集传》中偶有所疑,附记于后,以质世之君子,然皆必其关系世教人心者,然后为之疏通证明,固不敢为微文碎义以破道也。①

方氏于此首先表明了自己对《尚书》的重视,认为经国治世不可不读《尚书》。此论并无新意,但却是方氏《尚书》学的前提。此外,方氏还说明了《书传补义》一书的结构,首在阐发"大纲要旨",次在疏通疑义。今观此书共分三卷,卷一为"通论大义",卷二为"通论要义",卷三为"附论疑义"。其中,"疑义"毋庸深辨②,但"大义"与"要义"之区别,方氏并未详加解释。观其《自序》所言,参以各卷内容,似乎"大义"即是《自序》所言之"大纲",所论皆通篇宏纲;"要义"即《自序》所言之"要旨",即篇内一事一言所蕴含之义。

《书传补义》以蔡沈《书集传》为本,表明方宗诚治经尊奉程朱之学,所以他对汉学一派的《尚书》学持否定态度,如方氏激烈抨击孙星衍云:

阳湖孙氏星衍著《尚书今古文注疏》,删去孔壁古文,所采传注皆自唐以上及我朝汉学诸人训释,其宋元明三朝儒者说经之言,一字不入,可谓笃于信古而不精于穷理者矣。夫读书必穷其理,果其理当乎人心,岂可断以为伪而弃之;宋元儒者说《书》,真有能发圣人之精义而为汉唐诸儒所不及者,岂必专以博古为能哉!③

这是批评孙氏不信梅本《古文尚书》,不采宋元经说,仅能博古而不能穷理。接下来方氏又借《尚书》"七观"说讥讽孙氏。《尚书大传》载孔

---

① 方宗诚:《柏堂集续编》卷二《诗书集传补义叙》,《清代诗文集汇编》第 672 册,第 217 页。
② 且方氏所论疑义多取自他人之说,尤其称引其好友戴钧衡之说颇多,缺少创见。
③ 方宗诚:《柏堂集续编》卷五《书尚书今古文注疏后》,第 251 页。

子"七观"说，此"七观"皆在今文二十八篇之中，故汉儒以《尚书》为备，又有所谓法二十八宿之说。孙星衍于其所作《尚书今古文注疏序》中曾称引此说。而方宗诚则批评说：

> 圣人删《书》，所以记四代治乱之迹，以为天下万世法戒，其篇次多寡亦视其书之关系当存与否耳，岂必其数符于二十八宿与斗邪？是何异儿童之见也？且《书大传》孔子之言亦未可信。如《尧典》何不可以观仁、观义、观治、观事邪？《咎繇》何不可以观度、观诚邪？凡此七观，每篇皆然。岂圣贤之经，一篇仅足作一事观邪？此决非孔子之言也，而孙氏笃信之。至《禹谟》、《伊训》、《说命》之类，真有益于修身治世，不背于圣人之道，而反不信，非所谓失其是非之真者邪？①

严格来讲，孙星衍对"七观"之说实际持保留态度②，但他反对伪古文则是毫无疑问的。方氏此处主要是借机批评孙星衍对义理的把握不准确，对伪古文的质疑毫无根据。观其所言，全以情理为据，但《尚书大传》所载之说，尊信者颇众，方氏仅凭此断其为不可信，尚嫌武断。《尚书今古文注疏》在晚清学界口碑颇佳，影响极大，方氏对其予以指摘，也是为了捍卫程朱理学在经学研究领域的地位。

通过这一事例，我们可以发现方宗诚判断是非的标准就是是否有益于修身治世，是否违背圣人之道。以这样一种标准来评判东晋古文真伪疑案，在方氏看来相关争论完全没有存在的必要。他说："阎氏力辨其伪，则愚所不敢信。夫生千载之后，其伪与否虽不敢知，而其理之精，义之确，词气之正大恺恻光明俊伟，可以修己治人，守之无疵而行之无弊，即后人作之，其益人如此，圣人复起，不能废也。而况乎后人决不能为

---

① 方宗诚：《柏堂集续编》卷五《书尚书今古文注疏后》，第252页。
② 孙星衍引述《大传》之后云："寻此诸说，即非正论，可证汉儒之笃守廿九篇无异辞也"（氏著《尚书今古文注疏》卷首《尚书今古文注疏序》，第2页）。

第三章　理学复兴与《尚书》学

也。"[①]乾隆年间庄存与也曾指出，《古文尚书》于世道人心有益，故不可废。[②]但他是"心知其伪而不敢废，意取笃慎，匪云左袒"[③]，而方宗诚则不承认《古文尚书》是伪作，认为后人不可能具备这一能力。

对于辨伪的声音，方宗诚往往是一味秉持"义理"这一最高准则去打压。所以他会直截了当地说："《伊训》《太甲》《咸有一德》《说命》，真天下万世人人可以法守之道，近儒必旁引曲证以为伪书，可谓不急之辨矣"[④]，"《旅獒》《蔡仲之命》《周官》《君陈》《君牙》《囧命》所陈，实是治天下经常之道，为君为相者当时讽诵之以为法，攻古文者以为伪，岂知道者哉"[⑤]。当然，《古文尚书》是否义理纯正也是有争议的，阎若璩、姚鼐等人即指出伪古文有悖理之处[⑥]。方宗诚在书中虽未对此予以逐条回应，但也间有辩驳。《君陈》篇有"嘉谋嘉猷"云云，争议颇大。蔡沈《书集传》引葛氏（按应指葛真）之言云："成王殆失斯言矣。欲其臣善则称君，人臣之细行也。然君既有是心，至于有过，则将使谁执哉？禹闻善言则拜，汤改过不吝，端不为此言矣。呜呼！此其所以为成王欤？"[⑦]此后沿其波者甚众。[⑧]对此，方宗诚回应说：

> 葛氏以成王为失言，是不知政体者也。夫治天下有大体焉，在为君之道必以求言为先，纳谏为急，不可拒人言以任一己之私见。成王所以望君陈有嘉谋嘉猷入告也。而为臣之道则必以责难陈善为要，尤以宣导上德为本，不可矜己揽权，使天下不知有君上，而但知有任事之臣。成王所以勉君陈顺之于外曰："斯谋斯猷，为我后之德"也。

---

① 方宗诚：《柏堂集次编》卷二《书惜抱先生文集后》，第148页。
② 龚自珍：《资政大夫礼部侍郎武进庄公神道碑铭》，载《龚自珍全集》，第141—142页。
③ 成本璞：《九经今义》卷三《今文尚书》，《四库未收书辑刊》第4辑第10册，第402页。
④ 方宗诚：《书传补义》卷二《通论要义》，《四库未收书辑刊》第2辑第5册，第117页。
⑤ 方宗诚：《书传补义》卷二《通论要义》，第120页。
⑥ 参见戴君仁《阎毛古文尚书公案》，台北"国立"编译馆中华丛书编审委员会1979年版，第174页。
⑦ 蔡沉撰，王丰先点校：《书集传》，第266页。
⑧ 参见阎若璩撰，黄怀信、吕翊欣校点《尚书古文疏证》，第118—120页；姚鼐《惜抱轩九经说》卷三《尚书说一》，《续修四库全书》第172册，第613页。

此篇乃成王策命君陈之词，何嫌何疑而不告以为臣之大体乎！①

方氏强调为臣之大体在于宣导君上之德，成王命君陈善则称君，正是教导他遵循大体，故不避导谀之嫌。此说极尽辩论之能事，苦心孤诣，于此可见。就此我们也可以发现，他对《古文尚书》的卫护并不以考证见长，或者说他不屑为之。今人对晚清《古文尚书》辨真之学多有关注，然而于方宗诚则往往忽略，原因可能也在于他缺乏考证的深度。

（二）明体达用论之展开

方宗诚治《尚书》，于汉宋、真伪之别，全以义理为断。同时，他又强调，《尚书》中之义理绝非空言，而是蕴于实际政事之中：

> 《尚书》所说心性义理，即实见于政事之中，实行于家国天下。读其书，须玩其无一事一言非仁至而义尽也，不似后世史书所言所行多不合乎义理；而儒者阐明义理心性之书，又但是说义理、说心性，不似《尚书》即实见于政事之中。故讲用者不熟玩《尚书》，则无以明义理之精微而立其体；讲体者不熟玩《尚书》，亦无以明事理之至当而达之于用也。②

方氏认为，《尚书》中所言之心性义理即是"体"，所言之政事即是"用"；《尚书》不但说理精湛，更能通过对治国理政的记载来予以体现，因此后世治体用之学者，必须深研《尚书》。

按照方宗诚的理解，体就是"吾心仁、义、礼、智之性"，用就是"吾心仁、义、礼、智之性发而为恻隐、羞恶、辞让、是非之情，见之于父子、君臣、夫妇、昆弟、朋友之伦与夫日用事物之微而已"③。以此说分析《尚书》所载唐虞三代之事，圣君贤臣之内在德行即谓之体，治国之实

---

① 方宗诚：《书传补义》卷三《附论疑义》，第139页。
② 方宗诚：《书传补义》卷二《通论要义》，第122页。
③ 方宗诚：《柏堂集次编》卷四《读书说》，第154页。

践即谓之用。《书传补义》中常见"治本"与"治法"之辨，实即体、用之变称。观方氏论《皋陶谟》云：

> "允迪厥德，慎厥身，修思永，惇叙九族"数语，为治之大本也；"在知人，在安民"二语，为治之大法也。一部《大学》，格物、致知、诚意、正心、修身、齐家诸章，止是发挥"允迪厥德"数语之义；治国、平天下诸章，止是发挥知人安民之义。①

按，此处所谓治本即是体，治法即是用。考宋儒真德秀有云："圣人之道，有体有用。本之一身者，体也；达之天下者，用也。……盖其所谓格物、致知、诚意、正心、修身者，体也；其所谓齐家、治国、平天下者，用也。"②方宗诚正是套用此说，并以《大学》对应《皋陶谟》，虽然对"齐家"的看法稍异，但对体用的理解则并无二致。既明乎此，我们再来看方氏所云"'无教逸欲有邦'一节，治天下之大本；'天叙有典'一节，治天下之大法"③，"明目达聪，惇德允元，难壬人，此是先正身心以端治本。而其治法则必首择贤相以总朝政，次明农以足民食……"④诸说，即可明了其背后所蕴藏的明体达用之苦心。

更有可得而论者，"治本"与"治法"的称谓也透露出前者是后者之基础这一含义。唐虞三代君臣只有具备完美德行这一"治本"，方能实施达成盛世之"治法"。换言之，"用"需要以"体"为前提。方氏论《洛诰》云："'作周恭先'，'作周孚先'，诚敬之谓也。欲大振作，非先积诚敬不能。"⑤其意正以为，必须具诚敬之体，方能有大振作之用。

体、用虽然有别，但却不可割裂，因此方氏更进而以"体用一源，显微无间"之说来解释《尚书》中义理与政事之关系，其言曰：

---

① 方宗诚：《书传补义》卷一《通论大义》，第103页。
② 真德秀：《真西山先生集》卷一《召除户书内引劄子》，《丛书集成初编》第2400册，中华书局1985年版，第7页。
③ 方宗诚：《书传补义》卷一《通论大义》，第103页。
④ 方宗诚：《书传补义》卷二《通论要义》，第115页。
⑤ 同上书，第120页。

观尧之钦明、舜之精一、禹之祗台德先、汤之懋昭大德，皆是在存心养性上用功，而用人行政自然能顺天理当人心，合乎中庸之极，是所谓"体用一源"也。然虽是在体上用功，而于用人行政固无一毫之不尽其道，所谓"显微无间"也。盖用人行政即是存心养性之实际，岂可外用人行政而别有存心养性之功？存心养性即是用人行政之主宰，岂可舍存心养性而别求用人行政之术？异学之与杂伯，皆不知此道也。①

"体用一源，显微无间"之论，倡自程颐，是程氏《易》学的基本观点。②方宗诚则将此论施之于《尚书》，认为二帝三王于存心养性、用人行政两个方面皆浑然天成，绝无隔阂，不但在用人行政过程中实践存心养性，并以存心养性作为用人行政之指导。所以他不但反对以力服人的霸业，而且反对空谈义理的异学。在阐释所谓虞廷十六字时，方宗诚专门批评了陆王心学，其言曰：

《禹谟》"人心惟危，道心惟微，惟精惟一，允执厥中"四语，是论心学之祖。然止此四语说心，其上下文莫非说实政、实事，可见古人心学功夫即在实政实事上做得纯乎天理，无一毫人欲之私，非空言心学也。孔孟程朱皆是就实事上明天理、尽天理而已，观《语》、《孟》及程朱书可见。陆王之心学，多是蹈空，所以非尧舜禹之正脉也。③

他以《大禹谟》为例，说明不应脱离实事而谈心性天理，进而对陆王之学提出批评。有学者以《柏堂集前编》所载《复方鲁生先生书》为据，认为方宗诚早先拘执学脉之见而不喜陆王，后来则部分认同，"以陆王心学有'修己淑世之心'而将之排除于'异端'之列，这背后实隐含了明

---

① 方宗诚：《书传补义》卷二《通论要义》，第117页。
② 其具体涵义可参看朱伯崑《谈宋明理学中的体用一原观》，《中国哲学史》1992年第1期。
③ 方宗诚：《书传补义》卷二《通论要义》，第116页。

体达用的意旨"①。不过，成书时间晚于此信的《书传补义》②仍对陆王心学之蹈空心有不满。另外，即使是在这封《复方鲁生先生书》中，方宗诚也批评方潜说："先生之论，往往遗下而语上，舍卑而论高，略工夫而谈本体，厌繁难而喜简易，不将开后学以荒经蔑古、脱略事为之弊，而以性道、人事离而为二邪？……先生于陆王无异词，而于程朱论学之旨则间生訾议，鄙意尤所未安。"③所谓本体与工夫、性道与人事即体用之变称，方宗诚于此乃是借批评方潜（字鲁生）来表达对陆王心学舍用而言体的不满。

按照方宗诚所信奉的道统说来讲，尧、舜、禹、汤、文、武、周公都是圣人，"体"自然毫无瑕疵，所以他在书中常常称颂他们"仁至义尽"④。依据"体用一源，显微无间"之论，其治国之"用"，自然也是值得效法。如方氏论舜命九官之次序则云："观此可悟古帝为政规模之大、节目之详，可为万世法也"⑤，论伊尹、周公之行事则云："当主少国危之时，身为大臣，委曲以成就君德则可，放则不可；摄政则可，践祚则不可。此伊、周所以为万世法与（原注：夏氏炘曰：'放桐、践祚，皆战国秦汉诸陋儒语，不可不辨'）。"⑥仁、义、礼、智之体为儒生所常道，今方氏更提出应效法先圣治国理政之用，正与其所提倡的讲体用之学必读《尚书》的主张相吻合。

（三）理学化《尚书》学之流裔

前文已经提及，方宗诚尊奉程朱之学，反对汉学派之治经方法。就其《书传补义》来看，完全是彻底的理学内容与方法，是对宋儒理学化《尚

---

① 田富美：《明体达用——方宗诚尊朱思想及其学术论辩》，《孔孟学报》2013年第91期。
② 《柏堂集前编》所载之文皆"自道光戊戌至咸丰癸丑未敉前之所作"（方宗诚：《柏堂集前编》卷首，《清代诗文集汇编》第672册，第54页），而《书传补义》则成于同治四年。
③ 方宗诚：《柏堂集前编》卷四《复方鲁生先生书》，第81—82页。
④ 如所云："《多方》与《多士》二篇，所以开导殷民，与所以处置之法，曲折详尽，真仁之至、义之尽矣"（方宗诚：《书传补义》卷一《通论大义》，第111页）。
⑤ 方宗诚：《书传补义》卷一《通论大义》，第102页。
⑥ 同上书，第111页。

书》学①的继承和发展。宋儒治《尚书》，崇尚义理，尤其程朱一脉，喜谈天理性命、圣人之心。方宗诚在研治《尚书》时，不但在价值追求上与宋儒一致，而且时常附和程朱之主张。方氏有言："'钦明'二字，尧圣德之本也。程朱论学，以居敬穷理为宗，居敬所以希圣之钦，穷理所以希圣之明。钦明者，生安之德也；居敬穷理者，学利困勉之功也。及其至之则一也。此程朱之学所以为自尧以来圣学之正脉与！"②居敬穷理是朱熹最为看重的修养方法，居敬是指内心的涵养功夫，穷理实即所谓"格物致知"。③按照方宗诚的理解，程朱所言居敬穷理即从尧之钦明而来，这就将程朱理学直接上溯到唐虞时代，为理学家所谓道统说增添了一个佐证。在阐述《说命》篇要旨时，他同样有类似之说："'恭默思道'四字，学道之要法。道不思不得明，然非恭默则精神外驰，心不精一，虽思无所得也。四字即程朱居敬穷理之所本。"④由此可见，方氏研治《尚书》过程中总是时刻铭记其程朱信徒的身份。

另外，若深入考究《书传补义》的内容，亦可发现多有因袭宋儒之处。如方宗诚所云：

> 《虞书》言"钦哉"者六七，惟于刑重言"钦哉钦哉"，以刑关人之廉耻，系人之躯命，尤不可不敬也。能钦才能知恤，后世如汉文颇知此意。"钦哉！钦哉！惟刑之恤哉！"不可严酷，亦不可姑息，止是战战兢兢，务得真实之情而施其平允之法。钦、恤中包有两意，非一味宽纵之谓也。恤，慎也。⑤

---

① 姜广辉认为理学化的经学指的是"理学家对儒家经典的理解与解释"，并将其解释学特点归纳为三：注重解决安身立命的时代焦虑；先识义理，方始看得经；争立"道统"——使解释体系成为信仰对象（氏著"宋学"、"理学"与"理学化经学"，《哲学研究》2007年第9期）。

② 方宗诚：《书传补义》卷二《通论要义》，第113页。

③ 参见朱贻庭主编《中国传统伦理思想史（增订本）》，华东师范大学出版社2003年版，第396—399页。

④ 方宗诚：《书传补义》卷二《通论要义》，第118页。明儒皇甫涍《再与扬山书》云："又来教，恭默思道者，思道所以穷理，而恭默不离乎敬者也"（氏著《皇甫少玄集》卷二十一，《景印文渊阁四库全书》第1276册，第630页）。方氏或承袭此说。

⑤ 方宗诚：《书传补义》卷二《通论要义》，第115页。

第三章 理学复兴与《尚书》学

此论其实是就朱熹之说而展开。观《朱子语类》中记载："或问'钦哉！钦哉！惟刑之恤哉'，曰：'多有人解《书》做宽恤之恤，某之意不然。若做宽恤，如被杀者不令偿命，死者何辜！大率是说刑者民之司命，不可不谨，如断者不可续，乃矜恤之恤耳。'"①施刑当谨慎，不应一味宽纵，朱子已有此说，方氏不过稍加修饰，内涵仍是一致。又如方氏论《盘庚》云：

> "黜乃心，无傲从康"，此指群臣之病根也。群臣所以不愿迁者，只由偷目前之苟且。此一点私心不黜，何能有功？"汝有戕则在乃心"，此指庶民之病根也。庶民所以不愿迁，只由心中无主，闻浮言而不知折衷，故戕逆上命也。若不告以"设中于乃心"，何能有为？从根本上指点，此三代圣人训民之法所以能感动得人。②

按，陈经《尚书详解》云："傲者，以违君之命而不肯从也；从康者，以其怀一时之安而不为后日虑也。当时群臣所以不迁，其病在此二字，盘庚直指病而告之。"③细观二人之遣词造句，显然有前后承继之关系。《朱子语类》《尚书详解》皆影响甚广，方宗诚自然曾经熟读，或正因二书常见，故方氏未加标识。今欲探讨方氏与宋儒之关系，不得不予以揭出。

更进一步来讲，方氏以明体达用论治《尚书》，其实也是受宋儒启发。如蔡传有云："钦，恭敬也。明，通明也。敬体而明用也"，"道积厥躬者，体之立；教学于人者，用之行"④。又如陈经论《大禹谟》"益曰都帝德广运"章云："此伯益申美帝尧也。此一章当与前一章相参而观之，体用互相发明。"⑤虽然方氏所针对的具体经文条目与蔡、陈二人并不相同，但他们对明体达用之说的理解与运用并无二致。

---

① 黎靖德编，王星贤点校：《朱子语类》卷七十八《尚书一》，中华书局1986年版，第2002页。
② 方宗诚：《书传补义》卷二《通论要义》，第117页。
③ 陈经：《尚书详解》卷十六《盘庚上》，《景印文渊阁四库全书》第59册，第164页。
④ 蔡沉撰，王丰先点校：《书集传》，第1页、第136页。
⑤ 陈经：《尚书详解》卷三《大禹谟》，第39页。此外，史浩、黄伦等人亦有类似之说，兹不列举。

《书传补义》专事说理，通篇所论皆所谓圣贤之法、世道人心，几乎全无训诂文字的内容，即使有之，也是为说理服务[①]，其理学化的程度着实超越了前儒，甚至当时及后世的《尚书》学者亦少有可与匹敌者。从这一点上来说，此书不失为一部有特色的《尚书》学著作。而《尚书》也确实理、事兼备，方氏以明体达用、体用一源之说予以分析，起码在表面来看是十分贴切的，这也为晚清理学贡献了新的内容。当然，方氏所谓《尚书》中之"体"，多陈腐旧说；其所谓"用"，也多不切实际，难以产生广泛的影响。清末胡元吉评价方宗诚说："以程朱为宗，凡异于程朱者，亦无不读其书，考其人，师其行谊，辨其偏蔽，取其长而去其短，有主从之分，无门户之见。论学必兼综汉宋，而以义理为归。……其所得博大精纯，体用完备，一洒儒而寡效之耻。"[②]这应该是胡氏站在理学立场上的客套之词，恐怕与方氏学术的实情不符。

二 师法桐城，模仿夏峰：吴大廷之《读书随笔》

吴大廷（1824—1877），字桐云，号小酉腴山馆主人，湖南沅陵人。咸丰五年（1855）举人。同治五年（1866）调任台湾兵备道，加按察使衔，但任职仅一年有余即请辞。卒赠太仆寺卿。由于吴氏既非政界显宦，亦非学界名儒，因此不为后世所熟知。今日仅有的研究，也只是关注吴氏在台任职期间维护秩序、发展生产的系列举措。[③]不过，吴氏在经学研究方面也颇有造诣，且别具特色，尤其针对《易》《书》二经，分别撰有《读易随笔》及《读书随笔》，对前人之学多有承继，可以此为个案来考察清代理学源流。然前人于此多不甚措意，今则详细梳理其学术渊源及思想主张。

[①] 姚鼐认为学问之事有三：义理、考证、文章，方宗诚对此并不认同，他说："吾则以为古人之学，义理而已，考证、文章皆所以为精义明理之助"（方宗诚：《柏堂集次编》卷二《书惜抱先生文集后》，第148页）。

[②] 胡元吉：《五品卿衔直隶枣强县知县方公柏堂先生行状》，《柏堂遗书》卷首，《稀见清代民国丛书五十种》第71册，第191页。

[③] 参见庄林丽《清代台湾道、台湾道台与台湾社会研究》，博士学位论文，福建师范大学，2013年，第277、291、295、347—349页。

第三章　理学复兴与《尚书》学

据吴大廷自述，同治七年（1868），"阅阎氏《尚书古文疏证》，略有进处，从此将治《尚书》"[①]，至同治十一年（1872）春撰成《读书随笔》[②]。此书共四卷，有同治刻本存世。此书为《古文尚书》五十八篇各作阐释，不列经文，不考字词，从整体上分析全篇，一如今之所谓"议论文"。每篇多则千余字，少则数百字。此书虽然囊括五十八篇，但其实吴氏对晚出古文并不完全相信，故有"《古文尚书》其果可尽信哉"[③]之叹。然古文虽可疑，吴氏却认为其中之大义则不容弃置，如论《周官》云："《周官》一篇，制度既于《周礼》未尽合，其作书之本意虽若与《立政》相承，……而词气终与《立政》弗类，故治今文者无取焉。然其职掌分明而训词深厚，守其法可以出治，可以为邦，懔其言，则已治而犹廑丧乱之忧，已安而犹懔危亡之戒，后之君人者必于是有取焉。"[④]在吴大廷看来，"虽今文古文互有疑信，而义理无大异同"[⑤]。基于这一认识，他认为纠结于经学史上的今古文之别并无太大意义。[⑥]

（一）师法桐城

吴大廷早年以诗文、科举为志，于经学不甚留意。他对经学的兴趣应是在桐城派的影响下发生的。据吴氏自述，"大廷最谫陋，然粗解文义，实自读方先生诸书始"[⑦]。此处所谓"方先生"指的是方苞，吴氏可谓方苞之私淑弟子。这一转折的发生时间应是在咸丰二年（1852），吴氏二十九岁时，"初与溆浦舒伯鲁郎中焘，继与巴陵吴兰坪学博敏树交，稍

---

① 吴大廷：《小酉腴山馆主人自著年谱》卷一，《清代诗文集汇编》第 698 册，第 831 页。
② 吴大廷：《小酉腴山馆主人自著年谱》卷二，第 841 页。
③ 吴大廷：《读书随笔》卷四《牧誓》，《晚清四部丛刊》第一编第 15 册，台中文听阁图书有限公司 2010 年版，第 66 页。
④ 吴大廷：《读书随笔》卷四《周官》，第 139—140 页。
⑤ 吴大廷：《读书随笔》卷首《自序》，第 2 页。
⑥ 吴氏治《孝经》亦秉此看法，云："余曩读古今文，窃以谓观其宏旨，但足以求天经地义之原足矣，而必断断焉互相驳诘奚为者？且夫古文今文其文字之或增或减，章句之或分或合，特所传微有不同耳，要之大义固无弗同者，非必古文今文各为一书也"（氏著《小酉腴山馆文集》卷三《孝经古今文辑注自序》，《清代诗文集汇编》第 698 册，第 722 页）。
⑦ 吴大廷：《小酉腴山馆文集》卷三《方望溪先生朱子诗义补正序》，第 724 页。

闻古文法，于是始知酷好《望溪文集》矣"①。吴氏所言似仅就文章之学而论，并未谈及方苞在经学方面对自己的影响。但其在《自著年谱》中记载："十九日未刻假寐，梦见方望溪先生。欣喜过望，语先生曰：'京师友人谓余为归、方之学，其实于归尚浅，而先生之文集则圈识五过，近治《春秋直解》。'先生曰：'以为何如？'余曰：'先生此书能贯通全经，其书法皆经文有字无字处求之，信经而不信传，颇有前儒所见不到者。'"②这段话十分形象生动，一方面表明了他对方苞的推重，另一方面也说明方氏之经学对他也有较大影响。就《读书随笔》而论，受桐城派的影响是十分明显的，一则治经方法极为相似，二则多次称引桐城诸子之说。

吴大廷曾概括方苞的治经方法云："望溪则每于空曲交会无文字处独得古圣仁贤微意之所在。"③意谓方苞治经重视发挥表面文字背后之深意，这一深意经文未明言，注疏家亦未曾道及。吴氏治《尚书》亦是如此，往往摆脱传注，强调神悟，其论读《书》之法云："古人文字高简，不必一一区分，而脉络自相联属，后之读者当会其意，不可专泥其辞。……古书遭秦火之后，汉儒掇拾补辑，诚不无缺误处。而《梓材》《洛诰》二篇，乍读之实有不可通者，及细味白文，经脉贯注，绝无隔阂。然后叹古人编书，具有深意，实非后人所能窥测也。"④其意盖以为对于文字简奥的经文，不应纠结于字词的表面含义，而应着重体会其中深意，其方法就是涵泳白文，不为传注所拘束。

吴氏曾详细描述自己体会《洪范》深意的过程，可以说是他就治经方法所做的一次实例说明，其言曰：

初抄《洪范》白文，继阅注疏、《钦定传说汇纂》、夏峰《书经近指》、归震川《洪范传》，如是数日，茫然不得于吾心。屏弃传注，

---

① 吴大廷：《小酉腴山馆主人自著年谱》卷一，第804页。
② 吴大廷：《小酉腴山馆主人自著年谱》卷二，第846页。
③ 吴大廷：《小酉腴山馆文集》卷四《跋邵位西遗文》，第730页。
④ 吴大廷：《读书随笔》卷四《洛诰》，第109—110页。

专诵白文，似觉脉络可寻，终恐其蔑古也。复取学海堂《尚书》各种，稍稍翻阅，大抵辨证古文孔梅之真伪，及字画音义之同异得失，而于《洪范》之微言大义，禹、箕传道以教天下万世之苦心，仍无所发明也。复举白文，口诵心维，参以李文贞《尚书解义》、《洪范说》，似有见于天人相通之理，明白昭晰，无复可疑。①

吴氏明确宣称，自己研治《洪范》的目的是为发明微言大义、圣人之心，其方法就是摒弃传注，专诵白文。其旨趣、方法不但与方苞并无二致，且与戴钧衡诵读白文以"求通"之主张亦相同。戴氏是桐城派治《尚书》的代表人物，其所著《书传补商》吟诵白文、独发神悟的解经方法，前文已有详述。

正因为这种治学方法上的一致，吴大廷在书中大量称引桐城派，尤其是方苞、戴钧衡之说。如论《大诰》，称引方苞所谓圣人能"言不过物"之说，且论周公讨武庚未列武庚之罪，亦基本袭自方苞。②又如吴氏解《金縢》，多取方苞、戴钧衡、管同之说，可见吴氏不但熟读桐城派解经之作，而且对其观点也多表认同。

吴大廷去世后，其挚友施补华评价他说："文章经术亦专门，继体方姚大雅存。"③吴氏从桐城派那儿继承而来的绝非仅限于文学，经术亦是如此。尤其是在吴大廷这儿，经术与文学并不可截然区分为二，他常用"文法"来解析《尚书》，如论《康王之诰》："上文太保、芮伯进言，不言诸侯，以内见外；此王告庶邦，不言朝臣，以外见内，可以见古人文法虚实之妙，是为真高，是为真简。"④

此外，吴大廷与当时桐城派的代表人物方宗诚交往十分密切。因为学术观点的相近，方宗诚对吴氏推重有加："桐云根柢性情之学而尚气谊、

---

① 吴大廷：《读书随笔》卷四《洪范》，第71—72页。
② 参见吴大廷《读书随笔》卷四《大诰》，第90—93页；方苞《望溪先生文集》卷一《读大诰》，《续修四库全书》第1420册，第293页。
③ 施补华：《泽雅堂诗二集》卷六《挽桐云》，《续修四库全书》第1560册，第192页。
④ 吴大廷：《读书随笔》卷四《康王之诰》，第148页。

重节义，讲经世之学而不迂拘，讲文章之学而不失绳墨义法。"① 方氏此言涉及吴氏治学的三个重要方面，文章之学与本书主旨不甚相关，兹不赘述，性情之学与经世之学在《读书随笔》一书中占有较大比重，也是此书的特色所在，说详下文。

（二）模仿夏峰

据吴大廷自述，《读书随笔》乃是"仿孙夏峰《尚书近指》之例，稍加变通"② 而成。《尚书近指》，一名《书经近指》，是孙奇逢晚年之作。孙氏自定《凡例》云："第取其融贯大旨，原非逐节逐句发明得其意。"③《读书随笔》恰是模仿这一体例，可见其所受孙奇逢影响之深。当然，这种影响绝不止于著作的体例形式，在内容上体现得也是十分明显。书中引用孙奇逢之说凡十余处，如论《文侯之命》云："孔子何为而取之哉？盖伤东周之不为生民，将日入于水火焦熬之中。独其命辞犹有王者气象，夏峰所谓'聊寄春王正月之意'者此也。"④ 这是以孙说来进一步阐发自己的观点。此外，书中还常引用孙氏之新说，以订补前人，如《泰誓下》"厥类惟彰"之"类"，蔡沈结合下文释为典常之理，语涉含糊。吴氏对此不能赞同，他说：

> 林氏之奇、张氏九成以为，吉凶祸福各以其类而至，其义甚明。而蔡传独取注疏，紧对下文"狎侮五常"立说，以见治民必本于法天。其义虽精，然"类"字之义，蔡传究欠分晰。至夏峰孙征君，谓"类"即道中之类，一物一则，截然不可乱。语意乃豁然无可疑矣。⑤

---

① 吴大廷：《小酉腴山馆文钞》卷首之《评跋》，《北京师范大学图书馆藏稀见清人别集丛刊》第二十六册，广西师范大学出版社2007年版，第477页。
② 吴大廷：《读书随笔》卷首《自序》，第3页。
③ 孙奇逢：《书经近指·凡例》，《孙奇逢集》上册，中州古籍出版社2003年版，第174页。
④ 吴大廷：《读书随笔》卷四《文侯之命》，第168页。
⑤ 吴大廷：《读书随笔》卷四《泰誓下》，第62页。

吴大廷之所以刻意模仿夏峰，当与二人学术思想相近有关。孙奇逢早年以阳明心学为宗，晚年则出入于程朱陆王之间。①对于理学各派，吴大廷亦主调和。他一方面为陆王辩诬，反驳阳儒阴禅之讥，认为：

> 姚江良知之说，其源出于象山，世以其简易超悟，遂并以禅诋之。不知良知之说，固本孟子、象山之本心，亦即孟子求其放心、先立乎其大之旨。人以孟子不可诋也，而顾以禅诋陆王，无他，卑者溺于训诂，弗知反身克己；高者骛于功利，则又亟亟张皇霸术，指陈要最，而于大本大原或反罅漏百出，弗之顾。②

在他看来，批评陆王者并未真正把握圣人之道，社会上恰恰存在大量"以是为非，以非为是，此心术之大蔽也，是显背乎孟氏、阳明氏之教者也"的现象③，因此作《通蔽上》以辩之，表明了他对陆王之学的认可。

另外，吴大廷对于两宋理学同样是极为推崇的，他认为只有到了宋儒那儿，孔孟之学才真正得到发扬："孔孟既殁，微言大义郁而未彰者千有余岁。自有宋诸大儒兴，得不传之秘于遗经，表章推阐，于是圣人之学皎然如日中天。"④此说本诸宋儒所喜谈的道统论，并无新意，但清楚表明了吴氏的学术立场。对程朱等人的认可，同时也是吴大廷与桐城派的共同点所在。另外，方苞对孙奇逢亦甚为推重⑤，吴氏治经模仿夏峰，或亦受其影响，此尚不可确知。

（三）阐心源而考政经

不论是陆王心学，还是程朱理学，吴大廷皆能认可其价值，唯独对于汉学，吴氏持不屑一顾的态度。书中对于文字训诂之学，全然回避，在探讨《君奭》之作意时，认为汉学家看重的《书序》《史记》全然无据，而

---

① 参见史革新《孙奇逢理学思想综论》，《郑州大学学报》（哲学社会科学版）2007年第4期。
② 吴大廷：《小酉腴山馆文集》卷十二《独坐扪心图记》，第794页。
③ 吴大廷：《小酉腴山馆文集》卷一《通蔽上》，第709页。
④ 吴大廷：《小酉腴山馆文集》卷十二《致经堂记》，第791页。
⑤ 参见方苞《望溪先生文集》卷八《孙征君传》，第389—390页。

盛赞蔡传"真能夺群议之纷纭而息其喙者",进而论曰:"然要自涵泳白文,义理得之,非如汉儒曲为傅会,佐证愈多,大义愈晦,此又读经者之圭臬也。"①这一观点鲜明地体现了其治经立场。

吴氏服膺程朱陆王之学,并不只是停留在天理道德、心性本体等理论层面的探讨上,而是进一步主张以此为基础去谋求经世,其言曰:

> 宋儒之学,非徒口耳之为贵,博学多识,穷理躬行而有心得,而又能适于用之为贵也。余谓方今时虽危迫,学者苟能由程朱而溯孔孟,以上追尧舜三代之教,内之自治其身心,而外之以措于天下国家,无所施而不当,治平之效有不难计日而决者。②

按,"内之自治其身心,而外之以措于天下国家"云云,即向之所谓内圣外王之道。吴氏以为,只有将所学付诸实际方才符合宋学真谛,这一点在当时内忧外患的局面下更具必要性。所以吴氏对当时的理学颇多批评:

> 我朝自乾嘉以来,汉学家恃其睹记之雄,专务单辞只字,掊击朱子不遗余力。识者早知其有生心害政之祸。今则此风浸息矣,而名为朱子之学者,卑则涉猎口耳以取世资,而不知有正心诚意之事;高则空谈性命以求元妙,而无复有经世宰物之猷。其能卓立事功者,则又半习永康、永嘉之余风,而绳以圣贤之道或犹有缺焉。故余尝谓方今盗贼未平,不足为患,惟学术不明,以致举世泯泯棼棼,几失其是非羞恶之本心,其流祸比之洪水猛兽而更酷。此诚有心世道者之大忧也。诸君子既知尊崇朱子,则当讲明朱子之学,以求体用一源,不至判圣功王道为两途,而无有如余前所云者之虑。③

他认为当时汉学家无用之学虽稍息,但理学家或大发空谈,或流于功利,

---

① 吴大廷:《读书随笔》卷四《君奭》,第124—125页。
② 吴大廷:《小酉腴山馆文集》卷十二《致经堂记》,第791页。
③ 吴大廷:《小酉腴山馆文集》卷十二《新修道山朱子祠记》,第794页。

第三章 理学复兴与《尚书》学

未能做到有体有用，内圣外王，使学术不明，为害甚剧。吴氏在自己的著作中，反复强调学以致用的重要性，如"嗟夫！道德、事功是果为二事哉？道德、事功之出于二，此天下事之所以不治，而人才之所由不可得也。且夫古之君子内以自治其身心，而外以备天下国家之用"[①]；"士人通经，将以致用，而非以肥遁为鸣高也"[②]。这是他从事经学研究的一个指导原则。

在《读书随笔》自序中，吴氏开宗明义，提出"阐心源而考政经"这一治经理念：

> 余治《书》说，亦颇究心阎氏、姚氏之书，其古文词气之决然不类者，间亦稍稍摘发，然大体未之敢易。以其中多圣人之真言，既中理而复犁然当乎人心故也。……其大旨古文今文不外主敬存心，以为《尚书》之纲领，将以阐心源而考政经，则吾说或亦时有小得焉。至于名物训故，则尚有待于博雅之君子，学者但览其大旨，而略其细微焉，其可矣。[③]

所谓"阐心源"，即指义理之阐发；所谓"考政经"，即指事功之追求。二者在吴氏看来密不可分，亦即"心法"与"治法"当合而为一。他批评说："治法不本于心法，后世权谋杂霸之习，非五帝三王之治法矣。"[④]其要求就是："必以正心为本，诚使言动命讨一安于义理之所止，而无少矫揉造作于其间，则大本立，达道行，而措之政事者无所施而不当，所谓治法、心法一以贯之者也。"[⑤]这自然是理学家最高的境界追求，也是他们自我标榜的价值观念。但是，如何在治经过程中体现这一观念而不落俗套，恐怕是要费一番心思的。今观《读书随笔》，似乎发明有限。

---

① 吴大廷：《小酉腴山馆文集》卷六《赠易笏山序》，第742—743页。
② 吴大廷：《小酉腴山馆文集》卷一《通蔽下》，第709页。
③ 吴大廷：《读书随笔》卷首《自序》，第3页。
④ 吴大廷：《读书随笔》卷三《说命中》，第45页。
⑤ 同上书，第47页。

首先，在以经术致用方面，此书也仅仅是做到了在个别之处联系实际问题。如论《盘庚》云："余尤愿身居民上者，际危疑之时，凡有兴建号令，不强民而威福自专，一以《盘庚》三篇为前事之师，虽国势衰而复兴可也。"① 又如论《康王之诰》云："虽成、康刑措之时，周、召大圣犹拳拳以武备为言。则当积弱之后，内忧外侮迭起循生，宜如何奋扬威武，振作有为？而顾泄泄沓沓，不知戒备，尚足与言制治保邦之计乎？"② 这种强国强兵之论，当然属于致用，或曰治法，但书中所言仍仅仅是强调其重要性，而无所谓"建设性意见"，针对如何强国，如何强兵，书中并未给出答案，不能不说还只停留在空论的层面。

其次，书中所谈义理，即所谓"心法"之类，仍多沿袭前儒，而罕发明，且多因袭而不标明。如论《伊训》云："守成之君以法祖为第一义，故于庙见之初，群后咸在之时，首以烈祖成德为言。"③ 考明儒傅元初曰："守成之君，法祖是第一义，故伊尹之告太甲也，亦惟明言烈祖之成德，而古今兴亡、天人祸福皆以发明此意。"傅氏此说收入《钦定书经传说汇纂》④。又如论及《微子之命》，吴氏云："其命微子，但以'弘乃烈祖'期之，无一语及纣与武庚之罪，与《泰誓》、《牧誓》、《多士》、《多方》全不类，盖为亲者贤者讳也。其言为尤知体哉！"⑤ 考南宋王炎云："《泰誓》、《牧誓》言纣之失至于再三，与周之友邦及从征之臣言也。《酒诰》言纣之失亦无所隐，兄弟之间相与言也。至《多士》、《多方》言纣之失则略，与殷之遗民言也。《微子之命》并无一字及纣与武庚之事，不可对商之贤子言也。而惟言汤之圣、微子之贤，其言有体也哉！"此论亦被《钦定书经传说汇纂》采入⑥。吴大廷所论与傅、王二氏之说甚为相近，而《钦定书经传说汇纂》当时流传甚广，吴氏不应不见。既已见之，犹重复申说，实无太大必要。更遑论书中还有多处暗用蔡传，如论《咸有一

---

① 吴大廷：《读书随笔》卷三《盘庚》，第43页。
② 吴大廷：《读书随笔》卷四《康王之诰》，第151—152页。
③ 吴大廷：《读书随笔》卷三《伊训》，第24页。
④ 《钦定书经传说汇纂》卷七《伊训》，《景印文渊阁四库全书》第65册，第643页。
⑤ 吴大廷：《读书随笔》卷四《微子之命》，第168页。
⑥ 《钦定书经传说汇纂》卷十三《微子之命》，第787页。

德》云："取善之要，德无常而善有常，善无常而一有常。主善为师，协于克一，始之必求有以得夫一本万殊之理，终之更求有以达夫万殊一本之妙。"① 与蔡传大同而小异，读罢蔡传，实无须读此书。

总的来看，吴大廷并非纯正的经生，他虽然尊奉理学，但以之治经，未脱前人窠臼，并无太大影响。后人评价此书说："独《洪范》篇自出心解，谓专诵白文明白昭晰，一切传注可屏弃，亦自有见。《金縢》篇'居东'采方苞说，为镐东乡郊之实邑。古者大夫有罪，自投于私邑以待，放礼也。自陕以东，周公主之，公主东诸侯，邑宜在国之东，下言王新逆而出郊，是其证。此说亦有理。余大都肤浅，无甚高论。"② 虽然如此，吴氏此书仍可视为桐城派及孙奇逢经学之延续，对此进行探讨，可以明晰其源流。

三　学宗阳明，通观自得：吴嘉宾之《今文尚书说》

吴嘉宾（1803—1864），字子序，江西南丰人。道光十八年（1838）进士，改庶吉士，散馆授编修。吴嘉宾学文于梅曾亮，得桐城派义法，是桐城派在江西的重要代表之一。人称其文"博厚而密，深简而远……务求至诣"，其诗"思致甚幽，气势甚豪……不摹仿古人，亦不随逐时人"③。吴氏与曾国藩是同榜进士，与倭仁等亦交往颇深，但在思想上更多地倾向于陆王。郭嵩焘称："先生学宗阳明，而治经字疏句释，以求据依，非专言心学者，其要归在潜心独悟，力求心得，其素所树立然也。"④ 吴氏虽宗阳明，但亦不废程朱，认为二者"其至则一"⑤，亦即所谓殊途同归，以《大学》为例，吴氏云：

夫朱子、阳明皆为《大学》之说，朱子为之补传，阳明用古本

---

① 吴大廷：《读书随笔》卷三《咸有一德》，第32页。
② 中国科学院图书馆整理：《续修四库全书总目提要·经部》，第251页。
③ 刘声木撰，徐天祥点校：《桐城文学渊源考、撰述考》，黄山书社1989年版，第244页。
④ 郭嵩焘：《求自得之室文钞序》，载吴嘉宾《求自得之室文钞》卷首，《清代诗文集汇编》第613册，第319页。
⑤ 吴嘉宾：《求自得之室文钞》卷三《王阳明论上》，第360页。

《大学》，用古本者是矣。至其言之异，则譬犹良医用方，加以己意，但问其中病否耳。世或专主一家之议，是此非彼，或并以此议二君子，此殆安坐不即途，而徒责行道者之纷纷也。①

吴嘉宾一生著述甚丰，有《求自得之室文钞》十二卷、《丧服会通说》四卷、《周易说》十四卷、《书说》四卷、《诗说》四卷等传世。吴氏特别强调"自得"，所著诸经之说皆冠以"求自得之室"之号，这可以从吴氏文集中所保存的各经说之自序得到证明。而《求自得之室尚书说序》最后有云："予故备释伏生所传《尚书》之文，明圣人用心所以异于后世者，使伪不得以汩真。在学者通观而自得之尔。"②对于这一问题，吴嘉宾的从弟吴嘉善为《求自得之室文钞》所作的跋语颇具参考价值，其中有云：

古今之学，一而已，自末学之多歧，不自求得于其心，群然耳食之儒乃反以心学为诟病。夫心外果有学乎哉？先兄子序先生尝语善曰："吾人此心之外，微特远至天下国家，即近而一身，且有莫能自必者。故为学莫要于求无疚于心。"③

按，所谓自得，当指自得于心，为阳明心学所乐道，观王守仁所言"夫求以自得，而后可与之言学圣人之道"④可知。从情理上讲，这种自得主要应是针对义理而言，至于名物训诂是很难自得于心的。当然，吴氏对于名物训诂之学也并不关心，认为其无关于经典宏旨，其言曰：

嘉宾谓，士生千载后，读古人之经，惟于义理可以思而获之，亦可与共学者相质。即有异同，两存无害。若夫地理、名物之学，去古日远，无由征信其说。就令征信，又罕施用，故愚不为也。即如殷

---

① 吴嘉宾：《求自得之室文钞》卷三《王阳明论上》，第360页。
② 吴嘉宾：《求自得之室文钞》卷七《求自得之室尚书说序》，第398页。今传世刊本今文《尚书说》卷首之序无"在学者通观而自得之尔"一句，不知何故。
③ 吴嘉善：《求自得之室文钞后跋》，《求自得之室文钞》卷末，第460页。
④ 王守仁：《王阳明全集》卷七《别张常甫序》，上海古籍出版社1992年版，第231页。

为河北邑名,此与《商书》之旨岂有关系乎?徒为古人树异帜,使学者惑。①

今观《今文尚书说》中有关字词之释义,多就字面意思为解,且不惜与前人立异。书中字词释义多与蔡传不同,如《西伯戡黎》"祖伊反"条,蔡传释"反"为退,然吴氏则说:"反,犹所谓恶声至必反之,盖面责王也。"②又如《微子》之"父师、少师",蔡沈及前人多认为是指箕子、比干,吴氏则认为"父师者,微子尊箕子之称,少师乃其官,盖一人也"③。细究起来,这些解释恐怕多不可通,即如解《尧典》"慎徽五典,五典克从"云:"尧始与舜慎言五典之事,皆能从顺乎道。《周书》'已受人之徽言',徽,善言也。《诗》'太姒嗣徽音'亦是也。"④按照吴氏对整句话的理解,应该是释"徽"为"言",但此训从未有之,吴氏所举二例中之"徽"字皆当作"善"解。释经如此疏忽随意,可见吴氏治学兴趣并不在此。

吴氏注重义理,尤其强调"古圣人之心"⑤,但不信晚出古文。之所以如此,主要原因在于他认为晚出古文所言多不合圣人之道。吴氏云:"读《虞书》典谟之言,知君臣之伦道固如此也。……读周公之书而知父子兄弟之伦道固如此也。……后之人以一命为重,而欲度古圣人之行事,不已远乎?作伪书者又从而乱之,道之所以惑也。予故专释伏生之书,明圣人之行事,使作伪者不得以汩古之真云尔。"⑥吴氏并举例言之,如"伪古文于舜授禹为再三固让之辞而后受,误矣。圣人之志同于忧天下,其视为相与践天子位无以异尔。故言尧舜禹之事,惟孟子为得圣人之心者"⑦。这是

---

① 吴嘉宾:《求自得之室文钞》卷六《答家继之书》,第385页。
② 吴嘉宾:《今文尚书说》卷二,《晚清四部丛刊》第一编第15册,台中文听阁图书有限公司2010年版,第113—114页。
③ 吴嘉宾:《今文尚书说》卷二,第115页。
④ 吴嘉宾:《今文尚书说》卷一,第11页。
⑤ 吴嘉宾:《今文尚书说》卷首自序,第1页。
⑥ 同上书,第3—6页。
⑦ 吴嘉宾:《今文尚书说》卷一,第13页。

批评《大禹谟》所载禹辞让帝位之事与圣人之心不符，圣人无名利之心，视帝位与相位并无不同，辞让之事系后人妄加揣测。此外，在《论语说》中，吴氏也曾涉及对晚出古文的考辨，其言曰：

> 《古文尚书》晚出，多采《论语》及诸子所引《逸书》，连合成文，而不得其本义，不可为据。如"周亲"以为纣之至亲，此为伪古文所误也。纣昏弃厥遗王父母弟，安所谓周亲哉？按文义当与"帝臣不蔽"同，谓举善必出于至公而已。①

在阐释《今文尚书》的过程中，可以明显看出吴氏对心学的宗奉，这集中体现在他对"心"这一概念的偏爱，以及沟通《孟子》与《尚书》的努力。书中言"心"之处如："心者，上帝之所见端也。"②又如："三代以后事与古异者多矣。圣人之所以百世者，心也。伊尹放太甲，周公行王事，皆所谓有其志则可，无其志则断断不可者也"③，此条一则言"心"，二则实就《孟子·尽心上》而加以发挥，于此可见其治学特色。总体上来看，吴嘉宾虽然重视心学，宗奉阳明，但其《尚书》学仍然是建立在圣人纂修说的基础上的④，这一点同程朱一脉并无根本区别。如论《微子》篇时提到："微、箕问答之辞，商史官何缘录之？故《诗》《书》皆后圣人所采，非尽故府之简策也。著《高宗肜日》《西伯戡黎》及《微子》诸篇于《商书》之末，所以明殷之亡乃其自亡，虽殷之臣子皆先知之，而无所委咎，使后立国者尝以为鉴而已。"⑤在他看来，《尚书》虽不是圣人所著，但毕竟有"采"这一过程，其篇章去取及编排顺序定有深意。

---

① 吴嘉宾：《读四书说·论语说》"尧曰第二十"，《晚清四部丛刊》第一编第26册，第360页。
② 吴嘉宾：《今文尚书说》卷四，第302页。
③ 同上书，第245页。
④ 吴氏虽然强调"古经惟《易》为圣人作，且非一圣人所成"（吴嘉宾：《求自得之室周易说》卷一《卦次图说》，《晚清四部丛刊》第六辑第8册，台中文听阁图书有限公司2011年版，第16页），认为《尚书》篇章多史臣简策，如《顾命》《文侯之命》等，但是在他看来，《尚书》是经过圣人纂修的，其中必有深意。
⑤ 吴嘉宾：《今文尚书说》卷二，第114页。

陆王心学一派本不擅治经，吴氏以文士转而研经，所得较浅。书中一些观点十分怪异，如论《召诰》"祈天永命"云："夫兴亡之际，人以为鉴于前之亡，以保我之存。而不知存未有不亡者，召公所谓'祈天永命'，欲王思所以永保显名而已。"①若如此说，岂不是吴氏侍奉之清廷亦终究要亡？清廷果能允许此等言论行世？"祈天永命"如何能解释成"永保显名"？实在是令人匪夷所思。并且书中又有很多无端猜测，如论《洪范》云：

> 箕子陈《洪范》九事，与《大戴记》所称法龟文者迥不相涉。旧说谓禹因龟文，第之以成九类，即《洪范》九事。是武王访箕子，箕子但推衍禹书以对，当不然也。先儒之误，盖因箕子"天乃锡禹"一言而误尔。古人立言，若《诗》之比兴、《易》之拟议，皆于其所难言者能言之。箕子陈《范》，其发端亦有难言者矣。夫龟文乃后世太乙下行九宫法，以为即《系辞》"洛出书，圣人则之"者，实未可据。其所位一二三四推行次第，无甚深义。数起于一而究于九，此不待龟文而后可知也。且《洛书》以为禹治水得之可矣，必及鲧之不得而殛死，岂天必当畀之夏氏之父子也耶？奈何言其子之圣，即形以父之凶乎？……殷犹之鲧也，周犹之禹也，天之道不畀殷而畀周，岂独不可为仇雠犹父子耳？吾敢违天乎？是箕子之所难言也，故称鲧与禹焉。后之人不得其说，而以《洛书》合之，非郢书而燕说者与？②

按，《汉书·五行志》引刘歆说云："虙羲氏继天而王，受河图，则而画之，八卦是也；禹治洪水，赐洛书，法而陈之，《洪范》是也。"吴氏不信此说，认为箕子以鲧、禹比附商周而已。这就明显是毫无依据的推测了。不过类似《今文尚书说》这一类著作，虽然随意性较强，往往并不逐字解释，也多不罗列异说，学术性稍逊，但是其喜约略文辞，概括大旨，疏通文意，可读性较强。

---
① 吴嘉宾：《今文尚书说》卷四，第224页。
② 吴嘉宾：《今文尚书说》卷三，第125—128页。

四　义理与文法：方潜、李景星《尚书》学之取向

方潜（1805—1869），原名士超，字鲁生，桐城人。早年崇尚心学，"于陆王无异词，而于程朱论学之旨则间生訾议"[1]。后受吴廷栋影响，乃舍陆王而宗程朱[2]。其所著书如《辨心性书》《心述》《性述》等专为阐发性理而作，于《尚书》学则有《读书经笔记》传世。其子方敦吉于光绪十五年（1889）将上述诸书汇刻为《毋不敬斋全书》三十一卷。

李景星（1876—1934），字紫垣，又字晓篁，山东费县人。景星著述颇多，于经、史、文学皆有所造诣，然著作大多亡佚，存世者中以《四史评议》《屺瞻草堂经说》影响较大[3]。《书经管窥》二卷即《屺瞻草堂经说》之一种，书成于宣统三年（1911），是李氏于肥城县官立高等小学授徒之讲义。

方、李二人生活之时代并无交集，家乡亦悬隔千里，然其《尚书》学之取向颇多相近之处，甚至有十分明显的因袭痕迹，因此笔者将二人共同纳入本节加以讨论。学界对方、李二人的研究多分别集中在理学与史学方面，对其《尚书》学向来不甚关注。方、李二人义理与文法并重的解经方式虽然前有所承，但也提出了一些让人耳目一新的观点，尤其是对《尚书》评点之学有所推进，具备一定的研究价值。而且，这一问题的研究对于全面把握二人的学术成绩及特点也应有所裨益。

（一）李景星对方潜之书的承袭与发展

李景星《书经管窥凡例》云："编内引前人说皆标明姓氏，惟自己意见与前人暗合，及用前人之意而不袭其辞者，不再标明，以归简易。"[4]

---

[1]　方宗诚：《柏堂集前编》卷四《复方鲁生先生书》，《清代诗文集汇编》第672册，第81—82页。

[2]　参见徐世昌等编纂，沈芝盈、梁运华点校《清儒学案》卷一百五十九《拙修学案》，中华书局2008年版，第6203页。

[3]　关于李氏生平，可参看王有瑞《李景星小传》，载李景星《四史评议》卷首，岳麓书社1986年版，第7—9页。

[4]　李景星：《书经管窥·凡例》，《山东文献集成》第三辑第9册，山东大学出版社2010年版，第587页。

第三章 理学复兴与《尚书》学

观此可知，李氏自称除明确标明者外，未曾蹈袭前人言辞。然取《书经管窥》与方潜《读书经笔记》比对可知，李氏有多处完全照搬方潜之书，甚至未易一字，其例多达九处。如方潜云：

> 《舜典》是倒纲文字，"四罪而天下咸服"以前，征庸事也；"二十有八载"以后，在位事也；"舜生"一节，总束全篇。①
>
> 《夏书》仅四篇，《禹贡》是开国规模，《甘誓》是嗣位气象，《五子之歌》是中衰原由，《胤征》是中兴张本。四百年全局已具于此。②
>
> 读《西伯戡黎》、《微子》二篇，不禁掩卷而叹也。成汤之创造，太甲之悔悟兢业，盘庚、高宗贤圣六七作之经营，而卒败于独夫一人之身，虽有三仁、祖伊诸臣，徒叹息痛恨，以身殉国，而无能救其覆亡也。③

以上三条皆被李景星原文照搬④，绝非"自己意见与前人暗合，及用前人之意而不袭其辞者"，且全未提及方潜之名。即使当时尚无著作权概念，这也应该算是较为严重的抄袭行为了。除此之外，方、李二人书中还有多处字词略有出入，但基本意思完全一致，此类例证亦有九处。

笔者翻检前代《尚书》学著作，未见与此完全相同之说，可以认定这是方氏所创，为李氏所承袭。李氏论《武成》篇之错简有云：

> 惟"丁未"一节似当在"恭天成命"以后，盖诸侯受命于周，必有命辞。"王若曰"四节，周之命辞也。既命以后，乃率诸侯告祭。"丁未"一节，告祭也。告祭以后，乃有列爵、分土诸政。故史臣叙之，以终此篇，而结之以"垂拱而天下治"。如此看来，似更周密。予夙持此见，未敢自决，后阅江南方氏潜《书》说，意与予合，不禁

---

① 方潜：《毋不敬斋全书》卷十《述余》之《读书经笔记》，光绪刻本，第2页a。
② 方潜：《读书经笔记》，第7页a—第8页b。
③ 同上书，第4页a。
④ 分别见于《书经管窥》第589、591、595页。

213

狂喜。谨附于此，以俟知言君子。①

方、李二人相同之见自不止于此，笔者援引此文，是要说明李景星确曾得读方潜之书，而仅此一处标举方氏之名，确实难逃攘人之美的嫌疑。由于《毋不敬斋全书》刊于济南，李景星取阅此书当甚便利，这也是二人之间学术传承的条件之一。

不过，李景星除因袭外，更有超出方氏所论之处者。如方氏未讨论《泰誓》《牧誓》，而李氏详论之；方氏于《尚书》各篇，所论繁简不一，体例不纯，李氏则更为严谨。又如，以史事解经是李氏所擅长，而方氏则未曾涉及。李景星主张"经史相为表里，是编于史书内与经文相发明者，必引之以为佐证"②，这种沟通经史的解经方式在他看来能够加深对经义的理解。他在阐释《益稷》篇时说："唐虞之治，至是为极盛矣，而犹兢业如此，中天之世所以不可及也。秦苻坚、唐明皇稍知此意，则淝水之败、西蜀之奔，可以免矣。"③这是以苻坚、李隆基因骄傲自满导致国运中衰的事例，来反衬虞廷君臣之居安思危、兢兢业业。又如论《蔡仲之命》"作聪明，乱旧章"一句，则引宋神宗变乱祖法为例，有所谓"亡国之本，三复是言，未尝不太息痛恨于宋之神宗也"④云云。由此亦可看出，李氏以史事解经，多侧重于政治，这与他阐发《尚书》大义的目标也是一致的。

（二）内圣外王：《尚书》中义理之发挥

方、李二人治《尚书》，于训诂、名物皆不甚措意，而喜挖掘其中之义理⑤。观其所言义理，侧重点有二：一则心性天理之说，一则治乱兴衰之道。

统观二人所言心性天理之说，往往只是揭示《尚书》经文与理学纲

---

① 李景星：《书经管窥》卷下，第596页。
② 李景星：《书经管窥·凡例》，第587页。
③ 李景星：《书经管窥》卷上，第591页。
④ 李景星：《书经管窥》卷下，第599页。
⑤ 李景星宣称："是编著录，以发明各篇大义为主"（氏著《书经管窥·凡例》，第587页）。

目之对应关系，并未深入展开，不过其中也多可考见其苦心孤诣。如方潜论《皋陶谟》"天叙有典"节云："典礼刑赏，皆天理之自然，而性分所固有，故曰天即理也，性即理也。"①按《皋陶谟》此节既言"天"又言"我"，方氏由此而联想到"天理""性分"，并最终归结于二程"天即理""性即理"之说②。

李景星云："《汤诰》曰：'降衷于下民，若有恒性'，此性善之说所自来也；《召诰》曰：'节性惟日其迈'，此性相近之说所由出也。凡若此者，所谓心法也。"③按所谓"心法"，本是禅宗的概念，而被宋儒借来阐发性理，《尚书》中与此关系最密切者自然是"虞廷十六字"，李氏却更从《汤诰》《召诰》两篇中揭示出"心法"。不过，李氏此处所言人性论亦非独创。元儒陈栎即曾说："千古性学，开端于'若有恒性'之一言，其次则'习与性成'之言也。恒性，以天地之性言；与性成，以气质之性言。孟子性善之论，本恒性而言也；孔子性近习远之论，自习与性成而发也。"④而顾炎武更是明确提出："'降衷于下民，若有恒性'，此性善之说所自出也。'节性惟日其迈'，此性相近之说所自出也。"⑤李景星不过是掇拾旧说，归之于心法而已。

由于这些理学纲目经宋儒阐发，几已了无余蕴，故方、李二人所论较简。相对而言，他们对治乱兴衰之道的关注更加详尽一些。其中所论，涉及治国相关的多个方面。如关于选官，方潜有云："择之必极其精，任之必极其专，在位皆吉士常人，而不使憸人得幸进焉，三代之治岂不可再见于世哉！呜呼！真万世帝王知人安民之大法也已。"⑥这是主张以《立政》作为选官、任官的标准，认为若能如此则可恢复三代盛世。又如关于兵政，方氏认为《尚书》中也有值得借鉴之处："守成之世，兵政易弛。

---

① 方潜：《毋不敬斋全书》卷七《性述中编》，第2页b。
② 二程云："天者，理也"，"性即是理"（氏著《河南程氏遗书》卷十一，《二程集》，中华书局1981年版，第132、292页）。
③ 李景星：《书经管窥》卷下，第598页。
④ 陈栎：《书集传纂疏》卷三《太甲上》，《景印文渊阁四库全书》第61册，第288页。
⑤ 顾炎武著，黄汝成集释，栾保群、吕宗力校点：《日知录集释（全校本）》，第97页。
⑥ 方潜：《读书经笔记》，第22页。

周公诫成王曰'诘尔戎兵',召公戒康王曰'张皇六师'。后世大臣承平粉饰太平,祸患猝发,遂至不可收拾,误国殃民,罪莫大焉。"①其意盖以为治国万不可忽视兵政,成康之世之所以能致太平,重视兵政正是其原因之一。

这种现实关怀在李景星书中体现得更为明显,其凡例有言:"虞夏商周每一朝书终,必将其治乱兴衰之故,总而言之,以为论世之资。间有叙于前者,用意则同。"②李氏特意在每一时代的《尚书》篇章前后,总论其中治乱兴衰之关键,其目的更多的是为当下服务。作为传统儒生,李景星同样把致太平的希望寄于君主,认为君主当效法三代圣王。在讨论《汤诰》时,他说:

《汤诰》,诰万方也。首节是史臣序言,下分两大段,皆诰语也。……两段各四节,而总以"绥猷"句为主。盖猷者,道也,原于天,赋于人。能尽其道,则天与人归,天子之位可以世守;不能尽其道,则天怒人怨,天子之位不可一朝居也。三代圣王皆知此义,故其所言亦大略相同。后世此义不明,遂以君位为擅作威福之具,盖生民之厄极矣。吾愿世之为君者熟读此篇,尤愿人臣膺讲筵之责者,先将此篇进读之也。③

其意盖以为,君主实代天牧民,当禀天道,安万民,不可以一己之私而乱天下,后世君主读《尚书》,应着重注意及之。

方、李二人对《尚书》中义理的阐发,实即宋儒所标榜的内圣外王之学,他们书中也曾专门揭出这一名目。如论《说命》,方潜有云:"中篇言政,下篇言学,内圣外王一贯之道也"④,李景星也说:"中篇言政,王道也;下篇言学,圣功也。总内圣外王之道以告其君,是乃真相臣哉!

---

① 方潜:《读书经笔记》,第23页。
② 李景星:《书经管窥·凡例》,第587页。
③ 李景星:《书经管窥》卷上,第592页。
④ 方潜:《读书经笔记》,第7页b。

二十四史之中，几人足以当之？"① 政学合一，即是内圣外王之道。从这一意义上来说，《周官》同样包含此道，李景星云："学古入官，所以敦本；典常作师，所以趣时。古人为学，本末兼备如此，所谓学即政、政亦学也。自后世政学分为两途，乃有学非所用、用非所学之讥矣。"② 此外，在方潜看来，《洪范》同样兼备内圣外王之学③。至于二人对其他篇章的阐释，不论是心性天理，还是治乱兴衰，基本并未越出内圣外王之道的框架，由此亦可见其治学之旨趣。

（三）文法全备：以文学术语评《尚书》

方潜在与好友方宗诚的信中宣称："探讨经书，文法固已全备。"④ 李景星也认为"经书不但义理好，文字亦好"，所以《书经管窥》除阐发义理外，"于经文有关文法处，亦间为提明，以备观揽"⑤。在他们看来，后世文章之学的法则其实早已包含在经书之中。尤其是《尚书》中《尧典》《舜典》《大禹谟》《皋陶谟》（含《益稷》）所谓"开荒四篇大文字"，方潜认为不仅是"心法之祖，治法之祖"，同时也是"文法之祖"⑥。同样地，李景星也把这一说法照搬到自己书中⑦。这一观点将《尚书》抬高到了性理学、政治学乃至文学源头的高度，从这一点上来说，方、李二人有着极为强烈的尊经心态。

至于方、李二人对《尚书》中文法的剖析，比重最大的要数对篇章结构的探讨。如方潜分析《禹贡》云：

"禹敷土，随山刊木，奠高山大川"，全篇总领。"冀州"段，

---

① 李景星：《书经管窥》卷上，第594页。
② 李景星：《书经管窥》卷下，第600页。
③ 方潜云："天人之道，内圣外王之学，《洪范》备之矣"（氏著《毋不敬斋全书》卷七《性述中编》，第5页b）。
④ 方潜：《毋不敬斋全书》卷二十《顾庸集》四册《寄存之书》，第27页b。
⑤ 李景星：《书经管窥·凡例》，第587页。
⑥ 方潜：《读书经笔记》，第4页a。
⑦ 李景星：《书经管窥》卷上，第591页。

叙治九州次第。"导岍"段,叙导山水原委。一横一纵,了如指掌。"九州"段,束上二段。"锡土姓"段,叙封建。"祗台德先",溯其原;"声教讫于四海",究其流。前二段叙水功,后二段叙功成。"禹锡玄圭,告厥成功",总结。极错综,亦极整密,史汉文字无有能仿佛者。①

这种分析在他看来,一方面有助于加深对《尚书》的理解,另一方面也是藉此彰显《尚书》文学成就之高妙。李景星虽然在具体的分段分节上与方潜稍有差异,但用意则同。

除此之外,方、李二人书中还有一部分内容涉及对行文技巧的说明,如二人都指出《尧典》是顺纲文字,《舜典》是倒纲文字②。按,所谓"顺纲""倒纲",实源自八股文法,顺纲指的是"纲句在题首段落者、题句过四扇",倒纲则"主意在末句"③。方、李二人借用这一术语,就将《尚书》与科举制艺更加直接地联系起来,既揭示了文法,也便于士子应试。又如李景星论《旅獒》云:"用意极远,文法亦极高,后世文家有所谓背面敷粉法,即指此类。"④按,所谓背面敷粉法,即从反面着笔,以烘托正面。不过,《旅獒》虽有"玩人丧德,玩物丧志"之语,但更多的是正面的告诫,称之为背面敷粉法,似不恰当。

对于经书是否可以文法分析,明清时期存在着两种对立的观点。支持者如胡应麟,他说:"世谓三代无文人,六经无文法。吾以为文人无出三代,文法无大六经。"⑤反对者如四库馆臣,《四库总目》有云:"圣经虽文字之祖,而不可以后人篇法、句法求之。"⑥今天来看,文法应该是文学成熟后才出现的概念,先秦史官编纂《尚书》时肯定不会有这一考虑,另外,《尚书》中还有语义重复、不相连属等现象,如"夔曰"云云之两

---

① 方潜:《读书经笔记》,第4页b。
② 方潜:《读书经笔记》,第1页a、第2页a;李景星:《书经管窥》,第589页。
③ 邓云乡:《〈眉园日课〉书后》,《中国文化》第十三期。
④ 李景星:《书经管窥》卷下,第597页。
⑤ 胡应麟:《诗薮内编》卷一,《明诗话全编》(五),江苏古籍出版社1997年版,第5436页。
⑥ 《四库全书总目》卷三七"经部·四书类存目",第317页。

见，《康诰》篇首之错简，律以文法，显然不合。当然，此处需要指出的是，方、李所谓文法与训诂学家所言文法并非一物。王引之、马瑞辰、俞樾等人也使用文法这一术语去解释经典，但他们是以此来概括文句结构语法，并非文学技巧，不可等同视之。

（四）未脱窠臼：评点学之流裔

方、李二人义理、文法并重的解经取向，自然与乾嘉汉学悬隔千里，与《书集传》等宋学著作同样有着明显差异，相较而言，他们更多的应该是受到了评点学的影响。明清时期，评点之学极为盛行，除诗文、小说之外，儒家经典亦在评点之列。所谓评，指以眉批、旁批的形式记录读书心得；所谓点，指以圈点抹划的形式标示重点。受科举制艺的影响，四书五经的评点本在明清两代备受考生的欢迎，"高头讲章"更是其中之代表，在《尚书》学方面则有孙鑛《批评书经》、任启运《尚书约注》、雷学海《尚书批》等传世。

评点学的重要特征之一，就是重视文法，如孙鑛"用评阅时文之式，一一标举其字句之法"[①]。杨更生为《尚书批》作序时，更将这一特征揭示无遗，其言曰：

> 《书经》，经也，非文也。……然以经解经而经难解，不若以文解经而经易解也。余于道光二年于友人残箧中得《书经批》一部，携归课儿辈，一目了然，其片段照应、章法、句法、字法、读法，一见能解。文之不通者，读之而文遂通；经之不解者，读之而经亦渐解。[②]

方、李二氏之《尚书》学著作不载经文，也就无所谓"点"，其形式与评点之书明显不同，不过他们对文法的重视，以及分析文法的途径与上述评点之书都是完全一致的。方潜所谓"探讨经书，文法固已全备"，与孙鑛

---

① 《四库全书总目》"经部·五经总义类存目"，第283页。
② 雷学海：《尚书批》卷首杨更生《序》，咸丰六年新刊本，第1页a—第2页a。

"文章之法，尽于经矣"①之说意思也并无二致。所以说，方、李二人虽未提及评点学，但受其显著影响是毋庸置疑的。

更有可得而论者，方、李二人对《尚书》中义理的阐发，也未脱评点学习气。评点学在关注文法的同时，间或也会涉及义理，但基本都是摭拾旧说。焦循曾说：

> 今学究之谈义理者，起于为八股时文，而中于科第爵禄之见。其童而习者，惟知有讲章，讲章之所引据，则采摘于宋儒语录。故为是学者，舍宋人一二剩语，遂更无所主。不自知其量，犹沾沾焉假义理之说以自饰其浅陋，及引而置之义理之中，其茫然者如故也。②

焦循指出，讲章所言义理只不过是摘录宋儒只言片语，而迂腐学究更囿于讲章，全无发明。方、李二人之书虽然并非如此不堪，但学究之气仍然较重，其中亦有因袭宋儒之处。如方潜云："《书》首二典，如《易》首《乾》、《坤》。《尧典》是《乾》，知大始气象；《舜典》是《坤》，作成物规模。孔子赞《乾》曰'大哉'，赞《坤》曰'至哉'，赞尧曰'大哉'，赞舜曰'君哉'。尧舜当中天之运，而合《乾》、《坤》之德，岂偶然哉！"③按，此说实受吕祖谦启发。《书传大全》引吕氏之说云："《书》首二典，犹《易》首《乾》、《坤》。《乾》，君道；《坤》，臣道。天地之道备于《乾》、《坤》，而君臣之道见于二典。"④观此可知，方潜所论明显继承了吕祖谦之说。

李景星之书同样存在这种情况，如论《西伯戡黎》云：

---

① 孙鑛：《月峰先生居业次编》卷三《与余君房论文书》，《四库禁毁书丛刊》第126册，第193页。
② 焦循：《雕菰集》卷十五《王处士纂周易解序》，《续修四库全书》第1489册，第265页。
③ 方潜：《读书经笔记》，第2页b。
④ 刘三吾：《书传会选》卷一《尧典》，《景印文渊阁四库全书》第63册，第14页。此说不见于吕氏所撰《书说》，《书说》仅云："《尧》、《舜》二典与他篇不同，他篇或说一事，二典毕备，如《易》之《乾》、《坤》，宽大简易，即之可见"（《增修东莱书说》卷一，《丛书集成新编》第106册，台北新文丰出版有限公司1985年版，第569页）。

> 读《西伯戡黎》，而知周之所以兴也。当是时，周师逼近，举国皆惊，大臣谏君，何妨举以为戒。乃观祖伊之言曰"天弃我"，曰"民欲丧"，曰"乃罪不归之于天，则归之于民，不归之于民，则归之于君"，而绝无一语及周，知周德之深，而其心久为天下所共谅矣。①

面对周人的日益壮大，祖伊告诫纣王时却绝口不提周，而将亡国的原因归之于天命、民情。在李景星看来，这恰恰说明文王德行至高，祖伊作为政敌，对此也是完全信服。此说立意与苏轼并无二致，今将苏轼之说备录于下，读者可比对得之：

> 愚读是篇而知周德之至也。祖伊以西伯戡黎不利于殷，故奔告于纣。意必及西伯戡黎不利于殷之语，而入以告后，出以语人，未尝有一毫及周者。……祖伊，殷之贤臣也。知周之兴必不利于殷，又知殷之亡初无与于周，故因戡黎告纣，反覆乎天命、民情之可畏，而略无及周者。文、武公天下之心，于是可见。②

今天来看，方、李二人都不是《尚书》学史上开宗立派的重要人物，他们虽然对《尚书》中的义理与文法作了进一步的挖掘，但毕竟没有跳出前人的框架。他们喜谈义理，尤其偏好内圣外王之学，无疑是延续宋学的路数；以文法解经，前人也早已为之。③方、李二人所做的工作，只是推进，而非独创。虽然如此，其《尚书》学著作仍具学术史之意义，有助于我们更好地了解宋学以及评点学在普通儒生中的影响。同时，我们也认识到，在晚清《尚书》学领域，除了名声彰著的今文经学、考据学、汉宋兼综等流

---

① 李景星：《书经管窥》卷上，第594页。
② 蔡沉撰，王丰先点校：《书集传》，第140页。吕祖谦亦有相同观点，他说："若商臣于周，所谓不共戴天之仇，何祖伊之辞无一言及于文武？谓祖伊方责之君，不可以责人，而'反曰'之际，亦无咎周之辞，何也？周将胜商，而商人无咎周之言，周之至德与所以由乎大公之理者，可想而知"（《增修东莱书说》卷十三，第605页）。
③ 可参看俞樾著，崔高维点校《九九销夏录》卷三《以后世文法读经》，中华书局1995年版，第26—27页。

派之外，还有这样一批有别于"主流"的存在①。此外，李景星《四史评议》是史学评论方面的名著，其评议方法与《书经管窥》基本相同，所以对其《尚书》学的考察，也有助于了解李氏整体的学术特征。

---

① 所谓"主流"，是近代以来学术史家依据学术成就来判定的。不过，如果从对广大普通学子的影响面来看，对于"主流"的理解或许会有不同。即如晚清天津儒生华长卿所说："国朝太原阎氏，元和惠氏，吴县王氏、江氏，金坛段氏，阳湖孙氏诸家，祖述汉学，各有成书，而北方乡塾知之者鲜"（华长卿：《尚书补阙》卷首自序，咸丰刻本，第3页a），我们后世所重视的大学者，恐怕并不一定为大量乡间儒生群体所熟知。相反，方、李二人皆曾执掌教席，其书也多为教学而著，其影响面或亦不可小觑。

第四章 《尚书》考据学的延续与发展

今人论及晚清汉学诸君，对他们在《尚书》学领域的成绩似乎并不甚推重，如有学者称："由《诗》、《书》、《礼》、《易》、《春秋》等儒家经典组成的《五经》是汉学家们孜孜以求的永恒学术主题。《五经》中的《书》、《易》二经，晚清学者尽管有所论及，但都没有超过他们前代的学者。相对来说，晚清汉学家在《诗》、《礼》、《春秋》的研究方面，成绩斐然，其水平并不逊色于乾嘉学人。"[①]此说大致并不为过，在考辨晚出古文、搜罗前人旧说等方面，晚清《尚书》学者确实缺乏亮点，至于校勘、训诂、考释等，则或墨守成规，或根基不牢，并不能让人真正认可。不过即便如此，晚清治《尚书》者中仍不乏王闿运、王先谦、俞樾、于鬯等名家，他们遵循考据学的方法，做了大量脚踏实地的工作，在一些问题的见解上还是别具新意的，虽然声势已不逮前贤，但仍不容忽视。

第一节 继踵江、王、段、孙之新注新疏

一 卞斌之《尚书集解》

卞斌（1778—1850），字叔均，号雅堂，浙江归安（今吴兴）人，嘉庆六年（1801）进士，官至光禄少卿。在常州知府任上多有善政。致仕

---

① 史革新：《晚清学术文化新论》，北京师范大学出版社2010年版，第106—107页。

后，与王锡仑创建龙湖书院。①著有《周易通解》三卷、《释义》一卷、《尚书集解》三十卷、《说文笺正》十六卷、《论语注释》二卷、《小笺》二十卷、《集古文字略》五卷、《纬雅》三卷、《粤西风物略》二卷、《静乐轩诗集》十六卷、《文集》二卷。②

卞斌上接乾嘉，笃嗜汉学，据称"弱冠以古学受知阮文达公"③。所著《周易通解》《释义》，"原本汉人《十翼》解经之旨，摭及绪言"④。《尚书集解》亦原本汉学，书中一则曰："今从《正义》本刺取马、郑等书，综其散亡之注，益以《史》、《汉》诸家，俾汉义不致终湮"⑤，再则曰："刺取伏生《大传》、孔氏古文说，益以《史》、《汉》、马、郑诸家，俾汉义不致终湮而已。……稍分今文、古文，兼及异文，识其小，拾其缺，愿附于汉学之末耳"⑥。据此可显见其治学之宗尚。

《尚书集解》卷末，卞氏自称作序于"道光龙飞著雍渊茂之岁"，可知书成于道光十八年（1838）。然书成之后，并未梓行，学界多不知之。其后此书稿本为于鬯所得，据卷末于鬯跋云："此书同门李深秋茂才见赠，云于村塾中见一童子作读本，因购蔡传易之，其先人事也，藏之数十年。"⑦辗转流落，终得传世，亦可谓之幸事。

此书专释今文二十八篇，加《大誓》及《书序》，篇自为卷，共三十卷。书中全录经文，每条经文之下，以双行小字作解，即所谓"集解"。集解不分层次，先引汉儒经注，其中尤以马、郑之说为主，时或加以卞氏自己的按语；如无汉儒经注可引，卞氏则自解之。

书中引用乾嘉汉学家之说处颇多，如书中录有《大誓》三篇，系因

---

① 参见光绪《归安县志》卷四二《耆旧》，《中国地方志集成》"浙江府县志辑"第27册，上海书店1993年版，第741页。
② 光绪《归安县志》卷二二《艺文》，第521页。
③ 陈庆镛：《诰授通议大夫致仕光禄寺少卿卞君墓志铭》，载缪荃孙纂辑《续碑传集》卷十六，《清代传记丛刊》第115册，台北明文书局1985年版，第787页。
④ 卞斌：《周易通解》卷首《自序》，《续修四库全书》第28册，第506页。
⑤ 卞斌：《尚书集解》卷一，《续修四库全书》第48册，第407页。
⑥ 卞斌：《尚书集解》卷末《尚书叙说》，第473页。
⑦ 同上书，第473页。

第四章 《尚书》考据学的延续与发展

"近人王西庄、江叔沄撷诸书所引《大誓》,集缀三篇,今录仍之"[1]。《大诰》之"敷贲"条下云:"《汉书》敷为傅、贲为奔,江征君因解傅奔为疏傅奔走之臣"[2],《康诰》"汝惟小子乃服惟宏王应保殷民"条下云:"段大令读'乃服惟宏'为句,'王'字下属为句,言王家应保殷民,女亦助之"[3],可见其曾参阅江声《尚书集注音疏》及段玉裁《古文尚书撰异》。《酒诰》"厥诰毖庶邦庶士"条下,引王念孙之说云:"此毖当训敕"[4],此其参阅王氏《广雅疏证》之证。诸如此类,不一一枚举。除此之外,书中尚有暗用汉学家之说处,如考辨晚出《泰誓》云:"剌《论语》'虽有周亲'四句,孔安国注不云出《大誓》也;又剌取《孟子》'天降下民'六句,赵岐亦汉人,不以为《大誓》;且《尚书》纪年及月日,无纪时者,独《大誓》纪春,尤非其类。"[5]按阎若璩《尚书古文疏证》第五十四条"言《泰誓上》'惟十有三年春'系以时非史例"云:

> 朱子有"古史例不书时"之说,以二十八篇书考之,如《康诰》"惟三月哉生魄",《多方》"惟五月丁亥",书三月、五月皆不冠以时。《洪范》"惟十有三祀",《金縢》"既克商二年",书十三年、二年皆不继以时。确哉,朱子见也。……更以逸《书》考之,《伊训》"惟太甲元年十有二月乙丑朔",《毕命》"惟十有二年六月庚午胐",书年书月书日更书朔胐,绝不系以时,不益见朱子确耶?大抵史各有体,文各有例,《书》不可以为《春秋》,犹《春秋》不可以为《书》。今晚出《泰誓上》开卷大书曰"惟十有三年春",岂古史例耶?[6]

阎氏发挥朱熹之说,认为《泰誓》标一"春"字,不符合《尚书》之惯

---

[1] 卞斌:《尚书集解》卷十,第430页。
[2] 卞斌:《尚书集解》卷十四,第437页。
[3] 卞斌:《尚书集解》卷十五,第439页。
[4] 卞斌:《尚书集解》卷十六,441页。
[5] 卞斌:《尚书集解》卷三十,第469页。
[6] 阎若璩撰,黄怀信、吕翊欣校点:《尚书古文疏证》,第149—150页。

例。卞斌之说，显然是承袭了阎若璩的观点。按四时制的出现大约是在西周末、春秋初年[①]，那么《泰誓》若为周初文献，确实不应书时，阎氏认为此文晚出，不无道理。只不过这是我们后人归纳出来的"例"，并非当时史官自有此规定，因周初四时观念尚未成熟。

卞斌此书以阐明"汉义"为宗旨，但经历乾嘉汉学之盛，对汉人《尚书》经说的搜罗已然大备，这就决定了此书创新有限。书中始终未能越出江、王、段、孙之樊篱，且更有不及四人之处。如书中称引马、郑之说，多不注明出处；经文异文，亦时有忽视[②]；所列异文，亦多未注明所据。从这一意义上来说，卞斌的《尚书集解》并无太大的学术价值，也无怪乎其流传不广。

不过，就书中按语来看，卞斌在训诂方面还是下了一番功夫的，有自己的心得。如《君奭》"上帝割申劝宁王之德"条下，卞斌先列《缁衣》所引异文"周田观文王之德"，以及《缁衣》郑注，其后加按语云：

> 周，形似"害"，又益为"割"。"田观"与"申劝"形似。博士无古文，"割申劝"即今文也。古文无说，今以义通之。周，密也。古田、尘、陈三字同用，田，亦久也。言天静密中久观文王之德也。[③]

这一解释与前儒多不同，然亦有所依据，并非刻意穿凿。田、尘、陈古音相同，田、陈互训亦又已有之。孔颖达引《释诂》"尘，久也"，及孙炎"陈居之久，久则生尘矣"之说，并加解释云："古者陈、尘同也。故陈为久之义"[④]。卞斌据此提出新见，亦可备一说。但这种多次辗转的训诂方法，恐怕还是有引申过度之嫌。又如《梓材》"司徒、司马、司空、尹、旅"条，卞斌云："按《左传》季孙为司徒，叔孙为司马，孟孙为司空，

---

① 参见于省吾《岁、时起源初考》，《历史研究》1961 年第 4 期。
② 如《酒诰》开篇之"王若曰"，古文马、郑、王本及今文三家本皆作"成王若曰"，此书全未提及。
③ 卞斌：《尚书集解》卷二十二，第 452 页。
④ 孔安国传，孔颖达正义，黄怀信整理：《尚书正义》卷九，上海古籍出版社 2007 年版，第 355 页。

则三卿也。羽父求太宰，似是兼职。夏父弗忌为宗伯，臧孙纥为司寇，此即亚旅。尹，当作亚。"①此处当是受《牧誓》启发而怀疑"尹"字之讹，其实理由并不充分，也无改字之必要，此前蔡沈、孙星衍之释义皆可从，毋庸新解。

除训诂学方面的新见之外，在一些史实、典制问题的看法上，卞斌也偶有不同于前辈汉学家之处。如针对《无逸》之"祖甲"究竟是太甲还是帝甲的问题，卞斌强调：

> 汉石经残碑"高宗享国百年""自时厥后"二文相连，后人遂谓祖甲寔太甲，本在中宗之前，且谓《国语》、《史记》皆言祖甲乱殷，非哲王也。按《史记索隐》云："按《纪年》，太甲惟得十二年"，此以享国之久为言，不必专主三宗。果述太甲，亦当称太宗，不得称祖甲也。信后史不如信《周书》，且马、郑注亦必有所据。②

马、郑等人认为所谓祖甲即武丁之子帝甲，两汉今文说则多以太甲当之。据汉石经，今文说显然更合理，故后人多从之，即使段玉裁也承认"此条今文实胜古文"③。但卞斌仍坚主马、郑之说，可见其家派观念甚至较段玉裁更胜一筹。

二　傅斯年图书馆藏孤本《尚书集解》

《尚书集解》二十九卷，衡阳人贺淇撰。现藏台北傅斯年图书馆，疑属孤本。④2017 年，此书得以影印行世，书前附有曾冠雄所撰提要，对其体例与内容作了介绍。⑤今观此书，尚有许多问题需要厘清，如作者贺淇究竟属于哪一时代？生平如何？此书版本如何？《续修四库全书总目提

---

① 卞斌：《尚书集解》卷十七，第 443 页。
② 卞斌：《尚书集解》卷二十一，第 450 页。
③ 段玉裁：《古文尚书撰异》卷二十二，第 237 页。
④ 此书《中国古籍总目》著录为"稿本，国图藏"（中华书局 2012 年版，第 279 页），显误。
⑤ 贺淇：《尚书集解》卷首提要，《"中央"研究院历史语言研究所傅斯年图书馆藏未刊稿钞本·经部》第五册，台北"中央"研究院历史语言研究所 2017 年版，第 3—4 页。

要》著录此书为"原稿本"①，然《"中央"研究院历史语言研究所傅斯年图书馆善本书志·经部》云："书中无作者钤印，亦无明显删订，故作钞本。因书中避讳玄、胤、弘、宁、旻等字，不避仪字，知钞录于清道光至光绪间"②，但亦多系推测之词，并无确据。近年贺淇所著《竹园文集》被收入《清代诗文集珍本丛刊》影印行世，书中内容多与此诸问题相关。据此，本书拟对《尚书集解》及其作者作一初步考察，尝试解答相关疑问。

（一）贺淇的生平、交游及治学宗旨

贺淇，字竹舫，一字子泌。其生平事迹史无明载。中国台湾学者古国顺在所著《清代尚书学》一书中，将贺淇列入乾隆时期"远祧东汉之古文尚书学"一节③，显然是弄错了时代。曾冠雄认为其卒于1879年④，恐亦无据。《竹园文集》书后附有赵赓梅所撰《贺竹舫先生传》，可得窥见贺淇生平之大端，然亦未载其生卒年。今按贺淇所撰《先考步云府君行略》一文中，相关信息尚多，可据此考明其生卒年。

据贺氏自述，"嘉庆丁巳（1797）……越八年乙丑（1805），大父殁"，"初，大父之殁也，先考年十二"⑤，可知贺淇之父生于1794年；而贺淇之父"年四十二生淇"⑥，可推知贺淇生于1835年。贺氏"卒时年四十一"⑦，知其卒于1875年。因此，贺氏生于道光朝，入光绪朝始殁。

贺淇早年家运不振，父患目疾，迭遭变故，因而不得不放弃学业，专事生产，"先生乃承命司会计，置经史汉魏唐宋之籍，束之高阁，如是者有年"⑧。年二十七时，始专心治学，文名渐著。其后得遇大学者王闿运，

---

① 中国科学院图书馆整理：《续修四库全书总目提要·经部》，中华书局1993年版，第261页。
② 傅斯年图书馆善本书志编纂小组：《"中央"研究院历史语言研究所傅斯年图书馆善本书志·经部》，台北"中央"研究院历史语言研究所2013年版，第52页。
③ 古国顺：《清代尚书学》，第138页。
④ 贺淇：《尚书集解》卷首提要，第3页。
⑤ 贺淇：《竹园文集》卷三《先考步云府君行略》，《清代诗文集珍本丛刊》第550册，国家图书馆出版社2017年版，第605页。
⑥ 贺淇：《竹园文集》卷三《先考步云府君行略》，第605页。
⑦ 贺淇：《竹园文集》卷末附赵赓梅撰《贺竹舫先生传》，第647页。
⑧ 同上书，第642页。

第四章 《尚书》考据学的延续与发展

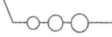

是贺氏治学生涯的一大转折：

> 王闿运经师避党锢，居衡之石门也，耳先生名，聘教其子代丰。过从论文，深以治经为勖。先生恍然悟曰：读书以自娱，通经以致用也。文章不根据六经，犹树木之独有枝叶耳。然治经必自小学始。乃先究心许氏《说文》，次治《易》，作《易象通释》，次治《书》，作《书绎》。《通释》成，凡惠栋、张惠言、焦循、惠士奇诸家之说悉融会而别为论辨。《书绎》成，凡焦循之《尚书补疏》、程瑶田《禹贡三江考》、王引之《述闻》、孙星衍之《注疏》、王鸣盛之《后案》、段玉裁之《撰异》、盛百二之《释天》，靡不引伸论难，汇入文集。①

今按，据王代功《湘绮府君年谱》，王闿运定居石门当在同治四年（1865）②，其次子代丰时年七岁，贺淇时年三十一岁。王闿运在晚清学界名气甚巨，能聘请贺淇教授其子，说明对贺氏之学有所肯定。而贺淇亦因此机会，长期问学于王氏③，受其影响颇大，其最著者在于由文学转向经学，且治经以小学为根底，所著经学之书有《易象通释》及《书绎》。今按《书绎》，亦名《尚书翼》④，实即今之《尚书集解》。由于《易象通释》已佚，《尚书集解》当属贺氏仅存于世之经学著作。

贺淇一生未应科举，朱逌然（字肯夫）视学湖南，观其所作之文而亟加称赏，然亦未能改其不应试之初衷。加之享年不永，其书亦多未刊行，故仅知名于乡里，不为外界所熟知。据贺淇自述，"童时受业谢玉仙先生之门"⑤，然其人今已不可考知。观其一生足迹，似亦未逾衡阳，交游亦不广，见于《竹园文集》者有王朗生、马岱青、姚际虞、王方晋等。贺氏有

---

① 贺淇：《竹园文集》卷末附赵赓梅撰《贺竹舫先生传》，第644—645页。
② 王代功：《湘绮府君年谱》，《北京图书馆藏珍本年谱丛刊》第178册，第146页。
③ 王代功《湘绮府君年谱》云："（同治十一年）七月九日，还衡州讲学，从游者益众，其后知名贺子泌淇……等，皆以著述文章有闻于时"（王代功：《湘绮府君年谱》，第168页）。
④ "《尚书翼》二十九卷，衡阳贺淇撰"（光绪《湖南通志》卷二百四十五《艺文志一》，京华印书局1967年版，第5114页）。
⑤ 贺淇：《竹园文集》卷四《书烈妇逸事》，第623页。

子六人，其可考者曰长子顺球、三子顺玕，又有名顺琅者，不知行几，其余皆不可知。

贺淇治经，以小学为根底，广泛吸取乾嘉汉学之成果，据此可见其治学之宗尚。今观其所撰《惠栋周易述》一文，对宋学持严厉的抨击态度："《易》学之废于唐而绝于五季，几千年矣。惠氏收之于残缺之余，补罅正误，作而振之，使晦者几明、绝者将续，亦勤矣哉！然尚未能尽扫宋人之陈习，其所谓微言者，多扬河洛之余波，迷韩伯之藩落，而不自觉，则骈拇矣。"① 惠栋作为清代汉学宗师，《易》学造诣极高，但在贺淇看来，其书中仍掺杂有大量宋学之说，实属枝蔓。虽然生值晚清，汉学不振，但贺淇仍然坚持乾嘉学派的治学路径，这是其经学研究的最大特色。

（二）《尚书集解》的版本、特色及价值

贺淇撰成《尚书集解》后，其子顺球、顺玕多次尝试付之梨枣，皆不果行。今所存之书究为稿本，抑或钞本，前人尚不能确定。今按《贺竹舫先生传》云："（先生）有子六人，顺球即寅亮，顺琅即萃和。《书绎》乃其笔迹，文集则顺琅手钞者"②，据此可知《尚书集解》似确为贺淇亲笔书写，仍当作稿本为是。至于书中涂改、删订处甚少，或因系作者清稿之故。此书之版式具见于《"中央"研究院历史语言研究所傅斯年图书馆善本书志·经部》："版框高18.7公分，宽11.5公分。乌丝栏或蓝丝栏，左右双边，半页10行22字，小字双行字同。版心花口，单鱼尾，鱼尾上方题书名，下题篇名及叶次。"③

《尚书集解》共二十九卷，专释《今文尚书》二十八篇及《书序》，不涉《泰誓》及晚出古文。此书体例，先于每条经文下小字胪列异文，次为集解，再次为"绎曰"以阐发己见。"集解"部分所引以《大传》《史记》、马、郑之说为多，绝不引宋元明人之书。

---

① 贺淇：《竹园文集》卷二《惠栋周易述》，第523页。
② 贺淇：《竹园文集》卷末附赵赓梅撰《贺竹舫先生传》，第648页。
③ 傅斯年图书馆善本书志编纂小组：《"中央"研究院历史语言研究所傅斯年图书馆善本书志·经部》，第52页。

第四章 《尚书》考据学的延续与发展

今观此书，"集解"部分并无太多新内容，尤其是未超越孙星衍《尚书今古文注疏》之所辑，但贺氏自己所绎之处则时见新说。后人评价此书说"取孙星衍《尚书》所撰注，为之衍说，大抵发明古义也"①，实即此意。可以说此书价值主要体现在"绎曰"部分的一些新创见及通俗易懂的解释上，如论《尧典》"四罪而天下咸服"条云：

> 共工、鲧以治水无功流，苗以不即功窜，驩兜有荐共工之事，其放必以是，是四罪皆由洪水而得，故天下咸服也。史公以为变四裔，是使之为四裔诸侯，以化其夷俗，如今之带罪效用。咸，皆也。季孙行父以鄙野不经之语胁宣公，非通论也。郑以说经，非是。且鲧之极死，与舜之野死皆是以死勤事，故夏得以宗鲧，明禹修其功也，则益知《左传》为邪说矣。②

按，对于此条经文，郑玄引《左传》为据，以驩兜为浑敦、共工为穷奇、鲧为梼杌、三苗为饕餮，四凶为害，故而流之。贺淇以为，此四人并非罪不容赦，舜流四人，实为让其带罪效用，《史记》所言相较《左传》邪说更符合实情。此说亦可谓别出心裁。

在训诂方面，此书也有一些与前人不同的解释，如《尧典》"畴咨若时登庸"条下，贺氏云："咨，忧；若，善也；时，承也；承，举也。谁忧洪水，能善治之，承其事，举而升之百揆，以代我鳌百工。登，升；庸，代也。"③释"咨"为忧，释"时"为承，并非常训。又如《康诰》"朕其弟小子封"条下云："弟，次弟也。封，康叔名。我其次弟女治殷之能否于册，以待黜陟之。"④前人皆释"弟"为兄弟之弟，贺氏更创新说，释为次第之意，似亦可通，但随后所云"次弟女治殷之能否于册"云云，则属明显的增字解经，可信度不高。

---

① 光绪《湖南通志》卷二百四十五《艺文志一》，第5114页。
② 贺淇：《尚书集解·虞夏书集解》卷一《尧典第一》，第54—55页。
③ 同上书，第22页。
④ 贺淇：《尚书集解·周书集解》卷五《康诰第十四》，第330页。

231

贺淇虽尊奉汉学,但并不迷信汉儒之说,如论《书序》云:"序,抒也。抒作者之意而最括之。盖其说出于七十子之徒,而受经者传之,故其义精,罕违于经。而班固、马、郑以为孔子作,则未然。"① 又如于《顾命》"惟四月哉生霸"条下云:"郑康成曰:此成王二十八年,居摄六年为年端。绎曰:成王二十八年四月甲寅朔,哉生霸,丙辰也。郑君以居摄六年为年端,非义也。六当为八字之误,盖距武王崩四十年矣。"② 此皆不盲从马、郑之证。

段玉裁作为乾嘉汉学大师,其《古文尚书撰异》一书名气极大,但贺淇对此书却颇有不满之处:

> 伪孔之书,既托名安国,则举先儒之受授及篇卷之亡逸之说,屏而弃之。即以司马子长亲从安国问,其《尧典》诸篇多古文说,载在《汉书》,义具《史记》,亦显倍之而不顾。其伪书二十四篇,撼掇传记诸子所引逸书而成,其文既多窜易,而其名篇班班可考者,亦有以甲为乙。而《论语·尧曰》篇之孔注尚不难于抵牾,而何难于轻改马、郑之旧本乎?段氏分别古文今文之异,其与伪孔异者,既谓之今文矣;而与伪孔同者,谓之古文说,马、郑旧本亦必如此;其显与违异者,则谓郑君间亦用今文。展转兔脱,无非为伪孔地,是阳攻之而阴扶之。③

按,段玉裁考辨《尚书》今、古文之异,有很重要的一个观点,即"伪孔本三十一篇袭汉代《古文尚书》"④。贺淇对此说大加批评,确可谓击中段氏逻辑薄弱之处,是其《尚书》学贡献之一。年代稍早于贺淇的徐承庆也曾说:"段谓梅氏书、马郑同有之篇,即孔安国写定之本,此又以'由'为

---

① 贺淇:《尚书集解·书序集解》卷一《书序第二十九》,第550页。
② 贺淇:《尚书集解·周书集解》卷十五《顾命第二十四》,第483页。
③ 贺淇:《竹园文集》卷二《段玉裁古文尚书撰异》,第527页。
④ 参见刘德州《论段玉裁〈古文尚书撰异〉区分今、古文》,载《经学研究论丛》第十八辑,台北学生书局2010年版。

壁中本文，尊信伪书，而不自知其辞之不一也。"①其说仅就个案而发，不如贺氏详尽。

贺淇隐居乡里，年寿不永，《尚书集解》亦未刊刻行世，故而于晚清学术史上声名不显，其人其书多有黯而不彰之处。晚清时期，虽然有理学复兴、今文学兴起、西学传入等诸多备受瞩目之思潮，但考据学仍不容忽视。论及晚清《尚书》考据学，此书当占一席之地。贺淇一方面追步孙星衍等前代名儒，另一方面也提出了自己的新见，江瀚称赞此书云"瑜多瑕少，洵近世说经之善者与"②，确非溢美之词。

三 王闿运之《尚书笺》

王闿运（1833—1916），字壬秋、壬甫，号湘绮，湖南湘潭人。作为晚近著名文学家、经学家，王氏生平大事已为学界熟知，兹不赘述。唯前人研究王氏，多关注其文学、《春秋》学成就，其《尚书》学成绩究竟如何，尚待进一步探讨。

王氏于《尚书》学著有三书，即《尚书今古文注》三十卷、《尚书大传补注》七卷、《尚书笺》三十卷。后二书今尚具存，唯《尚书今古文注》未见，《中国古籍总目》亦未著录，或已亡佚。江瀚曾为《尚书今古文注》作提要，云该书于光绪五年（1879）刻于成都，并评价说："特以不喜宋儒之故，务欲尽反其言，不惮擅改经文，以快私臆。循是说经，将何所不至，其关系经义岂小哉！总之，闿运长于词章，经术实疏。"③王闿运之好友郭嵩焘也曾提及此书云：

> 王壬秋见示《尚书今古文注》三十卷，盖一因阳湖孙氏之书而稍加刊补，故名孙氏书名。而篇首一叙，又托之丁秩璜制府。予缄报云：名尊郑义，实法子雍，乐以己说托之他人。子雍托之旷远不能质问之名人，壬秋托之崇高不可测量之总督，夫孰能辨其真伪哉？然子

---

① 徐承庆：《说文解字注匡谬》卷九，《续修四库全书》第214册，第339页。
② 中国科学院图书馆整理：《续修四库全书总目提要·经部》，第261页。
③ 同上书，第266页。

雍假名以自重，壬秋逃名以自高，则固为胜也。①

据此可知，《尚书今古文注》一书实以孙星衍之《尚书今古文注疏》为蓝本，"稍加刊补"而成。今观王氏传世之《尚书笺》也是如此。王代功陈述乃父著书之意云：

> 以为《尚书》之学，东晋以来经传淆伪，大义不明。自国朝高宗刊正群言，始辨真伪。江、段之伦承风撰述。阳湖孙星衍书稍后出，最称详审，古书佚说，一字咸搜。犹病其采辑《大誓》，违于马义，又仍用旧读，句绝多讹。爰取孙本再加刊正焉。②

王闿运肯定乾嘉汉学家对古文真伪问题的考辨之功，尤其对孙星衍搜讨汉儒经说的成绩十分推重，只是在具体的细节问题上王氏有不同的见解，所以刊正孙书而成《尚书笺》。

据王代功所作《湘绮府君年谱》，王闿运于咸丰六年（1856）"始治今古文《尚书》"，同治八年（1868）"始笺《尚书》"，同治十一年（1871）九月"作《今古文尚书笺》成"，然光绪十四年（1888）毁于火，光绪二十五（1899）、二十八年（1902）又加钞改。③王闿运自己也曾总结研治《尚书》之历程云："闿运自廿五岁治《尚书》，越十有五年旅京师，所笺廿八篇始成，多申伏以易郑。"④两处所言，微有差异，但主要的时间节点基本一致。可知《尚书笺》虽成书较快，但其背后也有王闿运十余年的沉潜之功，且不幸被焚后再加抄改而成，亦可见王氏对此书的重视。

---

① 郭嵩焘：《日记》"光绪五年十二月廿九日"条，《郭嵩焘全集》第十一册，第219页。
② 王代功：《湘绮府君年谱》卷二，《北京图书馆藏珍本年谱丛刊》第178册，第157页。
③ 王代功：《湘绮府君年谱》卷一、卷二、卷三、卷四、卷五，第131、157、169、251、304、325页。
④ 王闿运：《尚书大传补注》卷首自序，《续修四库全书》第55册，第797页。

第四章 《尚书》考据学的延续与发展

论者或将王闿运归入晚清今文家行列①，此处王氏自称的"多申伏以易郑"似乎很可以证明这一点。但如深入探究，可以发现此说并不符实，《尚书笺》并不具备这一特色，试举二例明之。《皋陶谟》"钦四邻"句，《大传》明确说"古者天子必有四邻，前曰疑，后曰承，左曰辅，右曰弼。天子有问，无以对，责之辅；可扬而不扬，责之弼。其爵视上卿，其禄视次国之君"，王氏亦引及之，但又另创新解云："四邻，太学之官也。钦，兴也。先但设学，教育子，至是天子自入学，因置学官，习饮射。"②又如其下"虞宾在位"一句，《大传》明确地说"舜为宾客，而禹为主人"，郑注《大传》则说"舜既使禹摄天下事，于祭祀避之，居宾客之位"，《周礼·大司乐》疏引郑注则云"'虞宾在位'者，谓舜以为宾，即二王后丹朱也"，然王氏于此诸说皆不认可，而是认为"虞宾谓凡虞氏助祭者，皆为宾，以舜既绍尧故也"③。于此可见，《尚书笺》一书并非如王氏自我宣称的那样，偏向伏生今文学，贬抑郑学，且书中极少考辨伏、郑二氏之异同。在这一点上，他远不及皮锡瑞的立场鲜明。因此，如将此书归入今文学著作，实属不当。

此书内容分为三个层次，即经文、汉儒之注、王氏本人所谓笺。其体例与孙星衍《尚书今古文注疏》并无明显不同，然却以"笺"名书。注经称"笺"，始自郑玄《毛诗传笺》。郑氏自称："注《诗》宗毛为主，其义若隐略，则更表明。如有不同，即下己意，使可识别也。"④此或即王闿运名书之缘由。⑤盖王氏对前人之说并不一味赞同，与"疏不破注"有

---

① 如梁启超说："湘潭王壬秋，本文士，治今文经学"（氏著《近代学风之地理分布》，载《饮冰室合集》"文集之四十一"，第77页）。周予同也说："湘潭王闿运用今文义遍注群经"［朱维铮编：《周予同经学史论著选集（增订本）》，上海人民出版社1996年版，第21页］。

② 王闿运：《尚书笺》卷二《皋陶谟》，《续修四库全书》第51册，第299页。

③ 王闿运：《尚书笺》卷二《皋陶谟》，第303页。

④ 《毛诗注疏》卷一引郑玄《六艺论》，阮元校刻《十三经注疏》本，第269页。

⑤ 四库馆臣云："康成特因毛《传》而表识其傍，如今人之签记，积而成帙，故谓之笺，毋庸别曲说也"（《四库全书总目》卷一五"经部·诗类一"，第120页）。这与张舜徽所言王氏治学之过程可谓神似，或亦可解释王氏经著命名之因。张氏云："常见的《十三经》和周秦诸子，他都钞写过一遍。在长期钞书的过程中，边钞边读，将自己的意见写上几句。钞完一部书，便成了一种新的笺注。自古成书之速，无有过于此者"（氏著《清儒学记》，华中师范大学出版社2005年版，第234页）。

别。然郑玄笺《诗》，尚且宗毛；王氏笺《书》，实则一无所主。其所谓"笺"，基本全是王氏自己对经文的理解，所引汉儒之注仅备参考而已。

正因如此，书中新见很多，如"禹贡"之"贡"字，前人皆释为贡赋、赋税，王氏却说："贡，功也。治水还，上其工役道里之书。"①在《召诰》篇，王氏更是提出了一个惊人的看法："周公先作洛，即后所称成周也。此复营洛，所谓王城。先邑以迁殷顽。后邑以封周公，如京师之制，示不臣周公也。周公不敢居，而自请老居成周，让后邑以为东都，名曰王城。"②之所以如此，原因在于《大传》记载"周公摄政五年营成周，七年致政"，而《史记》则说"周公行政七年，成王长，周公反政成王，北面就群臣之位。成王在丰，使召公复营洛邑，如武王之意"。关于营洛之年，一云摄政五年，一云七年，明显龃龉。王氏提出所谓先邑、后邑之说，认为二者并非一事一地③，并非突发奇想，当是受《汉书·地理志》启发。但是，西周时二者究竟是一是二，近代以来争议很大，越来越多的学者倾向于认为成周和王城的二分乃是战国以后的现象。④至于王氏所言周、召二公分作二邑，更是史无明文，恐不足信。

此外，王闿运既然明确批评《尚书今古文注疏》"仍用旧读，句绝多讹"，自然会在经文句读方面大加发明。王氏曾于尊经书院晓示诸生读经之法云：

> 六经之文，字无虚下，解经不词，先师茧之。经字非独无剩字，亦无炼字也。剩字者，如俗解"曰若稽古"为赞美帝尧，不知"钦明"云云乃叙尧德，无一字可省，若开卷先赞美尧，岂待史臣赞乎？四字无谓，则为剩字，经意不如此也。炼字者，如司马、孔、郑解"师锡帝"为众臣举圣人以告尧，于《书》例当作佥曰，而以佥字为师，中加锡帝二字，于作文法则精炼，于作史作经甚为怪僻，二字

---

① 王闿运：《尚书笺》卷三《禹贡》，第305页。
② 王闿运：《尚书笺》卷十七《召诰》，第373页。
③ 按照王闿运的理解："新邑，《康诰》所谓新大邑，后谓之成周。新营，召公所经营洛汭之位，先无里居者，后谓之王城。相距五十里"（氏著《尚书笺》卷十七《召诰》，第374页）。
④ 参见梁云《战国时代的东西差别——考古学的视野》，文物出版社2008年版，第146—147页。

第四章 《尚书》考据学的延续与发展

无谓，则为炼字，经意不如此也。至解经而至于不词，诸经往往有之。……今愿与诸子先通文理，乃后说经，文通而经通，章句之学通，然后可以言训诂义理，而先师之所秘密自负者，必恍然于昔者之未通章句也。……读《尚书》当先断句读。[①]

王氏文名大著，故而对文理十分自信，认为以文理解经可以在训诂、句读方面有所创见。今观其书，王氏此类新说不胜枚举。

《尧典》"修五礼五玉三帛二生一死挚如五器"句，前人皆"挚"字上属为句，但王闿运却认为"挚者，总上十一等，皆执以见舜也"[②]，故而下属为句。《汤誓》"女曰我后不恤我众舍我穑事而割正"条，王氏不论是断句还是释义都别出心裁。首先，王氏断"女曰我后"为一句，并笺释云："言今新降民奉我为君也。《孟子》引《书》曰：徯我后。"按，《孟子》所引是否为此句之异文值得商榷。至于"不恤我众舍我穑事而割正"句，王氏的理解是："不恤者，自诉其勤也，言不遑自恤，舍农事而来求君思大国之正己也。割、害通用字。害正，因害而求正。"[③]《盘庚上》"我王来既"条，他人多读"我王来"三字为句，"既"字属下读，王闿运却以四字为句，其释义云："既，息也。《诗》曰：伊余来墍。我王，民谓般庚也。言般庚欲息民，故迁于殷。"[④] 又如《微子》篇"降监殷民用乂，雠敛召敌雠不怠"句，王闿运于"召"字后断开，作"稠敛召，敌雠不怠"，不但依马融本改通行本"雠"字为"稠"，且与孙星衍等人"召"字下属为句明显不同。这一差异显然是建立在对字义词义的不同理解基础上的。孙星衍释为"惟以聚敛为事，以此致怨雠，不肯懈怠"[⑤]，王闿运则说：

召，征发也。言殷王子弟用事者皆稠数于赋役。……敌雠，小民

[①] 王代功：《湘绮府君年谱》卷二，第 191—194 页。
[②] 王闿运：《尚书笺》卷一《尧典》，第 285 页。
[③] 王闿运：《尚书笺》卷五《汤誓》，第 325 页。
[④] 王闿运：《尚书笺》卷六《盘庚》，第 327 页。
[⑤] 孙星衍：《尚书今古文注疏》卷九《微子》，第 261 页。

并兴相为敌雠者。怠,读为"谦轻豫怠"之怠,怡也,说也。小民之怨不说释,言不能主政代纣位,其时唯有微子贤,又义不得立。①

《尚书》文字艰深,言人人殊,王氏所言亦非信口开河,虽有标新立异之嫌,要亦可成一家之说。总体上来看,王氏所谓"取孙本再加刊正",指的应该是取孙氏所辑前人经说,而对孙氏所作之疏则提出较多异议。

就上述内容来看,此书虽然新说较多,但所用材料多未超出孙书之外,所用方法亦乾嘉汉学之法。王氏于训诂章句之学颇为自负,只是在使用过程中一味求新,说服力不够,仍应归入晚清汉学阵营。

不过,《尚书笺》中也有一些不同于考据之书的内容,王氏对经文的无端怀疑即是一例。《微子》"旧有位人"一句,王氏云:"司马无此句,盖经师以'旧'训'耉',以'有位人'训'长',后误入正文"②,仅凭《史记》,岂能断定《尚书》本无此句?是可谓武断之至。此外,书中甚至有以西方科学知识解释《尚书》之处,亦可注意。如释"禋于六宗"时云:"地球绕日,故以日为上帝。"③凡此皆细枝末节,《尚书笺》与江、王、段、孙等人之书相比,最大的不同当属以《春秋》经义解释《尚书》。其论《甘誓》之"大战于甘"云:"言战者,败词也。《春秋传》曰:'内不言战,言战乃败矣。'大战者,大败也。六军大败,故责六卿。"④按《公羊传》、《穀梁传》皆云:"内不言战。"据何休的解释,"《春秋》托王于鲁,战者,敌文也。王者兵不与诸侯敌,战乃其已贬之文,故不复言师败绩"⑤。《公》《穀》之说已有深文周纳之嫌,王氏以之解释《夏书》,更显突兀。书中亦有大义之阐发,如《微子》篇末云:

此篇立人臣之大法,亦所以别嫌防民,使不得藉口降叛,故内

---

① 王闿运:《尚书笺》卷九《微子》,第338页。
② 同上。
③ 王闿运:《尚书笺》卷一《尧典》,第284页。
④ 王闿运:《尚书笺》卷四《甘誓》,《续修四库全书》第51册,第323页。
⑤ 《春秋公羊传注疏》卷五,阮元校刻《十三经注疏》本,第2219页。

第四章 《尚书》考据学的延续与发展

臣不谋废立，而汤武得以诛纣。其后微子持祭器造周军，则服罪之礼也。故纪季以酅入齐，《春秋》嘉之，此义也。①

按，《公羊传》云："纪季者何？纪侯之弟也。何以不名？贤也。何贤乎纪季？服罪也。其服罪奈何？鲁子曰'请后五庙，以存姑姊妹'。"②庄公三年，纪侯之弟纪季以自己的封地酅主动归齐，目的是先祖祭祀，因而"《春秋》嘉之"。在王闿运看来，微子之作为正与纪季类似，是人臣之典范，值得肯定。

在《西伯戡黎》篇中，王闿运对文王称王事大发议论，其言曰：

自王季受侯伯之命，文王袭位，三分有二而事殷。……及后囚羑里，几不得免，故遂不朝，而受诸侯之朝，受命称王。……盖出囚五年，当朝而不至，故谷之。周已称王，欲明与殷绝，因出兵伐其畿内国，以明不臣也。周王而曰"西伯"者，商史词也，自商先王言之，虽伐纣、杀武庚、有天下，犹曰吾西伯，不目为叛寇，以此见天下之公也。然而文必称王者，以西伯而称兵，是为大逆，故必正其名也。③

《春秋》用字谨严，有所谓"正名主义"之说。④王氏认为商史臣称呼周文王为"西伯"，是想表明不视文王为叛逆；而文王必自称王，就是为了避免叛逆之名，符合正名的要求。王闿运于《春秋》学用力较多，著有《穀梁申义》《春秋公羊传笺》《春秋例表》，因而使用《春秋》经义阐释《尚书》较为得心应手。但是，按照传统经学的观点，《春秋》所谓大义，皆是经孔子笔削之后方始具备，与《尚书》之时代显然不合，这就难免与常州学派一样有穿凿附会之病。

---

① 王闿运：《尚书笺》卷九《微子》，第339页。
② 《春秋公羊传注疏》卷六，第2225—2226页。
③ 王闿运：《尚书笺》卷八《西伯戡黎》，第335页。
④ 参见梁启超《国学小史》，商务印书馆2014年版，第152—157页。

239

对于《尚书笺》，刘起釪评价说"注释简明，甚多确论"[1]。但也有学者认为王氏"著作惟《湘军志》可观，此外经学词章，可取者鲜"[2]。一正一反，或皆属过论。此书极富创见，王氏亦博学之士，所言多有不同于前人处，虽未必皆属确论，但一家之言亦可启迪读者。至于江瀚所云"大抵闿运说经，取法笺注，托体甚高，间有意本前人，亦不言所出，但欲求简，转邻掠美"[3]，掩人之善的问题在书中也确实存在，即如《文侯之命》"侵戎我国家纯"条，王氏云："大难为纯。纯，屯也。"[4]按孙星衍早已指出："古屯、纯通字，盖言兵侵者为我国家屯难也。"[5]朱骏声亦云："纯，屯也，难也。"[6]王氏对此绝口不提，确属不当。

第二节　考据学之别枝

一　吴汝纶之宗《史记》、重训诂

吴汝纶（1840—1903），字挚甫，桐城人。光绪二十年（1894），吴汝纶在与黎庶昌的信中说："近十年来，自揣不能为文，乃遁而说经，成《书》、《易》二种。说《书》，用近世汉学家体制，考求训诂，一以《史记》为主，《史记》所无，则郢书燕说，不肯蹈袭段、孙一言半义。当其得意，亦颇足自娱，不知其为《尔雅》虫鱼之戋戋也。廉卿见而善之，名之曰《尚书故》。"[7]这段话透露出的信息较为丰富，据此我们知道，《尚书故》以《史记》之说为宗，并加以吴氏自己的新说，虽然沿用清代汉学家著述体例，对其经说却未曾蹈袭，而此书之名是由张裕钊（字廉卿）所

---

[1] 刘起釪：《尚书学史》，第415页。
[2] 钱钟书：《石语》，载《陈石遗集》附录二，福建人民出版社2001年版，第2180页。
[3] 中国科学院图书馆整理：《续修四库全书总目提要·经部》，第267页。
[4] 王闿运：《尚书笺》卷二八《文侯之命》，第417页。
[5] 孙星衍：《尚书今古文注疏》，第546页。
[6] 朱骏声：《尚书古注便读》卷四下，《四库未收书辑刊》第六辑第2册，第73页。
[7] 吴汝纶：《尺牍》卷一《答黎莼斋》，《吴汝纶全集》第三册，第100—101页。

第四章 《尚书》考据学的延续与发展

定。类似之意，屡见于吴氏与友人的书信中。① 这也基本上就是此书两大特色所在，其一是宗奉《史记》，其二是重训诂、多新见。

《尚书故》共三卷，据考证，此书始作于光绪七年（1881）之前，完成于光绪十四年（1888）。② 吴氏激烈反对伪古文，据载，"直隶莲池书院山长吴汝纶凡称引《大禹谟》、《五子之歌》二十五篇者，摈课卷弗阅"③，因而此书专释今文二十八篇。就《尚书》学而言，吴氏对清儒辨伪学之成绩是十分肯定的，但对其训诂学则不甚认可："吾尤惜近儒考辨伪篇，论稍稍定矣，至问所谓浑浑者、噩噩者、灝灝者、诘屈聱牙者，其蘙然而莫辨犹若也。"④

在《史记》与其他经说不一致的地方，吴汝纶基本都是以《史记》为准，即使是清代汉学家最为看重的马、郑之说，只要与《史记》相违，吴氏也绝不采信。最显著的例证莫过于对周公居东的见解。我们知道，按照《史记》的说法，"居东"即东征，"罪人"则指管、蔡、武庚；而马、郑则认为"居东"是避居东都，"罪人"则是周公属党。吴氏在处理这一问题时，首先详引《史记》之文，对马、郑之说却直接不予称引，随后又加按语说："《墨子》'东处于商盖'，亦谓东伐商奄，其言'东处'，即用此经'居东'为辞。近儒援此为马、郑'避位居东'之证，误也。'居东'

---

① 在与柯劭忞的信中，吴汝纶说："拙著《尚书故》，本旨专以《史记》为主，史公所无，乃考辨他家，以此与孙渊如多异。又往往自造训诂，以成己说，执事当悉心纠正，以衷一是。经学乃天下后世公物，不可以一人浅见，悬定是非；亦不宜稍存瞻徇阿党，以留缺憾，执事裁之"（吴汝纶：《尺牍》卷一《答柯凤荪》，《吴汝纶全集》第三册，第163页）。又说："初为此书时，乃深不满于江、孙、段、王诸人，戏欲与之争胜，并非志在释经，故即用诸公著述体裁"（吴汝纶：《尺牍》卷二《答柯凤荪》，《吴汝纶全集》第三册，第198页）。

② 刘义峰：《吴汝纶与〈尚书故〉》，《燕赵历史文化研究之三·冀州历史文化论丛》会议论文，冀州，2009年，第244—248页。

③ 吴光耀：《华峰文集》卷四《洪给事中事略》，《北京师范大学图书馆藏稀见清人别集丛刊》第33册，广西师范大学出版社2007年版，第384页。其实吴汝纶早年对此看法并不坚定，云："孔传古文为梅赜所上，《传》出梅赜之手，古文亦当出梅赜手，岂有自注其书而不能道其义者，此可决古文之不尽伪也。"此说逻辑殊牵强，故其子吴闿生批注云："谓古文不尽伪，犹先公早年未定之说"（吴汝纶：《日记》卷一《经学》，《吴汝纶全集》第四册，第5页）。

④ 吴汝纶：《文集》卷一《记写本尚书后》，《吴汝纶全集》第一册，第52页。

241

为东征,先秦旧说。"① 又如《康诰》"别求闻由古先哲王"条下,吴汝纶云:

> 郑以古先哲王为虞夏,疑非也。上经"敷求殷先哲王",是自考于殷王者,此经"求闻于古先哲王",是从商老成知道之人问得其先王故事者,所谓"古先哲王",亦殷王也。《史记》云"必求殷之贤人君子长者,问其先殷所以兴",正括此经为文。经自"汝丕远惟"贯下廿四字为句,至"用康保民"止。《史》但云问其先殷所以兴亡,知此经不兼言虞夏,郑义非也。②

对于《史记》与《书序》之间的不同,吴汝纶的观点很明确,那就是司马迁未曾见《书序》,《书序》乃后人仿《史记》而为之。其言曰:

> 今考《书序》篇次与伏生不同,知今文无《序》。其言多与《史记》不合,则子长亦未见《书序》。《书序》殆出《史记》之后,依《史》文为之,而不尽用《史》说耳。今儒者以《孔子世家》言"孔子序《书》",为《史记》称《序》作于孔子之证。然《世家》明云"上纪唐虞之际,下至秦缪,编次其事",则"序"即编次矣。孔疏云"知孔子作者,依纬文而知之",然则纬兴而《序》始出欤!柯劭忞云:"张霸采《书序》为百两篇,霸成帝时征,疑纬未兴而《序》已出。"③

按照他的看法,由于《书序》是"依《史》文为之,而不尽用《史》说",所以与《史记》存在差异,既然如此,自当以《史记》为准。在讨论《盘庚》的成书时间问题时,吴氏将这一层意思说得更为明白。《书序》以为《盘庚》即盘庚时所作,《史记》则以为是小辛时所作,吴氏

---

① 吴汝纶:《尚书故》卷三《金縢》,第635—636页。
② 吴汝纶:《尚书故》卷三《康诰》,第670页。
③ 吴汝纶:《尚书故》卷三《书序》,第939—940页。

第四章 《尚书》考据学的延续与发展

以为：

> 此史公不见《书序》之证。《后汉纪》杨彪云："昔盘庚五迁，殷民胥怨，故作三篇以晓谕之。"遵用《书序》。盖史公古文之义后汉已不能明矣。《书序》出《史记》后，时复小异其说，以泯其沿袭《史记》之迹。孔疏乃讥《史》与《序》违，而小司马因谓史公不见古文，将《汉书》所云"问故于安国，所载多古文说"者亦并未之检邪！[1]

所谓为泯其沿袭之迹而故作小异的说法，或受阎若璩考辨晚出古文的思路启发，完全是凭空揣测，毫无实据。今人程元敏在其《书序通论》一书中，以专门的条目对吴氏《书序》出《史记》说予以述评，其中列举四证，认为"足征《史记》袭《书序》之迹，从知吴挚甫倒源为委"[2]。其说可信。吴汝纶因过于尊信《史记》，对《书序》不能客观公正地予以审视，其间不合逻辑处所在多有。吴氏有云："朱子以《序》所言不能檃括经旨，以此疑《序》。蒙据《太史公自序》每篇辄取一事言之，不必檃括其文，此不足为《序》病也，用此见《书序》为仿《史记》为之尔。"[3]《序》文所言不能概括全篇主旨，《太史公自序》亦是如此，如何能够得出《书序》仿《史记》之结论？吴氏甚至更进而认为，《书序》背离《史记》之处实为伪古文之乱阶，其最要之处莫过于《尧典》《舜典》之分篇不同：

> 马、郑、王本"慎徽五典"以下，皆合于《尧典》为一。《史记》"慎和五典"至"四罪而天下咸服"，皆在《尧本纪》，"舜乃至于文祖，谋于四岳"以下，乃入《舜本纪》，与今分篇绝异。今二《典》之《序》与枚赜合，儒者议枚赜而信《书序》，是知二五而不

---

[1] 吴汝纶：《尚书故》卷二《盘庚》，《吴汝纶全集》第二册，第548页。
[2] 程元敏：《书序通考》，台北学生书局1999年版，第94页。
[3] 吴汝纶：《尚书故》卷三《书序》，第939—940页。

知十也。作《序》者以己私意，妄分《尧典》，不用古文旧本，枚依《序》为之尔。①

吴氏对后人信《书序》，疑《史记》之说痛加责难，反复言之，鲜明地确立了《尚书故》的重要特色。总之，《史记》确为了解《尚书》经说之极重要依据，然吴氏奉之为圭臬，尊信太过，不能公正审视异说，终嫌格局太小。吴氏生当晚清，两汉各家《尚书》经说之优劣已较为明晰，而仍偏执《史记》，亦可一叹。吴氏挚友王树枏评价《尚书故》说："挚甫注《尚书》，一以司马氏为主，其识诚在江、孙之上。若据此以尽废马、郑之义，窃不谓然"②，其识诚在吴氏之上。

至于《尚书故》在训诂学方面的创见，数量确实较多。如《立政》之"谋面用丕训德"条下，吴氏云："谋，古读如'敏'。谋面者，黾勉也，与《尔雅》之'蠠没'、《方言》之'侔莫'，皆一声之转，双声连绵字也。旧皆字别为义，失其旨矣。"③将"谋面"二字视作双声词予以解释，而不是像前人一样生硬地就字面意思作解，其说可从。于省吾先生在《尚书新证》一书中也说："谋，金文作'誨'或'每'或'某'，从每从某，其声一也。……'面'即勔。谋面，即《尔雅·释诂》之'蠠没'，《诗·小雅·十月之交》之'黾勉'，《汉书·刘向传》之'密勿'，皆同声假字也。"④此处所言，与吴氏大同，或亦受其启发。

不过，《尚书故》中这种较为可信的新说并不太多见，比重更大的还是标新立异、穿凿牵强之论，后世史臣说"汝纶为学，由训诂以通文辞，无古今，无中外，唯是之求"⑤，恐非的论。如《盘庚》之"无尽刘"，吴汝纶释"刘"为流移，以《尔雅》《淮南子》为据。⑥然诚如此说，于逻辑上着实难安，所谓无尽流移，难不成迁一部分、留一部分？此与前句"重

---

① 吴汝纶：《尚书故》卷三《书序》，第940—941页。
② 王树枏：《尚书商谊》卷首自序，《续修四库全书》第53册，第1页。
③ 吴汝纶：《尚书故》卷三《立政》，第823页。
④ 于省吾：《双剑誃尚书新证》，中华书局2009年版，第263页。
⑤ 赵尔巽等：《清史稿》卷四八六《文苑三》，第13444页。
⑥ 吴汝纶：《尚书故》卷二《盘庚》，第550页。

我民"文意如何接续？相较而论，前人释"刘"为"杀"，既是常训，又与下文"不能胥匡以生"联系顺畅，无疑更为合理。同样是该篇"既爰宅于兹"条，吴氏释"爰宅"为定居①，可谓发前人所未发，其依据为《汉书·地理志》孟康注。然考孟康注曰："三年爰土易居，古制也。末世侵废，商鞅相秦，复立爰田。上田不易，中田一易，下田再易。爰自在其田，不复易居也。《食货志》曰'自爰其处'而已，是也。"孟康所言前后矛盾，颇不易解，造成的争议很大。但吴氏只引后半段，则属故意回避。且《汉书·食货志》"自爰其处"孟康注云："爰，于也。"吴氏对此皆视若无睹，太过自信。

又如《金縢》"我其为王穆卜"，《史记》"穆"作"缪"，吴氏对此字释义的考证颇为曲折，云：

> 缪，读为翏。张衡《思玄赋》"翏天道其焉如"，注："翏，求也。"缪卜，求卜也。高诱《吕览注》："求，犹问也。"求卜，犹《周礼》之言"贞卜"也。郑注《檀弓》云："缪，读为'木翏垂'之翏。"此从其读。古翏声之字，与求声通。《说文》："球，古文作璆。"郑注："东胶，字或作絿。"故翏训为求也。②

这种辗转为训的释经方法，实无必要，先秦文字尚简，"卜"即动词，无烦再缀以"求"义。实则戴钧衡等早已指出"穆卜"乃当时成语③，即本字而解似更贴合，没有必要曲折通假。

在吴氏解经过程中，还有一个重要现象，就是对作文之法十分重视。与本书第三章所言方潜、李景星一味强调《尚书》的行文技巧，彰显其文学成就之高妙不同，吴汝纶是希望通过分析经典中的文法，来更准确地把握其含义。他说：

---

① 吴汝纶：《尚书故》卷二《盘庚》，第549—550页。
② 吴汝纶：《尚书故》卷二《金縢》，第627页。
③ 参见顾颉刚、刘起釪《尚书校释译论》，第1225页。

窃谓古经简奥,一由故训难通,一由文章难解。马、郑诸儒,通训诂不通文章,故往往迂僻可笑;若后之文士,不通训诂,则又望文生训。……自汉以来,经生家能通文章者,独毛公一人。……唐宋文人,于《六经》能抉摘隐奥矣,其所短则古训失也。朱子于理学家独为知文,其说得失参半,又其文事未深,故古人微妙深远之文,多以后世文字释之,往往不惬人意。我朝儒者鄙弃其说,一以汉人为归,可谓宏伟矣,唯意见用事,于汉则委曲弥缝,于宋则吹毛求疵,又其甚者,据贾、马、许、郑而上讥迁《史》,蒙窃未之敢信。①

这一观念在《尚书故》中得到鲜明体现。如《顾命》"王乃洮颒水"条,吴氏指出:"郑读'洮'为濯,则濯、颒同事,下缀'水'字,殊为不词。此经盖'绍'为一事,'颒水'为一事也。"②所谓"不词",即不符合作文之法。在他看来,这种文理的不顺即可证明郑注之不合理,必须予以推翻。又如《梓材》"先王既勤用明德"一句,吴氏在句读上别出心裁,认为"'先王既勤'四字句绝,犹《诗》言'文王既勤'止也。'用明德'三字句绝,与下'用明德'为偶。用,以也"③。吴氏之所以采取新的断句方式,是因为发现该句下文再次出现"用明德"三字,他认为这是前后相应,由于前人不通文章,故断句错误。这就是吴氏所提倡的以作文之法解经的又一例证。至于"用,以也"则是结合文章提出的新释义,即训诂上的创获。当然,吴氏所谓文章之法或并不局限于此,一切可使文从字顺,避免"迂僻"的解释都可归结于此。

吴汝纶之子吴闿生对这一治经方法曾有进一步论说,其言曰:

六经皆文也。《诗》、《书》文虽崇奥,要亦古哲所精心结撰之文字,故必以文家之义法求之,而后意绪乃能大明,而精神旨趣因以毕

---

① 吴汝纶:《尺牍》辑佚《与王晋卿(辛巳闰七月十七日)》,《吴汝纶全集》第三册,第615—616页。
② 吴汝纶:《尚书故》卷三《顾命》,第842页。
③ 吴汝纶:《尚书故》卷二《梓材》,第713页。

见。千古注疏训诂所以罕得其真谛者，皆由于文法之不讲故也。①

今观此言，较之乃父更为自信，相当于在某种程度上将前儒的解经一并推翻，认为只有借助对文法的分析才能求得经典的真谛。

总的来说，吴汝纶或出于争胜之心，或出于对文法分析的自信，提出了很多自己的新说，但其所谓"不肯蹈袭段、孙一言半义"，则明显有夸张的成分。《尚书故》中引用段、孙等乾嘉汉学家之说而不加反驳之处还是十分常见的。当然，就其治经理念来看，吴汝纶大致还是属于汉学阵营。吴氏虽属桐城后学，但对理学却兴趣不大，治《尚书》过程中，对所谓义理之学往往敬而远之。如对于《尧典》"钦明文思"句，孔传、蔡传皆释"钦"字为恭敬之意，方宗诚等崇尚宋学者甚至大加发挥，以为"钦"字为全篇要领，吴汝纶却只是认为"钦明"即"聪明"，并无深意。②在日记中，吴氏也曾表达对经师口谈心性之学的不满，认为"章句解经，时发其不传之意，学者存之于心，不必口谈心性，而于圣贤之教可庶几矣"③，据此可知他与宋学一派有较为明显的隔阂。

不过，吴氏治汉学也难称纯正，尤其过于尊信《史记》，轻视马、郑，更是与汉学传统相违④。此外，对于清代汉学家极为重视的《尚书》今古文差异，吴氏也予以淡化处理：

《汉书》言史公从孔安国问故，所载多古文说。段玉裁乃云文字仍依今文。陈寿祺又云今文中有古文，讥段氏以"方"为古文，"旁"为今文，与《仪礼》不合。此皆强生分别。今文亡久矣，古书

---

① 吴闿生：《尚书大义·尧典》篇首，《民国时期经学丛书》第二辑第29册，台中文听阁图书有限公司2008年版，第2页。值得注意的是，同时期的洪良品也曾说过："本朝经学诸家，鄙弃词章，以为无关经学。不知彼所日考而证之者，皆古人之词章也，后人始名为经耳。……古人文法简奥，不通词章，往往不得其要领"（氏著《古文尚书辨惑》卷一八，《续修四库全书》第50册，第419页）。
② 吴汝纶：《尚书故》卷一《尧典》，第380页。
③ 吴汝纶：《日记》卷一《经学》，《吴汝纶全集》第四册，第39页。
④ 比较吊诡的是，吴氏自己还宣称："今世后学，实无专师，古书具在，乃不能观其会通，而斤斤于汉儒之家法，此非子骏所谓'专己守残而妒道真'者也？"[吴汝纶：《尺牍》辑佚《与王晋卿（辛巳闰七月十七日）》，第616页]。今日观之，吴氏治《尚书》，着实难符"会通"二字。

多异字，郑君所云一经之学，数家竞爽，不专是今古文异也。且如《汉书》所载《史记》之文，亦多异同，岂《史》、《汉》亦有今古文邪！今采录异文，更不强分今古。^①

凡此种种，皆可以说明吴汝纶之《尚书》学并未沿袭乾嘉汉学家的旧途，而是别开一枝。近年有学者指出："吴汝纶之经学有一个很突出的特点，就是不在名物制度上做考证，而只是在文字读音，字词讹误，语辞互证，文意呼应，文气衔接诸多方面笺释、钩沉，以为一孔之见。……吴汝纶其实是在宋学中钩沉汉学，在汉学中分析宋学，对古文经学、今文经学不抱执偏见。"[2]此说较为准确地把握了吴氏经学研究的特点，认识到了其与传统汉学的分歧，但所谓"在宋学中钩沉汉学，在汉学中分析宋学"，恐不明显[3]。

吴汝纶对其经学成就颇为自负，在给友人的书信中曾谈到："吾说《书》、《易》二经，自信过于诗文"，"妄自以为不在孙渊如之下"[4]。然而今日观之，《尚书故》较之孙星衍之《尚书今古文注疏》逊色远甚。正如张舜徽所言："汝纶晚喜说经，著有《易说》、《尚书故》诸种。自信生平说经之书高于诗文。其实说经非汝纶所长，有时过于轻蔑旧注，往往私造训诂，自立一义，不足为训也"[5]，吴氏著《尚书故》之出发点，即为与江、王、段、孙争胜，经学根底不固，考核亦疏，其中虽偶有灵光乍现之处，但整体来看，成就尚属有限。

二　王先谦之兼疏今古文

王先谦（1842—1918），字益吾，号葵园，湖南长沙人。光绪三十年（1904），撰成《尚书孔传参正》（下文简称《参正》）。对于此书，后

---

① 吴汝纶：《尚书故》卷一《尧典》，第382页。
② 王晓清：《中国地域学派叙论》，湖北人民出版社2013年版，第58页。
③ 《尚书故》中有些舍汉从宋之处，如"既载壶口"之句读即与汉儒不同，而与苏轼、林之奇、蔡沈等宋儒一致。但远未达到汉宋兼综的程度。
④ 吴汝纶：《尺牍》卷二《与王子翔》，《尺牍》补遗《答王鼎丞方伯（光绪十年四月五日）》，第249、526页。
⑤ 张舜徽：《清人文集别录》，华中师范大学出版社2004年版，第526页。

第四章 《尚书》考据学的延续与发展

人誉之者甚众,如皮锡瑞称其"兼疏今古文,详明精确,最为善本"①。王先谦之侄王祖岐说:"公著《尚书孔传参正》,清南书房诸臣称其'博采两汉经师微言大义、历朝诸儒考证训释,以引申孔传之旧谊,而于梅赜益增之二十五篇一一注明,凡古文今义之散见故籍者,尤能得其考证,犁然悉当,洵为体大思精之作,可补《正义》所未逮'等语,就此可知采访之周。"②据此可知清末官方对此书亦较为认可。近人蒋善国甚至说:"至于清季考证今、古文《尚书》经说的作品,有王先谦撰《尚书孔传参正》,兼疏今、古文,精确详明,胜过孙氏的《尚书今古文注疏》。"③

上述三人中,皮锡瑞之《今文尚书考证》被王先谦大量引用,其称誉王氏书似有自夸之嫌。王祖岐虽是引述南书房诸臣之说,但既然是评述其伯父之学,恐不能客观视之,且南书房诸臣亦难免蹈循私情,一味褒扬了事。至于蒋善国之说,殊属过誉。孙氏之书的成就在晚清以至今天都是被广泛认可的,蒋氏在未深入分析《参正》一书的内容基础上,给予其如此之高的评价,难以令人信服。

近来研究王氏学术者渐多,已有博士学位论文专门研究《参正》一书④,然实未能切中此书之弊病。今日观之,研究此书最深入者尚莫过于黄侃之《尚书孔传参正笺识》。此文经黄焯整理而成,颇便读者,虽语气急切,诟厉之词甚多,但所言多合理。今即以此文为先导,对《参正》之内容、成绩与不足略加探讨。

黄侃云:

> 王书不唯强分今古,史公一人之说,忽今之,忽古之,此一蔽也。孔传虽似王子雍所为,而经文训诂必不敢为大傀异,以启世之疑,故今日考此经,于古今文俱无征无说者,毋宁即用孔传。乃不

---

① 皮锡瑞:《经学通论·书经通论》,第104页。
② 王祖岐:《说先伯葵园公之治学》,载魏节山编《葵园述略》,长沙经文印刷公司铅印本1948年版,第50—51页。
③ 蒋善国:《尚书综述》,上海古籍出版社1988年版,第450页。
④ 龚抗云:《王先谦〈尚书孔传参正〉研究》,博士学位论文,湖南大学,2012年。

悟此，而用后人之说。岂王肃反不如后世无师之流乎？此二蔽也。又执单文而讥孔传，以《说文》引"时惟懋哉"，而云孔用今文；以《列女传》一引"汝居稷"之文，而谓孔作"后稷"为误，并谓《史记》、《国语》皆浅人所改；……不知书籍流传，自多歧异，何浅人之不惮烦而屡改古籍耶？此清世校勘家之大失也，王亦同之，三蔽也。若夫校勘不精，其责不在著者，然"堲谗"之堲，皆书为堅，则不知其果据何本。孔传释"若予上下草木鸟兽"云"顺谓施其政教"，以顺诂若，不须更牒经文。而王氏云"顺上疑夺文"，则不知其何由知夺。要之，此种书徒以繁征博引，嚇俭陋之夫，以荣今虐古，闭汉学之喙，则亦毋庸深赞矣。①

此所谓"三蔽"，黄氏重点揭出，盖以为《参正》一书之大病。今即条分而缕析之。

其一，证据不足的情况下，对《尚书》今古文差异妄加区分。《尚书》今古文的文字、经说差异，十分复杂，段玉裁、孙星衍、陈乔枞、皮锡瑞等皆曾试图彻底予以厘清，但其结论不一，且难以令人完全信服，本书第二章对此已有详述。王先谦此书对这方面的既有成果大量采信，自然也存在强分今古的问题。更有甚者，如黄侃所说"《盘庚上》'邦之臧，惟汝众'，王云'今文作"国之臧，则维女众"者，《周语》内史过引《盘庚》如此'。案何以见《周语》为今文耶？此巨谬"②，今古文之分，汉武之后始有，王氏竟说《国语》所引为今文，是何道理？黄侃称之为巨谬，确不为过。当然，这一弊病绝非王氏此书独有，清代治《尚书》者多存此病，王氏不过是蹈袭前人之旧辙。

其二，鄙弃孔传，刻意求新。《参正》虽然囊括五十八篇，且经文之下备列孔传，但王先谦是坚定的辨伪派，之所以收录晚出古文与孔传，是

---

① 黄侃笺识，黄焯编次：《量守庐群书笺识·尚书孔传参正笺识》，武汉大学出版社1985年版，第27—28页。

② 黄侃笺识，黄焯编次：《量守庐群书笺识·尚书孔传参正笺识》，第35页。

第四章 《尚书》考据学的延续与发展

为了"功令"①。王氏对孔传并不认可，尤其是赞同丁晏之说，认为孔传系王肃所为，故汲汲以批判为事。在涉及经文解释时，往往撇开孔传，引用后人之说。在黄侃看来，这无疑也是一种偏见，"王肃之说，岂不古于今世之人，何纷纷改易为？凡言今文无征，古文无说者，皆宜知王肃尚为近古"②。后人之说，在时代上远远晚于孔传，且其中不合理之处甚多，如"蛮夷滑夏，王氏引俞樾说。案此妄说，何以亦见采辑"，"《盘庚下》'朕不肩好货，敢恭生生'，王氏引江声说，谓生生犹生息，谓贷钱于人以取息，好货之人取给于生息货财以自利。案此臆说也"③。

其三，校勘不严，对经文讹误的怀疑过于武断，与己说不合者，则径断为浅人所擅改。经典流传过程中，传本的差异在所难免，尤其是在早期口耳相传及写本时代，应是十分普遍的现象。后人如果强加分别，硬断某为是，某为非，恐嫌证据不足，亦与实情不符。至于对经文讹误的怀疑，更应慎之又慎。在黄侃看来，这也是清代校勘家的通病。

总的来看，黄侃所指出的《参正》一书的三条弊病无疑是确凿的，而这三条弊病也是相承已久，王氏多是蹈袭前人。这也是《参正》一书的总问题所在。黄侃在文末又说："壬戌春，阅王先谦《尚书孔传参正》。四月十八日阅竟。有三事为撰书人扼口。今文无征者众，既云今文有序，何以不尽合于《大传》？清儒欲排伪传，而所释多不辞。至于剿袭陈言以著书，无所发明而自诩，是彼都人士之所同，不足专责王氏。"④《参正》一书，篇幅甚巨，内容似乎颇为丰富，但其中大多是黄氏所说的"剿袭陈言，无所发明"，尤其是在治学方法及主张上并无新的特色，即如王氏十分看重的辨伪部分，基本是以引用梅鷟、阎若璩、惠栋、程廷祚之说为主，偶以"先谦案"的方式加以补充，多为说明伪古文袭取之出处，仍是在沿袭前人的路径，这就决定了此书的成就上限不会太高。今日评价此书，一定要分清哪些是王氏自己的见解，哪些是称引或暗用别人之处。

---

① 光绪三十年科举几已废，此论亦不合时宜。
② 黄侃笺识，黄焯编次：《量守庐群书笺识·尚书孔传参正笺识》，第28页。
③ 同上书，第29、36页。
④ 同上书，第38页。

前揭黄侃之评论，还提到此书的两个问题，即"荣今虐古，闭汉学之喙"，与"既云今文有序，何以不尽合于《大传》"，这两条似乎不足以大做文章。

首先，《参正》书中常有"今文义长"①之说，这说明王先谦在比较今古文经说时常以今文为是，这似乎可以说明他对今文学的偏爱。但实际来看，王氏的学术倾向并不明显，绝没有达到"荣今虐古"的程度。他更多的是"采同人之说，集众家之长"②。晚近经学家曹元弼宗奉郑学，极力诋斥晚清今文学③，亦称赞："皮氏锡瑞、王氏先谦书，在近日今文家最为少疵多善。"④再者，就王氏所主持编刻的《续清经解》收书目录亦可见其今文倾向并不明显。⑤《参正》常以今文说为是，也是建立在详细的考辨基础上的，绝非单纯地出于主观好恶。而且现有的研究也已经指出，书中也不乏肯定古文说之处。⑥黄侃以门户之见批评此书，稍嫌太过。

其次，伏生二十九篇的篇目问题争论很多，王先谦的解释是由《顾命》分出《康王之诰》，与龚自珍、皮锡瑞等相同。虽然如此，他仍然认为今文本自有序。《参正》自卷三十三始释《书序》，首引段玉裁、陈寿祺、皮锡瑞之说，证明今文本有序，对此王氏本人也是认同的，故有"今文《书序》"之说。黄侃则反对此说，认为《书序》与《大传》矛盾明显。据现代学者程元敏的研究，"伏生尝见《书序》，但其《尚书》传本无《书序》；曾否传《书序》予欧阳生且以下传，亦莫能确知。《书序》者，出诸孔壁，天汉末年献上，博士得见，疑欧阳本《书序》即从上献本隶

---

① 参见龚抗云《王先谦〈尚书孔传参正〉研究》，博士学位论文，湖南大学，2012年，第42—48页。

② 李肖聃著，喻岳衡点校：《湘学略》，《李肖聃集》，岳麓书社2008年版，第95页。

③ 曹元弼云："自道咸间矜奇立异之徒，厌读书而喜盗名，……而乐今文说之零文碎句所存无几，可借以驰骋胸臆，浸淫不已。遂至离经畔道，非圣无法，借汉人有为言之偏宠之说，阶坏法乱纪贻误苍生之厉。此岂今文之过？实谬托今文，矫诬圣经，以文奸言之罪"（氏著《古文尚书郑氏注笺释》卷首自序，《续修四库全书》第53册，第454页）。

④ 曹元弼：《古文尚书郑氏注笺释》卷首自序，第454页。

⑤ 参见虞万里《正续〈清经解〉编纂考》，彭林编《经学研究论文选》，上海书店出版社2002年版，第57页。

⑥ 参见龚抗云《王先谦〈尚书孔传参正〉研究》，博士学位论文，湖南大学，2012年，第48—49页。

定，编入其较本"①。这一问题由于载籍语焉不详，恐难有定论。当然，即使确信王氏之说为误，也只是理解的偏差，不足以深病之。

《参正》主要以综括前人为主，尤其是对阎若璩、惠栋、段玉裁、孙星衍、皮锡瑞、陈乔枞、刘逢禄等人之说大加网罗，创见实为有限，其最大的目的及成绩恐怕还是条理众家之说，方便学者翻检，欲明东晋古文之伪，欲明今古文之别，得此书而几窥全豹。王先谦对前贤之成绩十分推崇，但认为"散而无纪，寻绎为难"②，故有此书之作。正因其搜罗之广，某种程度上可称之为清代《尚书》考据学的总结之作。支伟成认为王氏虽然在经学方面有所不足，但《参正》一书则较为纯正，其言曰："治经循乾嘉遗轨，趋重考证；而小学弗深，且释名物不克贯通三代礼制，以此视文达终有'上下床'之别。惟《尚书孔传参正》辨析详确，较他书为醇。"③当然，在此过程中也存在其他一些小问题，或引用他人而不标明；烦引文烦琐，剪裁失当；甚或对引文不加核实，如《召诰》篇引刘逢禄之说"举社以见稷。伪传'社稷共牢'，误"④，实则此乃刘氏引述王鸣盛《尚书后案》之说，王氏不加分辨，径冠以刘氏之名，殊显鲁莽。

三 尹恭保之略考证而重议论

尹恭保（1849—？），字彦清，一字仰衡，江苏丹徒人。同治九年（1870）举人，由内阁中书任广州知府，曾参与对法作战。著有《尚书琐记》《周官译义》《抱膝山房全集》等。尹氏以文学知名，时人称其"以诗古文雄于时"⑤。不过在他看来，文与学实为一体，不可分割：

> 古何以言学也？无道不立，无文不行。……然汉晋以来文人无勋业也，此文与学分途之患也。古人之学，文章可传，性道不著。汉人创为《儒林》，犹以经训相承。孔子之学，传于曾子，传于子夏，

---

① 程元敏：《书序通考》，台北学生书局1999年版，第63—64页。
② 王先谦：《尚书孔传参正》卷首《序例》，第1页。
③ 支伟成：《清代朴学大师列传》，第346页。
④ 王先谦：《尚书孔传参正》卷二一《召诰》，第708页。
⑤ 恽彦彬：《尚书琐记序》，《尚书琐记》卷首，第5页。

> 七十子既殁，遗绪未湮，《儒林传》特溯其渊源，学固未尝不正也。自宋儒以"道学"名，以为得孔孟之传，周子超旷人也，其所著《太极图说》抒其所见，足成一子，非谓圣贤之统必在于是。……朱陆歧径，逾趋逾纷，其端则自道学之目开之。……然则如之何而可也？有圣人者作，修明六经，求诸五帝三王之始，正科目之失，革道学之名，存其真于选举，合其传于《儒林》……①

今观此言，尹氏一方面对道学并不认同，另一方面对汉晋以来文人在事功上的欠缺也甚为遗憾。推阐其意，当主张经学、文学、事功并重，所以在《尚书琐记》自序中，他专门强调"论学言治"这一宗旨。而《尚书琐记》作为札记体著作，每一条皆为首尾完具之文章，亦其特色之一。

在治学宗旨上，尹恭保常以朴学自我标榜，尝自述其治学历程云：

> 蒙童年好词赋，出入杂家，兼嗜宋五子书。弱冠以后，与同里经师柳宾叔教谕游，及乡中之嗜经者儒时相问难。惟时穆宗毅皇帝削平大难，文治奋兴，江东持节重臣，如曾文正使相及督学使者童薇研先生，皆教士以经学。蒙躬值其盛，或亲炙大贤，于朴学益加勉焉。②

按柳宾叔即柳兴恩，受业于阮元，精于朴学，以治《穀梁》《毛诗》知名。尹恭保治经，当亦受其影响。曾国藩、童华二人皆非以朴学名世者，但以达官显宦身份提倡经学，亦坚定了尹恭保从事经学研究之决心。

《尚书琐记》三卷，据称是"仍本孙氏所采而推衍之"③。这一方面是说根据孙星衍之注疏而加以阐发，另一方面其实也包含对孙说的借鉴。如论《汤誓》"予则孥戮汝，罔有攸赦"句云：

> 盖古之军律固如是也。夫三代之法岂有刑及妻孥者哉？按《汉

---

① 尹恭保：《抱膝山房散体文》卷一《原学》，《清代诗文集汇编》第772册，第132—133页。
② 尹恭保：《尚书琐记》卷首自序，第8页。
③ 同上书，第9页。

书·季布栾布传》赞云"奴僇苟活",谓奴隶僇辱也。有罪者古本谓之囚奴,箕子为之奴是也。"孥"是俗字,皆应作"帑"。《汤誓》谓不从者必讯问如囚奴。古者贼肌肤谓之刑,异章服谓之戮,犹僇辱之义耳。言"罔有攸赦"者,罪在不逭,所以儆之。若郑康成云"孥戮其子孙",此暴秦之法,岂圣王而为此乎?①

此说不论是观点还是论据,都与孙星衍大同。②从这一点来说,《尚书琐记》确可谓之孙书的衍生品。至于时人称许其"综核众说,断以己意,于授时地理尤详考焉,信足补孙书之缺矣"③,则有虚美之嫌。今观书中之论"七政""九河"云云,或属空论,或袭前人,并无新见。

总的来看,尹恭保虽以朴学自许,但其根本并不擅考证,其长处在于议论。《尚书琐记》基本上都是以经文为由头,肆意发挥,唯因其中不涉天理人性之说,与宋学一派尚有区别,可谓标榜汉学者中之突兀一人。今试观其中数例。

尹氏论"肇十有二州"云:

> 古本九州,大水时权置州于无水之处,以居其民,故改九州之制。是说也,予疑之。帝王之治天下也,计不为一时而为万世。九州起于黄帝,至尧相沿,舜乃益幽、益并、益营。盖地势近海,空旷莫及,故增营州。若冀州之东西北,戎狄杂居,形扼上游,或处项领,与冀州有犬牙之势,其沃野险阻足制中原。犬戎之患,前世已见;涿鹿之野,蚩尤殄灭,然其民必强。山东之形胜,渔阳之劲兵,固不待后王始谋及也。故舜设十二牧,大小相维,枝干相卫。五帝三王之世,幽、并无警;周时朝鲜可封,韩城可侯,非帝泽之留贻哉?④

---

① 尹恭保:《尚书琐记》卷二,第95页。
② 参见孙星衍《尚书今古文注疏》,第219—220页。
③ 恽彦彬:《尚书琐记序》,《尚书琐记》卷首,第4页。
④ 尹恭保:《尚书琐记》卷一,第31—32页。

按《汉书·地理志》云:"尧遭洪水,怀山襄陵,天下分绝为十二州",颜师古注云:"水中可居者曰州。洪水泛大,各就高陆,人之所居凡十二处。"此即尹氏所怀疑之说。这一段议论的核心观点在于:帝王治天下,设州域,应当虑之长远,不可随意。至于新设三州之疆界、前人旧说之当否,尹恭保并不关心,更不会予以考证。

又论"大战于甘"云:

> 呜呼!革命之际,臣子震心,即虞夏之朝,有不能免者。……《淮南子·齐俗篇》云:"有扈氏为义而亡",注云:"有扈,夏启之庶兄,以尧舜举贤,禹独与子,故伐启。"斯殆感于帝子不嗣而系心先朝者。况征苗不返,舜之遗臣遗民曷尝不戚然于心耶?度有扈必受封于先。《吕氏春秋·召类篇》云:"禹攻曹魏、屈骜、有扈,以行其教。"按是说,则当扈在禹时已不宾于夏,又似非启之庶兄矣。……启誓六卿之词,不过曰"威侮五行,怠弃三正",是明言有扈之不承正朔也。史臣编于《夏书》之首,不必为讳,否则王者之师有征无战,何必曰"大战于甘"耶?郑氏谓天子之兵曰大,非其例也。有扈无罪可声,以削平大难,不得不讨;宗社所系,在启亲征为宜。①

表面来看,尹氏似乎在考证有扈之身份,以及亲征者究竟是禹还是启的问题。但是其念兹在兹的其实是所谓朝代更迭之际遗臣遗民的问题,其意以为有扈作为舜之遗民,其实并无罪行,只是不承认夏的统治;启为维护一统,亲自征讨有扈,亦势在必然。其中太多揣测之言,在文献不足征的情况下,以后世之事比附虞夏,可谓勇于自信。

又论箕子之访对云:

> 《洛书》六十五字,著于《洪范》,禹得之,箕子传之。……使箕子不言,天人之道窒矣。然则武之伐商,以道得也。箕子之对,即

---

① 尹恭保:《尚书琐记》卷二,第 91—92 页。

明道也。后世有迁鼎之年自处于遗老者，虽欷歔流涕，抗志不辱，然视箕子仁贤之化，又瞠乎后矣。古文说在胜殷之后，箕子既告武王以《洪范》，遂封于朝鲜。则是以访对为贩售也。岂箕子之自待耶？岂武之待箕子耶？①

此说其实还是在讨论遗民的问题。箕子传《洪范》，究竟是在入朝鲜之前还是之后？今古文说不同。尹氏考证这一问题，重视情理，以为如在封朝鲜之前传《洪范》，箕子岂非投机获利之人？岂是遗民自处之道？岂能符合箕子、武王之身份？

又论《文侯之命》云：

呜呼！圣人删《书》之意有深焉者矣。周之兴也，兴以宗盟；周之存也，存以同姓。河阳虽狩，犹殷翼戴；晋霸既替，遂有代兴。向使三晋不分，宗周何由灭哉？故晋长诸侯，楚不能争宋郑；赵魏窃国，秦人遂入三川。《文侯之命》，孔子乌得不录乎？……次《秦誓》于《文侯之命》，晋衰则秦兴也。定哀之际，圣人岂欲言哉！②

细味此言，尹氏似乎颇为赞同分封制，对《文侯之命》所载晋侯扶持王室之举十分赞赏。这一思路与今文派、宋学派皆有明显的不同③，不过最后归结为圣人删《书》必有深意，则是一致的。

徐致祥为《尚书琐记》作序称"取《尚书》之有关于实用，足以救时政者，上采今文，旁及真古文，屏黜伪孔，参以诸家所说，博引而曲证之，语皆可见诸施行"④，恐怕也是友人之间的客套之词。今观上述诸说，不但于文本为无据，更是沉迷于前儒所构建的圣贤之治，未能洞悉时政，无法付诸实践，归根结底也只是文人的想当然之词而已。

---

① 尹恭保：《尚书琐记》卷二，第127—128页。
② 尹恭保：《尚书琐记》卷三，第341—343页。
③ 具见本书第一、三章。
④ 徐致祥：《尚书琐记序》，《尚书琐记》卷首，第1页。

四　徐天璋之辨句读、析文辞

徐天璋（1852—1936），字睿川，一字曦伯，江苏泰州人，清诸生。一生勤于著述，几至等身，其中之要者如《睿川易义合编》《尚书句解考正》《诗经集解辨正》《毛诗传笺考证》《理气蒙求》《四性元旨正续集》《刍献集》《四书笺疑疏证》《论语实测》《中庸笺正》《孟子集注笺正》等[①]。

就其著述名目来看，徐氏似乎于汉宋学皆有涉猎。时人称颂其书，也有"微先生不能超轶汉宋，集诸说之大成也"[②]之说。不过，《尚书句解考正》基本上仍是遵循汉学路径。此书不分卷，不照录经文，唯就其中个别条目予以训解，条目之下先释字词，如句读、分节有疑问则作"句解"，如名物、地理等需要考辨则作"考正"。其独具心得之处，主要还是在句解与考正两部分，观《自序》所云"予乃执两用中，求同于异，考其时代，度其事情，玩其文辞，辨其句读，息心探索，专志研求，著为《尚书句解考正》"[③]可知。

在句读方面，此书提出了大量新见，可以说是作者用力最多之处，也是此书特色所在。在辨析句读的过程中，徐天璋十分重视的一个方法就是取他篇、他书加以"比例"，如于《文侯之命》篇云："孔传、蔡传诸家均读'侵戎我国家纯'句、'即我御事'句。予考当读'侵戎我国家'句、'纯即我御事'句，与前篇'纯乃惟以尔多方之义民'读句同。"[④]又如《梓材》"怀为夹庶邦享作兄弟方来"句，徐氏云："予考《多方》云'尔曷不夹介乂我周王享天之命'，以此比例，当读'怀为夹庶邦享'句，

[①] 参见《（民国）泰县志稿》卷二十八《艺文》，《中国地方志集成》"江苏府县志辑"68，江苏古籍出版社1991年版，第751—752页；田丰《清末民初经学家徐天璋著述考》，《经学研究论丛》第二十辑，台北学生书局2012年版。

[②] 缪潜：《诗经集解辨正序》，载徐天璋《诗经集解辨正》卷首，《民国时期经学丛书》第四辑第21册，台中文听阁图书有限公司2009年版，第2页。

[③] 徐天璋：《尚书句解考正》卷首自序，《晚清四部丛刊》第二编第10册，台中文听阁图书有限公司2010年版，第3页。

[④] 徐天璋：《尚书句解考正》，《晚清四部丛刊》第二编第11册，第789页。

言思夹持诸侯致贡献也。"[1]不过，这种字词并不完全一致的"比例"是否合理也是存有疑问的。即如对于《梓材》这一句话，孙诒让使用同样的方法，但得出的结论却与徐氏有别：

> 审校义恉，当读"怀"属上句。《洛诰》云"其永观朕子怀德"，此"德怀"连文，犹彼云"怀德"，言先王勤用明德怀来邦国也。……"享"与"作"二事平列。下文云"庶邦丕享"，即来享也；《洛诰》云"庶殷丕作"，谓来共役，即来作也。[2]

徐氏以《多方》"比例"，孙诒让则以《洛诰》"比例"，断句却不一致，说明这种方法还是有很大的模糊性的。细究起来，孙诒让之说应该更为合理，其所"比例"的句式显然更为整齐。此外，徐天璋在使用这一方法时还存在滥用的情况，如《酒诰》"诞惟厥纵淫泆于非彝"句，徐氏云："孔传、蔡传均读'诞惟厥纵淫泆'句，予考《书·洪范传》'使无纵'，《庄子·齐物论》注'蓬横而櫍纵'，此当读'诞惟厥纵'句，'淫泆于非彝'句。"[3]所引《洪范传》《齐物论》与《酒诰》之句式并不具有可比性，如何能以此作为断句的依据呢？又如《康诰》"敬哉天畏棐忱"，前人皆于"哉"字为断，徐氏却断为"敬哉天畏""棐忱"两句。其解释是："予考《周颂》云'敬之敬之，天惟显思'，此节宜读'敬哉天畏'句。'棐忱'二字读句，言民情能辅君者在诚信也。"[4]按《周颂》所言"天惟"，与《康诰》所言"天畏"显然不同，不可比附。且旧有之断句，自汉儒始已如此[5]，徐氏轻易予以推翻，殊显轻率。凡此皆刻意求新，失之牵强。

句读、训诂密不可分，新的断句往往是建立在对字义新的解释基础

---

[1] 徐天璋:《尚书句解考正》，第531页。
[2] 孙诒让:《尚书骈枝》，《续修四库全书》第51册，第37页。
[3] 徐天璋:《尚书句解考正》，第518页。
[4] 同上书，第488—489页。
[5] 如《风俗通义·十反》篇云："《书》曰'天威棐谌'，言天德辅诚也"（应劭撰，王利器校注：《风俗通义校注》，中华书局1981年版，第255页）；蔡邕《琅琊王傅蔡公碑》云："示以棐谌之威"（邓安生：《蔡邕集编年校注》，河北教育出版社2002年版，第7页）。

上的。在训诂方面，徐氏同样提出了很多新说。如《益稷》"溪志以昭受上帝"，孔传释"溪"为"待"，《史记》则释此句为"清意以昭待上帝命"。但徐氏却另辟蹊径，释"溪志"为"邪志"，并释其上"丕应"二字为"不应"，认为全句意思当作"辅臣弼君，闲邪存诚，引君于道，不引君于邪，是以明昭上帝，受天之祜也"[①]。徐氏此处显然是以"丕应溪志"为句的，与前人不同。徐氏此论毕竟有《一切经音义》及《月令疏》为据，尚能自圆其说。但是书中仍有多处不免求新太过之病，如释《益稷》"海隅苍生，万邦黎献"云："苍生，青年之士。黎献，老成而贤者"[②]，实在不知何所依据。又如《康诰》之"爽惟"云云，王引之在其名著《经传释词》中明确指出："爽，发声也。……凡《书》言洪惟、爽惟、丕惟、诞惟、迪惟、率惟，皆词也"[③]，徐天璋非不见王氏书者，仍释"爽"为"贰"，且以"爽"字单独为句，云"民心未定，屡为教导，不能和同，彼心所以贰者，为天罚殛我，我何怨与"[④]，辗转为说，皆不明虚词所致。

《尚书句解考正》中曾大量引用前人之说，于汉学派则有孙星衍、洪颐煊、王夫之、江声、王引之等人，于宋学派则有王柏、金履祥、林之奇等人，尤其是在涉及句读问题时，常采纳孙星衍、俞樾之新说。但即便如此，此书的求新色彩仍是极为浓厚的。先秦典籍之句读训诂，本非易事，儒经文字古奥，更是殊为不易，乾嘉间武亿著《经读考异》，专事于此学，声名较著。徐氏此书则专研一经，亦以此学为重，但并未引起学林关注，原因恐怕还在于此书轻易否定前人之说，标新立异却又证据不足。在一些问题的理解上，徐氏更多的是发挥想象力，而不是真正地考证，如论《武成》之"血流漂杵"云：

> 武王神武不杀，"前徒倒戈，攻于后以北，血流漂杵"，盖纣七十万众离心离德，凡党纣者乃惟四方之多罪逋逃，纣必使之后卫，

---

① 徐天璋：《尚书句解考正》，第112页。
② 同上书，第118页。
③ 王引之：《经传释词》卷九，江苏古籍出版社2000年版，第94页。
④ 徐天璋：《尚书句解考正》，第501页。

第四章 《尚书》考据学的延续与发展

故前徒深衔其众，反攻尤力也。且癸亥之陈，甲子之战，大雨甫止，行潦横流，倒戈之血以致能漂其杵也。①

按徐氏以为武王未曾发力猛攻，皆纣之倒戈之前徒反攻死心追随纣之无赖，加以雨水集聚，故而血流漂杵，以此回应孟子的怀疑。但下雨之说，乃据《帝王世纪》离奇不经之谈，难以为据；前徒深衔后卫之说，亦属凭空猜测。

徐天璋在经说上刻意求新，但在思想上却极为保守，这种保守，一方面体现在其所坚持的"西学中源"说，另一方面则体现在他对晚出古文的维护。在《尚书句解考正》自序中，徐氏强调："斯时士竞维新，高谈西学，几于人诽尧舜，世薄汤武，谓中学无补于治，不若西学进于富强。焉知平地成天，内安外攘，《尚书》实政治之基础、西学之渊泉，五大洲中所学，无一不自我中华始哉！"②"《尚书》实政治之基础"之说，渊源有自，尚属合理，徐氏书中也确有阐发此说之处③，至于所谓"西学之渊泉"，无疑是封闭自大之见，而且徐氏也并没有像成本璞、刘光蕡、李元音等那样，将《尚书》经文与西学知识相比附④。徐氏将此说安插于自序之中，着实显得突兀。

至于晚出古文的问题，书中其实并没有正面回应辨伪派的质疑，只是在自序中说："论者今文艰涩、古文伪托，不知晁错齐人，受《尚书》于伏生之女，语多与颍川音异，错不知者十有二三，略以其意属句。古文出自孔壁，汉时蝌蚪文废已久，安国据所闻伏生之书，考论文字，定其可知者，写以隶古，增多之篇实非臆造。"⑤口吻不容置疑，似乎认为辨伪派之

---

① 徐天璋：《尚书句解考正》，第396页。
② 徐天璋：《尚书句解考正》卷首自序，第3—4页。
③ 如徐氏论《冏命》云："穆王时欲周行天下，皆有车辙马迹，故特简择才能，郑重告戒。圣人删《书》，特存其命者，以其上能薰陶君德，下能表率群僚，实与政治有裨益也"（徐天璋：《尚书句解考正》，第751—752页）。
④ 参见本书第七章。
⑤ 徐天璋：《尚书句解考正》卷首自序，第2—3页。此处行文较为随意，"齐人"二字当移于"女"字之后。

261

说根本不须理睬，这种态度即使在晚清卫护晚出古文之风大盛的背景下，也是极为少见的。不过，对于孔传，徐氏并未一味尊信，书中在讨论《太甲中》时，曾称引王鸣盛辨伪之说，承认孔传所言不合理，但在根本上也并未承认孔传为伪书。① 此外，对于《舜典》篇首之二十八字，徐氏认为当系伪作，但对《尧典》之分为二则信以为真，其言曰：

> 予考诸说，《舜典》首节二十八字，其伪显然。若《后案》云"至'陟方乃死'皆《尧典》也"，予未敢信。盖自"曰若稽古帝尧"至"四海遏密八音"是为《尧典》，自"月正元日舜格于文祖"至"陟方乃死"是为《舜典》。"月正元日"以上脱去简册，后人遂以为《舜典》篇亡，不知"月正元日"以下咨牧咨岳，明明是《舜典》也。若非《舜典》，何以舜格文祖之后绝无一字言尧之事与？且《尧典》中亦有脱简。"二女嫔虞，帝曰：往，钦哉"下，其脱当为"祗载见瞽叟"数句。"舜让于德弗嗣"下，其脱当为"尧曰：天之历数在尔躬"数句，若无此数句，则舜方让德弗嗣，何以忽接"正月上日受终于文祖"与？"四海遏密八音"下，当引《尚书考河命》"曰若稽古帝舜曰重华，钦翼皇象"以冠"月正元日舜格于文祖"上，如此则《尧典》、《舜典》显分为二，谁能议其非与？②

凡此皆以笑谈视之可也。徐氏治经，荒唐竟如此之甚！是书中稍稍可观者，唯句读训诂而已。

第三节 札记类诸书之校勘、训诂学成绩

作为一种著述形式，札记具有灵活简便、重点明晰等诸多优点，正如姚鼐所言："说经有数条之善，足补昔贤所未逮则易，专讲一经，首尾无

---

① 徐天璋：《尚书句解考正》，第262页。
② 同上书，第36—37页。

可憾则甚难。"①为专经作注疏、集解等等，并非易事，而札记则可积一得之见而成帙，因而自宋以降颇受欢迎。尤其对于《尚书》来说，江、王、段、孙诸人之书宛若高山，后人多难以从整体上有所逾越，但因其经文深奥难通，仍不乏可以继续探讨之局部问题，所以晚清很多学者仍致力于疏通解释，这些著作多由单篇文章裒集而成，虽未涵盖全经，但针对性强，又少枝蔓，尤其在校勘、训诂方面成绩较为突出。此类书数量甚巨，姑不一一详述，聊举其中之重要者如下。

一 俞樾之《群经平议》与《茶香室经说》

俞樾（1821—1907），字荫甫，号曲园，浙江德清人。俞氏是晚清经学大师，甚至可谓其时治汉学之最著名者，其享寿既永，又喜著书，故而著述甚夥。其中与《尚书》学相关者，集中见于《群经平议》之第三、四、五、六卷，此外，《茶香室经说》之第一卷亦收录俞氏治《尚书》之札记共二十八条。

就治学旨趣来讲，俞樾很明显是以追步乾嘉汉学为使命，尤其对高邮王氏父子推崇备至②。在与友人书信中，他曾说道：

> 本朝经学，超越元明，盖有三派：毗陵一派，主微言大义，流弊最多，康氏之学亦出于此；新安一派，主名物制度，此其用力最勤，而实无益于当世，即如戴东原考定车制，岂能制一车以行陆乎？高邮一派，主声音训诂，其事至纤细，然正句读、辨文字，实有前人所未发者。阮文达序《经传释词》曰："使古人复生，当喜曰：吾言本若是。"此虽戏言，实确论也。鄙人生平致力于此，虽无能为役，亦有数十条惬心贵当者，使古人见之，亦当把臂一笑。③

---

① 参见钱基博《中国文学史》，华中师范大学出版社2011年版，第907页。
② 俞樾：《曲园自述诗》有云："此是研求经义始，瓣香私自奉高邮"（《北京图书馆藏珍本年谱丛刊》第165册，北京图书馆出版社1999年版，第140页）。
③ 俞樾著，张燕婴整理：《俞樾函札辑证》之"致瞿鸿禨六"，凤凰出版社2014年版，第293—294页。

此可谓俞樾的清学观。不过，这一概括显然并不全面，即使我们承认清代理学未"超越元明"，但辨伪学、辑佚学无疑也是成绩十分突出的。俞樾盖志不在此，故而遗漏。就其中可以看出，俞樾对高邮王氏之学评价很高，自己也是致力于声音训诂之学，且自信其中亦有数十精当之处。

俞樾推重高邮王氏，遵循其治经路径。他对这一路径也有准确的概括，俞氏尝言："治经之道，大要有三：正句读、审字义、通古文假借，得此三者以治经，则思过半矣。……诸老先生惟高邮王氏父子发明故训、是正文字，至为精审。……余之此书，窃附王氏《经义述闻》之后。"[1]又云："每念国朝经术昌明，超逾前代，诸老先生发明古义、是正文字，实有因文见道之功。而樾所心折者，尤在高邮王氏之学，尝试以为，读古人书，不外乎正句读、审字义、通古文假借，而三者中，通假借尤要，故王氏之书，用汉儒'读为'、'读曰'之例，破假借而读以本字者居半焉。樾虽无似，窃不自揆，私有撰述，所著《群经平议》、《诸子平议》各三十五卷，妄思附《经义述闻》、《读书杂志》之后，王氏已及者不复及，一知半解，掇拾其间。"[2]据此可知，其《群经平议》一书之重点即在于"正句读、审字义、通古文假借"，而《茶香室经说》实亦不外乎此道。

俞樾在训诂学方面成就卓著，所著《古书疑义举例》"融贯群籍，发蒙百代，足以梯梁来学，悬之日月而不刊"[3]，今人对其训诂学思想与方法也已有专门讨论[4]，甚至亦有学位论文专门研究其《尚书》训诂之学[5]。本书对此不再作系统讨论。今据已有研究成果可知，俞樾在训诂学方法上是丰富的、科学的，其据以得出的结论也是值得重视的。就《尚书》学而论，其中多精当之见。如《尧典》"巽朕位"，前儒多释"巽"为让、顺，俞樾则

---

[1] 俞樾：《群经平议·序目》，《续修四库全书》第178册，第1页。
[2] 俞樾著，张燕婴整理：《俞樾函札辑证》之"致曾国藩二"，第613页。
[3] 张舜徽：《清人文集别录》，第486页。
[4] 王其和：《论俞樾的训诂思想与方法》，《山东师范大学学报》（人文社会科学版）2008年第1期。
[5] 吴萍：《〈尚书平议〉训诂研究》，硕士学位论文，扬州大学，2016年。

第四章 《尚书》考据学的延续与发展

以为与"践"通,其言曰:

> 《史记·五帝本纪》,"巽"作"践",当从之。《尚书》作"巽"者,假字也。践从戋声,古音与"巽"近。《史记·仲尼弟子传》,宓不齐字子贱,任不齐字子选。贱从戋声,选从巽声,而皆名不齐,是其证矣。说者不知"巽"为"践"之假字,望文生训,失之。①

此即因声求义之法的运用。② 前此诸儒或释"巽"为顺,或释为让,皆未安。俞樾小学功底精深,通古音,明假借,又从《史记》中找到了相关佐证,其说可从。当然,还有很多新说并不一定如此确凿,但亦言之成理,如《尧典》"寅宾出日"条,"寅"释为"敬",向无疑义,但俞樾认为《尧典》中同时有"敬授人时""敬致",同一词义而用字不同,似不合理,因而采《月令》正义,释"寅"为"引",可备一说。③ 又如《牧誓》"惟家之索",孔传云"索,尽也",俞樾则认为:

> 惟家之尽,于义未安,枚说非也。《周官·方相氏》"以索室驱疫",即此"索"字之义。牝鸡晨鸣,必有妖孽,当索室以驱除之,故曰"惟家之索"。武王以诸侯伐纣,为天下除暴乱,亦犹索室驱疫也,故以为喻耳。④

按照郑玄《周礼注》,索即搜也。俞樾将此说套用于《尚书》,提出与前人不同的解释。不过此说之论证稍嫌薄弱,索之训搜,尚属常训,然"惟家之索"语意并不完整,俞氏所谓"驱疫"云云全系推衍,于经文并无着落处,因此此说只可谓之一家之言。

俞樾治经之功主要在训诂一途,然亦间或关注其他问题。时人宋晋评

---

① 俞樾:《群经平议》卷三,《续修四库全书》第178册,第38页。
② 俞樾有言:"郑义每存乎音,以音求之,往往可得其义矣"(《群经平议》卷四,第66页)。
③ 俞樾《茶香室经说》卷一,《续修四库全书》第177册,第411页。
④ 俞樾:《群经平议》卷五,第67页。

价《群经平议》之三礼部分说:"高邮王氏之学固极精审,然多考订于一字一句之间,若子之书则有见其大者,殆将驾而上之乎!"①其所谓"见其大",并未明言"大"者为何物,今日观之,当谓超越训诂之大问题。即如此说,则此一现象绝不仅限于《三礼平议》,《尚书》部分亦如此。如俞樾曾对《盘庚》三篇的逻辑体系及先后顺序予以详论,其言曰:

> 故以当时事实而言,《盘庚中》宜为上篇,《盘庚下》宜为中篇,《盘庚上》宜为下篇。曰"盘庚作,惟涉河以民迁"者,未迁时也。曰"盘庚既迁,奠厥攸居"者,始迁时也。曰"盘庚迁于殷,民不适有居"者,则又在后矣。惟奠厥攸居而民不适有居,此盘庚所以必正法度也。然则作《书》者何以颠倒其序乎?曰:作《书》之序如此也。《盘庚》之作,百姓追思之而作也。思盘庚,思其政也,故始作者盖止今之上篇,载盘庚迁殷正法度之言而已,无中篇,无下篇也。然而盘庚未迁与始迁时再三致告其民者,民犹孰而能详也,于是亦附其后焉,此中下两篇所以作也。②

这段话鲜明地体现了俞樾对《盘庚》全篇的宏观梳理,按照这一分析,上中下三篇秩序井然,条理清晰,实属《尚书》学史上之重要创见。此说提出后,引起了较大反响,引述者颇多,或从或违,皆不能忽视之。③ 顾颉刚、刘起釪二先生对此亦予以采信④,可谓俞氏治《尚书》之大贡献。

在俞樾长达数十年的治经过程中,还有一个显著现象,就是时常修正旧说。同治三年(1864),在与戴望的信中,俞樾提到:"仆《群经平议》中《易》、《诗》、《书》、《论语》、《孟子》如干卷,在前两年视之,似乎既竭吾才矣,今更读之,又颇有未安者。"⑤就《尚书》学而论,亦可见俞氏

---

① 俞樾:《群经平议》卷首《序目》,第3页。
② 俞樾:《群经平议》卷四,第53页。
③ 王闿运于《尚书笺》中引述此说,似表赞同(《尚书笺》,第326页)。王先谦也曾不吝笔墨,照录此说,但并不赞同(《尚书孔传参正》,第427页)。
④ 顾颉刚、刘起釪:《尚书校释译论》,第967—968页。
⑤ 俞樾著,张燕婴整理:《俞樾函札辑证》之"致戴望二",第36页。

第四章 《尚书》考据学的延续与发展

所言不虚。如《禹贡》"冀州既载"条,《群经平议》认为"既载"当从下读,云:

> "既载壶口,治梁及岐",与下文"既修太原,至于岳阳"文义一律。旧读以"冀州既载"为句,非也。……"既载壶口",言禹治壶口既成,乃治梁岐也。壶口不言治者,文见于下,故省于上也。犹下文"既修太原,至于岳阳",岳阳不言修者,文见于上,故省于下也。此古人属词之法也。①

但在《茶香室经说》②中,俞樾又否定了前说:

> 愚旧作《群经平议》,从今读,以"既载"二字属下。但马、郑皆以"既载"二字属上,古读如此,未可轻改。……冀州在中,而河自西之雍州,至南之豫州,又北行之东之兖州,三面皆大河所环抱,大河治而冀州安矣。故冀州不言治河,而发端曰"既载"。载者,即所谓载之高地也。③

"既载"二字属上读,系马、郑旧说,且文句亦通,俞樾认为不可轻率更改,故而放弃前说。这说明俞樾治经在某种程度上还是秉持较为审慎的态度的,其所言"凡古书之义,必求其安,未可喜新而厌故也"④,确非冠冕堂皇之自我标榜。

但与高邮二王相比,俞氏书中好奇矜异之病亦复不少,如释《金縢》"为王穆卜"云:"'穆'乃昭穆之'穆'……文子为昭,武子为穆。二公欲为王穆卜者,盖以武王疾已不可为讳,欲卜立后也。……二公殆必援殷家兄终弟及之例,属意周公矣。"⑤然穆字如此用法,典籍未有明证,且

---

① 俞樾:《群经平议》卷三,第46页。
② 《群经平议》成于同治三年(1864),《茶香室经说》则成于光绪十四年(1888)。
③ 俞樾:《茶香室经说》卷一,第414页。
④ 俞樾:《诸子平议》,中华书局1959年版,第123页。
⑤ 俞樾:《茶香室经说》卷一,第418—419页。

如此说，下文"其勿穆卜"实难解释得通[1]。又如俞樾论《洛诰》"伻来来"云：

> 《传》曰："言公前已定宅，遣使来，来视我以所卜之美常吉之居。"《正义》曰："来来，重文。上来言使来，下来为视我卜也。"郑云："伻来来者，使二人也。"与孔意异。樾谨按，来来重文，殊不可解，如《正义》所说，则下来字赘矣。至郑义亦有未安，倘使者三人，岂当叠三来字乎？疑上来字为木字，下来字乃赉之假字。[2]

郑玄对此句的解释，确实稍嫌穿凿。俞氏所驳有理，不过他所提出的新说亦只是无根据的猜测，恐亦不足以服人。

二 于鬯之《香草校书》

于鬯（1854—1910），字醴尊，号香草，江苏南汇（今属上海）人。绝意仕进，精于校勘，著有《香草校书》等。《香草校书》共六十卷，光绪二十九年（1903）成书，并刊印行世。于氏同样推崇高邮王氏父子，并以俞樾为榜样，此书自序云："自高邮《述闻》后，有德清《平议》；德清《平议》后，有此书。《平议》视《述闻》若有时过焉者，然力不逮矣；是书视《平议》若有时过焉者，力更不逮矣。文章千古，寸心知之，何可饰哉？何可讳哉？景揖前辈，向往无极。"[3] 可见其治学方法与俞樾并无二致。此书卷五至卷八专校《尚书》。作为校雠学名著，此书在匡正经文之误、训诂句读等方面新说颇多，试举例观之。

《皋陶谟》"抚于五辰"条，于鬯认为："'五辰'，殊无义。'辰'疑'长'字之误。'辰'、'长'二字，隶书形近，故'五长'误为'五辰'。

---

[1] 俞樾以为"其勿穆卜"系成王引述周公之语，此说与上下文义实在难安。于鬯以为"穆卜之说，惟俞荫甫太史《茶香说》最得之"（氏著《香草校书》卷七，中华书局1984年版，第130页），恐非持平之论。

[2] 俞樾：《群经平议》卷六，《续修四库全书》第178册，第88页。

[3] 于鬯：《香草校书序》，《香草校书》卷首，第2页。

268

第四章 《尚书》考据学的延续与发展

五长者,即《益稷》篇所云'外薄四海,咸建五长'也。"[1]"五辰"二字,向无确解,于鬯认为当系"五长"之讹,因形似而致误,这一观点还是很合理的。不过此类校勘并无异本可据,多系猜测,虽属合理,亦无法铸成铁案。[2]

至于《秦誓》"未就予忌"条之校勘,虽有异本可据,但同样存在问题。于氏云:

> "未就予忌"不成义,"未"当为"来"字之误。"忌"读为"恭",其声已声古音同部,假借字也。《说文》心部引《周书》曰"来就恭恭",盖即此文,特彼"予恭"误作"恭恭"耳。《广韵》志韵云:"恭,教也,一曰谋也。"然则"来就予恭"者,即《孟子·公孙丑》篇所谓"不召之臣,欲有谋焉则就之"是也。[3]

按,本条"来""未"之辨,段玉裁等人多未采信《说文》,而于鬯则以《说文》为据,认为当以"来"字为是,并以为"忌"系通假字。值得注意的是,此说并非于鬯所独创,庄述祖已有类似之说,于鬯在书中对此也曾提及。此外,吴汝纶也说:"'未',当依《说文》作'来'。来就予恭,即《诗》所云'来即我谋'。《广韵》:'恭,谋也。'"[4]于鬯当未见吴氏《尚书故》,二人可谓不谋而合。

在训诂方面,于鬯有一个明显的特点,就是择善而从,并无门户之见。他虽然以校勘训诂名家,但对于郑玄《尚书》经说,也提出了一些不同看法,并不一味迷信。如论"西旅献獒"云:

---

[1] 于鬯:《香草校书》卷五,第89页。
[2] 正如胡适所说:"王念孙、段玉裁用他们过人的天才与功力,其最大的成就只是一种推理的校勘学而已。推理之最精者,往往也可以补版本的不足,但校雠的本义在于用本子互勘,离开本子的搜求而费精力于推敲,终不是校勘学的正轨……推理的校勘不过是校勘学的一个支流,其用力甚勤而所得终甚微细"(氏著《校勘学方法论·序陈垣先生的〈元典章校补释例〉》,载《胡适论学近著》第1集,山东人民出版社1998年版,第111页)。
[3] 于鬯:《香草校书》卷八,第168页。
[4] 吴汝纶:《尚书故》卷三,第932页。

又案"獒"字，据陆《释》引马云"作豪，酋豪也"，孔《义》引郑云"獒读为豪，西戎无君，名强大有政者为酋豪，国人遣其酋豪献见于周"。近《尚书》家皆以为孔壁真古文本作"豪"，故马、郑皆从之。其事或当然。但以"豪"为酋豪，酋豪既是强大有政者，则宜酋豪遣国人来献见，何以反为国人所遣？且即国人遣其酋豪献见于周，而谓之曰"西旅献豪"，文实无义，转不如《传》存作"獒"之本，而解作大犬，犹成义也。①

对于"獒""豪"之异文，于氏基本不置可否，主要探讨其释义。于氏认为，郑玄之解释不但与情理不符，且于文法亦不通，反不如孔传之顺畅。于氏随即又说，如本作"豪"，当以兽名解之。其说庶亦能补证郑说。

在句读方面，于鬯颇多新奇之见，但似乎也仅止于新奇而已。《盘庚上》"王播告之修不匿厥指"条下，于鬯云：

"修"盖读为"攸"。"修"谐"攸"声，例得假借。……"王播告之攸不"六字当句，犹上文言"小人之攸箴"，"攸"皆当训"所"。"不"之言"否"也。谓王播告之所否也。《左》昭公三十年传云"君所谓可而有否焉"，杜预《集解》云"否，不可也"。然则谓王播告之言而有所不可，则臣下当为之隐匿其恉意，故曰"匿厥指"，"指"之言"恉"也。此反对下文"今汝聒聒"而言也。《传》以"不"字下属，又不知"修""不"皆为借字，则"王播告之修"无义。②

按，此句颇不易解。于鬯此说虽然皆是常训，但文义实不畅，王之言既已播告，臣下如何能"隐匿其恉意"？且该篇多称颂先王，"有所不可"云云岂不突兀？

---

① 于鬯：《香草校书》卷七，第128页。
② 于鬯：《香草校书》卷六，第114页。

三 王树枏之《尚书商谊》

王树枏（1851—1936），字晋卿，号陶庐老人，河北新城县人。《尚书商谊》成书于光绪十一年（1885），共三卷，对今文二十八篇中个别条目分别考释，每篇多则十余条，少则仅一条。卷末更有五条，以设为问答的方式，对《康诰》《酒诰》《梓材》《召诰》《多方》《顾命》六篇之时代、作者、相互关系等问题作专门讨论。然此五条所得亦有限，如其中有云：

> 案，封康叔为卫君者，由康而徙封卫也。申告者，申，重也。《康诰》、《酒诰》作于武王之时，周公重述其语而告之，故曰申告。……《梓材》则周公所作，故曰"为《梓材》，示君子可法则"，加"为"字以别之，文义最明。①

在他看来，《康诰》《酒诰》系武王之诰，周公在康叔徙封时予以重申，又作《梓材》，再加训示。此说虽文理通顺，但未有确据。且《史记·管蔡世家》明确说，武王克殷后，封功臣昆弟，"康叔封、冉季载皆少，未得封"。王树枏不得不曲为弥缝，认为"未"当作"末"解，引《檀弓》"末之卜也"为据，云"末，后也。康叔、冉季年少，其次在后，故曰后得封，即《本纪》所云'以次受封也'"。按，"未""末"互训，孙希旦《礼记集解》曾有先例②，然以此解释《史记》恐难以服人。《康诰》之作者，自古争论不休，宋儒多主张武王之诰说，王氏在前人基础上，更使逻辑圆融，差可备一说。

王树枏治经，颇有实事求是之风，有所谓"不知训诂不能得义理"③之论，马其昶说他"释群经诸子，实事求是，一本之故训"④，并非朋友间的

---

① 王树枏：《尚书商谊》卷三，第21页。
② 孙希旦：《礼记集解》卷七《檀弓上》，中华书局1989年版，第177页。
③ 见吴汝纶《尺牍》辑佚《与王晋卿（辛巳闰七月十七日）》，《吴汝纶全集》第三册，第616页。
④ 马其昶：《陶庐文集序》，载王树枏《陶庐文集》卷首，《近代中国史料丛刊》第二十八辑，台北文海出版社1966年版，第9页。

奉承之词。就其对伪古文之态度，即可窥见。其言曰：

> 然必于郑目佚亡之后，增补经文，则王氏、江氏不为无过。窃有进者，读《书》之法，重在伏文，而伪撰古文亦未可遽废。宜将今文二十四篇（按当为"二十八篇"之误）置诸卷前，尊经也；零章断句，采自经传子史中者，置诸卷后，慎经也。伪文二十五篇，另为卷帙，不使与真文相乱，而精言要语可为法鉴者，亦时取资。至时事月日之舛误、文章制度之乖讹，不惟不使乱一经，并不使乱群籍，庶考古者不误于歧趋，而后生小子亦得折衷于一是矣。①

晚出古文虽伪，然其中要义不可遽废；真古文之散见群籍者，虽弥足珍贵，然亦不可与今文混同。总之，三者各安其处即可。这一态度最为审慎。

王树枏虽然与桐城派关系密切，但仍以考据学为宗，近人张舜徽说："抑树枏早岁读书，仍沿乾嘉诸儒蹊径，而尝肆心力治朴学，故于文字、训诂亦复研绎甚精。"②虽然如此，王氏并不迷信乾嘉汉学诸大师，对他们的《尚书》学研究，王氏亦能洞观其病，书中自序明确提到："向读江艮廷《尚书集注音疏》，多穿凿浅陋之说，其妄易经字，尤为马、郑之罪人。孙渊如陈谊疏通，然商周以下诸篇，率多钞袭伪孔氏、蔡氏及王、江诸说之旧，苟且成书，君子病焉。"③此书之成，即因"条记江、孙两家之失"，并与吴汝纶反复辩论，积累而成。

今观书中确有反驳江、孙之处，如《盘庚》篇"起信险肤"之"起"字，孙星衍释为"兴"，江声释为"造言"。王树枏认为二氏之说"语意皆不安"，于是采《战国策》高诱注训"起"为"举"之说，并进一步释之为"皆"。④《禹贡》"朔南暨"，孙星衍释"暨"为"与"，王树枏认为当依

---

① 王树枏：《王树枏日记》"历代疑古文诸家说"，《历代日记丛钞》第88册，学苑出版社2006年版，第502—503页。
② 张舜徽：《清人文集别录》，第565页。
③ 王树枏：《尚书商谊》卷首自序，《续修四库全书》第53册，第1页。
④ 王树枏：《尚书商谊》卷一，第3页。

《周礼》杜子春注,读为"既",释为"尽"。① 不过,此类明确标引江、孙之说并加以反驳者,并不多见,书中关注最多的其实是吴汝纶之说。王、吴二人过从甚密,书信往来频繁,书中对吴氏之说,或引申,或商榷,可见受其影响之深。

总的来看,此书在前人基础上,提出了一些新见,尤其在训诂方面多可自成一说,有自己的贡献。如《盘庚中》"其有众咸造勿亵在王廷"条,王氏云:

> 造,读为聚。《易·乾传》"大人造也",《释文》"刘歆父子作'聚'"。造、聚音转字。"其有众咸造",谓将迁之时,其众咸聚也。勿,读为忽。《一切经音义》十五引"勿亵"作"忽媟"。勿忽、媟亵音义皆通。《汉书·楚元王传》注云"忽,怠也",《礼·曲礼》注云"亵,慢也"。谓有众咸聚,怠慢在王廷,不欲迁也。诸说皆曲。②

此说平实有据,并非刻意求新,且与上下文义较为吻合,值得重视。类似之说,并不少见,可以证明王氏读书之多,训诂学之精。不过,值得注意的是,王氏有些说法恐非独创。如《盘庚》"予告汝训汝猷黜乃心"之句读颇有新意,释"盘庚作"三字亦较为合理,但其说与俞樾基本相同。③俞樾之书成于同治三年(1864),王书成于光绪十一年(1885),不知王氏是否有取于俞樾。

---

① 王树枏:《尚书商谊》卷一,第2页。
② 同上书,第4页。
③ 参见王树枏《尚书商谊》卷一,第3页;俞樾《群经平议》卷四,第55、56页。

第五章　卫护晚出《古文尚书》之风的兴盛

东晋梅赜所上《古文尚书》，自南宋吴棫、朱熹始疑其伪，至清儒阎若璩著《尚书古文疏证》，学界多称定案，尤其经四库馆臣的论定，辨伪派在气势上取得了压倒性胜利。卫护梅本《古文尚书》的声音虽然不被重视，但却始终存在，尤其是在晚清，涌现出了一批有代表性的学者和著作。民国年间有学者总结两派重要人物云：

> 自阎百诗《古文尚书疏证》出，而伪书灼然，虽以毛西河之辩，亦不能推翻铁证。继起彰阎氏者，则有惠栋、江声、王鸣盛、孙星衍、段玉裁、丁晏、俞樾、王先谦诸家，皆考核精密，多有心得。右毛氏者，则有王劼、张崇兰、洪良品、吴光耀诸家，亦持之有故，言之成理。此攻伪与辨诬两派之尤著者。①

所举辨诬派王、张、洪、吴四人皆为道咸乃至光绪年间人物。一个较为有趣的现象是，辨伪诸家多集中于清代中前期，而卫护诸家则多属晚清。清末民国学者王小航则对清代《古文尚书》之辩护史作了更为详细的梳理：

> 总计三百年中诸先正为《古文尚书》辨护之书，除在前之陈、

---

① 朱骏声：《尚书古注便读》卷首附朱师辙跋语，《四库未收书辑刊》第六辑第2册，第5页。

第五章　卫护晚出《古文尚书》之风的兴盛

陆、毛，及后之但就义理文格辨正者，与夫但有辨论之篇而无专书者，皆不计外，其专用考据针锋相对，驳诘邪说，勒为专书者，有翁、林、二王、二张、谢、邵、洪、梁、江、茹、吴、饶十四家，为书十七种。①

王小航所列十四家，除饶氏尚待考外②，其余诸人当为翁方纲③、林春溥④、王劼、王庭植⑤、张谐之、张崇兰、谢庭兰、邵懿辰、洪良品、梁上国⑥、江昱⑦、茹敦和⑧、吴光耀。王小航所言虽并未完全囊括卫护派⑨，但已相差不远，其中除翁、梁、江、茹外，其余诸家皆活跃于晚清。除此数量的增多之外，晚清辨真学著作的质量也显著超越之前，凡此皆可说明这一学术风气的盛行。

这种现象应该与时代风气及学术转变密切相关，值得探究。另外，今天即使我们仍对东晋古文伪作说深信不疑，也不得不承认，阎若璩的辨伪大多数都是站不住脚的，真正的"铁证"少之又少。⑩对此，晚清卫护古文的著作很大程度上指明了阎若璩、王鸣盛等人的缺失，且其中所论多是《尚书》学史上的疑难问题，其中观点或亦可成一家之说。尤其是近年来，为伪古文翻案的声音又开始壮大，他们的很多观点其实可以在晚清学

---

① 王小航：《表章先正正论·自序》，《水东全集》第一册，台北艺文印书馆1964年版，第3页。
② 或为洪良品之弟子饶登逵。
③ 翁方纲（1733—1818），字正三，著有《书附记》，其中专列"订阎"一目，然此书其时并未刊行，今被收入《翁方纲经学手稿五种》（上海古籍出版社2006年版）影印行世。
④ 林春溥（1775—1862），字立源，于《尚书》学实未有专书，但其晚年所著《开卷偶得》中卷二部分多为卫护《古文尚书》而作。
⑤ 王庭植，又作廷植，字实丞，生卒年不详，道光二十四年（1844）进士，著有《书经疑言》一卷，据称此书"虽亦不敢以为非伪而亦痛斥阎氏"（《续修四库全书总目提要》，第301页）。
⑥ 梁上国（1688—1753），字斯仪，一字九山，著有《古文尚书条辨》，见《续修四库全书》第46册。
⑦ 江昱（1706—1775），字宾谷，著有《尚书私学》四卷。
⑧ 茹敦和（1720—1791），字逊来，著有《尚书未定稿》二卷。
⑨ 如康熙年间陆陇其之《古文尚书考》、乾隆年间赵佑之《尚书质疑》。
⑩ 参见《尚书古文疏证》整理者所撰《前言》（阎若璩撰，黄怀信、吕翊欣校点：《尚书古文疏证》，第1—60页）。

者那儿找到源头。① 但是，现有的研究成果对此关注远远不够，或简单地以徒劳无功一笔带过②，或只是浮光掠影地予以简介③，使得晚清《尚书》学史的全貌尚不清晰，今特予以详细梳理。

第一节 卫护之风兴盛的原因

晚清学者对伪古文的卫护，既有出于自身学术立场的考虑，也有特定时代背景下的复杂因素，今综括为以下五个方面。

一 理学复兴的带动

考据学的衰落与理学的复兴，是晚清学界的不争事实。晚出《古文尚书》的境遇与此也是密切相关，因为崇奉理学者往往对晚出《古文尚书》青睐有加，这一点学界多已注意及之。如戴君仁指出："实在说，理学家多半卫古文，如前举陆稼书即是。这因为虞廷十六字，是二帝三王传心宝典，理学家讲道统的重要根据。又诚、仁、性、学等名词，都是理学重要题目，经宋儒真德秀、王应麟指出，俱始见于《尚书》，而是属于伪古文的。在理学家立场，当然要保护伪古文；而不喜理学的人，便不管这些。"④ 晚清卫护古文者大多宗尚理学，他们对义理的重视既是其学术观点的出发点，也是其学术特色，有学者指出："辨真与

---

① 如张岩讨论"六师、太保是否追书"，与谢庭兰实有相合之处。参见张岩《审核古文〈尚书〉案》，中华书局 2006 年版，第 160—162 页；谢庭兰《古文尚书辨》卷三，《四库未收书辑刊》第三辑第 5 册，第 198—199 页。

② 如梁启超说："伪古文一案，逐成定谳。最后光绪年间，虽有洪右臣续作冤词，然而没有人理他，成案到底不可翻了"（氏著《中国近三百年学术史》，朱维铮校注：《梁启超论清学史二种》，第 171 页）。

③ 如伦明：《续书楼读书记》，《燕京学报》1928 年第 3 期；古国顺：《清代尚书学》，第 101—117 页；吴通福：《晚出〈古文尚书〉公案与清代学术》，上海古籍出版社 2007 年版，第 175—202 页。相较而言，曹美秀对洪良品的研究较为深入，可惜未关注其他学者（氏著《洪良品的古文〈尚书〉辨真理论》，《台大中文学报》2013 年 10 月第 42 期）。

④ 戴君仁：《阎毛古文尚书公案》，台北"国立"编译馆中华丛书编审委员会 1979 年版，第 174 页。

辨伪者最大的不同点,即于义理与考据间的轻重取择,辨伪者以考据为说,辨真者以义理为上。"①虽然辨真派往往也宣称自己"实事求是",且善用考据学的方法,但他们更根本的还是要通过卫护古文来达到阐发义理的目的。

晚清时期,各种社会矛盾层出不穷,尤其是日益严重的外患,给当时的读书人带来很大刺激,其中一部分学者将原因归结为考据学、辨伪学的遗毒。此类观点甚多,如张谐之云:"彼乾嘉以来拾汉学之绪余者,亦知读圣贤书,只因学术荒悖,至以乱臣贼子为此学之结局,岂不误哉!"②谢庭兰也说:"夫不本义理,古昔圣人何为以经训诏万世哉?阎氏书,绝不容心义理,近时风尚,有自来矣。"③关于这一点,前人多已注意及之④,兹不赘述。

二 今文经学疑古学风之反动

今文经学的兴起,前文已有详述,疑古正是其标志性特征之一。虽然今文学家并未专门关注梅本《古文尚书》,但并不妨碍一些晚清学者将其视为阎若璩等的同道中人,对其危害大加挞伐。如吴光耀认为:

> 姚际恒、钱煌、程廷祚、惠栋、江声、王鸣盛、段玉裁、孙星衍、刘逢禄、龚自珍、宋翔凤、陈乔枞、丁晏、魏源之徒,虽著专书,大抵祖述、盗袭、雷同若璩之说,或若璩所不屑道,辄喜为所未言。⑤

刘逢禄、龚自珍、宋翔凤、魏源都是在晚清学界产生巨大影响的今文学

---

① 曹美秀:《洪良品的古文〈尚书〉辨真理论》,《台大中文学报》2013年10月第42期,第165页。
② 张谐之:《尚书古文辨惑》卷二二,《四库未收书辑刊》第三辑第5册,第555页。
③ 谢庭兰:《古文尚书辨》卷一,《四库未收书辑刊》第三辑第5册,第185页。
④ 如有学者指出:"晚清以来的辨真活动同样也是'学人'对'世变'的回应。他们看来,道咸以来中国在内政外交上的节节失败根源乃在'人心'沦丧"(马延炜:《学术与世变之间——晚清古文〈尚书〉辨真的思想史意义》,《船山学刊》2008年第3期)。
⑤ 吴光耀:《古文尚书正辞》卷三十三《叙目》,《四库未收书辑刊》第二辑第5册,第604页。

家，吴光耀则认为他们的学说与段玉裁等一样，都是承袭阎若璩而来。在批判《古文尚书》辨伪学的同时，他也将康、梁新学一并否定，"雕《五代史记纂误续补》方悔早，《古文尚书正辞》又雕，徒益悔而已。必如此汲汲者，毁经之徒遍天下。学政发题，动曰伪经伪传；书院山长，见课卷引二十五篇，辄墨抹；京城翰林竟悍然请行删本。广东人曰康长素，又自称门人曰超回轶赐，著书毁群经，古籍殆无一真书，充好异无忌惮之心，何所不至！"①

在晚清今文学家中，康有为无疑是观点最鲜明、影响最大的一位。同样在张谐之看来，康有为所谓辨伪的性质与阎若璩并无二致，且恶劣影响更有过之，他说："夫阎百诗之《书疏证》既不难诋程朱，而惠定宇之《易微言》即不惮叛孔孟，吾道日非，至康有为出，直谓圣人之六经皆刘歆之伪书，而阎百诗毁经侮圣之祸于斯为烈。彼乾嘉以来拾汉学之绪余者，亦知读圣贤书，只因学术荒悖，至以乱臣贼子为此学之结局，岂不误哉！"②按张氏此处所谓的"毁经侮圣"云云，正是卫护古文诸人对疑古辨伪派最核心的指控。

严格来讲，晚清今文经学在治学方法、学术立场等方面与过往的辨伪活动都有着明显的区别，不可等同视之。但在反对者眼中，他们"毁经"的恶劣影响是完全一样的，所以不加分别地予以批判。如洪良品不只痛恨阎若璩等人，更追溯往昔，对汉宋疑古诸家亦深为不满，认为他们正是"毁经"的始作俑者。洪氏有云：

> 昔者孔子之教子张为学也，曰："多闻阙疑。"……乃自世之学者昧于斯旨，执其陋闻腐见，以臆测乎古人。……及识解瞀乱之后，又或疑非所疑。凡载籍之流传，既久且笃，反以一二自蔽之私肆其龃龉，如何休之疑《周礼》，吴澄之疑《尚书》，王柏之疑《毛诗》，司马光之疑《孟子》，柳宗元之疑《国语》，欧阳修之疑《易·系词》，

---

① 吴光耀：《华峰文集》卷一《答杨惺吾先生书》，第364页。
② 张谐之：《尚书古文辨惑》卷二二，《四库未收书辑刊》第三辑第5册，第555页。张氏在该书《自序》中也说："近年康有为出，谓六经皆刘歆伪书，而阎百诗惑世诬民之祸于是为极。"

第五章 卫护晚出《古文尚书》之风的兴盛

非不自以为识精洞微,而及其余波所遭衍,遂至于是非混淆、黑白纠纷,适以启末俗断断毁经之渐。此孔子于教人阙疑之后,而复自明其信古也。①

同样,吴光耀也认为只要疑古,就是毁经,本旨并无二致:

当是时,邪说深中于人心,阮相国元、纪相国昀号能儒学主持,呼召于上。承学之士,揣摩风气,希进取,至谓经典无一非伪书。……踵番禺康长素《新学伪经考》而起者,翰林院合肥龚心铭至谓孔子之道不如基督;瑞安黄绍箕谓西人文字什倍中国。②

对此问题,顾颉刚的心路历程颇可作为参考:

《尚书》……祖父教我时是今古文一起读的。我本不知道今古文是怎样一个重大的讼案,也就随着读。后来感到古文很平顺,它的文字自成一派,不免引起了些微的怀疑。偶然翻览《先正事略》,从阎若璩的传状里,知道他已把《古文尚书》辨得很明白,是魏晋间人伪造的,一时就想读他所作的《古文尚书疏证》,但觅不到。为安慰自己的渴望计,即从各家书说中辑出辨驳伪古文的议论若干条,寻绎他们的说法。哪知一经寻绎之后,不但魏晋间的古文成问题,就是汉代的古文也成了问题了。③

既然东晋所出《古文尚书》值得怀疑,那么汉代《古文尚书》的真实性也可以去讨论了,虽有怀疑对象的差异,但辨伪的实质却是相同的。在晚清今文经学名声大噪的背景下,卫护古文者备受刺激,着手著书,予以反

---

① 洪良品:《龙岗山人文钞》卷四《质古订疑序》,《清代诗文集汇编》第706册,第533页。
② 吴光耀:《华峰文集》卷四《洪给事中事略》,《北京师范大学图书馆藏稀见清人别集丛刊》第33册,广西师范大学出版社2007年版,第384页。
③ 顾颉刚:《古史辨自序》,《古史辨》第一册,上海古籍出版社1982年版,第14页。

击,是本能的反应。

三　为王懿荣上疏所刺激

王懿荣(1845—1900),字正孺,山东福山人。光绪六年(1880)进士,选庶吉士,授编修。懿荣泛涉书史,嗜金石,翁同龢、潘祖荫并称其博学。王懿荣于光绪十年(1884)二月初八日上《请复古本〈尚书〉附入〈十三经注疏〉与今本〈尚书〉并行疏》,此疏并未得到清廷统治者的重视[①],但在当时却引起了卫护古文学者的极大不满,多部著作因此而问世。

今考王懿荣之疏,一方面承认晚出《古文尚书》"揆厥名实,文则非真,理无或谬。良由玉石纷乘,泾渭同流,执其两端,时见微恉,犹如披沙拣金,往往得宝。故历代沿承,隶于经典,流传有年,自弗可废",另一方面则称孙星衍所辑为真古文,应当遵行,其言曰:

> 有前臣山东督粮道孙星衍,撰《尚书今古文注疏》三十卷,搜辑前汉今古文及各家古注之仅存者,编次成书,类复其旧,又遍采前人传记之涉《书》义者,备疏其下,不逞私臆,最称矜慎。坊肆刊置,所在流行,是则纲罗放佚,守阙抱残,所录古文为真古文,所采古注为真古注,视晋唐以来所行之今本《尚书》,实为有汉相传古书之遗文,亦即为去古稍近之真本。就今本区别言之,犹两《唐书》、两《五代史》之当分称新旧,不得不以古本之名名之也。……伏请皇太后、皇上俯准臣奏,上法高宗纯皇帝以《旧唐书》、《旧五代史》附入二十四史并行之意,饬下武英殿及今补刊群书板叶之时,行文江苏学臣,征取其书,刊附旧刻十三经之内,使与今本《尚书注疏》并行,以存二帝三王遗书逸文之真,以见我皇上法祖同天之美。……拟并请特旨通饬各省督抚学政各官,嗣后凡遇大小考试,命题至《尚书》一

[①] 此疏奏上后,批复"着礼部议奏"(《德宗景皇帝实录》卷一百七十八"光绪十年二月八日",《清实录》第54册,中华书局1987年版,第479页),据洪良品言,"经部驳而止"(洪良品《古文尚书辨惑》卷十八,《续修四库全书》第50册,第424页)。

第五章 卫护晚出《古文尚书》之风的兴盛

经,准其两本并用,颁为功令,以资永远。"①

洪良品得悉此疏后,曾试图参劾王懿荣,认为"圣经贤传,行数千年。祖宗朝纂集义疏,颁学官试士。二帝三王之治法心法赖以传;懿荣何人,敢请废?"不过,洪氏之疏亦不果上,遂愤而撰成《古文尚书辨惑》。②据其弟子王裕宸记载:"甲申春,有某太史者以郑注《古文尚书》当并行请于朝,且力诋孔传之伪。裕宸心窃惑焉。因得间请于先生。先生怃然曰:'汝亦疑古文伪乎!……汝姑退,吾将有以示汝,并以告后之疑古文者。'"③

此外,吴光耀亦因王懿荣奏疏而撰书卫护古文,据其自述,"是时江夏吴光耀在乡里,见朝报懿荣疏,发愤著《古文尚书正辞》三十三卷,尽正宋以来七百余年毁经之书"。洪、吴二氏年岁相差三十余年,不约而同,撰著专书,卫护古文,此亦晚清湖北学界趣事之一,论者或以为吴氏之书更出洪氏书之上:

> 自徽、吴以经术倡,闽、浙、湘、粤翕然承风,而鄂居大江上游,独无以此发迹者。会《古文尚书》遭阎、惠之锻炼,虽有毛奇龄为之《冤辞》,而不能平反其谳。宵人乘之,纵其淫辞,遂至无经不伪,三极彝训,不火而焚。清光绪十年,王懿荣疏请芟去《尚书》中古文,洪良品严劾之,议遂不行,著《古文尚书辨惑》十八卷,《析疑》、《商是》、《剩言》各一卷。吴光耀与之同时,又著《古文尚书

---

① 王懿荣:《王文敏公遗集》卷二,《续修四库全书》第1565册,第141—142页。
② 伦明:《续书楼读书记》,《燕京学报》1928年第3期,第476页。按此次之所以"不果上",当与潘祖荫之荐阻有关。据吴光耀说:"光绪十年,编修王懿荣……请行删本,下礼部议。于是户科给事中黄冈洪良品特参懿荣……潘尚书祖荫在朝,止之曰:'吾辈当驳,是疏上,懿荣且得罪。'遂退撰《古文尚书辨惑》八卷"(氏著《华峰文集》卷四《洪给事中事略》,《北京师范大学图书馆藏稀见清人别集丛刊》第33册,第384页)。潘祖荫与王懿荣、洪良品二人皆交情颇深,因此而调停其中。但王懿荣于光绪十五年又上《胪陈本朝儒臣所撰十三经疏义请列学宫疏》,主张将《尚书今古文注疏》等清儒所撰新注疏颁行学官,其中所列多以汉学名家,且奏疏中颇有攻击晚出古文之语。时任户科给事中洪良品终于忍无可忍,上《奏编修王懿荣专已守残擅请立学请分别准驳疏》,对王氏大加挞伐。
③ 王裕宸:《古文尚书辨惑跋》,载《古文尚书辨惑》卷末,第432页。

正辞》三十三卷，较洪氏尤为精博。数百年之狂焰，一扫而空，六艺赖以不坠，卫道之功，侔于神禹矣。①

由于学术立场的一致性，陈氏自然对洪、吴二人称赞有加，其中明显有过誉之嫌，我们不必理会。不过，其中有关洪、吴二人著书之机缘的认识值得我们重视。

张谐之于清末撰成《尚书古文辨惑》一书，亦辨真学之力作。此书之所以作，与王懿荣亦有关。观其《自序》云："《辨惑》胡为作？正经也。经不正，吾道将为天下裂。以明道也。近世训诂学横，学者邪慝成习，惟孔壁《尚书》是病，证之为剽焉，诋之为赝焉，勘字句，校同异，漫不知穷经为何事，其甚者，无知妄作，至以伏生今文独列学官入告。道之晦盲也其亟矣。"②张氏虽未指名道姓，但所谓"以伏生今文独列学官入告"云云显然亦指王懿荣之奏疏。

严格来讲，王懿荣之主张并非首倡，亦不是最激烈者。乾隆年间即有"言官学臣，则议上言于朝，重写二十八篇于学官，颁赐天下，考官命题，学童讽书，伪书毋得与"③。此事因庄存与荐阻而不行。然其时考据学风正盛，事虽不行，反对声音却不甚众，存与所著《尚书既见》亦默默无闻。其后，魏源甚至主张："不许以晚出十六篇出题考试，不许文章称引，且毁伪孔传、伪孔《疏》，别颁新传、新疏，而后不至于惑世诬民"④，此说亦未上之朝廷，影响未远。更早则有明国子助教邹镛于崇祯十六年上疏，请分今文、古文《尚书》，而专以今文取士，"会京师戒严，不及报"⑤。独王懿荣之奏疏，值理学大盛之时，朝局尚属治平，天下士人皆与闻之，对晚出古文的卫护之风实属"火上浇油"。

---

① 陈天倪：《六艺后论·清儒复古》，《尊闻室剩稿》上册，中华书局1997年版，第208页。
② 张谐之：《尚书古文辨惑序》，载《尚书古文辨惑》卷首，第266页。
③ 龚自珍：《资政大夫礼部侍郎武进庄公神道碑铭》，载《龚自珍全集》，第141—142页。
④ 魏源：《书古微例言上》，《魏源全集》第二册，第1页。
⑤ 毛奇龄撰，黄怀信、吕翊欣校点：《古文尚书冤词》，第747页。

第五章　卫护晚出《古文尚书》之风的兴盛

四　阎、惠之书广为流布

晚清《尚书》辨真风气的盛行，应该还与当时阎、惠等人辨伪之书的广泛流布相关。《尚书古文疏证》直到乾隆十年（1745）方刊刻成书，此前仅以钞本形式流传，乾隆四十三年（1778）被收入《四库全书》。①但此后一段时间此书仍然流传不广，尤其是在北京、江浙等学术中心之外的地区更为明显。如道光年间湖南东安县学训导张瓒昭曾著书辨析晚出古文，后人为其书作序时称："当先生时，阎氏诸人书尚未传播，世方渠蔡传之简易，师一家之说以为暧暧姝姝。……阎氏诸人之书为阮文达收入学海堂，海内稍知，治经者人置一编。"②不过，《古文尚书疏证》并未被阮元收入《皇清经解》，《序》中所言稍有偏差。此书后来有同治六年（1867）重修眷西堂刊本及光绪十四年（1888）《皇清经解续编》本，这两次刊刻有力地促进了此书的流传。

被收入《皇清经解》的是惠栋所著《古文尚书考》。此外，《古文尚书考》尚有乾隆五十七年（1792）、道光二十四年（1844）刻本。此书作为辨伪之学的力作，其广泛流行当亦在道光朝之后。所以，乾嘉时期很多学者其实并未见到这些辨伪之作③，也就无从有针对性地予以反驳。而在晚清时期，随着流传的广泛，这些著作也就自然而然地激起了反对的声音。据张谐之自称，"洎丁酉致仕，就养太原，始得阎氏《疏证》而读之。……爰举诸家邪说，逐条辩难，力抉其菑"④。据此可知，张氏迟至1897年始得读《尚书古文疏证》，于是著书而驳之。

---

① 阎若璩撰，黄怀信、吕翊欣校点：《尚书古文疏证》"前言"，第4页。

② 张瓒昭：《经笥质疑书义原古》卷首，杜贵墀《序》，《四库未收书辑刊》第四辑第3册，第274页。

③ 如崔述即未见阎、惠二人之书（参见古国顺《清代尚书学》，第77页）。有记载称，庄存与"传山右阎氏之学，既北成进士，阎氏所廓清已信于海内，江左束发子弟皆知助阎氏"（张惟骧撰，蒋维乔等补：《清代毗陵名人小传稿》卷四，周骏富辑《清代传记丛刊》第197册，第91页）。考庄存与乾隆十年成进士，授编修，其时"信于海内"云云当有夸张。

④ 张谐之：《尚书古文辨惑序》，第266页。

五　不满于前人辨真成果

《古文尚书》真伪之争提出后，辨真之作亦不少见，其中尤以毛奇龄所著《古文尚书词》最为知名。但晚清学者对这些前人成果并不完全满意，甚至多有批评之声。如张崇兰云："昔之卫古文者，有闽人陈第、浙人毛奇龄，辨论滋多，俱不及郑氏所述篇目，以非攻者所树之帜也，然则今日古文真伪之机决在于此。"① 这是认为陈、毛二人并未能把握住卫护《古文尚书》的关键所在。谢庭兰对毛奇龄批评尤多，其中如"武断，诬孔门"，"造典欺人，改古就己"② 云云实在是很严重的抨击了。究其根源，主要还是因为二人学术宗尚的不同。③ 谢氏云："毛氏奇龄《冤词》，因阎氏书而作，其说亦多可采，然其意则专攻朱子，此毛氏缪妄之大者。"④ 除此所谓"缪妄之大者"以外，对于毛奇龄据《隋志》，认为梅赜所上乃是孔传而非经文，谢氏批评说："此毛氏造言以诬《隋志》也，毛氏经说多诬，大率类此。"⑤ 在《读尚书隅见》一书中，谢庭兰对毛氏解经亦多有不同意见。

其他学者虽然不像谢庭兰如此激烈地批评毛奇龄，但亦有不满意见。如对于毛氏之书，洪良品"录其书凡十之三四，证以古籍，平情论核，取其理长者，而于其偶牾者去之"⑥，可见在一些具体问题上亦持保留态度。⑦

---

① 张崇兰：《古文尚书私议·自叙》，《四库未收书辑刊》第二辑第 5 册，第 687 页。
② 谢庭兰：《古文尚书辨》卷四，第 215 页。
③ 谢氏极力尊崇程朱，宣称："然则天之生人，非孔孟而人道不立；孔孟范世，非程朱而孔孟之教不尊。是故循程朱之说者，所以尊孔孟也；尊孔孟之教者，所以重人道也"（氏著《湘谷初稿》卷二《又书四书改错后》，《清代诗文集汇编》第 698 册，第 16 页）。而毛奇龄谓宋儒之学出于二氏，谢氏对此严加斥斥，谓："夫毛氏深诋程朱，而尊阳明为大儒，然学道之是非益紊，惜乎惟不知自反，故猖狂无忌如此也。哀哉"（氏著《湘谷初稿》卷二《书毛大可四书改错后》，第 15 页）。
④ 谢庭兰：《古文尚书辨》卷四，第 214 页。张谐之对毛奇龄攻程朱亦大为不满，云："自阎氏开诋经之渐，而毛奇龄攻朱，黄宗羲、胡渭亦攻《易图》，后生循习，渐成狂妄"（氏著《尚书古文辨惑》卷一，第 316 页）。这是将毛、阎等同视之了，毛氏虽卫经，但其攻击程朱，其罪并不在阎氏之下。
⑤ 谢庭兰：《古文尚书辨》卷四，第 215 页。
⑥ 洪良品：《古文尚书辨惑·凡例》，第 247 页。
⑦ 如："续孔传之时，但分出《舜典》，犹无篇首二十八字。毛奇龄谓二十八字在王肃、范宁注已有其文，殊属失考"（洪良品：《古文尚书辨惑》卷二，第 257 页）。

第五章　卫护晚出《古文尚书》之风的兴盛

吴光耀也曾批评说：

> 《古文尚书冤词》，毛氏及身已行世，《疏证》虽后出，而其中无驳《冤词》之文，则若璩不敢与辨可知也。吾独惜其源流尚未憭然。尤大谬者，不知伏杜书合《尧典》、《舜典》为一篇，无与真古文事，乃以为《舜典》有缺，取《史记·五帝本纪》为《舜典》补亡，不学之过也。①

诸如此类的意见，说明晚清《古文尚书》辨真学者有着强烈的超越前人的想法。毛奇龄"有意识的趋避与阎若璩的正面交锋，转而挟持后起的隋唐文献，建立属于护真派的考辨优势"②。但晚清诸人却明确表示要逐条批驳阎、王等人的论据，更显自信，他们自信在论证的严密、学理的纯正等方面都会有所突破，因而勇于著书立说，这无疑也促进了辨真学的兴盛。

第二节　丹徒张崇兰与谢庭兰

晚清辨真诸家中，张崇兰与谢庭兰同隶丹徒。张氏年长二十六岁，其说对谢氏影响颇大，谢氏书中称引张氏之说处颇多。但二人之书详略有别，学术立场亦不同③，今姑列于一节，以资比对。

一　张崇兰之《古文尚书私议》

张崇兰（1797—1856），字猗谷，一字守陜，晚号悔庐，丹徒（今属镇江）人。岁贡生。咸丰癸丑（1853），太平军兴，四处奔避，终病死。

---

① 吴光耀：《古文尚书正辞》卷七，第396页。
② 赵铭丰：《程廷祚与毛奇龄——论〈古文尚书〉考辨异时对话的轴线转移》，《国家图书馆馆刊》2012年第1期。
③ 谢庭兰曾作《悔庐性说辨》，对张崇兰之人性说多有商榷。见谢庭兰《湘谷初稿》卷一，《清代诗文集汇编》第698册，第12—13页。

著有《古文尚书私议》三卷、《读易一斑》六卷,另有《悔庐文钞》三卷、《悔庐诗钞》四卷等。张氏为学,出入汉宋之间,曾云:"汉儒稽典章,训名物,因文见义,其为说衍之而愈详,其敝也烦而塞,歧而诡,肤而寡要,承其后者则救之以精微。宋儒明体用,究天人,即事穷理,其为说引之而愈高,其弊也荡而越,隘而僻,略而多遗,承其后者则矫之以博笃。千数百年以来,两途迭进,若循环然。"①不过,王小航却将其列入汉学阵营,与翁方纲、阮元等人并列。②今就其《古文尚书私议》观之,多以考证立说,王氏之论,亦不稍差。

《古文尚书私议》共三卷。卷上,首列"《尚书》今古文流传始末""孔郑异同及增多篇目"二文,辨析源流,条理清晰;其次则是"惠栋《古文尚书》总论""惠栋所列古文篇目""惠栋辨《正义》诸条""惠栋证孔氏《逸书》诸条""惠栋辨梅氏增多古文之谬"五节。卷中只三节,即"惠栋引阎若璩《尚书古文疏证》""惠栋纠摘古文篇中疵谬""附录王氏、汪氏(按,当为江氏,即江声)说"。卷下三节,即"诸家攻古文成案""附录答问一条""旧《泰誓》"。

总的来看,此书层次较为明晰,虽然对辨伪诸家基本都有涉及,但其重点只有一个,也就是惠栋的《古文尚书考》,对此不厌其烦地分条予以批驳。之所以如此,是因为"阎氏之书,已为惠氏所采录,其不采者,惠氏意所不安,毋庸再辨。惠氏而下,袭其说而小立异同者,随所见为之剖析"③。惠栋之书征引阎若璩之说甚多,今人已有详细梳理。④《古文尚书私议》以惠栋为主要鹄的,亦属合理。

在反驳惠栋之时,张崇兰明确提出其中的一个关键就是篇目问题,他说:"昔之卫古文者,有闽人陈第、浙人毛奇龄,辩论滋多,俱不及郑氏

---

① 张崇兰:《悔庐文钞》卷二《儒业论》,《清代诗文集汇编》第594册,第277页。
② 王氏云:"即专就汉学而论,则尊信古文《书》之齐次风、翁芸溪、阮云台、林鉴塘、张猗谷诸公,较彼随声附和狃于一偏者,所讲贯不较多乎?托汉学之名以唾弃义理,是毁汉学者耳"(王小航:《表章先正正论》,《水东全集》第一册,第35页)。
③ 荆履吉:《古文尚书私议序》,载《古文尚书私议》卷首,第686页。
④ 参见赵铭丰《惠栋〈古文尚书考〉研究》,花木兰文化出版社2008年版,第28—43页。

第五章　卫护晚出《古文尚书》之风的兴盛

所述篇目，以非攻者所树之帜也，然则今日古文真伪之机决在于此。"①他认为《正义》对此问题的记载"意涉模糊"，因此"诸家攻古文之案实结胎于此"②。这一认识还是比较敏锐的，把握住了辨伪派的核心主张。但是，张氏在讨论篇目问题时，基本仍是沿袭毛奇龄之说，并无太多自己的新见。

针对惠栋认为"二十四篇增多之数，篇名具在，刘歆造《三统历》，班固作《律历志》，郑康成注《尚书序》，皆得引之"，张崇兰反驳说：

> 所谓篇名具在者，乃见于《正义》所斥之伪书，非有他据也。班《志》原本刘歆，所引有《伊训》、《武成》、《毕命》，郑注《书序》所引有《允征》、《伊训》，其篇名有一出于见行古文之外者乎？况二十四篇之目并无《毕命》，惠氏改《冏命》以强合之，此何说也！③

按，班《志》、郑注所引诸篇篇目确见于现行古文，但其中语句则不同，实不可据此即断定晚出古文为真。此外，张氏认为刘向校书所见增多之十六篇，与孔疏所谓二十四篇伪书不可混为一谈："秘府所藏十六篇，何从见其即此二十四篇？孔冲远以此二十四篇为伪书，未尝以秘府所藏为伪书也。"④在他看来，刘向所云十六篇，对应的其实正应该是孔传本二十五篇：

> 若乃孔传增多二十五篇之数，与《艺文志》本不相违，孔冲远特未深思耳。夫《艺文志》不云《尚书》古文经四十六卷乎？古者篇卷同称。五十八篇何以言四十六卷？盖同序者同卷，异序者异卷。孔冲远既按其篇目计其卷数，著之《正义》中矣，何明于彼而暗于此也？增多二十五篇，凡十八序。（原注："伊尹作《咸有一德》"，以无序

---

① 张崇兰：《古文尚书私议·自叙》，《四库未收书辑刊》第二辑第5册，第687页。
② 张崇兰：《古文尚书私议》卷上，第692页。
③ 同上书，第693—694页。
④ 同上书，第696页。

语，不成序，附之《太甲》篇，犹"周公作《无逸》"亦附于《多士》篇。此百篇六十三序，五十八篇四十六序，旧例如此也。①）应十八篇，其言十六何也？毛奇龄曰："《大禹谟》与《皋》、《益》，三篇同序，则一序不当两出。又二十九篇内本有《泰誓》，则此增多之《泰誓》又当以抵伏书篇数。去此两序，实得十六序，则十六篇矣。"苟明于二十五篇之即为十六，自不必别求二十四篇以当真古文，而《正义》所谓伪书者，更无容凿空臆断目为康成所受矣。②

这是张氏辨真的关键，据此也可看出他治学的成绩如何，故不吝笔墨，具引于此。按，《太甲》《说命》《泰誓》皆分上、中、下，实各自只能算作一篇，则二十五减六得十九篇，这是人所共知的，如何将其与"十六"联系起来，需要大费脑筋。张氏首先以序文空洞为由，将《咸有一德》附于《太甲》；再以《皋陶谟》(《大禹谟》《益稷》)《泰誓》今文已有为由，亦不数之，终于得出十六之数。但张氏此说问题极多，篇、卷是否有分别？今文是否有《泰誓》？《咸有一德》之序为何不数？③故此说漏洞尚多，且多明引暗袭毛氏，既难以服人，成绩也殊为了了。

至于其他诸说，亦多属影响之谈，缺乏坚证，即如其辩驳别有《舜典》之说云：

> 以为别有《舜典》、《弃稷》二篇者，因郑氏未尝从伏书分出，而二十四篇又有其目也。然据《书序》"虞舜侧微，尧闻其聪明，将使嗣位，历试诸难，作《舜典》"，则其书不已具今文《尧典》中乎？司马迁从安国问古文，故《舜本纪》所载多与孔氏分出《舜典》相应，即郑注《书序》亦有"入麓伐木"之语，安得云别有一篇也？④

---

① 按，此"原注"所言基本是照搬毛奇龄而来，参见毛奇龄撰，黄怀信、吕翊欣校点《古文尚书冤词》卷一，第761页。
② 张崇兰：《古文尚书私议》卷上，第693页。
③ 戴君仁在批判毛奇龄时，对此已有涉及，参见氏著《阎毛古文尚书公案》，第121—122页。
④ 张崇兰：《古文尚书私议》卷上，第698页。

辨伪派多认为真正的《舜典》已亡逸，晚出古文从《尧典》分出《舜典》并不合理。张崇兰则认为所谓《舜典》即《尧典》之后半部分，未尝别有一篇。《舜典》之有无，争议较大，魏源甚至据《史记》《孟子》等书作《舜典补亡》，今实难遽断其必有或必无。今观张氏立说之据，不外《舜典序》与《舜本纪》，然《书序》时代既晚，且经文多有超出序文之外者，不足为怪；《舜本纪》所言亦远较《尧典》丰富，并非如张氏所说，多与《舜典》相应。总之，对这一复杂问题，仅凭三言两语，即想予以澄清，未免太不审慎。张崇兰在书中曾大肆讥讽辨伪派说："攻古文者有二派：为汉学者以康成所不见而攻之，为宋学者以朱子曾致疑而攻之，皆所谓傍人门户，无关心得者也"①，但他自己恐怕也多是拾人余唾，"心得"殊少。

二　谢庭兰之《尚书》学二书

谢庭兰（1823—1899），字湘谷，丹徒人。诸生。喜著书，行世者有《古文尚书辨》八卷、《读尚书隅见》十卷、《经说丛钞》四卷、《韵考略》五卷、《湘谷初稿》八卷等。谢氏治经，尤重《尚书》，其有关《尚书》学之二著作，内容丰富，重点则不外乎卫护古文与阐发义理。

谢氏极其尊奉程朱理学，宣称："然则天之生人，非孔孟而人道不立；孔孟范世，非程朱而孔孟之教不尊。是故循程朱之说者，所以尊孔孟也；尊孔孟之教者，所以重人道也。"②由谢氏对《汉学商兑》之态度，亦可考见其治学宗旨：

> 世有所谓汉学云者，首以理为大禁。呜呼！何学者之不幸而惑世诬民之剧也。夫数子者，以高明卓绝之才，鼓其邪说，驱一世之人从之，其时独桐城植之方氏为《汉学商兑》，力辨其谬，此义理生于人心，不可得而泯没之一证也。③

---

① 张崇兰：《古文尚书私议》卷下，第740页。
② 谢庭兰：《湘谷初稿》卷二《又书四书改错后》，《清代诗文集汇编》第698册，第16页。
③ 谢庭兰：《湘谷续稿》卷二《书汉学商兑后》，第120页。

据此可见其扬宋抑汉之主张。据其弟子缪鼎臣所言，《读尚书隅见》就是为扶持义理，纠正考据学之偏失而作：

> 右《读尚书隅见》十卷，湘谷师所著。师读经以义理为先，近儒经说，竞尚训诂名物，师弗善也。迩时师已年耄，因举是书属鼎臣付手民。且因近儒考证之说多悖于经旨，大惧为后生之误，故后数卷皆不得已而辨。师恒举徐干《中论》示学者曰："伟长有言：'学者所以总群道也，大义为先，物名为后，大义举而物名从之；鄙儒之博学也，务于物名，详于器械，考于训诂，摘其章句，而不能统其大义之所极，以获先圣王之心。'盖近儒从事诂训之学，谓之汉学，孰知汉季之儒已直指其非，切中近时考据诸儒之弊，学者亦可以知所去取矣。"①

《读尚书隅见》，前五卷根据篇章依次而作，其一为发明大义，其四为辨马、郑、孔、蔡之异说；后五卷则专驳毛奇龄、段玉裁、王懋竑、孙星衍、江声、阮元、王念孙、焦循、俞樾、戴钧衡、袁仁诸人，其中多为考据家。

在发明大义方面，此书其实并没有什么新说，多为沿袭前儒，如论《大禹谟》云："呜呼！舍己从人一言，非立万世君道之极哉？"②如此之类，皆迂腐不堪。至于所云"孟子曰性善，后世程朱宗之，而纷纷异同之说不置。然汤曰'降衷于下民，若有恒性'，恒性，善之谓也，性善之旨不自孟子始矣"③，则宋儒陈栎早已有类似之说。④稍可加以注意的是，谢氏

---

① 谢庭兰：《读尚书隅见》卷末跋语，清光绪刻本，第16页b。
② 谢庭兰：《读尚书隅见》卷一，第5页a。
③ 谢庭兰：《读尚书隅见》卷二，第4页b。
④ 陈栎云："千古性学，开端于'若有恒性'之一言，其次则'习与性成'之言也。恒性，以天地之性言；与性成，以气质之性言。孟子性善之论，本恒性而言也；孔子性近习远之论，自习与性成而发也"（氏著《书集传纂疏》卷三《太甲上》，《景印文渊阁四库全书》第61册，第288页）。

第五章　卫护晚出《古文尚书》之风的兴盛

在此过程中对陆王心学的批评①。论及"虞廷十六字"，他说："舜曰人心惟危，道心惟微，咫曰以礼制心，千古言心始此。然岂离道与礼以言心乎？离道与礼言心，后世阳儒阴释之说，盖昧乎心学之本矣。"②这无疑是在批判陆王从根本上背离了儒学的宗旨。与此相应的，则是他对程朱之学的反复颂扬，如《泰誓》"观政于商"条下云："如孔氏、史迁诸家所言，武王去乱臣不远矣。程子力阐之，朱子谓深得武王之心，非徒存名教而发。此程朱之学远胜于前代也。"

至于此书对前儒异说的辨析，多空洞无物，即如所云："岳曰异哉，《释文》徐云'郑音异哉，孔王音怡，已也'。段氏玉裁曰：'郑音异哉，盖郑读异哉为异哉，谓四岳贤鲧，闻尧短之，辄惊愕而叹曰异哉。'按，此岂臣对君之辞？孔传'异，已也，退也，言余人尽已，惟鲧可试，无成乃退也'，亦非经旨。蔡传似尚可通。"③如此之类，岂可谓之辨析？很多时候书中甚至故意回避难题，如论"在治忽"云"宜从孔"，至于"来始滑""七始咏""采政忽"等异文，则主张"勿论可也"④，态度十分草率。整体来看，此书于争议处往往径以蔡传为是，尤其卷九、十专辩驳戴钧衡、袁仁二人⑤，更是如此，可知此书亦有羽翼蔡传之色彩。

在批判考据学方面，此书用力较多，大致多是攻击考据之书多系无用功，所言不符义理。如书中引王鸣盛《尚书后案》之说"《中庸》'壹戎衣'，即《康诰》'殪戎殷'，《武成》伪孔传作'一著戎衣'，非"，谢氏对此批评说："武王缵太王、王季、文王之绪，可云殪戎殷乎？不求义理至此，哀哉！"⑥谢氏尤其对俞樾深致不满，云："近日说经之弊，至俞氏樾《群经平议》极矣，非移经句读，即改经字。古亦有某读作某者，然非

---

① 谢庭兰宣称："象山之弊，在绝灭义理"（氏著《湘谷续稿》卷一《书李安溪朱陆析疑后》，《清代诗文集汇编》第698册，第105页）。
② 谢庭兰：《读尚书隅见》卷二，第4页a。
③ 谢庭兰：《读尚书隅见》卷一，第3页a。
④ 同上书，第9页b。
⑤ 如云："明袁仁良贵氏著《蔡注考误》以砭蔡，然以不误为误者居多"（谢庭兰：《读尚书隅见》卷十，第1页a）。
⑥ 谢庭兰：《读尚书隅见》卷三，第4页a。

以此为能事也。"①故《读尚书隅见》卷八专辩俞氏诸说，但所言亦多空洞无力，如《康诰》"乃惟眚灾"条，俞樾云"《潜夫论》作'乃惟眚哉'，当从之，上文'非眚'无灾字，此亦宜无灾字"，谢庭兰对此回应说："读经若是武断乎？《潜夫论》可信，经不可信，无可言矣！"②俞氏之说虽并非完全可从，但谢氏这种蛮不讲理的态度是完全无损于俞说的。

在敦崇义理，批判考据的同时，谢庭兰念念不忘的还是卫护晚出古文。《读尚书隅见序》云：

乃今之为士者吾惑焉。读经而务创异解，是悖尧舜禹汤文武之训也。朝廷立经，刊布庠序，而士子口诛笔伐，并为一谈，因壁经有所残缺，思举而废之，是蔑王章也。其始讲训诂，其后训诂益谬；其始正句读，其后句读益紊。支离破碎，使天下无所适从，是人失其为人也。③

他对当时群起围攻《古文尚书》的大环境十分不满，认为学风因此大坏。不过《读尚书隅见》中对此并未系统讨论，集中体现其辨真学观点的是《古文尚书辨》一书。

《古文尚书辨》体例较为简单，前四卷辨阎氏《疏证》，卷五辨惠栋《古文尚书考》，卷六辨宋鉴《古文尚书考辨》，卷七辨王鸣盛《尚书后案》④，卷八辨梅鷟《尚书考异》。每卷之中，逐条引述辨伪者之言论，各条之下以按语的形式加以批驳，内容先后大致以古文篇章次第为序。

书中所论，偶有闪光之处，如阎氏《疏证》第六条是"言古文《伊训》见《三统历》及郑注者今遗"，意谓伪作《伊训》者只是根据《孟子》《论语》等书改窜、补缀而成，却遗漏了《三统历》及郑注所引《伊训》原文。对此，谢庭兰反驳说："古文果伪作，岂未见《三统历》《书

---

① 谢庭兰：《读尚书隅见》卷八，第1页a。
② 同上书，第9页b。
③ 谢庭兰：《湘谷续稿》卷四《读尚书隅见序》，第143页；谢庭兰：《读尚书隅见》卷首《序》，第1页ab。
④ 谢氏于书中多次引作"尚书后辨"，不知其故何也。

第五章 卫护晚出《古文尚书》之风的兴盛

序注》耶？阁于屋壁书，凡诸书所引者，皆谓伪作袭用；诸书有而本文无者，即指为遗漏。以此论古，何所不至？"① 此即今人杨善群所谓"二难推理，反正是'伪'"②。又，阎若璩认为"《泰誓》有族诛之刑，为误本《荀子》"，谢庭兰则据《史记》《墨子》驳之云：

> 禹、汤之德远矣，后世恶不极，不足以灭身。桀、纣之恶，观"时日曷丧，予及女偕亡"，"非先王不相我后人，惟王淫戏用自绝"，"沈酗于酒，乱败厥德"可见。其惨虐之刑，见于迁史、《墨子》等书，炮烙剖心，贼诛孩子，刳剔孕妇，非尽无征，且醢九侯、脯鄂侯。而曰纣无罪人以族事哉？③

阎氏认为，三代以上无残酷不德之刑，伪《泰誓》所言商纣王过于残暴，当与实情不符。今天来看，此说显然迂腐不堪。今人多已指出，考古发现已然证明，殷商有殉人之制，则族诛之刑亦未可遽断其必无。④ 相较而言，谢庭兰根据《史记》《墨子》，证明商纣之恶行，颇具史学求真之意味。⑤

但是，此书在卫护古文方面问题是比较多的，窃以为其中突出的莫过于避重就轻，对于辨伪派最核心、最为后世所重视的证据，多予以回避。谢氏自己也说："阎氏书备言古文篇数暨汉人传受，又及历法、舆纪等书，愚俱未置论，而只辨其关乎人纪之重。"⑥ 且谢氏所"俱未置论"的，非仅于此。惠栋指出，《荀子·君道》引《书》曰"先时者杀无赦"，《韩

---

① 谢庭兰：《古文尚书辨》卷二，第191页。
② 杨氏解释说："看古文《尚书》有无各籍所引《书》语：若有某籍引语，则是古文'袭用'某籍，证明古文是'伪作'；若无某籍引语，则是伪作古文者忘记采用，同样证明古文是'伪'"（氏著《辨伪学的歧途——评〈尚书古文疏证〉》，《淮阴师范学院学报》2005年第3期）。
③ 谢庭兰：《古文尚书辨》卷三，第196页。
④ 参见阎若璩《尚书古文疏证》整理者前言，第30页；张岩《审核古文尚书案》，第189页。
⑤ 但谢氏对《史记》、《墨子》的态度亦首鼠两端，如说："《史记》抵牾不足信者多矣"，"《墨子》果足凭乎"（谢庭兰：《古文尚书辨》卷六，第236、240页）。
⑥ 谢庭兰：《古文尚书辨》卷四，第211页。如对于阎若璩所云孟津河朔问题，则说："舆地古今沿革不同，执此议彼，讫无定论。阎未生武王之时，未亲历武王行军之地，千载遥断，亦难为定案矣"（谢庭兰：《古文尚书辨》卷三，第202页）。如此则近于"历史不可知论"了！

诗外传》称"周制曰，先时者死无赦"，可证《荀子》所引乃周书，而东晋古文纳入《胤征》。此条较有说服力，但谢氏仅以"舞文"①讥之，未见辨析。辨伪、辨真，一如今日之法律诉讼，作为"辩方"，对于"控方"之证据，怎能"俱未置论"？谢氏所为，在他自己看来是舍小而就大，在他人看来则明显是舍难就易。

谢氏着重强调的"关乎人纪之重"者，所言多系陈词滥调，书中多是"嗟乎！讲考据，不言义理，愚不知其祸何所底止矣。以臣放君，可云不过，然则以子弑父，亦可曰不过耶"②，"是篇（《仲虺之诰》）义理精深，必非后世所能伪，何论魏晋"③之类，如此空论，岂足以杜辨伪者之口？谢氏于辨伪过程中，时常插入批判考据学家之论述，可谓枝蔓横生，体例不严。如：

> 段氏玉裁《尚书撰异》曰："'帝曰咨'，《五帝本纪》作'嗟'，训诂字，咨嗟双声。"嗟乎！近世儒者治经，专留心此等，亦可悲矣。古之学者，读书以义法为上，而不专守章句，今之学者，大反乎是。段氏自为《撰异序》曰："略于义说，文字是详。"夫不本义理，古昔圣人何为以经训诏万世哉？阎氏书，绝不容心义理，近时风尚，有自来矣。④

谢氏认为考据学家治经毫无价值，背离了经典传承的意义，而《尚书古文疏证》更使风俗人心大坏。由此可见，谢氏不认为自己忽视考据是一种缺憾，理直气壮地从义理出发来卫护梅本古文。但即便从义理的角度来说，谢氏所言亦多未抓住要点，所驳不仅无力，且失之过简。如针对阎氏所说的虞廷十六字出于《荀子》的观点，谢氏云：

---

① 谢庭兰：《古文尚书辨》卷五，第221页。
② 谢庭兰：《古文尚书辨》卷六，第234页。
③ 谢庭兰：《古文尚书辨》卷二，第190页。
④ 同上书，第185页。

第五章　卫护晚出《古文尚书》之风的兴盛

阎氏谓《荀子》引书则冠以"书曰",如"无有作好"等。然《荀子》引《书》,皆《书》原文,此"人心之危"云云,非《书》原文,故不曰《书》,而曰《道经》。杨惊注:道经,盖有道之经也。阎则谓老子五千言为《道德经》,指《荀子》所引为道家者流。自阎以前未闻斯说。①

虞廷十六字与理学关系极大,谢氏却仅以此寥寥数语为之辩护,实属草率。

谢氏极力卫护晚出古文,对于孔传却不甚重视,刻意强调"传不可信,然不可因传疑经,且谓魏晋伪作为王肃学也"②。这也应该是为了回避难题,集中精力为经文辩护。按照他的理解,孔传义理不纯,其作者焉能伪造古文?在《读尚书隅见》中,他提到:"王伯厚曰:'《西伯戡黎》孔注云文王貌虽事纣,内秉王心,岂知文王之心哉!文王之德之纯,心与貌异乎?'按,孔注时与经悖,岂能为禹、咎、伊、傅之言耶?谓《尚书》古文作传者伪为,诬也。"③这种将经文与孔传切割开来的做法,无疑降低了辩护的难度。

第三节　湖北洪良品与吴光耀

洪良品与吴光耀,一属黄冈,一属江夏;一为朝中显宦,一为乡野后生,但因同样卫护晚出古文的缘故,二人互相引为同道。据吴氏《洪给事中事略》所言,洪氏对其青睐有加,友谊至为深厚。④因此,笔者将二人置于一节之中予以讨论。

---

① 谢庭兰:《古文尚书辨》卷一,第183页。
② 谢庭兰:《古文尚书辨》卷六,第237页。
③ 谢庭兰:《读尚书隅见》卷二,第15页b。
④ 其中有言:"持书入都,以乡里后生谒给事中烂面胡同。给事中大喜,以为能补助所不及。造朝,莅衙门,坐车中,就寝,乡旦不寐,家人趣之。恒讽诵光耀书,遍誉诸公卿"(吴光耀:《华峰文集》卷四《洪给事中事略》,第384页)。

一　洪良品之辨真学四种

洪良品（1827—1897），字叙澄，又字右臣，别号龙冈山人，湖北黄冈人。同治七年（1868）进士，选翰林院庶吉士，散馆授编修，后官至户部掌印给事中。在晚清《古文尚书》的卫护史上，洪良品无疑是成果最多、影响最大的一位。其专门之书凡四种，《古文尚书析疑》一卷，成于光绪十年（1884）；《古文尚书辨惑》十八卷，《古文尚书释难》二卷，《古文尚书商是》一卷，成于光绪十四年（1888）。此四书非但卷帙浩繁，且因成书较晚，对前人辨真成果多有吸收[①]，某种程度上可谓集大成之作。

洪良品治学，亦重义理，轻考据，所谓"自乾嘉以来，考订学兴，得失聚讼，盖几如一哄之市，靡所折衷矣"[②]，明显是对清代考据学不甚认可。洪氏尤其对清儒宗奉郑学颇多不满，提出"毁古文出于汉学门户论"，其言曰：

> 《尚书》在前汉有伏有孔，在后汉有孔有郑，皆汉学也。……我朝群儒趋尚汉学，其论古文，皆据郑以驳孔，谓郑所未见者书即非真，而不知孔自孔、郑自郑，途分派别，在汉已如是也。且不独据郑以驳孔，并欲伸郑以冒孔，盖不斥孔书之伪，无以炫郑学之名。……是直门户之私而已，传经卫道者当不其然。[③]

辨伪派多认为孔壁古文未能传于后世，然郑玄曾见之，是为真古文，可据此以定晚出古文为伪。在洪良品看来，孔、郑俱是汉学，原不应厚此薄彼，辨伪派所为完全出于门户之见，已失去应有的客观立场。按，汉学家当然也承认孔安国之学是汉学，只不过他们不认为晚出古文是孔学。所以洪良品将真伪问题简化为孔、郑门户的问题，虽可谓之高妙的辩论技巧，

[①] 洪氏自称："毛氏而外，则有王氏劼之《后案驳正》、张氏崇兰之《尚书私议》、林氏春溥之《开卷偶得》、陶氏锐之驳阎数条，并未采入。惟张氏《私议》，说尤精密，所录独多。后皆附以鄙意，以期折衷于一是云"（氏著《古文尚书辨惑·凡例》，《续修四库全书》第50册，第247页）。

[②] 洪良品：《龙岗山人文钞》卷四《质古订疑序》，《清代诗文集汇编》第706册，第533页。

[③] 洪良品：《古文尚书辨惑》卷三，第266页。

第五章　卫护晚出《古文尚书》之风的兴盛

但却曲解了问题的实质。孔、郑既然同为汉学，郑学有无可能系传承孔学而来？如果不是，究竟哪一家价值更高？对此问题，洪氏首先表明自己的观点，即郑学只是与今文字体不一，并无篇章之不同：

> 肃宗诏高才生受《古文尚书》，不立学官，已无平帝时立学之增多篇，即刘陶以古文正三家文字者是也。……东汉时所立学者今文，肃宗所好者古篆，以古篆书二十九篇，故曰古文，即后蔡邕石经三体书之一也。高才生所受，及孙期、尹敏等所习，与康成受于张恭祖者不过字画与三家异，篇文则同。及杜林得西州漆书，字尤奇古，康成疑为孔壁科斗文，故复舍此古文而注之。①

按，此说乃进一步发挥张崇兰之说②。蔡邕所书熹平石经怎么会是三体？洪氏于此疏漏太甚。且果如其说，杜林为何会认为"古文不合时务"？

当然，对洪良品来说更重要的是要努力证明东晋古文即西汉孔氏真传。想要证明这一问题，首先要为孔壁古文如何传承至东晋梳理出一条路径。洪氏有云：

> 《古文尚书》自孔安国于送官外，私写一本，藏于家，子孙世世传之。至孔僖为东京名儒，校书东观，范史于其本传特著安国之传，而其子长彦复好章句，于安国传注当知宝重。季彦守古文家业，以授门徒，至数百人之多。故古文虽不立学官，而其支流嬗衍，当自绵绵弗绝，此范冲（按，当作"郑冲"）于魏晋初犹得私淑其传也。古文在两汉间，西汉则有都尉朝以至桑钦之传，东汉则有孔僖父子以逮门徒之传，在史编踪迹明确如此，然要皆与马、郑所传无涉。彼徒据马、郑以定古文者，皆未读两汉《儒林传》而究其原委者也。③

---

① 洪良品：《古文尚书辨惑》卷一，第252页。
② 张氏云："东汉古文虽盛，已非复孔氏旧传。肃宗虽好古，特取考详同异，不取多篇。上之所好不存，下亦遂置而不讲，二十五篇之逸以是也"（氏著《古文尚书私议》卷上，第690页）。
③ 洪良品：《古文尚书辨惑》卷一，第253页。

洪氏此说，实将马、郑二人排除在孔壁《古文尚书》的传承谱系之外，而着重突出东汉孔氏后裔承前启后之作用[1]。按，《后汉书·儒林传》云："孔僖，鲁国鲁人也，世传《古文尚书》"，"二子长彦、季彦，长彦好章句学，季彦守其家业"，据此可知孔氏家学的确有之。不过，《古文尚书》如何自孔氏传至郑冲，洪氏并不能予以考明，仅以"当自绵绵弗绝""私淑"云云一笔带过，焉能服人？《尚书正义》云："《晋书·皇甫谧传》云：'姑子外弟梁柳边得《古文尚书》，故作《帝王世纪》，往往载孔传五十八篇之书。'《晋书》又云：'晋太保公郑冲，以古文授扶风苏愉，愉字休预。预授天水梁柳，字洪季，即谧之外弟也。季授城阳臧曹，字彦始。始授郡守子汝南梅赜，字仲真，又为豫章内史。遂于前晋奏上其书，而施行焉。'"[2] 郑冲与东晋古文确实关系甚巨，然正如陈梦家之疑问："所不知者是郑冲的《古文尚书》究竟为何"[3]，这是衔接东晋古文与孔壁古文最大的难点。应该讲洪良品对这一难题的解答是不能令人满意的。[4] 根据陈梦家的考证，"郑冲古文大约是东汉马、郑之徒的古文，梅赜所上者也是此类古文，与孔传无关"[5]。此说虽亦未可确信，但据此可知这一问题绝非如洪氏所想当然的那般简单。[6] 且确如洪氏所言，孔僖有门徒数百人传孔壁《古文尚书》，则此书之全本在东汉何至于黯淡

---

[1] 张崇兰亦突出强调孔僖之贡献："其时惟孔僖之世世相传，宜具五十八篇旧本，惜乎非时所贵，不显于世"（氏著《古文尚书私议》卷上，第691页）。

[2] 孔安国传，孔颖达正义，黄怀信整理：《尚书正义》卷二，第30页。

[3] 陈梦家：《尚书通论》，中华书局2005年版，第114页。

[4] 洪氏其后亦曾稍加解释云："颖达谓'古文散在民间，事虽久远，故得犹存'，此语实为古文流传切证，读者不察，遽有适从何来之疑。吾试推论于此。夫古书之存，全在传录之多。秘府所藏，世每罕见，一经兵燹，荡然无遗，传录少也。……民间之本，彼此传写，藏诸名山，代远年湮，犹有存者……传录多也。故历朝乱亡，必求民间遗书。况古文为先圣之书，通人学者多好尚之，即秘府之本不存，而民间之本未绝"（洪良品：《古文尚书辨惑》卷二，第261页）。果如此说，逸《礼》何以亡失？《乐经》何以不传？名为"推论"，实乃臆测！

[5] 陈梦家：《尚书通论》，第116页。

[6] 洪氏此说在本质上仍是发挥毛奇龄之论而已。毛氏有言："越至东京，则孔僖为安国之孙，世世守之，而丁鸿、杨伦且集弟子千人于大泽中肄习之。至魏晋之间，则自王肃、皇甫谧外，由郑冲、苏愉、梁柳、臧曹皆一一相嬗以递。至梅赜，未尝有顷刻之间、毫厘之隙也"（毛奇龄撰，黄怀信、吕翊欣校点：《古文尚书冤词》卷三，第783页）。

第五章　卫护晚出《古文尚书》之风的兴盛

无光，甚至湮没无闻，这与实情亦显然不合。甚至在辨真派内部对此问题也有不同看法，如吴光耀则对此加以淡化，他说："孔氏所谓家业者，尚有严氏《春秋》及《礼经》，即子国一人，所传《古文尚书》外，尚有《今文尚书》《鲁诗》《毛诗》《古论语》《古孝经》《古礼经》《周官》，第曰传家业，安知指何经？第曰世传古文，安知指何人？嫡子支子不可定也，孔氏子孙安得概谓传《尚书经》？"[①] 相较洪氏而言，此说无疑更显审慎。

洪氏且不满足于此民间一线之传，又据《隋志》，证明古文经秘府本有，与梅赜献书无关，认为"所云并亡者，谓欧阳与大小夏侯今文之《传》耳，未尝及经文也。梅赜所奏上者，亦孔安国古文之《传》耳，亦未尝及经文也。古文经文固未尝亡也"[②]。这与毛奇龄之说大同，毛氏之说已为四库馆臣所驳[③]，洪氏非不见《总目》者，仍持此说，未免失之于固。洪氏又以《晋书》郭璞、荀崧传为例，说明"武帝初禅，已立古文于学，元帝即位，踵而行之，未闻因梅赜上书而始立国学也"[④]，亦旧调重弹，不足为训。

饶登迏赞誉洪氏辨真之学云：

> 前此为古文辨者，往往取证经传所称引，而伪之者遂诬以采辑。先生独表其义理之精、文章之古，微独三代下之文人莫由望见，即才如左氏，亦摹仿而无由。于此服先生之见之卓。前此辨者，语言不无过激，先生独心平气和，诸凡辨论，但取明其是非而止，此外无溢词焉。于此服先生之养之粹。[⑤]

---

① 吴光耀：《古文尚书正辞》卷三，第276页。
② 洪良品：《古文尚书辨惑》卷三，第264页。
③ 四库馆臣云："然《隋志》作于《尚书正义》之后，其时古文方盛行，而云'无有传者'，知'东晋古文'非指今本。且先云'古文不传'，而后云'始得安国之《传》'，知今本古文与安国《传》俱出，非即东晋之古文。奇龄安得离析其文，以就己说乎！"（《四库全书总目》卷一二"经部·书类二"，第102页。）
④ 洪良品：《古文尚书辨惑》卷三，第265页。
⑤ 饶登迏：《古文尚书辨惑跋》，载《古文尚书辨惑》卷首，第247页。

按，饶氏此论稍嫌失实。以"义理之精、文章之古"为古文辩护，洪氏既非首创，亦非其书中所独擅。在《古文尚书辨惑》自序中，洪氏指出"古文之必不可伪者盖有三焉"，即事理不可伪，道理不可伪，文理不可伪[①]，并非全然空谈义理文章，其于考证之学虽不甚重视，但亦颇擅此道。如对于郑玄注《书序》所述二十四篇古文，洪氏考辨极详，颇有考据学家之风采。其言曰：

汉伪古文有二，其一为张霸百两篇，……此其伪人无异辞，无待辨者也。乃有书非张霸，袭张霸之故智而为之者，孔疏斥为"张霸之徒伪造古文二十四篇"是也。彼其审定《汉志》，知为十六篇，又依《书序》厘为同序同卷，异序异卷，自以为无瑕可指矣。而岂知其前后歧出之间，往往龃龉而不合，请试言之：

《九共》九篇，既以同卷计，此依《书序》同序同卷例也，而《书序》《汩作》《九共》同序，《大禹》《皋陶谟》《益稷》同序，《伊训》《肆命》同序，亦当以同卷计，则篇数不得另算，除此数，篇数即不符，其伪一。

汉人初行民间伪《泰誓》，马融历引传记所述，知古文有真《泰誓》，而二十四篇无之。阎若璩知其如此，辄私补入，又与原目不合，其伪二。

《周礼·保氏》序官，疏引郑氏曾与赵商论《周官》师保之文，则古文有《周官》，郑已知之。二十四篇果为郑所注，何以无此一篇？其伪三。

二十四篇既云"足郑注"，其出于康成之后可知，何以郑注《书序·武成》云"建武之际亡"？注《缁衣》引"《尹吉》，《书序》以为《咸有一德》，今亡"，而二十四篇有之，则非郑所述明矣。其伪四。

《九共》寥寥三语，见于《尚书大传》，至今存（原注：案伏生

---

① 洪良品：《古文尚书辨惑》卷首自序，第245页。

第五章 卫护晚出《古文尚书》之风的兴盛

所见《九共》必止于此，若有全篇，晁错必受之为今文矣）。若煌煌九篇全文，岂有出而复亡之理？且《九共》数语，郑尚注之，九篇全文，郑果有注，何以不传一字？其伪五。①

此所谓五证，其中虽不无可议之处②，但逻辑尚属严密，一方面将二十四篇斥为伪书，另一方面又将其与郑玄《尚书》学区分开来，使宗奉郑学者无所依托。

对"金城"问题的考辨，也可看出洪氏之考据涉猎极广，征引浩繁，思辨清晰。"金城"问题是阎若璩证明孔传为伪的一条极有力证据。洪良品对此有系统的反驳，他首先指出，阎氏有"改窜古籍，以合己私"的现象。《水经注》所引应劭《汉官》作"秦用李斯议，分天下为三十六郡。凡郡或以列国……或以旧邑……或以山陵……或以川原……或以所出，金城城下得金……是也"，据此则金城之得名，应在秦代。但阎氏却在"分天下为三十六郡"句下添加"至汉又复增置"一句，将此现象归于汉代，确实是耍了一个小聪明。③此其一。《史记·大宛列传》于元狩二年事明确提到金城，但阎若璩据《通鉴》胡注，以为系追书。洪氏认为："即以追书论，亦于阎氏所言显有矛盾。夫作《史记》而追书者，司马迁也。彼既以《史记》讫于太初，因断安国蚤卒，在武帝之世。今迁于昭帝始元以后犹奋笔追书未已，则《史记》不讫于太初矣。《史记》不讫于太初，则安国蚤卒即难定为何年，何从见其即卒于元鼎、元封，而年不满四十哉？况安国与迁同时，迁知有金城在，安国不知有金城也？"此其二。对于阎若璩所谓积石山不在金城界内之说，洪氏重提大、小积石山之论，并引毕沅、蒋廷锡之说为据，讥讽阎若璩云："专知毁蔑孔《书》，既于积石之考辨不明，宜于金城之方向难定"，宣称："郦道元释金城河亦引积石为志，此

---

① 洪良品：《古文尚书辨惑》卷三，第263页。
② 如第一条证据问题就很大。《九共》计一篇，乃是因篇题相同，如《盘庚》之例，实与所谓"同序同卷"无涉，《汨作》《九共》焉能共计一篇？
③ 洪良品：《古文尚书辨惑》卷九，第326页。但若据此以为"金城之名，秦即有之"，尚属武断，体会《汉官》文意，所云"秦用李斯议，分天下为三十六郡"系追溯郡之来源，其后所言则并非秦朝之事。

与孔传释积石而以金城为志正同。盖其地相去不远，故得连类及之，则即以孔所注为金城县有何不可？而况金城之名前即有之，其征于《汉官》《史记》尤彰彰者乎！"①

就洪氏对"金城"问题的考辨可见其对孔传之尊信，洪氏不仅信孔传，对《舜典》卷首之二十八字亦毫不怀疑：

> 毛奇龄谓二十八字在王肃、范宁注已有其文，殊属失考，惟云此二十八字在汉魏已有可征，则甚确。如云："在汉末有引用之者，如王延寿《灵光殿赋》有云'粤若稽古，帝汉祖宗，浚哲钦明'，王粲《七释》亦云'浚哲文明，允恭元塞'，此必孔传旧本原有是文，故彼此袭用之，方兴之非伪，固不足辨也。"②

然《经典释文·序录》已云："梁武时为博士，议曰：'孔《序》称伏生误合五篇，皆文相承接，所以致误，《舜典》首有曰若稽古，伏生虽昏耄，何容合之？'遂不行用。"③可见当时之人即不认可，洪良品拾毛氏余唾，再三申述，实属徒劳。

对于篇目问题，洪良品本质上并不认为是辨伪、辨真的关键所在，"知竹简中物，惟所离合，取义不同，未可执一以论也。彼区区计及于篇数之间者，是犹胶柱之见也"④。对于晚出二十五篇，洪氏与张崇兰一样，照搬毛奇龄之说，认为实即《汉志》所云之十六篇，并无任何创新之处。⑤洪氏又以为，孔疏所列二十四篇并非刘歆、班固所谓十六篇，因其中无刘歆所引《毕命》，无郑玄所引《周官》，或为魏晋间人所伪造。⑥但对于十六篇之数，洪氏亦不甚看重。他注意到关于《古文尚书》之篇目，《汉书·艺文志》著录为五十七篇，《别录》则为五十八篇，对此歧异，洪

---

① 洪良品：《古文尚书辨惑》卷九，第327页。
② 洪良品：《古文尚书辨惑》卷二，第257页。
③ 陆德明：《经典释文》卷一《序录》，中华书局1983年版，第8页。
④ 洪良品：《古文尚书辨惑》卷三，第266页。
⑤ 洪良品：《古文尚书辨惑》卷二，第260页。
⑥ 洪良品：《古文尚书辨惑》卷三，第268页。

第五章 卫护晚出《古文尚书》之风的兴盛

氏认为与郑玄所谓"亡其一篇"有关,因此洪氏坚信《古文尚书》应为五十八篇,这一点即使郑玄也承认。① 接着洪氏开始批评班固叙述的不严谨:

> 十六篇之说实发于刘歆,而班固作志因之。《艺文志》本刘歆《七略》,而《七略》所载皆中秘书,或刘向校后,亡其一篇,故刘向著其原目,刘歆著其现存与? 乃班固作《艺文志》时不及详检于卷,则纪其原数于篇,又据《七略》之目注之,且云"孔安国悉得其书,以考二十九篇,得多十六篇",何言之不析也。

"五十七"与"五十八"的歧异尚属小问题,在洪氏看来问题最大的就是所谓"十六篇"这一说法:

> 夫刘向云五十八篇,《前志》亦云五十七篇,既以篇计,则以考得多者不止十六篇,是当以安国"同序同卷,异序异卷"之例计之,而《志》中又无此文,何也? 且二十九篇有《泰誓》,此《泰誓》乃后得者,十六篇又有古《泰誓》,则后得乃复重之卷,不当入数,何以云"得多十六篇"也?

按,第一点怀疑其实混淆了"篇数"与"篇题"的差异,疑所不当疑。总之,洪氏据此得出的结论就是,不应该拘泥于班固并不准确可信的"十六篇"之说,"盖古文初出,未立学官,人但能约略指数,如《史记》所云'《逸书》得十余篇'是也。……要之,古文篇数当依安国大序总数为定"②。

前文所述,是洪氏辨真学之荦荦大者,其余不再细言之。应该说,洪

---

① 当然这种解释还存有一个疑问,即西汉已亡的一篇为何在梅赜本中出现? 对此,洪氏也有解释:"汉所亡者,中秘本耳,此安国所上之官府者也。其所写之隶古定,以传都尉朝者,固未尝亡也,是以五十八篇读全也"(氏著《古文尚书辨惑》卷三,第267页)。

② 洪良品:《古文尚书辨惑》卷三,第266—267页。

氏对晚出古文的卫护是较为全面的，甚至有高度的概括与总结，《辨惑》卷四抨击阎、惠等辨伪派之说"凡有十失"，即杜撰事实、窜改古书、误会书旨、毁灭显证、穿凿生例、罗织入罪、附会古籍、滥引杂说、彼此救应、前后矛盾，还是切中了一些实际弊病的，绝非肆意攻击。今人卫护晚出古文者，亦有类似之说①，或受洪氏所启发。

洪氏在晚出古文辩护史上的地位仅次于毛奇龄，其书在当时的影响亦不容小觑，据吴光耀说："适门人萨廉为国子监祭酒，发题阅卷，举质给事中，凡五年，毁经诬古之说，一以辨斥，于是诸生知趋正学。"②吴氏所言当有所夸张，但据此亦可见洪氏之书在当时确曾受到重视。虽然如此，今日来看洪氏之辨真学还是有很多不严谨、不精当之处。其考据过程中常有想当然之病，即如其对司马迁卒年问题认识：

> 攻古文者，因安国而牵及司马迁，谓武帝时已卒。余既据《史记·贾谊传》折以昭帝谥号，知其宣帝时尚存矣。兹读王充《论衡》，复得一证。《论衡·正说篇》云：孝宣皇帝之时，河内女子发老屋，得逸《易》《礼》《尚书》各一篇，奏之，宣帝下示博士，然后《易》《礼》《尚书》各益一篇，而《尚书》二十九篇始定，故史迁以二十九篇载于《史记》。是《史记·儒林传》为宣帝时所修可知也。③

按，因《史记》有"安国早卒"之说，故司马迁之卒年亦与古文之真伪关系甚巨。前此之辨真派如毛奇龄等仅含混言之，云："《史记》不必终太初，安国虽早卒，不必不死于征和之后"④，尚显谨慎，洪良品则大肆倡言，认为宣帝时司马迁尚存。考褚少孙于《史记·建元以来侯者年表》云："太史公记事尽于孝武之事，故复修记孝昭以来。"洪氏亦熟读两汉

---

① 如杨善群抨击阎若璩隐瞒真相、制造谣言、二难推理等十条缺陷（参见氏著《评阎若璩考据的欺骗性——〈尚书古文疏证〉综合研究》，《史林》2016年第1期）。
② 吴光耀：《华峰文集》卷四《洪给事中事略》，第384页。
③ 洪良品：《古文尚书辨惑》卷十八，第420页。
④ 毛奇龄撰，黄怀信、吕翊欣校点：《古文尚书冤词》卷四，第805页。

第五章　卫护晚出《古文尚书》之风的兴盛

史籍者，褚少孙之言曾未见之也？

又，经典真伪之考辨当慎之又慎，务必言之有据。但洪氏书中妄加揣测的想当然之词并不少见，如：

> 梅赜奏上，其书施行，《正义》以为在前晋时，后儒以为在东晋时。然古文实于前晋已立学官，孔颖达之言实非无据，故《隋志》亦止言梅赜上《传》，不言东晋立学，岂前晋因梅赜奏上其书而立学，经永嘉之乱，《传》失而赜复上之邪？今不可考矣。[①]

按，《尧典》篇题《正义》引《晋书》云："梅赜字仲真，又为豫章内史，遂于前晋奏上其书而施行焉。"后人多认为"前晋"二字有误，即使吴光耀也认为"作前晋误"[②]，但洪氏坚信之。不过《经典释文·序录》及《隋书·经籍志》都说梅赜献书在东晋元帝时，包括《舜典正义》也是如此，所以洪氏不得不又造为梅赜于东晋二次献书之说，此纯属于史无征之猜想。

二　吴光耀之《古文尚书正辞》

吴光耀，字华峰，晚号三昧老人，湖北江夏人。据考证，其生年当为咸丰九年（1859）[③]，但卒年则于史无征。吴氏于科举、仕途均无甚可称，居乡里间，唯以著述为业。吴氏自称"自从学，少知方，辄欲习时务，既不得志，退而研经，闭门十年，将以息邪说而拯人心之溺，故《古文尚书正辞》间风切时事以见意"[④]，可知其亦以理学为宗主，念念不忘天理人心之说。因此，吴氏对于疑古之说，同样斥之为汉学门户之见，所谓"萌芽于宋人之疏陋，少见而多怪，锢蔽于汉学之门户，梅赜古文是，则杜、贾、

---

① 洪良品：《古文尚书辨惑》卷二，第256页。
② 吴光耀：《古文尚书正辞》卷三，《四库未收书辑刊》第二辑第5册，第277页。
③ 柯愈春著：《清人诗文集总目提要》，北京古籍出版社2001年版，第1898页。关于吴氏生平，可参考汤静宜所撰《华峰文集提要》（载《华峰文集》卷首，《北京师范大学图书馆藏稀见清人别集丛刊》第三十三册，第352页），唯该文定吴氏生年为咸丰七年则有误。
④ 吴光耀：《华峰文集》卷三《与王壬秋先生书》，第378页。

305

马、郑古文非也"①,"近世解经之书,转相稗贩,或误从谬本,或妄改古书,或故驳诸儒、傅会郑玄,不知郑玄实有此义。各自矜夸,以为汉学可以诳俗而不必自读书,中人以下孰不为之?其自欺不足惜,吾痛其惑后人也"②,与洪良品可谓不谋而合。

《古文尚书正辞》(本节简称《正辞》)共三十三卷,书成之后,吴氏以乡里后生的身份入都拜谒洪良品,"给事中大喜,以为能补助所不及"③。其时洪良品年已六十有七,则其事当在光绪十九年(1893),此书之刻成时间自然稍早于此。当时辨真学之书已然可观,然吴氏对此前陈第、毛奇龄之书并不满意,"陈季立、毛大可诚未能深言源流,或自坐谬误,然辨若人固有余"④,加之仄居乡里,与学界罕通消息,因此率尔操觚,书中多系自己体悟而来,辞繁义富,条理井然,可谓"闭门造车,出而合辙"。书成之后,吴氏亦颇自信,"光耀癸巳在京,恒大言曰:'刘幼丹古文,数千年之绝学也。'是时都中号为通儒博学者殊恶余是言,然而余莫辨。光耀度无他能,能辨宋以来毁经之说而已。乡为《古文尚书正辞》,自以为奇作,足并幼丹书,有能攻击吾,吾叩头谢过,焚其书。无应者"⑤。

就内容来看,此书可谓面面俱到。卷一至卷五历述《尚书》各派传承源流,其中前两卷论今文,卷三论孔安国古文,卷四论杜林漆书古文,卷五为家法无考者。收录极繁,自汉迄西晋凡与《尚书》有关者皆收录,所谓"止西晋者,究汉魏之终,真古文时已显。著录先有师承家法者;次治《尚书》;次诵《诗》、《书》,虽略举二经,概六艺断无竟未治此二经,可

---

① 吴光耀:《古文尚书正辞》卷三十三《叙目》,第604页。
② 吴光耀:《古文尚书正辞》卷三十一,第586页。
③ 吴光耀:《华峰文集》卷四《洪给事中事略》,第384页。
④ 吴光耀:《古文尚书正辞》卷三十三《叙目》,第604页。吴氏从事古文辩诬,极重"源流",除此条外,又云:"孔冲远等为《正义》,亦苦不知源流,误以卫宏、贾逵、马融、郑玄为传孔学三十三篇"(氏著《古文尚书正辞》卷四上,第306页)。又,吴光耀颇为毛氏之书未被收入《四库全书》、《正续清经解》而不平,云:"相国昀既如此,而阮相国元辑《皇清经解》,又多收毁经之书,诬邪盗袭之说不能明辨而痛绝之。王祭酒先谦续辑《经解》亦如之,且皆摈《冤词》不录。夫《冤词》即不能尽善,何至不如王鸣盛、魏源等盗袭之书?四库《冤词》《疏证》并收,以待后人之定论,岂不广大哉"(氏著《华峰文集》卷三《奇觚室古文叙》,第382页)。然书中纠驳毛奇龄之说处亦颇多(如卷六,第380、387页)。
⑤ 吴光耀:《华峰文集》卷三《奇觚室古文叙》,第382页。

第五章 卫护晚出《古文尚书》之风的兴盛

加是目；次语言文字征引《尚书》，虽他经专家，必于此兼涉也；次治四经、五经、六经、七经，其中宜有《尚书》，故皆著录"[①]。此前陈乔枞、洪亮吉等已有类似之书，吴氏或未之见，或不甚认可。这一部分内容涵盖甚广，虽有牵强比附之处，然不失为研究汉魏《尚书》学之详尽资料汇编。当然，除卷三、卷四外，其他三卷与《正辞》一书的主旨其实较为疏远，就辨真学来讲，实属枝蔓。

除此"源流"考证为吴氏所重视外，篇目问题吴氏亦用力较多。卷六专为篇目问题而辟，先考伏生今文二十九篇之目，不吝笔墨地论证其中原有《泰誓》，看似与辨真亦不甚相干，实则与接下来考证"十六篇"的问题密切相关。次考孔安国古文五十八篇之目，于此反驳阎若璩所谓增多二十五篇与十六篇之数不合，其中有云：

> 马、郑存目伪《逸书》二十四中，《九共》九篇为一篇，正十六篇，遂谓真古文二十五篇为伪。不知二十五篇其实数，刘歆、班固作十六篇者，自著录家各以意并弃定名，谓十六篇可，谓二十五篇亦可，何与经义。[②]

吴光耀以为，二十五与十六两个数字并无本质差别。当时《舜典》《益稷》《康王之诰》今文已有，自然不算在二十五篇之内。《泰誓》三篇虽与今文不同，然亦已行世；《史记》有《汤诰》，可见当时亦行世，故此四篇可不计入二十五篇之内。《太甲》三篇、《说命》三篇皆可合为一篇，又去四。又引郑玄之说，谓亡一篇[③]。因此，二十五篇中总共可去此九篇，正好符合十六篇之数。吴氏又以逸《礼》为例，《汉志》云多三十九篇，

[①] 吴光耀：《古文尚书正辞》卷一上，第149页。
[②] 吴光耀：《古文尚书正辞》卷六，第378页。
[③] 吴光耀云："郑谓《武成》逸书，建武之际亡。歆移书时去建武不远，或其时已亡。又谓《咸有一德》今亡。二者必有一亡。即不然，或他逸篇亡，如扬雄所谓《酒诰》今亡之类，皆未可知。……郑玄《叙赞》云'后又亡其一篇，故五十七'，然则《艺文志》与《大叙》都数既合，此都数中有一亡篇，又有郑《叙赞》之证，乌知必非亡逸书一篇？此二十五篇可名十六篇，其又奚疑"（氏著《古文尚书正辞》卷六，第379页）。

《礼记·奔丧》正义引郑玄说，云多四十篇，由此可见篇数记载之不统一不足为怪。① 此说亦可谓别出心裁，迥异前儒。然《汉志》明确讲"以考二十九篇，得多十六篇"，所谓增多者，相较于伏生今文而言，今文无《汤诰》，岂能不予计入？对郑玄所录二十四篇目不予采信，而对其所谓"亡一篇"之说则深信不疑，岂非好恶由己？《尚书》篇数之歧异，远过逸《礼》，亦不宜径相比拟。

吴氏此处所论，只是为了证明东晋古文多出之二十五篇之数与《汉志》所谓十六篇之数并不矛盾，以此说明其不伪。论及古文篇目问题，同时也回避不开《正义》所列郑玄注《书序》中二十四篇的问题。吴光耀认为，马、郑仅传漆书三十四篇，未尝增益此二十四篇，故其本别行。吴氏于此重点反驳阎氏所谓的"根柢"，提出了一系列的发问：

> 马、郑不注之逸《书》二十四篇，非孔壁书，毁经者吃紧止在此，则易辨矣。果为孔壁书何以绝无师说？何以不尽与《序》应？何以又以《武成》《咸有一德》为亡？何以马、郑皆不注？何以不与马、郑本并见唐时？何以亦不见《史记》、《说文》？②

种种问题，令人费解，因此吴光耀怀疑"霸书之残缺者适得二十四篇"，尤其是郑玄未曾作注实在启人疑窦："好注书莫如康成，诸经无不注矣。本传《古文尚书》，伏生《大传》今文家说也，则注之；谶纬诞书，则注之。……独不注此二十四篇，亦必以浅陋不足信也。"③ 按，此说辨真派多已发之，如张崇兰云："郑氏三十四篇之注，散见《史记集解》及群经正义，何此诸篇之注绝不一见？郑于《书序》《大传》《中候》皆有注，若曾受此二十四篇，岂有不为作注之理？观郑无注，知非所受也。"④ 林春溥也说："今其书已亡，惟见于郑氏之注，郑注又亡，惟见于孔氏之疏。孔既

---

① 丁晏解释说，郑玄所云四十篇乃并宣帝时河内女子所得《逸礼》一篇而言。但吴光耀以为此说与上下文文意不符。
② 吴光耀：《古文尚书正辞》卷六，第385页。
③ 同上书，第386页。
④ 张崇兰：《古文尚书私议》卷上，第695页。

第五章 卫护晚出《古文尚书》之风的兴盛

据郑载其篇目,亦必据郑决其伪书,不然郑于纬候、伏《传》尚为之注,何反不注此二十四篇耶?"① 但以情理辨真伪,毕竟难有定论。本卷之中,反驳阎氏所谓孔传始分虞书、夏书为二,与汉儒不符之说,亦值得重视②。至于其余所论张霸百两篇目、杜林漆书古文三十四篇目、刘陶中文《尚书》篇目与百篇之叙目,皆无甚新意,可置之勿论。

《正辞》自卷七至卷二十八,分别为二十五篇辨护③。这种分别针对晚出古文各篇章予以探讨的辨真体例,实属创举,且无疑更为全面。每篇之中,辨伪派之重要论点,书中皆一一列明,并予以详细批驳。如卷七讨论《舜典》,首先以《舜典序》证明今《舜典》《尧典》之分为二为至当。又言放勋、重华、文命乃史臣开端赞颂之词,后人取首二字称其人,称之既习,遂以为即其人之名,并以后世之例证之。又次驳阎氏别有古《舜典》之说,阎氏以《孟子》《史记》为证,吴氏以为不足为据。又,阎氏以为"我其试哉""佥曰益哉"二句,伪古文与三家本不同,系刻意更改,吴氏以为这是"故为曲说"。对于阎氏等人认为伪古文于字句间故为诘屈聱牙,吴氏以为"无赖极矣"。最后反驳王柏"玄德"之疑。

又如《大禹谟》一篇,历来是集矢之的,或质疑其文体,或谓其不合《论语》《孟子》《左传》《荀子》,或谓其语意矛盾。阎若璩又云古文多拘守载、岁、祀、年之例,与今文不同;《大禹谟》让皋陶,不合《尧典》让稷、契;《大禹谟》误采《左传》"德乃降"之语。王鸣盛又谓作伪者窜入"乃圣"二字;谓九歌乃启乐,非禹乐;谓"宅帝位三十有三载"为误。对此诸说,吴光耀皆不放过,一一予以还击,其中不乏高见。如就

---

① 林春溥:《开卷偶得》卷二,《丛书集成三编》第8册,第587页。
② 吴氏指出,虞书、夏书之分,先秦时已有,非始于孔传(吴光耀:《古文尚书正辞》卷六,第380页)。所论甚为有理。程元敏先生也指出:"先秦、两汉传本,已题虞书、夏书,别而非兼,伪《古文尚书》仍旧,乃阎百诗、王凤喈谓西晋以前未有别虞书、夏书而为二者,自东晋梅氏书出,然后始乱'虞夏书'兼题之旧,检索度思并有未周也"(氏著《〈尚书〉"三科之条五家之教"稽义》,《孔孟学报》第六十一期)。
③ 晚出古文虽二十五篇,然《太甲》《说命》《泰誓》各三篇,合之则去其六,为十九篇题,共十九卷。另外两卷为《益稷》与《康王之诰》。

309

"乃圣"二字的问题，吴氏以版本为证，可备一说。① 对所谓九歌的责难，吴氏明确指出王鸣盛故意回避与己说矛盾之文献。② 当然，讨论《大禹谟》无法回避"虞廷十六字"之真伪，对于阎若璩"'人心惟危，道心惟微'纯出《荀子》所引《道经》"之说，吴氏首先称引毛奇龄的观点，认为其所谓《道经》即指《尚书》之论甚通，又进而表示，"或舜以前古《道经》先有此语，而舜称述之，其书晚周犹存，或附见他书，故荀子又得引之"③。就逻辑上来讲，这也确实是一种可能。

除此具体各篇之考辨外，《正辞》自卷二十九至三十一，分别为百篇之《叙》、孔《叙》、孔传辩护。卷三十二为"朱子正辞"，系针对阎咏所辑《朱子古文书疑》而作。吴光耀尊理学，斥汉学，故千方百计为朱子开脱，云："然则朱子指摘古文经传者，其亦中年未定之说，或门人传者之过。孔门弟子传其师说，尚有歧误。朱子诚贤，然不能如孔子，其门人又不能如孔子之门人，传其师说，奚能无歧误也。……世人毁经者，犹强挟朱子为重，宜亦朱子所痛心也。"④ 但所谓"中年未定之说"，所谓"门人传者之过"，全系猜测，证据安在？对于朱熹所云"伏生倍文暗诵，乃偏得其所难；而安国考定于科斗古书错乱磨灭之余，反专得其所易"的疑惑，吴氏以《史记·儒林传》《汉书·儒林传》《汉书·艺文志》力证伏生今文亦壁藏之余。但是，《书大序》却明确说"济南伏生，年过九十，失其本经，口以传授"，显然矛盾。对此，吴氏亦大动脑筋，谓《书大序》之意当指"伏生失十余篇以外之本经，故口以传授者，裁二十余篇；口以传授，谓传授其义，其二十余篇之本经固未失也"，其实是"朱子自误会耳"⑤，显然也是强词夺理。

---

① 吴光耀以《困学纪闻》所引《吕氏春秋》为据，认为宋人所见之本固有"乃圣"二字，"今本偶讹脱耳"（氏著《古文尚书正辞》卷八，第 398 页）。
② 吴光耀云："鸣盛独引王逸注曰'启，禹子也'一句，岂未见此注下文乎？何所忌讳而不引？下文曰'九辨，九歌，禹乐也……'，此非言九歌为禹乐而何？逸注必有所据，鸣盛故掩没之，岂以《离骚》为僻书，后人无从见此注九歌为禹乐之说乎？"（氏著《古文尚书正辞》卷八，第 400 页）。
③ 吴光耀：《古文尚书正辞》卷八，第 407—408 页。
④ 吴光耀：《古文尚书正辞》卷三十二，第 590 页。
⑤ 同上书，第 591—592 页。

第五章 卫护晚出《古文尚书》之风的兴盛

按照吴光耀的设想,辨真至此,源流既明,篇目既明,各篇疑问既明,大、小序既明,朱子之说既明,辨真之学可谓面面俱到、功德圆满矣。故复为《叙目》一卷,阐述全书宗旨。其体例既严密,立说又极详,确属辨真学之力作。只是因为吴氏本人声名不彰,故《正辞》一书不为时人熟知,较之洪良品之书,可谓境遇悬殊。实际上就内容而言,《正辞》相较于《古文尚书辨惑》亦不遑多让,甚或有过之而无不及。后人评价颇高:"近人吴光耀乃作《正辞》,以明其真,举考据家之说,一一摧拉之。毛氏说经,叫嚣武断,本未可尽信。吴氏遍读考据家书,纠摘细密,非毛之比,其不惮繁词以翻此案,可谓勇矣。吾虽不敢谓其说之皆当,要不敢斥古文为伪,则有同心焉。学者苟欲详辨,吴书可读也。"[①]缪荃孙与吴光耀曾有过从,其评价吴氏云:"吴华庭光耀来,人甚博洽,语亦翔实,惜深信《古文尚书》,著书张之,恐徒劳耳"[②],可见即使不认可晚出古文者,亦承认吴氏治学之扎实。

但《正辞》一书亦不无小疵,除枝蔓较多、行文冗滥外,尚不免于主持太过与强词夺理之病。吴光耀因为晚出古文辩护,对于前人所称其他"伪书"或亦持同情之态度,故亦多不认可辨伪派之观点。如吴光耀认为马融、诸葛亮似皆曾得见晚出古文,依据就是《忠经》与《心书》。此二书前人多有怀疑,然吴氏云:"或疑不见隋、唐《志》,夫书之隐见无常,史传之缺略时有,何足难也。《自序》题'后汉南郡太守马融谨序',疑不出汉人,然张溥纂《马融集》载此序,无'后汉南郡太守马融'八字,知此八字浅人加。《风俗通义·自序》题作'汉泰山太守南顿应劭撰',《尚书大传》郑玄《序》题作'北海郑玄康成撰',皆此类也。至其文义平易,无可訾非。诸葛亮《心书·将诫篇》引《书》曰'狎侮君子,罔以尽人心;狎侮小人,罔以尽人力',皆似见真古文。然是二书不敢尽信,刘歆有云:'与其过而废之也,宁过而立之',亦所以慎也。"[③]辨伪学上最为看重的"核之群志,以观其绪",在吴光耀这儿则被视作小题大做。在诸

---

① 刘咸炘:《学略·经略》,华东师范大学出版社2009年版,第11页。
② 缪荃孙:《缪荃孙全集·日记一》,凤凰出版社2014年版,第278页。
③ 吴光耀:《古文尚书正辞》卷三,第290页。

多证据面前，仍然要强调"宁过而立之"，这本质上是对辨伪学的根本否定。果如吴氏所言，世间岂有一书可断定为伪书？辨伪学岂非毫无意义？

又如，为反驳阎若璩所谓孔安国无传之说，吴氏强以《汉志》所言"传四十一篇"为孔传，而非伏传，不顾与郑玄及《隋志》之矛盾，但又无法解释此四十一之数[①]。忽视明文记载，妄加猜测，殊为可笑。凡此种种，说明吴氏辨真，亦不具备客观之立场。

此外，吴氏此书亦有疏略之处，如辨护《旅獒》云：

> 孙星衍论"大保作《旅獒》"曰："大保，伪《传》以为召公，非也。《周书》、《史记》并称武王克殷有召公奭，不言大保。自成王幼在襁褓中，召公为大保，始见贾谊《新书》。作伪传者以此大保为召公，疏谬甚矣。"不知《书叙》孔子删《书》后所作，大保乃从后追称，孔传又何疏谬之有？[②]

按，"大保作《旅獒》"，不但《书序》有之，并《旅獒》经文中亦有之，吴氏仅就《书序》而辨，显然失于疏略。更为重要的是，阎若璩以《旅獒》为伪作，重要证据之一乃是召公于武王时不为太保，即使以追书来解释也不合适。吴氏于此仅强调追称，显然无法塞阎氏之口。与之相比，张谐之的辩驳则有力许多[③]。

第四节　其他诸家

一　王劼之《尚书后案驳正》

王劼，生卒年不详，字子任，又字海楼，原名驹，又名晖吉，巴县

[①]《书大序》云经文"五十九篇，为四十六卷"，吴氏据此猜测说："此'四十一篇'之'一'字为'六'之误，亦未可知"，又说："《汉志》不载《大传》者，或史脱略"（氏著《古文尚书正辞》卷三十一，第547页）。

[②] 吴光耀：《古文尚书正辞》卷二十，第496页。

[③] 吴光耀：《古文尚书正辞》卷二十三，第507页。

第五章　卫护晚出《古文尚书》之风的兴盛

（今重庆）人。嘉庆十八年（1813）举人，历任浙江金华、西安、石门诸县知县十余年，年八十五而卒。[1] 王氏于《毛诗》造诣颇深，所著《毛诗读》一书三十卷，深受包世臣、陈奂等名家推重，人称"当乾嘉鸿儒辈出之时，蜀中风气未开，先生独覃精朴学，欲上窥兴、观、群、怨之旨，不可谓非豪杰之士矣"[2]，可知其以考据治《诗》，于蜀中学风影响甚巨。咸丰丙辰年（1856），王劼撰成《尚书后案驳正》二卷，上卷为"正编"，专驳王鸣盛《尚书后案》，共二十六条；下卷为"附编"，驳顾炎武、阎若璩、惠栋、孙星衍等，共五条。然《尚书后案》本不是辨伪学之中坚力作，《驳正》一书又篇幅单薄，故是书虽是王劼晚岁之作，但成就殊为有限。

王鸣盛治《尚书》，极端尊郑[3]；王劼则与之相反，无论《诗》学、《书》学，皆激烈驳郑：

郑氏当汉季网罗遗书，天下众书颇出，虽诸子传说虚妄不经皆得广立学官之时，故其注书甚杂，真伪不分，众家并列，无妨改字以就己说，亦可引己注以为左证，虽污蔑圣经不顾也。故《诗》笺《毛传》，则不知《诗》垂臣教，任引杂说，令周召之政教不遗于后贤。《书》注杜林，则不知《书》垂君教，伪题古文，令尧舜之明哲不慕于后王。孔子订经垂教之旨为之不存，以致君有尧舜、臣无周召，民厄于粉饰之太平，而贤愚俱穷，贫富交困，上下知利而不知义，无不造伪饰诈，趣巧无耻。[4]

由此可见，王劼对郑玄治经之方法深为不满，对郑学之影响则大肆抨击。

---

[1] 王劼生平事迹唯《（民国）巴县志》记载稍详，参见《（民国）巴县志》卷十下《人物中之下》，《中国地方志集成·四川府县志辑》，巴蜀书社1992年版，第372—373页。

[2] 戴纶喆：《四川儒林文苑传》，《儒藏·史部》"儒林史传"第七十九册，四川大学出版社2008年版，第859页。

[3] "《尚书后案》何为而作也？所以发挥郑氏康成一家之学也"（王鸣盛《尚书后案》卷首自序，《续修四库全书》第45册，第1页）。

[4] 王劼：《尚书后案驳正》卷上，《尚书类聚初集》第六册，台北新文丰出版有限公司1984年版，第133页。

因此，姑且不论古文真伪之争，即此有关郑学之态度，即可见王鸣盛与王劼二人学术立场之矛盾。这或许就是王劼撰著此书之动机所在。① 另外，透过这段话我们也可以发现，王劼治经所孜孜追求的仍是政教、道义云云，实亦理学中人，非纯粹治朴学者。在辨真过程中，王劼也曾就晚出古文之义理精深而大发议论云：

> 安国《尚书序》云"所以示人主以轨范"者，谓君道在于任贤去邪也。使谟无《大禹》，则惟精惟一之心法不著；不分《益稷》，则暨益暨稷之功用不彰。失此宏编，经义晦矣。况《仲虺之诰》《太甲》《说命》皆君臣之所以相须，若夫《微子》之宾贤、《蔡仲》之嘉德、《周官》之大明黜陟，以及《君陈》《毕命》《君牙》"惟尔""惟公""予一人膺受多福"者，概变置焉，将使君道日就昏乱，人心世道日就诡随。而曰以复古学，复古学何为哉？②

其意盖以为古文废则义理不彰，义理不彰则人心日坏，这种辨真的方式与理论自然是后来理学家所惯用的。

针对王鸣盛所论证的郑玄乃孔安国之嫡传的观点，王劼予以反驳云：

> 《前儒林传》载涂恽传安国者，由于胶东庸生。而《后儒林传》止言庸谭，不言涂恽，以刘歆移书已言明庸生遗学与《逸书》十六篇相同，则胡常、徐敖、涂恽岂得云传安国乎？郑事马融，不师卫、贾，卫宏受林学，不授贾、马、郑，贾、马、郑注林书，不受林学，各传斑斑可考。③

王劼所言，包含两个层面：其一，庸生以下所传乃《逸书》十六篇，非安

---

① "附编"部分所针对之阎若璩等人，在王劼眼中亦"郑学诸君"（王劼：《尚书后案驳正》卷上，第141页）。
② 王劼：《尚书后案驳正》卷上，第119页。
③ 同上书，第132—133页。

第五章 卫护晚出《古文尚书》之风的兴盛

国真传；其二，贾逵虽是庸生、涂恽一系，但郑玄只是注解杜林之书，实与贾逵、杜林之学无关。

关于第一点，王劼根本不相信所谓"《逸书》十六篇"，认为《汉志》所云"《逸书》"与《史记·儒林传》所云"《逸书》"并非一回事。王鸣盛尊信此十六篇（二十四篇），认为郑玄曾述及其篇目。对此，王劼予以明确反驳："遍检群书，不见有郑述伪书二十四篇目者"，"又检郑注《书序》，亦无见引其文者"①。之所以有此差异，关键在于对《正义》的理解不同。细味《正义》所言，此二十四篇目实应系郑玄所记述，而郑玄亦曾征引其内容。因此，王劼所论虽为王小航所大加称道："今之伪托尊郑者，必先有以答复王劼此言，而后可假郑之威以吓人矣。不然，恐先儒郑氏不乐有此诬攀之假门徒也"②，但还是强词夺理的成分更大些。按照王劼的理解，十六篇乃西汉时人为利禄所诱而伪作，至于其人为谁，则不得而知：

> 孔书遭巫蛊未得上，经藏秘府，传藏私家，伏而未发。当时之言《尚书》者，如鲁周霸、洛阳贾嘉等，知有孔书五十八篇四十六卷，则有模仿欧阳、夏侯等篇目，合之别得《泰誓》，为二十九卷三十四篇者，作伪于前；又有仿佛窃拟，为十六卷二十四篇者，附益于后。③

这是将《汉志》所载一同予以否定了。只据《正义》等后起之书，横加推断，纠结于"《逸书》"之名，实不足以服人。

至于第二点，亦嫌武断。《后汉书·儒林传》云："扶风杜林传《古文尚书》，林同郡贾逵为之作训，马融作传，郑玄注解，由是《古文尚书》遂显于世"，郑玄《书赞》云："卫、贾、马二三君子之业，则雅才好博，既宣之矣"④，据此可见，贾、郑二人之《尚书》学的联系，恐怕亦不能轻易

---

① 王劼：《尚书后案驳正》卷上，第125页。
② 王小航：《表章先正正论》，《水东全集》第一册，第24页。
③ 王劼：《尚书后案驳正》卷上，第123页。
④ 孔安国传，孔颖达正义，黄怀信整理：《尚书正义》卷二，第30页。

抹杀。

《驳正》一书所论,大率如此,皆因主持太过,未能对相关问题作深入、平实的剖析,因此在辨真学史上影响并不大。当然,书中亦有卓识,值得肯定,如所云"更可笑者,郑注经文书'元年',孔传经文书'元祀',《后案》则曰'《尔雅》虽云"商曰祀,周曰年",古人临文却不拘此。元年,伪孔改元祀,其谬二也。'然则合于时制为谬,必不合于时制乃不谬矣"①,我们姑且不论《尔雅》所云是否确是通例,只就逻辑而言,王鸣盛所言实在是站不住脚的。

二 张谐之之《尚书古文辨惑》

张谐之(1834—1904),字公和,号敬斋,河南灵宝(今河南三门峡市)人。同治四年(1865)进士,授兵部主事,官至蔚州知州。张氏治学,全以程朱理学为本,据其自述,"壮岁游历四方,获从薛仁斋、吴竹如、何子永诸先生游,讲论切磋,凡修己治人之方、阳儒阴释之辨,皆略见其底蕴"②。薛于瑛、吴廷栋、何慎修三人皆晚清理学名士,张谐之从其游学,深受影响,诗文集中尊崇理学、批判汉学之论比比皆是,其诗作中明白宣称:

> 吾道正宗朱紫阳,恪遵邹鲁旧门墙。岂期无垢传衣钵,翻使操戈起陆王。阙里亦论真面目(自注:阳明云:"佛氏本来面目即吾圣门所谓良知"),曹溪不改旧风光(自注:阳明无善无恶心之体,即惠能不思善、不思恶,认取本来面目之旨)。微茫一线延儒脉,四百年来事可伤。③

他坚信程朱之道乃孔孟正途,陆王实系异端,并对程朱之学的衰微大为感伤。至于乾嘉汉学,他更是不吝笔墨,大肆批驳,如:

---

① 王劼:《尚书后案驳正》卷上,第129页。
② 张谐之:《敬斋存稿》卷五《谕云从书院诸生》,《清代诗文集汇编》第728册,第234页。
③ 张谐之:《敬斋存稿》卷一《次韵子炳丈秋夜偶成之作三首》,第193页。

第五章 卫护晚出《古文尚书》之风的兴盛

> 近世汉学盛行，类取诸子百家杂驳不纯之语，以证成圣贤之言，或割裂句读而不顾文字之安，或博引偏解而不问上下之旨，至义不可通，则穿凿附会以文之。故论义理则汗漫而无归，语事情则迂腐而难用，驯致是非不明，人心不正，而末流之弊，上入于猖狂恣肆，下流于熟软模棱，恐不但学术之弊也。①

> 大抵近世学者以训诂为实学，而不求诸人伦日用之常；以考据为极功，而不知夫天德王道之大。故其见识浅近，穿凿自安，卑者拘文牵义而不适于用，高者猖狂妄行而敢于毁经，其流之弊正未有艾也。②

> 近代汉学诸君，弊在割裂经文而不究义理之正，杂征名物而不顾文义之安，以碑文为证而上疑圣人之经，以史书为宗而大昧圣学之实。至原其用心，则惟欲求古圣之隙，索先贤之瘢。少有参差，始则拘文牵字而径以臆求，卒且放言高论而敢于诬圣。③

类似之说，其文集中所在多有④，足见其立场之坚定。

《尚书古文辨惑》二十二卷，前二十一卷就晚出古文各篇分别考辨，最后一卷为"统论"，与吴光耀《古文尚书正辞》体例类似。据张氏自序，此书始于戊戌（1898）投闲之后，"历六七寒暑"，成于光绪三十年（1904）⑤。然张氏撰此书时，并未见晚清辨真诸书。伦明说："其书与洪良品书同名，盖未见洪书，并张崇兰、吴光耀书亦未见；而持论与三家偶合者十之四五，为三家未曾辨及者十之二三，错误者亦十之一二，其合处往往出三家上，更详且核，诚卫古文者之后敕（劲）矣。"⑥

但是，以今日标准视之，张谐之《辨惑》一书其实科学性殊欠，考辨少而议论多，迂腐之论比比皆是。其中之显著者，如大肆抨击辨伪派重视

---

① 张谐之：《敬斋存稿》卷八《游子代观察》，第262页。
② 张谐之：《敬斋存稿》卷九《高勉之学使》，第278页。
③ 张谐之：《敬斋存稿》卷十《罗健侯直牧》，第289页。此条中特举例"如《书》以'孝乎惟孝'为句，而疑《君陈》为伪"。
④ 张谐之：《敬斋存稿》卷七《王竹舫孝廉》，卷十二《兀子炳广文》，第255、304页。
⑤ 张谐之：《尚书古文辨惑》卷首自序，《四库未收书辑刊》第三辑第5册，第266页。
⑥ 伦明：《续书楼读书记》，《燕京学报》1928年第3期，第502页。

子书、杂书乃至野史,以之攻击六经,本末倒置。所谓"有以子史之注、百家之说而证六经者矣,本末颠倒,邪正混淆"①,如批评阎若璩"引《墨子》以攻《仲虺之诰》,尤为不顾邪正之分者矣"②,这是将阎、王所据为证据之书打倒。从近代文献学的角度来看,在文本的可靠度上,经书并不必然就比子书高,甚至有学者说:"五经之蕞残,不如诸子之完璧"③,张氏之论在当时或有认同者,在今日自属迂鄙之见。同样,对于王鸣盛重视《竹书纪年》,张氏亦予以抨击云:"王凤喈引《竹书》以攻《说命》,是信野史而疑圣人之经也。"④但有趣的是,同一《竹书纪年》在另外的地方就发生了反转。王鸣盛云:"郑注《书叙》'允为臣名',传以为国名。今此言允侯,明允之为国,欲以见郑之非也。《竹书纪年》与伪古文合,不足信也。"张氏驳之曰:"《竹书纪年》有'命允侯帅师征羲和之文',与《尚书》合,而《顾命》陈宝亦有允之舞衣,则允之为国明甚。王氏乃以《竹书》为伪,岂《顾命》亦伪书乎? 甚矣其妄也。"⑤当然,张氏并没有认为《竹书纪年》是魏晋人伪作,而认为是战国杂学无识之士所记,对其态度应是"读杂书者,必以圣经为准,其合于经者取之,其不合者置之而已"⑥,透露出了他仍然恪守经学独尊的理念,并不能客观对待史料。类似之例甚至还有《礼记》,张氏云:

> 《礼记》本汉儒杂记之书,除《大学》《中庸》《乐记》诸篇,其余率杂凑成文,而《坊记》《缁衣》尤甚,况其学不能深通经义,故所引《书》,增减割裂,舛误丛生。今以《戴记》之舛误,而反以定《尚书》之真伪,恐圣贤之经经《戴记》之引用,鲜有不伪者矣。⑦

---

① 张谐之:《敬斋存稿》卷七《王竹舫孝廉》,第 255 页。
② 张谐之:《尚书古文辨惑》卷五,第 376 页。
③ 罗焌:《诸子学述》,华东师范大学出版社 2008 年版,第 93 页。
④ 张谐之:《尚书古文辨惑》卷十,第 449 页。
⑤ 张谐之:《尚书古文辨惑》卷四,第 362 页。
⑥ 张谐之:《尚书古文辨惑》卷十,第 449 页。
⑦ 张谐之:《尚书古文辨惑》卷八,第 411—412 页。

第五章　卫护晚出《古文尚书》之风的兴盛

《礼记》久已列入经典，但在张谐之眼中，其地位仍远不如《尚书》，以《礼记》来质疑《尚书》亦属不当。果如此说，辨《尚书》之真伪只能依据五经了，然则亦辨无可辨了。

再者，张谐之对重要问题，往往避重就轻，甚至可谓答非所问。如针对阎若璩等对虞廷十六字的怀疑，张谐之以卷一、卷二数十页纸，长篇大论，笔墨繁芜，然其中之核心观点不过是荀子性恶论乃是异端，认为《荀子》"与《大禹谟》之义判若天渊，阎氏乃不察其文义，谬谓《禹谟》依傍《荀子》，何其昧于精粗纯疵之分也"①。判断《大禹谟》真伪关键之一，在于其与《荀子》孰先孰后，也就是"谁抄谁"的问题，至于其中义理精粹与否，实无关真伪。张氏甚至更借此讨伐阎若璩败坏风俗人心：

> 自阎百诗开侮圣之渐，一变而为考据之学，再变而为训诂之学，三变而为校勘之学。学术愈下，器识日卑，至变为泰西翻译制造之学，则圣学扫地以尽，而学士大夫惟财利是趋，不复知君臣之大义。故康有为倡变法之议，而阳效外洋以固宠，阴挟敌势以要君，孟子所谓"下无学，贼民兴"者，盖至是而乱臣贼子将接迹于当世矣。②

将晚清政治、社会之乱象归因于阎、康乱道，"圣学"不兴，其识见实在难以令人恭维。《辨惑》一书著成的时代，皇权衰颓，民智渐开，读书人中觉醒者已多，张氏仍沉迷于程朱，大肆攻伐，横加罪名，不能就学术而论学术，无怪乎其声名之不彰。张氏虽能细读阎若璩之书，但多未能就其观点予以真正辩驳，他最擅长的还是笼统地予以全盘否定：

> 夫阎氏之学，理解本浅，其所以攻《尚书》者，又不论义理之是非，而概以诡谲武断行之，或割裂经文，或征佐误注，或摭三统之悖经，或用《墨子》之讹句，或凿空以造事，或藉端以欺人，或捃《戴记》之舛误，或校经子之异同，或难以古韵之有无，或驳以书辞之增

---

① 张谐之：《尚书古文辨惑》卷一，第314—315页。
② 张谐之：《尚书古文辨惑》卷二，第334页。

减。其所定九十九条者，无一条之当乎事理、厌乎人心焉。①

以义理、人心云云加之于真伪之考辨，岂足以服人？辨真学沦落至这般境地，亦可一叹。

至于古文辨真过程中的两个要害问题——传承与篇目，张谐之虽然也多有涉及，但其中所言也大多经不起推敲。在孔壁《古文尚书》的传承问题上，他首先强调马、郑所传并非孔壁真本：

> 范书所谓"古文"，有以古训言者，如"贾逵数为帝言《古文尚书》，与经传《尔雅》诂训相应"是也；有以古篆言者，如杜林传漆书《古文尚书》，贾逵作训，马融作传，郑玄注解是也。然皆只伏生二十八篇，无孔壁之古文。今以张恭祖之所授即孔壁之书，则《汩作》《九共》诸篇，郑氏何未曾一言之？且注《缁衣》则阙疑而不敢决，注《书序》则引"伊陟臣扈"以为证，果见《咸有一德》者能如是悖经乎？②

这是将辨伪派最为宝重的马、郑古文与孔壁古文剥离开来，使其不得以之否定梅本古文。马、郑既不预此学，孔壁古文于东汉时是否了无传人？在张谐之看来，并非如此，东汉时亦有得见古文之人，如傅毅。张氏云：

> 余夙读傅毅《迪志诗》，慨念傅毅当东汉明章之际，《古文尚书》散逸草野，未立学官，而当时文人学士多好尚之。诗言"二迹阿衡，克光其则"者，即高宗所谓"罔俾阿衡，专美有商"者也。……此亦东汉文学之士引用《说命》之一佐已。乃梅鷟则以为《说命》之文袭取傅毅之诗，岂非所谓非意相干者耶？③

---

① 张谐之：《尚书古文辨惑》卷二，第331—332页。
② 张谐之：《尚书古文辨惑》卷九，第429页。
③ 张谐之：《尚书古文辨惑》卷十，第451页。

第五章 卫护晚出《古文尚书》之风的兴盛

此外，张氏更举邓皇后之诏书、梁竦《悼骚赋》、王充《论衡》、王符《潜夫论》、张衡《思元赋》等，证明"东汉之世，《古文尚书》虽未立于学，而二十五篇流传人间，儒者率多习之，较西汉尤盛，亦非至梅赜而始有也"①。但是从逻辑上来讲，这些例证的效力是很不充分的，辨伪派认为这是作伪者抄袭的来源，辨真派则认为这是东汉人对古文的征引，在这个问题上纠缠不休，实际无助于问题的解决。

至于张氏不厌其烦地论证班固曾参考孔壁古文，乃至马、郑二人于晚年亦曾见之，这一辨真思路则殊难理解。张氏云："余读《汉书·百官公卿表》，而叹《古文尚书》虽经新莽之乱，尚存秘府，使班氏得参考，以见周室一代之官制，亦后世之至幸也。"②又云：

> 自孔氏考定《古文尚书》，悉上送官，藏之书府，故刘歆继父校书，奏厥《七略》。光武中兴，典籍犹在。永平中，班氏典校秘书，殚心六籍，旋受诏，终成所著《汉书》，故删取刘歆《七略》之要为《艺文志》，所谓"《尚书》古文经四十六卷，为五十七篇"是也。此皆班氏亲见《古文尚书》之实证也。其书之逸在民间者，即荀悦《汉纪》所谓"去圣久远，道义难明，而古之《尚书》，通人学者多尚好之"，故马扶风、郑北海皆于晚年获见《尚书》全经，如马氏之见《泰誓》，郑氏之见《周官》，亦皆有确证者也。③

张氏于前文刚刚极力证明马、郑所传只是伏生今文，此处又说二人于晚年获见全经，"晚年"之说究有何据？张氏这一大段议论，如何能证明晚出古文二十五篇之真？因为按照辨伪派的观点，班固、马融、郑玄等人所见应该是古文逸书，是真正的孔壁古文，绝不是所谓二十五篇。所以这些问题的讨论最终还是要回到篇目问题上，即十六篇（二十四篇）与二十五篇究竟孰真孰假上来。

---

① 张谐之：《尚书古文辨惑》卷二十二，第 566—567 页。
② 张谐之：《尚书古文辨惑》卷十七，第 520 页。
③ 同上书，第 521—522 页。

在《辨惑》一书的最后,张谐之也有专门章节讨论篇目问题。表面来看,张氏似乎言之甚详,对于二十四篇,列举十一条证据证明其伪谬:

  《汉志》:"《尚书》古文经四十六卷,五十七篇",今张霸之书并合郑注,只四十五卷,卷数不合,其谬一。
  篇数本五十四,郑氏不知,误注伪《泰誓》三篇,阎氏知为伪书,仍用充数,以伪作经,其谬二。
  卷数不合,阎氏以《书序》充数,以序混经,其谬三。
  《汉志》谓得多古文十六篇,今张霸之书二十四篇,篇数不合,其谬四。
  张霸伪书之目,具载孔疏,非孔疏分析,阎氏尚不知其篇名,而能知为真古文乎?乃竟反客作主,弄假成真,其谬五。
  《书序》虽非圣人作,具有次第,乃阎氏依郑注之次,颠倒上下,与序显悖,其谬六。
  张霸伪书,汉季已灭,郑注《书序》,原无经文,乃阎氏欲借彼篇目,黜此圣经,其谬七。
  张霸伪书,本言灾祥,郑注伏书,亦言符命,乃阎氏表章邪说,不虑惑人,其谬八。
  伪书久亡,又以司马迁《史记》之《汤诰》为真古文,鱼目之陋,岂能混珠,其谬九。
  伪《武成》早亡,又以刘歆《三统历》之伪《武成》为真古文,蹄涔之水,欲比沧溟,其谬十。
  汉魏诸儒,传习孔书,确有左证,乃阎氏谓孔安国以至马、郑,尽传《汨作》《九共》二十四篇,凭虚武断,以无为有,其谬十一。①

然细观此十一条,并未触及辨伪派之痛处,尚不如洪良品之五条驳正有力。即如前三条实可合为一条,《泰誓》《书序》为何不能充数?第四条更

---

① 张谐之:《尚书古文辨惑》卷二十二,第569页。

第五章　卫护晚出《古文尚书》之风的兴盛

是强词夺理，《九共》合九为一，亦符合情理。自第五至第十一条，更是辩所不当辩，无中生有，徒为辞费。张氏笃信孔疏，认为二十四篇乃是张霸伪书之余。他将十六篇与二十四篇亦区分开来，认为是阎若璩等人将两者混同，"阎百诗所谓逸书十六篇者，即郑注《书序》之二十四篇，张霸伪造之百两篇，而郑玄以百二篇为《尚书》者也"①，并说："郑氏喜纬，故亦信张霸伪书而不疑也。"② 这一观点在辨真派中亦属少见。但是即便如此，二十五篇与十六篇篇数不合的问题，张氏也还是没有解决。对此，张谐之坚信二十五篇与《汉志》所记篇卷之数吻合，认为《汉志》所谓十六篇之数当有误：

> 夫班《志》既以《七略》为宗，则所谓《尚书》古文经四十六卷，五十七篇者，刘歆《七略》之辞也，与增多二十五篇无不合矣。其云"得多十六篇"者，刘歆移让太常博士之书也，本一人之辞，未有与古文经之篇数合于前而反舛于后者，况《七略》系奏定之书，不可更易，与移书论事不同，恐后之十六篇不能如《七略》之确也。且班氏非不知数者，岂不知二十九篇之外得多十六篇之为四十五篇乎？则五十七篇之说何以称焉？计其间必有讹字，如《礼经》十七篇之讹为七十也者，而非后世之所能臆度也。③

此处所言，实在有失严谨。增多二十五篇是否合于四十六卷之数姑且不论，"十六篇"云云则不只见于刘歆之移书，亦见于《汉志》。然则张氏否定移书的一番努力，实际是徒劳而已。同一《汉志》，于"四十六卷，五十七篇"处则信之，于"十六篇"处则忽略之，可谓随性之至。最后又归因于字词错讹，岂非词穷而强辩？

除此主要内容之外，《辨惑》一书中尚有一些特色之处值得我们注意。其一，张氏尊崇程朱，因此专门立说论证朱子未尝疑古文，其言曰：

---

① 张谐之:《尚书古文辨惑》卷二十一，第550页。
② 同上。
③ 张谐之:《尚书古文辨惑》卷二十二，第558—559页。

"夫朱子之所疑，疑《书序》、孔传也，非疑古文经也；疑今文之多不可通，非疑古文之文从字顺也。"①此说倒并不是捕风捉影之谈，最起码在逻辑上是能够站得住脚的。今人刘人鹏曾著文力证"朱子只疑《书·序》、孔传，并且质疑艰涩难晓的今文"②，持论与张谐之大同，亦能言之成理。但此说终究只能算是一家之言而已，近年又有学者反驳说："朱子对《古文尚书》之疑是非常模糊的概念，但断言其未曾疑过《古文尚书》则是过论。"③其实，对《古文尚书》的真伪之争而言，朱子是否疑伪本质上并不重要，不论是辨伪派的挟朱子自重，还是辨真派的为朱子除诬，都是真伪之争的枝蔓而已。

由于朱子对《古文尚书》的态度较为模糊，张谐之可以径下论断。不过，朱子曾明确怀疑孔传伪作，对此，张谐之是丝毫不敢反驳的，因此说："朱子曰：'《尚书》孔安国《传》恐是魏晋间人所作，托安国为名，与毛公《诗传》大段不同。今观序文，亦不类汉文章。'是孔传为伪书，朱子早有定论。"④但是，他又强调孔传应与经文隔离开来，不能因《传》伪而疑经："夫孔传之伪，朱子具有定论，今阎氏不以经解经，而据伪《传》之误以驳《尚书》，余不能知其何心也。"⑤

其二，张谐之在辨真过程中较为重视"文义"的梳理，这是其辨真学方法之一，也可谓他的创见之一。如对于所谓"德乃降"的问题，他首先指出："考《左传》所引《诗》、《书》，凡末一字申解其义者，皆起下以结上之辞"，并举数例为证。具体到"《夏书》曰：皋陶迈种德，德乃降。姑务修德以待时乎"，他认为"借《书》二'德'字，言当修德，以结上之不德也。文义何等分明"⑥。这种就《左传》行文逻辑来反驳阎若璩之说的做法确实较为新颖。另外，对于辨伪派所谓晚出古文搜辑成书，但与他书语意不一的问题，张氏多次用"古书之辞，有文同的义异者，当各循其

---

① 张谐之：《尚书古文辨惑》卷二十二，第553页。
② 刘人鹏：《论朱子未尝疑〈古文尚书〉伪作》，《清华学报》（新竹）1992年第4期。
③ 姜龙翔：《朱子疑〈古文尚书〉再探》，《嘉大中文学报》2011年第5期。
④ 张谐之：《尚书古文辨惑》卷六，第389页。
⑤ 张谐之：《尚书古文辨惑》卷八，第416页。
⑥ 张谐之：《尚书古文辨惑》卷一，第308—309页。

上下之文义而解之，不能以一义拘也"①来解释。像这一类问题，本不是辨伪派的"铁证"，张氏虽善辩，但以之挽救晚出古文之衰运实在是杯水车薪。

第五节　余论

对于晚清辨真派的工作，自民国以来相关评价可谓判若云泥。伦明极尽溢美之词，称赞说："自阎若璩著《古文尚书疏证》，言《尚书》者惑于其说，垂二百年，晚近张崇兰、洪良品、吴光耀等书出，推究源流篇目，于其所谓伪证者，一一寻得反证，使经学界垂定之公案一旦推翻，诚快事也。"②而梁启超则将其贬至一文不值："从清初到清末，只有许多人帮助阎氏，找证据定案，却很少人帮助毛氏找证据翻案。只光绪间有位吴光耀著一部《古文尚书正解》，又有位洪良品著一部《尚书古文辨惑》，想从坟墓中掘出死囚的骷髅，附上皮肉，穿起衣裳，再来扰人惑世，但是哪里有丝毫效验呢？"③时至今日，梁启超的观点仍在学界占据主流。

但是，近年张岩、杨善群等人陆续著文著书，集矢于阎若璩，辨伪派的诸多疏漏皆被一一揭示，使我们不得不重新审视围绕晚出古文的这一段学术史。晚清辨真派诸人，既不像伦明所说的那样成就殊绝，恐怕也不如梁启超所言如此不堪。这批人都不是一流学者，他们的著作往往成书甚速，其中立论武断甚至异想天开的说法还是很多的。但是，他们的论证过程往往是对《尚书》学史上诸多疑难问题的回应，尤其是他们的论证在某种程度上也是立足考据。有学者指出："无论辨伪或辨真者，都试图依据文献，以考证的方法，得出其古文二十五篇真或伪的结论，故文献的解读问题，与推论方法实为一体的。"④此说亦大致符合实情，即如洪良品就

---

① 张谐之：《尚书古文辨惑》卷五，第375页。
② 伦明：《续书楼读书记》，《燕京学报》1928年第3期，第457页。
③ 梁启超：《国学要籍研读法四种·古书真伪及其年代》，吉林出版集团股份有限公司2017年版，第80页。
④ 曹美秀：《洪良品的古文〈尚书〉辨真理论》，《台大中文学报》2013年第42期，第192页。

宣称："诸家徒以莫须有三字定狱，何以服天下？辨之无他，唯在实事求是而已。"①"实事求是"恰是考据学最为强调的准则，洪良品为代表的辨真派既有此说，虽有自我标榜之嫌，亦可见其治学之方法。前此之人也曾有试图为古文作辩护者，但学力或有所不及，因而论述尚浅；而晚清诸家承乾嘉考据学盛行之后，耳濡目染，文献功底扎实，故其所论亦不乏征实之说。

晚出古文真伪之争持续已近千年，近年又有清华简相关问题掺杂其中，异论纷纷，论者皆自认为铁案铸成，毋庸置疑。在笔者看来，关于晚出古文的真伪尚未最终定案，不论辨伪、辨真，都还有很多逻辑不周的疑问之处，双方也都有自己的一套标准及相应的证据，缺乏一个公认的评判准则。正如刘人鹏所言："阎若璩论证'十六篇'为真时，又以刘向、歆亲见必真为理由。但就这个尚存有其他资料的汉《泰誓》例子看，汉代记载的一致性，以及汉人之亲见，都不一定是无可置疑的真。考证家如何决定某一部书辨伪判准，受到一些相关知识与观念的影响。并没有不须再反省的真伪判准。而某一个情况是否会成为伪书的判准，还要看它出现在什么样的思考脉络中。"②阎若璩最为重视篇目问题，视之为辨伪之"根柢"："予之辨伪古文，吃紧在孔壁原有真古文为《舜典》、《汩作》、《九共》等二十四篇，非张霸伪撰。孔安国以下，马、郑以上，传习尽在于是。《大禹谟》、《五子之歌》等二十五篇，则晚出魏晋间，假托安国之名者。此根柢也。得此根柢在手，然后以攻二十五篇，其文理之疏脱，依傍之分明，节节皆迎刃而解矣。不然，仅以子、史诸书仰攻圣经，人岂有信之者哉？"③姜广辉将此视为辨伪派的"基点"，但这一"基点"在辨真派那儿完全称不上牢固，辨伪派的责难在他们看来也完全可以迎刃而解。关于这一点，前文皆已有详述。今再举林春溥之论观之。林氏认为，孔安国

---

① 洪良品：《古文尚书商是》"与杨定甫侍御论舜典二十八字伪书二十四篇书"条，第494页。

② 刘人鹏：《阎若璩与古文尚书辨伪——一个学术史的个案研究》，台北花木兰文化工作坊2005年版，第27页。

③ 阎若璩撰，黄怀信、吕翊欣校点：《尚书古文疏证》，第601页。其实在辨伪派内部对所谓"根柢"亦有不同意见，如程廷祚就说："晚《书》之可疑，莫大于来历不明与多增窜《书传》以饰其说"（氏著《青溪集》卷四《尚书古文疏证辨》，《丛书集成续编》第190册，第710页）。

第五章　卫护晚出《古文尚书》之风的兴盛

《序》所言五十九篇、四十六卷与《汉志》吻合，而二十四篇则不合：

> 其张霸二十四篇，同篇共卷则为十六。夫以郑注合之张霸，计篇为五十八，似也。然孔传引《序》各冠篇首，故除《序》；郑注《书序》统为一篇，何以亦除不数？若计卷，则以十六合之二十九，不过四十五卷耳，则又数序以足之。一部之内，篇与卷数两歧，乌在其与《汉志》合耶？……所谓十六篇者，证之《史记》《汉书·儒林传》并云逸书得十余篇，不定为十六也。十六计卷，即以二十五篇为十六卷，亦奚不可？必以二十四篇为十六卷为古文铁案，则《九共》九篇共卷，而余皆一篇为卷，其多寡不太不均耶？①

辨伪派质疑晚出古文，辨真派同样可以质疑辨伪派的观点。不论哪一种质疑，现在来看，恐怕都还只能停留在"一家之言"的阶段，尤其是无法说服对方。有鉴于此，晚清学者宝廷认为晚出古文之真伪已难考证清楚，两派学者于此花费过多精力，其实多囿于门户之见，平实之论少，其言曰：

> 二百年来，考《古文尚书》者，或宗阎，或宗毛，党同伐异，聚讼不已，竟成千古经学大狱矣。余少读《尚书》，见阎、毛诸说，虽震其宏博，而亦窃疑之。顾性狂妄，谓读书当求实用，不暇为考据之学。罢官闲居无事，复理旧书，乃取考《古文尚书》诸说，合经史以考之，欲求折衷，而愈考愈滋其疑。彼自信为真伪已定者，细按之，终难归于一是。盖年远书缺，已不可考矣。乃叹诸儒记诵非不博，辩论非不详，惟忘孔孟阙疑之训、尽信之戒，挟成见，强书以求合，所以考而益增其纷。……自汉学之说兴，中华读书者多喜考据。而言考据者，必考《古文尚书》，以为圣经所关者大也。而考《古文尚书》者，无论或攻或袒，虽皆以卫经为名，实不过穿凿附会，逞臆见以自

---

① 林春溥：《开卷偶得》卷二，《丛书集成三编》第8册，第588页。

标其经学门户。①

按，宝廷著《古文尚书解纷》，"欲求折衷"，"凡两家之似是而非者，分而驳之；其是而未详者，引而伸之；缺者补之"②。其出发点自然是值得肯定的，但是这一番努力并未得到双方的认可，洪良品甚至专门著《古文尚书商是》一书与之辩论。时人不由感慨："惟闻偶斋（按，即宝廷）颇病，愈病愈著书。而洪右臣刻《古文尚书辨惑》，载与偶斋辩难书问，无端又增一重毛阎公案。"③纠纷愈解愈歧，双方水火不容，难以调和。时至今日，似有真伪之辨再起高潮之势，亦可见此案仍属悬疑。只是今日不论辨真辨伪，前人之说仍有审视之必要，是则取之，非则改之，这也是笔者撰写本章宗旨所在。

---

① 宝廷：《古文尚书解纷叙》，载《偶斋诗草》附录三《宝廷诗文拾遗》，上海古籍出版社2005年版，第984—985页。
② 宝廷：《古文尚书解纷叙》，载《偶斋诗草》附录三《宝廷诗文拾遗》，第984页。
③ 张佩纶：《涧于集·书牍》卷五"致陈弢庵阁部"，《清代诗文集汇编》第768册，第536页。

第六章　兼综汉宋的新注新疏

汉宋兼综是清代学术史，尤其是晚清学术史上的重要现象，前人皆已注意及之[①]，且有论者指出晚清主张汉宋兼综者立场不一[②]。这固然符合实情。不过我们也应注意到，当前对这一问题的研究尚缺乏对相关学者具体治经实践的关注。换言之，我们所认为的汉宋兼综者是不是真正地把这一主张应用到了研治儒经的过程中去？他们在治经过程中是如何兼综汉宋的？对此问题，笔者管见所及，尚未见有系统明确的回答。这一现状不论是对传统学术思想的研究，还是对经学史的研究来说，都是一种缺憾。有鉴于此，本章详细梳理相关《尚书》学著作，对此予以分析，希望借此加深对汉宋兼综这一学术风气的认识。

第一节　"汉宋兼综"名实再审视

在前贤及今人的话语体系中，对于不持汉宋门户之见者，有多种表述

[①] 如民国年间即有学者指出："道咸以来，儒者多知义理、考据二者不可偏废，于是兼综汉宋学者不乏其人"（徐世昌等编纂，沈芝盈、梁运华点校《清儒学案》卷一百八十《心巢学案》，第6945页）。钱穆也说："道咸以下，则汉宋兼采之说渐盛"（氏著《中国近三百年学术史》，第1页）。甚至有学者说："晚清时期，汉宋兼采逐渐成为学术主流"（刘凤强：《〈清儒学案〉研究》，光明日报出版社2013年版，第257页）。

[②] 张昭军：《晚清汉宋调和论析》，《清史研究》2006年第4期。

方式，如"兼采汉宋"①"兼取汉宋之说"②"融合汉宋"③"贯穿汉宋"④"兼综汉宋"⑤"不为汉宋门户之见"⑥"汉宋调和"⑦等。这些说法的含义恐怕未必完全一致，即如林庆彰先生所言："明中叶至清康熙年间，是对汉宋优劣提出质疑，并主张汉宋兼采的时期；……清道光、咸丰年间至清末，是调和汉宋学的时期。"⑧林氏以"汉宋兼采""调和汉宋"来概括不同时期的不同学风，自然是认为二者有明显的差别。可惜林氏对这一差别并未详述。揆其本意，或以为"汉宋兼采"更多地是指对汉儒、宋儒之说兼收并蓄，而"汉宋调和"则更多地是指汉宋之争兴起后，对双方斗争的调停，并不一定涉及经说。但这种区分也只能是大概言之，学界更常见的是不加区别，混而用之，如《书目答问》列数十位"汉宋兼采经学家"，既有清初，亦有晚清；今人讨论晚清学术，或用"汉宋兼采"，或用"汉宋调和"，亦不统一。因此，为便简约，本书径以"汉宋兼综"代之。

如果我们将汉宋兼综理解为对汉学、宋学双方的方法与学说能够兼收并蓄，其前提自然是必须承认二者的价值。清代很多学者确能打破门户之见，正视汉宋学各自之长短。不过，很多学者却也仅停留于此，在其治经实践中并未真正兼收并蓄。例如俞樾虽然宣称："世谓汉儒专攻训诂，宋

---

① 如江藩云："凡御纂群经，皆兼采汉宋先儒之说，参考异同，务求至当，远绍千载之薪传，为万世不刊之巨典焉"（氏著《国朝汉学师承记》卷一，中华书局1983年版，第4页）。

② 如四库馆臣评价《周易图书质疑》云："全书多从卦变起象，而兼取汉宋之说，持论颇平允"（《四库全书总目》卷六"经部·易类六"，第45页）。

③ 如恽毓鼎云："岭南学者必以陈兰圃为大师，而今日学派必以融合汉宋为实用"［恽毓鼎著，史晓风整理：《恽毓鼎澄斋日记》"光绪卅四年戊申（1908）二月十四日"条，浙江古籍出版社2004年版，第373页］。

④ 如"歙县吴澹泉征君定，撰有《周易集注》八卷，门人歙县鲍觉生侍郎桂星为之刊行，称其书用力四十年，贯穿汉宋，洵不朽之盛业云云"（刘声木撰，刘笃龄点校：《苌楚斋随笔续笔三笔四笔五笔》之《续笔》卷一，中华书局1998年版，第245页）。

⑤ 如曾国藩"论学兼综汉宋，以谓先王治世之道，经纬万端，一贯之以礼"（《清史稿》卷四百五"列传一百九十二"，第11917页）。

⑥ 如李慈铭称赞尹继美之《诗管见》云："其书博证详说，不为汉宋门户之见，发明诗人本旨，多令人解颐"（氏著《越缦堂读书记》"经部·诗类"，上海书店出版社2000年版，第48页）。

⑦ 如李肖聃云："陈澧为《汉儒通义》，乃倡汉宋调和之说"（李肖聃著，喻岳衡点校：《湘学略》，《李肖聃集》，岳麓书社2008年版，第25页）。

⑧ 林庆彰：《明代经学研究论集》，台北文史哲出版社1994年版，第1页。

第六章　兼综汉宋的新注新疏

儒偏主义理,此犹影响之谈,门户之见。其实汉儒于义理亦有精胜之处,宋儒于训诂未必一无可取也"①,但其治经仍是追步乾嘉汉学,尤其对高邮王氏父子推崇备至②,不可以汉宋兼综者目之。又如段玉裁曾致信陈寿祺云:"今日大病在弃洛、闽、关中之学不讲……专言汉学,不治宋学,乃真人心世道之忧"③,陈氏对此说亦信奉有加④,然观段、陈二人之经解著作,如段氏《古文尚书撰异》《诗经小学》《周礼汉读考》,陈氏《三家诗遗说考》《礼记郑读考》《五经异义疏证》等,何曾涉及宋学?

此外,即使在经著中同时兼采汉、宋学者之说,其是不是真正的汉宋兼综仍有值得深究之处。如刘宝楠著《论语正义》,"依焦氏作《孟子正义》之法,先为长编,得数十巨册,次乃荟萃而折衷之,不为专己之学,亦不欲分汉宋门户之见,凡以发挥圣道,证明典礼,期于实事求是而已"⑤。但有学者发现,他对宋儒之说的引用其实有所别择,"如果归纳他所引用,大概仅作为训诂之用,而不采其义理之说,可见刘宝楠虽不分汉、宋门户,且以程朱作为治身之法,但在经义的阐释上,仍不以宋儒思想为尊"⑥。王先谦所著《诗三家义集疏》同样存在这种情况。陈致考察此书后指出:"葵园在理论上固然尊宋学,但就其治学性格而言,实则始终是乾嘉考据的路数。……葵园所引无一例外是宋学中关于名物制度、文字训诂诸问题,有关诗旨与微言大义,并未涉及。"⑦王先谦虽认为宋学、汉学各有流弊,"理学之弊,宋明末流著于载记者大略可睹;考据之弊,小生曲儒失之穿凿破碎者有之",然而并不赞同兼糅两派,故云:"经学之分义

---

① 俞樾:《春在堂杂文续编》卷二《梁芷林先生论语集注旁证序》,《续修四库全书》第1550册,第214页。
② 俞樾:《曲园自述诗》有云:"此是研求经义始,瓣香私自奉高邮"(《北京图书馆藏珍本年谱丛刊》第165册,第140页)。
③ 陈寿祺:《左海文集》卷四《附懋堂先生书三通》,《续修四库全书》第1496册,第158页。
④ 参见陈寿祺《左海文集》卷七《孟氏八录跋》,《续修四库全书》第1496册,第297页。
⑤ 刘恭冕:《论语正义后叙》,载刘宝楠撰、高流水点校《论语正义》,中华书局1990年版,第798页。
⑥ 杨菁:《刘宝楠〈论语正义〉的注疏方法及其特色》,载蒋秋华主编《乾嘉学者的治经方法》,台北"中央"研究院中国文哲研究所筹备处2000年版,第722页。
⑦ 陈致:《商略古今,折衷汉宋:论王先谦的今文〈诗〉学》,《湖南大学学报》(社会科学版)2006年第1期。

理、考据，犹文之有骈散体也。文以明道，何异乎骈散？然自两体既分，各有其独胜之处，若选文而必合为一，未可谓知文派也。为义理、考据学者，亦各有其独至之处，若刊经学书而必合为一，未可谓知学派也。"①刘宝楠、王先谦二人经解著作中所摒弃的宋儒义理，恰恰是宋学最具标志性的特色；其所采纳的文字训诂之说，恰恰是宋学不甚看重的治经方法。这一取一舍，虽相较于惠栋、江声等汉学家治经不引宋儒有所改观，但似乎仍难称之为真正的汉宋兼综。

汉学与宋学在价值取向与治经方法等方面都存在着显著的差异，具体到相关经学著作来看，汉学重训诂考证与宋学重义理当是较为明显的区别。上文王先谦所论即可证成此说，除此以外，四库馆臣所云"考证之学，宋儒不及汉儒；义理之学，汉儒亦不及宋儒"②，及曾国藩所说"乾嘉以来，士大夫为训诂之学者薄宋儒为空疏；为性理之学者，又薄汉儒为支离"③，也是此理，可见这一观念在当时即已深入人心。近年来虽有学者对此不甚赞同④，但亦无法抹杀这一汉宋鸿沟的存在。

所以，如果作为一种思想主张来看，只要能够承认汉宋双方的价值，或许即可称为汉宋兼综。但就治经而言，真正的汉宋兼综则要对双方各自擅长的训诂与义理同时兼采，并且最好能够吸纳汉宋学的治经方法，予以融会贯通，更出新意。依这一标准来看，晚清《尚书》学者中能够做到汉宋兼综的恐怕并不多见。

第二节　黄式三等人之《尚书》学难称汉宋兼综

中国台湾学者古国顺所著《清代尚书学》专列"汉宋兼宗之尚书学"一章，收录朱鹤龄、王顼龄、沈彤、汪绂、雷学淇、黄式三、丁晏、陈

---

① 王先谦：《虚受堂文集》卷十四《复阎季蓉书》，《续修四库全书》第1570册，第494页。
② 《四库全书总目》卷三十五"经部·四书类一"，第294页。
③ 曾国藩：《曾国藩全集·书信》"复夏弢甫"，岳麓书社1990年版，第1576页。
④ 如中国台湾学者张丽珠认为汉宋之争应该有更确切的指向内容，即"清代义理学中持汉儒义理与持宋儒义理者之义理对峙"（氏著《"汉宋之争"难以调和的根本歧见》，载林庆彰、张寿安主编《乾嘉学者的义理学》，第279页）。

第六章　兼综汉宋的新注新疏

澧、姚永朴、简朝亮十人。① 然而古氏所举"道光以后诸家"中，除姚、简二人之外，雷学淇、黄式三、丁晏、陈澧多仅停留在前文所论第一、第二层次而已。这其中，陈澧虽致力于调和汉宋双方②，然并无专门解经之作，所著《东塾读书记》之《尚书》部分，多为评骘前人及阐述为学之法，姑不具论。

雷学淇所著《介庵经说》为笔记体经解著作，成书于道光三年（1823），其中有两卷专释《尚书》，虽于汉宋诸家之说常见称引，然而关注的重点皆在辨析疑难，对义理全未涉及。雷氏书中也并没有明确对汉宋双方的评骘。黄式三则多次发表反对汉宋之争的意见，诸如"经无汉宋，曷为学分汉宋也乎"③，"夫理义者，经学之本原；考据训诂者，经学之枝叶、之流委也。削其枝叶而干将枯，滞其流委而原将绝"④。不过，黄氏所著《尚书启幪》实继续乾嘉诸汉学家之事业，并非兼综汉宋。该书《自序》云：

> 自太原阎氏、东吴惠氏诸君子出，力斥伪书之杜撰，厥后江氏《尚书集注音疏》、王氏《尚书后案》、段氏《尚书撰异》、孙氏《今古文注疏》相踵而出，收辑汉儒散残之注，补所未备。穷经之儒，渔猎采伐，以为山渊。数千年所谓诘屈聱牙、苦于难读之书，至此文从字顺，各识职矣。顾学者艰于博览，未必得江、王、段、孙四君子之书，以发其幪，翻阅旧解，沿讹袭谬，心既以先入者为之主，或即迷而不能返。式三深悯之，掇拾是编，提纲略目，主于简易，复为之备志所出，觊学者因略究详，全读四君子之书也。⑤

观此可知，黄式三对阎若璩、惠栋之辨伪，以及江声、王鸣盛、段玉裁、孙星衍之注疏，皆十分推崇，《尚书启幪》实为训诂字词、疏通文意而

---

① 古国顺：《清代尚书学》，第 189—205 页。
② 参见李绪柏《陈澧与汉宋调和》，《南开学报》（哲学社会科学版）2005 年第 6 期。
③ 黄式三：《儆居集·经说》卷三《汉宋学辨》，《清代诗文集汇编》第 563 册，第 489 页。
④ 黄式三：《儆居集·杂著》卷一《汉郑君粹言叙》，《清代诗文集汇编》第 563 册，第 645—646 页。
⑤ 黄式三：《尚书启幪》卷首《自序》，《续修四库全书》第 48 册，第 679 页。

作，不失汉学家法。书中虽偶有讨论大义、颇类宋儒处，如：

> 典谟之义大矣！而其要在用人。以尧之圣，末年四凶用，洪水灾，待舜、禹、稷、契、皋陶诸人进而治。舜承尧，亦咨岳牧诸人而已。《论语》称无为而治，岂非以天子之权在用人，不待亲劳哉！此典之大纲也。皋陶曰迪德、曰知人，于九德之彰尤谆谆焉；禹曰暨益、曰暨稷、曰弼德、曰举黎献、曰立师建长，与皋陶之昌言无不同。末因夔言而作歌，必期明、良、喜、起。谟之大纲又如此。然则用舍之得失、否泰之转移也欤！①

然亦仅此一例，不足以概全体。不过其子黄以周所著《尚书讲义》则专为"提纲挈领""举大恉"②而作，全用宋儒义理之学。所以说黄氏父子这两部《尚书》学著作，合起来看互补其短，可谓兼得汉宋之长，但就单独一部书来说，则或偏汉学，或偏宋学，难以汉宋兼综目之。③

至于丁晏，有学者认为他一生思想多变。④丁晏在道光十年（1830）所著《读经说》中宣称："汉学、宋学之分，门户之见也。汉儒正其诂，诂定而义以显。宋儒析其理，理明而诂以精。二者不可偏废，统之曰经学而已。"⑤这是对汉宋双方价值与特长的承认。不过，观其《尚书》学著作，并未能将二者很好地熔于一炉。《禹贡集释》《禹贡锥指正误》及《尚

---

① 黄式三：《尚书启幪》卷一，第702—703页。
② 黄以周：《尚书讲义》卷首黄家岱序，《续修四库全书》第50册，第496页。
③ 有关黄氏父子之《尚书》学，学界论述已多，本书不再赘述。可参看曹美秀《定海黄家之〈尚书〉学》，《台大中文学报》2012年6月第37期；曹美秀《黄式三的〈尚书〉学》，载林庆彰、苏费翔主编《正统与流派——历代儒家经典之转变》，台北万卷楼图书股份有限公司2013年版，第249—281页；商瑈《易简与稽古——黄式三的〈尚书〉学》，《北商学报》2009年第15期；余全介《定海黄式三、黄以周〈尚书〉学研究》，《浙江海洋学院学报》（人文科学版）2011年第1期。
④ 严寿澂认为丁晏的思想发展历程是"弃汉返宋，由宋入明"（氏著《嘉道以降汉学家思想转变一例——读丁晏〈颐志斋文集〉》，载氏著《近世中国学术思想抉隐》，上海人民出版社2008年版，第256—265页）。田汉云则认为丁晏晚年由兼综汉宋向宗奉汉学、纠弹宋学回归（氏著《中国近代经学史》，第270页）。
⑤ 丁晏：《读经说》，《丛书集成续编》第十五册，台北新文丰出版有限公司1988年版，第239页。

书余论》专事考证，其后所著之《书蔡传附释》及《禹贡蔡传正误》①，虽专研蔡传，然亦不涉义理，且对蔡沈所言多有驳正。由此言之，丁晏治《尚书》恐亦难称汉宋兼综。

除古国顺所举上述诸儒外，类似之例尚多，如朱骏声、刘逢禄、徐灏等人都曾自我宣称，或被人评价为不存汉宋门户之见。朱氏自称"古注不专从郑，虽宋人说弗废，实事求是，颇有折衷"②；刘氏所著《尚书今古文集解》则被认为"不惟多取孔传，亦间采蔡传，可谓无门户之见矣"③；徐灏也说："近人讲汉学者，不复理会宋注，其实尽有是处，不宜存门户之见也。"④然而，统观朱骏声之《尚书古注便读》，刘逢禄之《尚书今古文集解》⑤，以及徐灏所著《通介堂经说》，都只是偶取宋人之训诂，并未涉及宋儒之义理。

第三节　戴钧衡、姚永朴荟萃众说

相较于上述诸人，晚清有些学者能在采纳汉儒成果的同时，兼顾宋儒之训诂与义理，可谓更进一步。不过他们的工作更多的是荟萃众说，自己的发明仍属有限。这种情况最典型的代表当属戴钧衡、姚永朴两位桐城派后进。晚清时期的桐城开始热衷于说经，问世的《尚书》学著作并不少见。其中既有纯正的宋学著作，如方宗诚之《书传补义》；也有偏于汉学者，如吴汝纶之《尚书故》。至于能称得上汉宋兼综的，当推戴钧衡之

---

① 据丁寿恒所撰《柘唐府君年谱》，《禹贡集释》《禹贡锥指正误》成书于道光五年（1825），《尚书余论》成书于咸丰五年（1855），《书蔡传附释》成书于咸丰六年（1856），《禹贡蔡传正误》成书于同治二年（1863）。丁寿恒：《柘唐府君年谱》，《北京图书馆藏珍本年谱丛刊》第148册，第39、88、93、111页。
② 朱骏声：《尚书古注便读·凡例》，《四库未收书辑刊》第6辑第2册，第6页。
③ 中国科学院图书馆整理：《续修四库全书总目提要·经部》，第241页。
④ 徐灏《通介堂经说》卷九《尚书一》，《续修四库全书》第177册，第85页。
⑤ 刘逢禄以今文经学名世，也有学者指出："庄、刘一派，所以有异于同时考据诸儒者，实浸淫于宋学，特讳言之耳"（中国科学院图书馆整理：《续修四库全书总目提要·经部》，第241页）。不过，就《尚书今古文集解》来看，明显地将宋儒义理之学排斥在外，学界也从未将此书视为汉宋兼综之作。

《书传补商》与姚永朴之《尚书谊略》。

戴钧衡之学术思想及其所著《书传补商》之特色，已具见于前述第三章。其书虽推崇蔡传、重视义理，但亦不废训诂考证，虽汉宋前贤之说多有收录和采纳，前文对此已予以详细探讨，兹不具论。后人称此书"贯穴汉宋，多前贤所未发，折衷一是，无偏见也"①，谓之汉宋兼综或亦不为过。

姚永朴（1861—1939），字仲实，姚范之五世孙。永朴自幼濡染家学，更从方宗诚、吴汝纶等名儒问学②，于经、史、文学著述颇多。对于汉宋学双方各自的优缺点，永朴有着清晰的认识："守汉儒之训诂名物，而无取专己守残；宗宋儒之义理，而力戒武断。操斯术以往，其于圣人之意，虽不中或不远与"③，并将这一认识真正贯穿到治经的实际过程中。在这一点上，永朴受姚鼐影响颇大，观其《尚书谊略·叙录》云："昔吾家惜抱先生论学，谓义理、考据、辞章三者必兼备，永朴治经，窃本斯义。"④姚鼐于经学虽有《惜抱轩九经说》，但并无注经之作，姚永朴则著有《尚书谊略》。

《尚书谊略》共二十八卷，附《叙录》一卷。光绪二十七年（1901），《尚书谊略》成书；光绪三十年（1904）成《叙录》；光绪三十一年（1905）刻成。永朴不信晚出古文⑤，故唯释今文二十八篇。永朴自述此书之原则云："宋元儒者说经，罕征古注，近儒矫之，于宋元诸家复一字不录，皆门户见也。今惟求经旨之明，于两派无所偏徇。"⑥书中随文罗列

---

① 刘锦藻：《清朝续文献通考》卷257《经籍一》，台北商务印书馆1987年版，第10024页。
② 姚永朴自述云："自束发从先考受书，即喜询诸经大义，既长复问业于同里方存之、吴挚甫、萧敬孚诸先生，最后乃获交即墨郑东甫昊，钻寻商榷，多所匡益"（氏著《蜕私轩读经记》卷首《序目》，《民国时期经学丛书》第六辑第1册，台中文听阁图书有限公司2013年版，第2页）。
③ 姚永朴：《蜕私轩读经记》卷首《序目》，《民国时期经学丛书》第六辑第1册，第1—2页。
④ 姚永朴：《尚书谊略·叙录》，《续修四库全书》第53册，第445页。
⑤ 姚永朴云："至阎若璩《古文尚书疏证》、惠栋《古文尚书考》出，而此书之伪遂若万无可解免，盖确证有三焉：一以梅书篇名篇数皆与郑康成所引不合也；一郑康成、赵岐、杜预辈所指为已亡之书，今则俱见于二十五篇中也；一以司马迁尝受古文于孔安国，其所引《汤誓》、《泰誓》之词，皆与梅书不同也。其他搜窃各书之迹，无亦不考而辨之，如铸鼎者之使物无遁形。故虽毛奇龄有《冤词》之作，出其全力，以与阎氏争，而识者终莫之信也"（氏著《七经问答》"问东晋古文即孔壁古文否"条，《民国时期经学丛书》第六辑第1册，第9页）。
⑥ 姚永朴：《尚书谊略·叙录》，第444页。

第六章　兼综汉宋的新注新疏

诸家解说,自汉迄清之重要著作皆在采择之列,其中既有关涉训诂、名物者,亦有诸如治国、人心等大义。姚氏间或加以按语,表述自己的意见,其中亦可见其对汉宋学治经方法的全面掌握。如在文字训诂方面,他对《大诰》"其考我民"句的解释就颇具乾嘉汉学的韵味。关于此句,蔡传释"考"为考察意,孔传则释为"其成我民",但未加详释。姚永朴则详加论述曰:"《檀弓》'邾娄考公'注:'考'或作'定'。是'考'有'定'义也。《释名》:考,成也。'成'与'定'义亦近。"①在义理阐发方面,姚永朴亦有精到之论,如在《无逸》篇末,他对所谓"御民之道"不吝笔墨地予以强调,其言曰:

> 夏之民曰"时日曷丧",商之民曰"天曷不降威",民之口其可防乎?周公告嗣王,首言"知小人之依",篇末论小人之怨詈,但欲嗣王之省愆,而深以罚无罪、杀无辜为戒。然则御民之道,舍敬德更无他术。刑驱势迫,只速祸耳。《召诰》以疾敬德、诫小民为祈天永命之本,与此同意。②

宋儒治《尚书》,往往强调一"敬"字,如吕祖谦云:"《尧典》一篇,始终无非钦也。始之'钦明',终之'钦哉',其中曰允恭,曰钦若,曰敬授,曰寅宾寅饯,曰敬致,曰往钦哉,皆以敬为辞。"③姚永朴更从如何统御民众的角度加以说明,在一定程度上也是对宋儒之说的进一步丰富。

不过,姚永朴与戴钧衡相似,其书皆以综括前人之说为主,虽时或有自己的精见,但数量不多。因此近人张舜徽对《尚书谊略》评价不高,云:"即解经如《尚书谊略》,亦但荟萃众说,舍短取长,示士子守约之道,而非独抒己见,有所发明,固尚不足以语乎成家之著述也。"④这或许也是此书在后世不受重视的原因所在。不过,其在汉宋学问题上的处理方

---

① 姚永朴:《尚书谊略》卷十三,第388页。
② 姚永朴:《尚书谊略》卷二十,第407—408页。
③ 吕祖谦撰、时澜修定:《增修东莱书说》卷一,《丛书集成新编》第106册,台北新文丰出版有限公司1985年版,第569页。
④ 张舜徽:《清人文集别录》,第585页。

式,仍值得肯定,正如当时人乔树楠所论:"先生说经,虽以宋儒为宗,而于汉、唐博稽兼采,不立门户,无愧通儒。"①

第四节　简朝亮《尚书集注述疏》融会训诂义理

在晚清学术史上,简朝亮是一位重要人物。其所著《尚书集注述疏》卷帙浩繁,内容翔实,有学者评价说:"此书采集广博,辨析精详,训诂义理,俱所不废,可谓集逊清一代《尚书》之大成。"②"集大成"之说稍嫌过誉,但"采集广博"云云,则确属的论。此书对过往汉宋学双方研究成果的吸纳,以及作者自身对汉宋学研究方法的把握都有超越前人之处。论及汉宋兼综,此书可谓当之无愧。

简朝亮(1851—1933),早年从学于朱次琦,与康有为系出同门。虽然名气与影响力远不及康氏,但作为朱门得意弟子,其学术成绩亦不容忽视。朝亮治学主要用力于儒经,针对《尚书》《论语》《孝经》《礼记》诸经皆有著述问世,其中影响较大者当属《尚书集注述疏》和《论语集注补正述疏》二书。目前已有学者著文探讨《论语集注补正述疏》,揭示其特色③,但对《尚书集注述疏》的研究仍乏善可陈④,或许学界多受梁启超的影响,认为此书"枝辞太多"⑤,故而不予重视。然此书成于光绪二十九年(1903),正当传统经学时代终结之际,对千余年的传统经学研究成果有一定程度的总结,且简氏在汉宋之争、解经方法等问题上都有自己独到的见解,值得我们深入探析。

---

① 王遽常:《桐城姚仲实教授传》,载姚永朴《文学研究法》卷首,《安徽古籍丛书》本,黄山书社1989年版,第3页。
② 陈柱:《尚书论略》,《民国经学丛书》第二辑第29册,台中文听阁图书有限公司2008年版,第44页。
③ 唐明贵:《简朝亮〈论语集注补正述疏〉的特色》,《聊城大学学报》(社会科学版)2010年第1期。
④ 张纹华曾梳理此书之学术价值,其中不无可采之处,但并未准确把握此书的重点(氏著《简朝亮研究》,广东高等教育出版社2013年版,第154—174页)。
⑤ 梁启超:《中国近三百年学术史》,朱维铮校注:《梁启超论清学史二种》,第319页。

一　简朝亮的《尚书》观

《尚书》问题特多，而真伪问题与今古文问题尤其不容回避。在简朝亮生活的时代，阎若璩等人的考辨已经深入人心，东晋古文之伪几成定案，但仍有少部分人相信东晋古文，或者认为虽伪而不可废之。简朝亮认为自己仍有必要继续辨析伪古文，因为"凡伪者诸篇，虽诸家考之，犹未悉也，盖宜有深之又深者焉"①。简氏所谓"深之又深"，主要指的是在义理方面要更进一步。他对伪古文最不满之处在于义理乖张，不可为训，因此必须严加驳斥，他说："今之辩伪者，皆明其伪之所从出矣，然辩伪如惠氏，犹谓伪古文于大义无乖也，则何以使天下明伪古文之乱经而贼道哉。"②所以简氏既批判伪古文的"贼道"，同时也借此证明伪古文之不可信，如论伪《大禹谟》："言舜以帝位让禹，禹以舜之帝位让皋陶，是以帝位等臣位也，是诬也。"③这种辨伪方式反映了简氏受儒家政治伦理的影响较深，在今天看来是有些深文周纳，但在当时还是很有说服力的。不过这一辨伪方式并非简氏所创，阎若璩、姚鼐等早已为之，尤其姚鼐认为伪古文有大悖圣人之理处，曾举七例说明这一问题。④简氏于《序》中举数例说明伪古文之悖理，其中论《大禹谟》《胤征》《君陈》《毕命》四条实就姚氏之说而展开，其间之承继关系当无疑问。

简氏此书于东晋古文尽加删汰，只释今文二十九篇⑤。不过此举并非彻底的疑经，相反是为了凸显真经的神圣，使其中不掺杂质。这种对经典的尊奉态度，同样贯穿于解经过程中。如对《无逸》所言"祖甲"，简氏释为高宗之子，不顾《史记》《国语》所言祖甲非令主之说，其理由

---

① 简朝亮：《尚书集注述疏》附《读书堂答问》，《续修四库全书》第52册，第797页。
② 简朝亮：《尚书集注述疏》卷首《尚书集注述疏序》，《续修四库全书》第52册，第1页。
③ 简朝亮：《尚书集注述疏》卷首《尚书集注述疏序》，第1页。
④ 姚鼐：《惜抱轩九经说》卷三《尚书说一》，《续修四库全书》第172册，第613页。
⑤ 简氏认为伏生今文二十九篇当并《泰誓》数之，不包括《书序》（氏著《尚书集注述疏》卷首《大名》，第17页）。

是"然执史传以疑经,可乎?"①在他看来,史传的地位完全无法与经典相比,因此释经不应受其干扰。这种重经学、轻史学的迂执态度,说明简氏虽生当清末民初变革之际,但见解仍囿于传统之中。不过就《尚书》学而论,他对过往的研究并不满意。他在与朋友书信中谈及《尚书集注述疏》的缘起时,曾自剖心扉,其言曰:

> 仆自乡居草堂以来,窃以十三经之义惟《尚书》未知所归。汉宋名家皆有所长,然不能无失,郑氏知今古文而不知《序》之失,则言周公称王,马班亦言武王观兵;蔡氏辩《序》之失矣,而不辩伪古文,且《尚书》为道政事之经,蔡氏于兵政多言之未详,若《立政》之"克诘戎兵"、《顾命》之"张皇六师",皆未能发其所以然者也。国朝诸儒,其辩伪古文者颇详,而释经多固,若孙氏执《尔雅》以释《尧典》之"食哉惟时",不从蔡氏,虽以蔡氏释《文侯之命》,天下所宜共闻者,亦弃而不采。《尚书》之家,其得失大略如斯,使学者从事其间,姝姝乎守一家之说,将惧经义之不能通于治事也。故仆不揣己陋,搜而考之,欲成一书,拟曰《尚书集注述疏》。②

所谓"十三经之义惟《尚书》未知所归",意指唯《尚书》一经无值得尊崇之注疏。依简氏之见,伪古文既已定案,则孔传孔疏自不足论,而汉儒如郑玄、宋儒如蔡沈等亦各有所失,清儒如孙星衍则囿于门户,失之于偏。简氏这一对过往《尚书》学史的回顾与评价,虽未必能服众,却清楚表明了自己的重要观点,如伪古文及《书序》皆不可信③,释经当兼容并包,治经当通于治事。

更有可得而言者,简氏在批评蔡传时,认为其"于兵政多言之未

---

① 简朝亮:《尚书集注述疏》卷二一《无逸》,第468页。同样,对于《酒诰》所谓"帝乙",简氏释为纣父,亦不顾《史记》"帝乙无道"之说(简朝亮:《尚书集注述疏》卷十六《酒诰》,第395页)。

② 简朝亮:《读书堂集》卷二《复汪辛白孝廉请就郡学堂教习书》,《清代诗文集汇编》第774册,第230页。

③ 简氏于书中不厌其烦地论述《书序》之不可信。参见张纹华《简朝亮研究》,第156—159页。

第六章　兼综汉宋的新注新疏

详",可见简氏治《尚书》特重兵政。《洪范》八政,其八曰师,蔡传以为"兵非圣人之得已,故居末也"。简氏认为此说"于义未融也,其失成终之义乎"①,所谓"成终之义",简氏早已于《序》中言明,他说:"故八政八曰师,师者,兵。无兵,则诸政必乱,食货皆可夺,而四海之宾者将不宾矣。兵居八政之终,非以为可后也,所以成诸政之终也。虽然兵政不可后,而徒言兵不可也。"②他认为兵政是其他七政的最终保证,故置于七政之后,不能因其次序断定兵政不重要。孔子虽然也谈"足食足兵,民信之矣"(《论语·颜渊》),但传统儒家更为重视仁政,像简朝亮这样格外强调兵政者并不多见。③究其原因,或许与简氏生当清末,目睹外敌入侵有关。朝亮曾说:"方倭事起,仆每有闻,当食而叹,中夜而兴。"④这一为国分忧的心态应该是他留心兵政的动因所在。

由此我们也可以看出,简朝亮疏解《尚书》,有着明显的致用目的,他希望从这部古老的经典中发掘出可用之于当时的理论。正如简氏论《甘誓》云:

> 谨案《甘誓》者,用兵之大法也。誓师而言天讨之由,王者所以不得已而用兵也。用兵之道,莫先于明赏罚,誓师而先明之,王者所以能用兵也。六事者,自六卿而分之,六事不同,而同于能兵,以此见古人无不知兵者也。故车战之法,后世能变之,而大法之不能变者,万世资焉。⑤

这种万世可资的不变之"大法",正是简朝亮所孜孜追求的。当然,时

---

① 简朝亮:《尚书集注述疏》卷一二《洪范》,第307页。
② 简朝亮:《尚书集注述疏》卷首《尚书集注述疏序》,第4页。
③ 清廷所颁布的《日讲书经解义》所论亦同蔡传,其言曰:"要之,治内之政六,而司寇居后,必教养兼备,然后不得已而用之也。治外之政二,而师必居末,必迩人安、远人格,而后征不庭,且用兵尤非圣人所得已也。"(库勒纳等奉敕编:《日讲书经解义》卷六,《景印文渊阁四库全书》第65册,第176页)。
④ 简朝亮:《读书堂集》卷二《寄冯文学言兵书》,第223页。
⑤ 简朝亮:《尚书集注述疏》卷四《甘誓》,第237页。

代悬隔，简氏对古人之说的理解未必准确；而世易时移，这些古人之说也未必能用之于当时。不过，简氏对《尚书》的尊奉态度于此已昭然可见。

二 融和汉宋，仍偏宋学

乾嘉时期，汉学大行于世，然晚清时宋学复兴，汉、宋学之斗争与融合成为经学研究不可回避的话题。简氏在研究《尚书》时，对汉、宋学之长短也提出了自己的看法，他认为"汉学长于训诂，宋学长于义理"之说过于绝对："凡释经者，谓汉注长于训诂乎？朱子之训诂，则有郑注大不及焉。……谓宋注长于义理乎？毛郑之义理，则有朱子犹未察焉。"所以他说："今释《尚书》，而徒汉之宋之乎？然则其孰可乎？叶经可也。"[①] 按，叶者，合也，考简氏之意，只要与经义相合，无论汉宋皆可采信，不可偏执其一。观此可知，简氏主张治经不尚门户，唯是是宗。

如果单就此书对前人之说的采择来看，似乎也能够印证简氏的主张，举凡汉宋名儒乃至明清诸家皆有涉及，或从或否，并不截然以时代为依据。然而若深入发掘，可以发现作者仍倾向于宋学，对汉学以批评居多，尤其在治经方法上对宋学十分推崇。虽然在一些具体经说上，简朝亮也常常批评蔡传，甚至认为朱子也有失察之处[②]，但与此相较，他认为汉学诸家的缺点则是更宏观、更致命的，如他批判乾嘉汉学云：

乾隆中叶迄于咸丰初元，二三巨公笃嗜故训，宗汉而桃宋，斥朱子名为讥嘲，乃谓读书空疏，攻其微疵，掩其大美，而自鸣其考据之功，谓之汉学。偶有所长，举一废百，天下遂以小学六书为大学，所试学者，毛摘琐文，举不问先圣贤所以自治治人之大法，于是金陵之盗遂兴。今考据之风未殄，学者且亡考据之实，而怀挟剽贼以试嗜进

---

① 简朝亮：《尚书集注述疏》附《读书堂答问》，第782页。
② 同上书，第798页。

第六章 兼综汉宋的新注新疏

者。又有西学一途，以蛊其心志，仆不知世变穷何如也。①

简氏认为乾嘉汉学以训诂小学自鸣得意，不晓大义，背弃了治学的根本追求，甚至国运衰微、太平军兴的原因也可归咎于此。这一罪名的宣判，说明简朝亮在内心深处是不认可乾嘉汉学的。

前文曾说，简氏希望通过治《尚书》为现实服务。毋庸讳言，汉学在致用方面确实不如宋学，因此简氏对宋学发挥大义之法，深表赞同，释经多以此为基础而更加扩展，如论《甘誓》"大战于甘"条云："此史特书其战也。"进而解释曰："《书序》云：'启与有扈战于甘之野。'此序不知史文之义也。大战者，非与战之谓也。与战者，敌国之辞也；大战者，尊王之辞也。桓九年《公羊传》云'天子之居，必以众大之辞言之'，其例也。"②此说实就蔡传所谓"《书》曰'大战'，盖所以深著有扈不臣之罪，而为天下后世诸侯之戒也"③展开。

又如论《文侯之命》，简朝亮十分推崇蔡沈之观点："平王以申侯立已为有德，而忘其弑父为当诛，方将以复仇讨贼之众，而为戍申戍许之举。其忘亲背义，得罪于天已甚矣！何怪其委靡颓堕而不自振也哉。"并且不惮笔墨繁重，列举卫文公、越王勾践之自强雪耻，作为对比，以明平王之碌碌无为。简氏之所以有此长篇大论，或亦受现实之刺激，希望清王室能重振国运。另外，简氏于此尚不忘讥讽乾嘉汉学，其言曰："近世《尚书》家，江、王、孙、段诸儒，于蔡义之大若斯者，犹不采之，而学者又习以近儒为宗。呜呼！经术之微，非一人一日之故也。"④

既明乎此，我们再回过头来看他在序中所说"体朱子之意，求汉学之是，以明孔子之书，辩序而察之，使伪古文不得托于序也，其可乎？"⑤，就不应该解读为毫无门户之见了，而是以朱子宋学为基础，对汉学训诂章句

---

① 简朝亮：《读书堂集》卷二《揭晓后复梁星海书》，第219页。按《读书堂集》卷一《朱九江先生讲学记书后》所言与此大同（第204页）。
② 简朝亮：《尚书集注述疏》卷四《甘誓》，第235页。
③ 蔡沉撰，王丰先点校：《书集传》，第87页。
④ 简朝亮：《尚书集注述疏》卷二八《文侯之命》，第598页。
⑤ 简朝亮：《尚书集注述疏》卷首《尚书集注述疏序》，第4页。

之长择善而从，最终发挥圣经大义。简氏所言"朴学可观，其义犹将待发也"①，说的也是这样一层意思。

三 务求其通的解经原则

历代经师关于《尚书》的经说歧异颇多，《尚书集注述疏》作为一部总结性的注疏体著作，必然要面临如何辨析这些异说的难题。在这一过程中，简氏秉持着一个重要原则，就是务求其通，既通于上下文，亦与他经相通。这是《尚书集注述疏》的一大特色，也是把握简氏经学的重要切入点。

简氏在批评前人之说时最常用的字句是"于义未融""于文未适""义不贯""于文未洽"，书中所在多有。用词虽不同，但都是认为释经时要联系上下文，不可将某字或某句孤立起来加以训释。为此，简氏主张不可将经文断得过于琐碎，这一观点在注解《禹贡》时说得最为详尽：

> 昔之说《禹贡》者，皆多断经文。经断则注断焉，注断则疏断焉。其读似易也，然经之义有贯上下文而明者，乃以断而遂不明，于是乎经文之读亦碎矣。非孔门以经学为文学之道也。此其读似易而实难也。今不多断经文，九州唯九节尔，不一州而数节也。经连则注连焉，注连则疏连焉，其读似难也，然经文则注顺之，注文则疏顺之，其或从而参变者甚希也。而又往往提缀乎始终一说之间，则连而有断焉。今读者以疏之义而于注文约之，以注之义而于经文约之，如是，则经之义粲然，实不过落落经文所存尔。此其读似难而实易也。②

简氏认为，前人注经，分节往往过细，加以注疏掺杂其间，致使前后悬隔，文气不贯，无法做到"经义粲然"，因此必须加以纠正。

简氏很善于体会行文逻辑，如《汤誓》"我后不恤我众"向来有两

---

① 简朝亮：《尚书集注述疏》卷首《尚书集注述疏序》，第6页。
② 简朝亮：《尚书集注述疏》卷三《禹贡》，第123页。

第六章 兼综汉宋的新注新疏

说，孔传释"我后"为夏桀，蔡传则以为"我后"指汤。简氏是赞同蔡传的，其理据之一就是《汤誓》结尾的汤所言"尔无不信，朕不食言。尔不从誓言，予则孥戮汝"。简氏认为："经言不信不从，皆以众言汤之不恤故也。不然，则众言桀之不恤，又言'割政''丧亡'矣，尚何虑其不信不从乎？"①

又如《微子》"我其发出狂"，郑玄释为"我其起作出往"，简氏不认同，认为："然《释文》不言郑本之异，则郑或破字，读'狂'为'往'，未可执也。……以经考之，作'狂'是也。箕子云'诏王子出迪'，则出往之义，自箕子告之，非自微子言之也。微子先无避祸之心也。若微子自言出往，箕子何必谓'王子弗出，我乃颠隮'乎？"②

简朝亮的分析，以经文本身的文理为依据，沟通上下文，确实为我们提供了一种辨析疑义的有效途径。而简氏并不停留于此，他进一步强调"以经通经"的主张。③ 他说："善于经者，以经通经，庶乎其可也。六经之义，皆一原而分焉。其执一者，非也。"④ 就《尚书》而论，他认为如能做到以经通经，不但可以疏通疑难，而且能更好地发明大义。此说又见于《洛诰》篇注疏，其言曰："呜呼！《洛诰》之书，自汉宋而逮于今，盖释其疑者希矣！朱子谓《书》不须尽解，此不得已之言，所谓阙疑也。苟有可释其疑者，岂不愿其解之尽乎？以经通经，发明大义，使经术之用复明于天下，固朱子之愿也。是所望于后之君子焉。"⑤

严格来说，以经通经并非简氏的发明，但像他这样如此重视者则并不多见。简朝亮学问渊博，兼治群经，确有条件在注解《尚书》时贯彻这一主张。如在《洪范》篇末，简氏认为应以此篇"通于《春秋》"⑥，将二者对庶征、灾异的记载联系起来，因二者只是言之微显有别，其理则无异。在

---

① 简朝亮：《尚书集注述疏》卷五《汤誓》，第239页。
② 简朝亮：《尚书集注述疏》卷九《微子》，第272页。
③ 在简朝亮看来，"以经通经"应该是更高的一个层次。他说："由经文而求经义，以经通经，互而明之，经术生焉，人才多焉，政事美焉"（氏著《读书堂集》卷六《祭李学子文》，第303页）。
④ 简朝亮：《尚书集注述疏》卷三十《逸文》，第633页。
⑤ 简朝亮：《尚书集注述疏》卷十九《洛诰》，第454页。
⑥ 简朝亮：《尚书集注述疏》卷十二《洪范》，第329页。

注解《召诰》时，简氏则以之通于《诗经》，为此不惜笔墨，条分缕析，其言曰：

> 谨案《召诰》之义，观于其诗，皆足以发矣。《诗序》曰："《公刘》，召康公诫成王也。成王将莅政，戒以民事，美公刘之厚于民，而献是诗也。"其诗曰"笃公刘"，此非稽古人而"治民今休"者乎？《诗序》曰："《泂酌》，召康公诫成王也。言皇天亲有德，飨有道也。"其诗曰"恺弟君子，民之攸归"，此非以敬德治民而"祈天永命"者乎？《诗序》曰："《卷阿》，召康公诫成王也。言求贤用吉士也。"其诗曰"恺弟君子，俾尔弥尔性"，又曰"尔受命长矣"，君子者，王也。弥性者，王之敬德也。敬以节性，日迈不已，则弥终其性而尽之，所以能永命也。此非御事之贤而王所懋服之者乎？其诗曰"蔼蔼王多吉士，维君子使，媚于天子"，又曰"蔼蔼王多吉人，维君子命，媚于庶人"，吉士及吉人者，百君子也。王为君子，以天之元子而位在德元，则百君子皆受命焉。媚于天子而媚于庶人者，受王命以友民也。此非御事之贤而能诫小民者乎？是故召公之诗与《召诰》同，以此见《召诰》之义万世不能易也。①

按，简氏以《公刘》《泂酌》《卷阿》为召公之诗，其说本乎《毛诗》之义。若，此说成立，则《公刘》等三篇与《召诰》或确有相通之处。然而据齐、鲁、韩三家之说，此三篇皆与召公无关。②因此，简氏所论只能是一家之言，不过这毕竟也是一种有益的尝试，对于拓宽《尚书》研究的视野是有推动作用的。

总的来看，《尚书集注述疏》既能广泛吸取前人成果，又有作者自己的去取标准，内容博赡，特色鲜明，实为《尚书》学之名著。民国年间学者陈柱评价说："此书采集广博，辨析精详，训诂义理，俱所不废，可谓

---

① 简朝亮：《尚书集注述疏》卷十八《召诰》，第428页。
② 参见王先谦《诗三家义集疏》卷二十二，中华书局1987年版，第898、903、905页。

集逊清一代《尚书》之大成。"①"采集广博"云云，确属的论，但"集大成"之说尚待商榷。此书于今古文文字之差异不甚措意，此其所以不如段玉裁之《古文尚书撰异》；于东晋伪古文之考辨多泛言义理，此其所以不如阎、惠之书。有清一代，《尚书》学名家辈出，著作汗牛充栋，欲集其大成，何其难乎哉！且此书亦不能无失，书中引用他人之说时或不加注明，如《盘庚》"惟汝含德"之"含"或作"舍"②，实孙星衍之说；伪《太甲》之考辨，则多因袭梅鷟之书③。至于梁任公"枝辞太多"之讥，简氏未必心服④，此则见仁见智可也，实不足以病此书。

第五节　余论

清代四库馆臣认为汉儒、宋儒在《尚书》学领域的对立并不严重，所谓"宋儒解经，惟《易》、《诗》、《春秋》掊击汉学，其《尚书》、三《礼》实不甚异同"⑤。但此说并不表明汉、宋《尚书》学的差异不存在。陈亮为郑伯熊《书说》作序云："余闻张横渠曰：《尚书》最难看，难得胸臆如此之大，若只解文义则不难。自孔安国以下为之解者，殆百余家，随文释义，人有取焉，凡帝王之所以纲理世变者，盖未知其何如也。"⑥这显然是不太认可汉唐学者治《尚书》只简单地随文释义的做法，归根结底还是训诂与义理之争。至于乾嘉年间汉学大兴之后，这种差异更是显著。所谓汉宋兼综正是以此为背景发生的。

不过，我们同时也要注意到，对于这种汉宋兼综之风的流行程度不宜夸大。一方面，晚清经学界还有很多单纯的汉学、宋学著作，即以《尚书》学而论，宗奉汉学者如卞彬之《尚书集解》、尹恭保之《尚书琐

---

① 陈柱：《尚书论略》，《民国经学丛书》第二辑第29册，第44页。
② 简朝亮：《尚书集注述疏》卷六《盘庚》，第245页。
③ 简朝亮：《尚书集注述疏》卷末下《伪古文》，第732页。
④ 简氏认为动辄长篇累牍是不得已而为之："文则长矣，而无可减者。……虽司马氏《通鉴》亦无如之何"（氏著《尚书集注述疏》附《读书堂答问》，第781—782页）。
⑤ 《四库全书总目》卷十四"经部·书类存目二"，第113页。
⑥ 朱彝尊：《经义考》卷八十，《四部备要》第十二册，中华书局1989年版，第447页。

记》、俞樾之《群经平议》、孙诒让之《尚书骈枝》、于鬯之《香草校书》等，崇尚宋学者如刘沅之《书经恒解》、方宗诚之《书传补义》、吴大廷之《读书随笔》、邵懿辰之《尚书通义》等，就数量及影响力上来讲，汉宋兼综者恐怕并未超越这批学者。另一方面，即使这些以汉宋兼综相标榜者，他们在具体的治经实践过程中，往往也是有所保留，或者舍弃宋学最看重的义理，或者重荟萃而罕发明，并未完全地将汉宋学双方的治学方法予以运用。我们甚至可以说，晚清大多数学者对汉宋之说的采择本质上而言并未明显超越前人。皮锡瑞即已指出："国初诸儒治经，取汉、唐注疏及宋、元、明人说，择善而从。由后人论之，为汉宋兼采一派；而在诸公当日，不过实事求是，非必欲自成一家也。"① 而按照林庆彰先生的说法，自明朝中叶开始就有一批学者兼取汉宋诸儒的经说。② 因而，古国顺将朱鹤龄等人与晚清诸儒并列。只不过在晚清，因为学术发展的自然趋势，以及内忧外患压迫下兴起的经世致用之风，提倡"汉宋兼综"的声音出现频率尤多，尤其是曾国藩、陈澧等政坛、学坛巨公的鼓吹，更给人以席卷一时的感觉。关于这些，前人论述已多，此不赘述。③ 如此看待晚清学界，自有其合理性。不过具体到经学这一学术主流来看，我们仍不宜夸大这一现象。盖因很多学者多是就读书而言，或就汉宋之争的评判而言，未必涉及具体的治经实践。

本章旨在梳理晚清《尚书》学领域汉宋兼综的具体情况，并不涉及价值判断的问题。笔者并不认为以汉宋兼综的态度来治经就一定优于坚守门户者，汉宋双方各擅胜场，合之未必两美，离之未必两伤。④ 其实，前文所列汉宋兼综诸家，往往于汉宋学双方亦有所轩轾，如戴钧衡实"一衷诸

---

① 皮锡瑞著，周予同注释：《经学历史》，第222页。
② 林庆彰：《明代经学研究论集》，第18—24页。
③ 如陈居渊《论晚清儒学的"汉宋兼采"》，《孔子研究》1997年第3期；史革新《从"汉宋鼎峙"到"汉宋合流"——兼论晚清汉宋学关系》，《社会科学辑刊》2007年第5期。
④ 章太炎曾以四民分工譬喻汉宋等学派之差异，其说甚有见地。章氏云："世故有疏通知远、好为玄谈者，亦有文理密察、实事求是者，及夫主静居敬，皆足澄心，欲当为理，宜于宰世，苟外能利物，内以遣忧，亦各从其志尔。汉宋争执，焉用调人？喻以四民，各勤其业，瑕衅何为而不息乎"（氏著《菿汉三言·菿汉微言》，辽宁教育出版社2000年版，第61页）。

程朱之理"①，简朝亮虽然也常常批评蔡传，甚至认为朱子也有失察之处②，但与此相较，他认为汉学诸家的缺点则是更宏观、更致命的，如他批判乾嘉汉学云：

> 乾隆中叶迄于咸丰初元，二三巨公笃嗜故训，宗汉而祧宋，斥朱子名为讥嘲，乃谓读书空疏，攻其微疵，掩其大美，而自鸣其考据之功，谓之汉学。偶有所长，举一废百，天下遂以小学六书为大学，所试学者，毛摘琐文，举不问先圣贤所以自治治人之大法，于是金陵之盗遂兴。今考据之风未殄，学者且亡考据之实，而怀挟剽贼以试嗜进者。又有西学一途，以蛊其心志，仆不知世变寻何如也。③

简氏认为乾嘉汉学以训诂小学自鸣得意，不晓大义，背弃了治学的根本追求，甚至国运衰微、太平军兴的原因也可归咎于此。在简氏之前，孙鼎臣、左宗棠二人亦主此说④，这是晚清较为知名的歧视汉学的言论。这一罪名的宣判，说明简朝亮在内心深处是不认可乾嘉汉学的。如此看来，既具真正持平的态度，又有翔实新颖内容的汉宋兼综之作恐怕是想当然耳。《尚书》学既如此，其他诸经当亦相去不远。

---

① 方宗诚：《柏堂集前编》卷六《送戴存庄叙》，《清代诗文集汇编》第672册，第93页。
② 简朝亮：《尚书集注述疏》附《读书堂答问》，第798页。
③ 简朝：《读书堂集》卷二《揭晓后复梁星海书》，第219页。
④ 《清稗类钞·经术类》载："孙芝房尝作《畚塘刍论》，痛诋汉学，谓其致粤寇之乱，曾文正非之。其后左文襄作《吾学录序》，持论亦与芝房相同"（徐珂编纂：《清稗类钞》，中华书局1986年版，第3824页）。

第七章　清末《尚书》学中的西学映像

随着西学的大举进入，以及接连不断的外辱所带来的刺激，清末有大批知识分子开始关注西学，借此寻求自强之道。传统的经学研究也因此而被注入新内容，一些经生将儒家经典与西学知识相比附，提出新解释、新主张，迥异于旧有的考据、义理之学。但他们的根本立场仍然是维护中学，大多与当时盛极一时的西学中源说相吻合。有关清末的西学中源说，学界已有可观的研究成果[①]，但关注的重点多在自然科学与思想领域，对经学界着墨不多[②]。不过，经学界对西学的认知也有值得关注的特色。一方面，经学研究无法脱离儒经文本，这就决定了在学习西学过程中必然要多动一番脑筋。另一方面，经学具有较强的保守性，在与西学结合时，有着更为明显的扬中抑西色彩。本章即以成本璞、刘光蕡、李元音等人之《尚书》学为例，对清末经生的西学认知作一梳理。

第一节　成本璞之《九经今义》

成本璞（1877—1931），字琢如，湖南湘乡人。优贡生，光绪癸卯荐

[①] 全汉昇：《清末的"西学源出中国"说》，《岭南学报》1936年第4卷第2期；熊月之：《西学东渐与晚清社会》，上海人民出版社1994年版；雷中行：《明清的西学中源论争议》，台北兰台出版社2009年版。

[②] 叶纯芳所著《中国经学史大纲》是少有的对此予以关注的著作。参见叶纯芳《中国经学史大纲》，北京大学出版社2016年版，第483—497页。

第七章 清末《尚书》学中的西学映像

举经济特科，官浙江候补知县。所著《九经今义》共二十八卷，刻于1908年，但成氏已于1898年在《湘报》发表《九经今义自叙》，其时业已成书。此书之命名，据成氏自称是要"绍惠氏之旧式"①，即与惠栋《九经古义》相呼应。然而两书之旨趣实是大相径庭。惠栋治经，惟古是求；成氏所谓"今义"，则专求与现实相关之大义。《九经今义》所言不尽与西学相系，但书中主旨仍是西学中源的论调，其《自叙》云：

> 欧洲诸国，越征海表，筚路蓝缕，以启山林，封豕长蛇，荐会上国。寻其本末，匪有殊科；核其名实，遂收宏效。虽制礼作乐多惭往圣，而立体垂制，暗合古经。骤致盛强，无与伦比。懿彼洪规，谅符旧制，藐兹中土，瞠乎莫逮。博（按，当为"传"字之讹）曰"礼失而求诸野"，又曰"天子失官，学在四夷"，不亦信耶？……博观近译西人之书，乃知其政教、工艺之学咸出于古经。②

成氏一方面承认西学"致盛强有由然也"③，另一方面又认为西学皆源出儒家经典，这就促使他致力于糅合古经与西学，从而实现其经世之目的。④如成氏论重商之道云：

> "懋迁有无化居"，懋迁者，贸易迁徙也。懋、贸俱假音字。化，即古货字。……货殖之事，古已重之，为后世商学之权舆。此言水土既平，稼穑既播，急宜广求商务，以广招徕而给国用也。今地球各国均用商战，政府以兵力保护商人，商人心计最精，懋迁益广，既逐厚利，悉力以供国家。官商通气，上下合德。盖今日之国势，非商无以立国也。⑤

---

① 成本璞：《九经今义》卷二十八《自叙》，《四库未收书辑刊》第四辑10册，第515页。
② 同上书，第514页。
③ 成本璞：《九经今义》卷三《今文尚书》，第405页。
④ 成本璞于《自叙》中表明，"有志于经世之学"是他撰著此书的出发点（氏著《九经今义》卷二十八《自叙》，第514页）。
⑤ 成本璞：《九经今义》卷三《今文尚书》，第405页。

按，成氏释《皋陶谟》之"懋迁有无化居"，原本旧训①，但以之与西人相较，提出重商之必要性，则告别了传统儒家重义轻利的主张。

除此之外，成本璞在阐释《尚书》的过程中，还十分注重与西方政治的结合。例如他极力抨击私天下的专制制度，主张实行民主，而民主之义中国古已有之。他说："西人民主之法，除民之害也。其法由通国公举，及上下议院议定始，以践位期满则退，无所私焉。此与尧舜之禅让有以异乎？中土效之则立成篡弑之祸，西人效之则长享治平之福，其相越岂不远哉！盖西人沈厚笃朴，犹有古意也。"②在他看来，尧舜禅让体现的正是公天下之心，但后世权奸假禅让而行篡弑，大同之治因而丧亡，反观西人，则更好地继承了禅让之本意，因而能达成治平之世。在阐释《洪范》时，他又进而批判君主专制，推崇议院民主之制，其言曰：

"汝则有大疑，谋及乃心，谋及卿士，谋及庶人"，此西人议院之法所由昉也。西人每有大事，必谋之卿士庶人，开院会议，顺民情之向背，察众论之异同，始敢出而行之。政行而民无怨谤，事无不举，国以大和，顺民之欲也。汉置议郎、博士诸员，有事必令会议，博求古义，讥切近事。魏晋抢攘，遂废其职，人君恣睢于上，言官结舌于下，而天下之事乃败坏不可胜言矣！③

统观成氏所论，其实包含了三层意思：对西人的肯定，对古经的崇敬，以及对后世背离古经的不满。这种看法可以说始终贯穿于成氏全书。成氏既秉持这一看法，同时又有着强烈的强国致治的经世目的，所以对于学术门户之争是完全反对的。他在书中强调："学术之坏，莫甚于门户之争。今日门户之争有二，一曰汉宋之辨也，一曰中西之辨也。……中西之辨，尤人所断断持之者也。不知西学悉出于中土，但西人益致其精，中土久失其传耳。善学者当博甄西人之书，以补吾所矩（按，当为'短'字之

---

① 参见孙星衍撰，陈抗、盛冬铃点校《尚书今古文注疏》，第93—94页。
② 成本璞：《九经今义》卷三《今文尚书》，第402页。
③ 成本璞：《九经今义》卷四《今文尚书》，第408页。

讹），何可徇流俗之议，从而排斥之也。故善学者无汉宋之辨、中西之辨也。"①门户之争是经学研究的常见现象，在成本璞生活的年代，汉宋之争已经开始趋于缓和，并非成氏首倡，但他将消弭中西之争的观点引入经学研究还是十分值得肯定的。

第二节 刘光蕡之《尚书微》与《立政臆解》

刘光蕡（1843—1903），原名一新，字焕唐，号古愚，陕西咸阳人。举光绪乙亥（1875）乡试。历主泾阳、泾干、味经、崇实诸书院，影响关中学风甚巨。刘光蕡热衷新学，曾倡导兴办近代工业企业和新式教育，对西方科技、政体也较为熟悉。面对西学的涌入，他认为西人所论皆中国所固有，不必妄自菲薄，而应更加重视儒经，从中寻求强国之道。刘光蕡宣称："今西人天文地域各学均极精深，挟其图象，以傲我中国。我中国惊为西人创得之奇，岂知皆我三千年以前之故物。经训不明，有关于世教诚非细矣。"②这一理念正是他治经的指导思想。

光蕡著述甚多，于《尚书》学则有《尚书微》与《立政臆解》。二书虽然篇幅较为短小，但观点皆极为鲜明。《尚书微》起《西伯戡黎》，止于《召诰》，伪古文不与焉。此书当系刘氏于烟霞草堂授徒之讲义，成于1899至1902年间。③书中对龚、魏新说及西学知识多有采纳，新解频见。即以议院制度而论，刘光蕡的关注点就与成本璞有别。他注意到《洪范》所云"三人占则从二人之言"，认为就是少数服从多数的意思，"今西国议院以与议多寡定从违，即此意"④。对于《洪范》所言君主有大疑可谋及乃心、卿士、庶人、卜筮之说，他解释说："然则国家有事，君臣与民之议论，固可鼎足而三。……今西国议院，以君从其议者准若干人，其法与此

---

① 成本璞：《九经今义》卷二十七《通论》，第511页。
② 刘光蕡：《烟霞草堂文集》卷二《顾命天球河图解》，《清代诗文集汇编》第751册，第130页。
③ 参见《刘古愚年谱》编委会、张鹏一《刘古愚年谱》，陕西旅游出版社1989年版，第206—207页。
④ 刘光蕡：《尚书微》，《续修四库全书》第51册，第6页。

同。而彼不决之神，不如中法之详密无弊也。"①此说固然发前人所未发，表面来看颇为新颖，但其实质却是十分陈旧。姑且不论君主意见可抵数票之说显然不符西方议院制度，就其所言求之卜筮、决之神灵的主张，即可见其迂腐之气。

刘光蕡在比附西学过程中，一味求新，往往有违训诂学的原则。如论《康诰》"要囚，服念五六日，至于旬时，丕蔽要囚"云：

"要囚"，当作"勾囚"解。释为囚之要者，则于《多方》"我其戡要囚之"不可通矣。"要囚"，即圜土"收教罢民"，今西法之拘禁若干日有财者则以财赎也。"服念五六日，至于旬时"，谓拘禁之，使自服念其罪而悔。五六日，罪之轻者；至于旬时，罪之大者。"丕蔽要囚"，谓拘囚已蔽其辜，则大释之，不以为罪案，使抱终身之憾也。②

按，刘氏所言"勾囚"之"勾"当系勾提、拘捕之意，衡之上下文，确实文意贯通。③但"要"何以当作"勾"解，刘氏却未加说明，让人不知其所以然。至于"大释之"云云，更是添字解经，犯了训诂学的大忌。这一解释的基础既然不牢靠，那么进而再与西方司法制度相比附就是出于想当然了。

相较于《尚书微》，《立政臆解》更是旗帜鲜明地比附西学，其关注重点也更为突出。据刘氏自述，此书之所以作，乃为阐发中国旧有之宪法精意，纠正盲目崇洋之心态。此书自序云：

癸卯夏初，次儿瑞骦随侍至甘，读湘乡周氏所译《宪法精理》，卒业，请曰："此西人新出之精理，吾古亦有之乎？"曰："有之。《尚书》二十八篇阐此无余蕴矣，而《立政》一篇尤重用法，谓为宪

---

① 刘光蕡：《尚书微》，第6—7页。
② 同上书，第20页。
③ 参见顾颉刚、刘起釪《尚书校释译论》，第1329—1330页。

法之鼻祖，可也。……今为西人所迫，道始大明，乃求宪法于西国，是弃祖父膏腴之业而不耕，而甘行乞于市，以求延残喘也，岂非大可痛心之事哉？"①

与此书旨趣相同的尚有刘氏所著《学记臆解》，其自序云："乙未岁，马关约成，中国赔费二万万。予傍徨涕泗，无能为计。……旧书重读，新解特生。盖身世之悲有不能自已于言者，强附经训以告稚子，故题曰'臆解'。观者若执古训以绳予，则予之戚滋深矣。"②光蕡受时政之刺激，试图从儒家经典中寻求自强之道，然宪法云云并非古训所固有，故名其书曰"臆解"。

为论证《立政》为宪法之鼻祖，刘氏着重对官制进行了新的诠释："西国宪法全以三权相维持，谓主治、行政、议法三权也。常伯如西国之君相及上议院，勋贵为之，故曰伯。伯，长也，把也，谓主持政事也。常任即西国行政之官，谓常任事也。准人则西国下议院，以国人之公论议定宪法而行之，准人情以为法也。"③按，刘氏对三者职责的论述或离实际不远，即如顾颉刚所言："'准'的意义是公平，'准人'当是司法的长官；'任'是执掌政务的长官，故云'事'；'伯'是管理民事的长官，故云'牧'。"④然而他对宪法的理解是十分片面和肤浅的。西方实行宪法，最强调的是把宪法作为国家运行的首要准则。中国古代绝无这一类似准则，刘氏仅凭官员分工来论证宪法古已有之，失之牵强。

第三节　李元音之《十三经西学通义》

李元音，湖南平江人，生平不详。著有《十三经西学通义》，该书

---

① 刘光蕡：《立政臆解序》，《立政臆解》卷首，《丛书集成续编》第268册，第383页。
② 刘光蕡：《烟霞草堂文集》卷二《学记臆解序》，第133页。
③ 刘光蕡：《立政臆解》，第384页。
④ 顾颉刚、刘起釪：《尚书校释译论》，第1663页。不过，若如顾氏所言，准人乃是司法长官，则刘氏以准人比附下议院差之甚远。

成于光绪三十二年（1906），共十四卷，专取十三经中与西学相合处详论之。观该书自序云：

> 夫国家当积弱之候，又值人心思乱之秋，其暴动由内地起者如彼，其风潮由外域来者如此，伪旧伪新，交相为害。然则如之何？曰：归本于经，足以胜之。西人称地球文明之祖国有五，而中国居首，是新莫新于中国矣。抑西国之政学纰缪者，何一非吾五帝三王孔孟所屏拒者乎！其完备者，何一非吾五帝三王孔孟所已有者乎！是中国之新，又莫新于群经矣。……意五帝三王之世，中国之学说政说，凡经籍精意，必有流传西土者，岂待畴人分散、老子西行而后然哉！……然则以经义发明西学，将西学准诸经义，通中外，融古今，开风气，正人心，莫善于此。①

由是观之，李氏以为西学之精意皆中国所固有，欲救国家之衰微，当以经学为本，糅合经义与西学，以求强国之道。就此亦可看出，李氏对中国学术有着极为强烈的自豪感。虽然清末的中国已远远落后于西方，但在李元音看来，这绝非古圣贤学说已不适用于今日，"世之妄人，心醉欧美，见彼中之政治厘然秩然，遂诋中国之政治事事不如。夫谓今日中国之政治不如西国可也，谓中国古先帝王之政治不如西国，不可也"②。

观李氏于书中所引西学之书，如《泰西新史揽要》《新加坡风土记》《政治学》《经济大意》《教育原理》《理化概要》等，达数十种之多，可知其人于西学知识并非得自道听途说，而是确有深研。不过他对西学知识的学习和运用都有一个明确的前提，即西学中源之说，观其所云"今观其（西人）政治之善者，或得中国尧舜三代之意，岂彼中所能有此乎？其自中土流传无可疑"③，这种武断的话语鲜明地体现出他的态度。所以他虽然承认西学的巨大功用，但却要千方百计地从儒家经典中找出其"源头"，

---

① 李元音：《十三经西学通义叙》，《四库未收书辑刊》第四辑第 10 册，第 518—519 页。
② 李元音：《十三经西学通义》卷二《尚书》，第 542 页。
③ 同上书，第 539 页。

第七章　清末《尚书》学中的西学映像

如论《尧典》云：

> 数人共一事则才绌而事败，一人治数事则才绌而事亦败。欲救其失，莫若议政、行政分任其人。西国各部长以一人，其有兴革，议院集议其得失，然后下之各部，令其推行，故其虑周而事易集也。西人之法如此，吾观于虞廷之制，以为颇有合也。彼辟门之典，非议政之意乎？宅揆之使，非行政之事乎？询谋则以佥同为善，揆度则以总理为宜，既不患其揽权，复不忧其掣肘。西人得此意矣，故自百年以来百废俱举也。①

李元音对西方政治特点的把握是较为准确的，不过此处所论多袭自麦孟华之《论中国变法必自官制始》。此文于1897年发表于《时务报》，其中有云：

> 数人共一事则才绌而事败，一人治数事则才绌而事亦败。孰与人事其事之为愈乎？曰：庶务繁扰，固非一人耳目才智所可周也。如是，则莫若议政、行政分任其人。西国各部长以一人，其有兴革，议院集议其得失，然后下之各部，令其推行，故虑事周而集事速。令略仿其意，修虞帝辟门之典，复汉代议郎之制，精选通达中外之士，集之内廷，熟审机宜，详虑利弊，计议既定，下部施行，询谋则群策无遗，措办则一夫专制，既不患其揽权，复不忧其狭掣，数年之间，百废俱举。②

比较李、麦二人之说，相似点颇多，唯李氏更注重从《尚书》中找寻与西学相合之处，以佐成其学术观点。

对于宪法、议院之说，李元音亦有详论。他说："虞夏商周虽为专制

---

① 李元音：《十三经西学通义》卷二《尚书》，第540页。
② 麦孟华：《论中国变法必自官制始》，载陈忠倚辑《皇朝经世文编三编》卷一八《治体六》，第四册，光绪二十八年（1902）上海书局石印本，第22页a。

政体，而君民同受治于天之下，则不尽专制也。夫中国古代所谓天道，犹欧洲今世所谓宪法耳。虽宪法切实而天道广远，不尽相同，然西国之法律亦必本于天然之理。"①《尚书》中所言天道与西人所言宪法差异甚巨，一则宏阔幽远，一则细密切实。李氏虽然注意到这一差异，但仍强加比附，不但流于附会，而且也无益于现实。李元音论议院之制则云：

> 议院于《书》有征乎？曰：法先王者，法其意而已。《书》虽无议院之名，而《舜典》言"询于四岳，辟四门，明四目，达四聪"，《大禹谟》言"询谋佥同"，《洪范》言"谋及卿士，谋及庶人"，所谓询谋者，即谋议之谓也。言四岳，言卿士，如西国上议院人也。言庶人，如西国下议院人也。言四目、四聪，言佥同，则兼上下议院言之。盖唐虞三代之时虽无议院之名，而有其意也。②

此说较之成本璞、刘光蕡所论更加详细，毕竟注意到了西方议院有上下之分。不过这也并非李元音所创，最早提出此说的似乎是梁启超，其《古议院考》③云："问：'子言西政，必推本于古，以求其从同之迹，敢问议院于古有征乎？'曰：'法先王者法其意。议院之名，古虽无之，若其意则在昔哲王所恃以均天下也。……其在《书》曰"询谋佥同"，又曰"谋及卿士，谋及庶人"。……《洪范》之卿士……上议院也；《洪范》之庶人……下议院也。'"④

第四节　西政为要：比附西学的重点所在

成本璞、刘光蕡、李元音三人在以西学比附《尚书》的过程中，都自

---

① 李元音：《十三经西学通义》卷二《尚书》，第542页。十三经中言"天道"者颇多，故此说于李氏书中出现多次，如第552、532页。
② 李元音：《十三经西学通义》卷二《尚书》，第543页。
③ 此文撰成于光绪二十二年（1896）。
④ 梁启超：《古议院考》，《饮冰室文集之一》，《饮冰室合集》第一册，第94—95页。

第七章　清末《尚书》学中的西学映像

觉维护着中学的尊严，但其看待西学与儒家经典之关系的态度，却有着细微的不同。刘光蕡只是认为西学所言皆中国所固有，而成、李二氏则旗帜鲜明地主张西学源出中国。李元音甚至还不厌其烦地在书中论证西学中源的途径，如因《禹贡》言及昆仑而论曰："夫印度为五洲之中原，昆仑实地脉之群祖，往古圣神必多经营擘画于其间者，不独中国为然，即古西国亦然也。……窃意当日印度、昆仑以西，埃及希腊以东，浸淫圣泽，沾丐余波，渐有种族迁徙，以为制作萌芽。不然何以彼中政学往往与古中国相合耶？"①李氏复以"声教讫于四海""西戎即序"②证成此说。在之前学者提出的畴人分散、老子西行说③基础上，李元音又进一步丰富了中学西传的论据支撑。

如果撇开这一细微差异，专就书中的具体内容来看，可以发现一个明显的共性，即十分注重对政治相关内容的阐发，而这相较于之前的西学中源论来讲，在内容上有了大大的丰富。西学中源论自明末清初即已有之，但当时熊明遇、王锡阐、梅文鼎等人的学说多局限于天文历法、数术仪器，较为单一。甚至光绪年间成书的《格致古微》（"此书属草于乙未，补纂于丙申"④）也只是于"光学、化学、重学、力学"⑤等科技注意较多，于政治不加关心。反观成、刘、李三人阐释《尚书》，则于政治言之极详。究其原因，或可归纳为以下两点。

其一，《尚书》与政治关系密切。正如李元音所言："古先帝王之政治莫备于《尚书》"⑥，相较于他经，《尚书》与政治有着更为紧密的联系。儒经内容，各有偏重。《周易》最便于与自然科技知识相联系，因此成本璞说："西人之水学、火学、电学、汽学、力学、重学，皆出于《易》也。"⑦而《尚书》虽然也涉及历法、地理等，但在儒生看来，"二帝三王治

---

① 李元音：《十三经西学通义》卷二《尚书》，第545—546页。
② 同上书，第548页。
③ 参见全汉昇《清末的"西学源出中国"说》，《岭南学报》1936年第4卷第2期。
④ 王仁俊：《格致古微》卷首《略例》，《四库未收书辑刊》第九辑第15册，第56页。
⑤ 俞樾：《格致古微序》，载王仁俊《格致古微》卷首，第52页。
⑥ 李元音：《十三经西学通义》卷二《尚书》，第542页。
⑦ 成本璞：《九经今义》卷二《周易下》，第400页。

天下之大经大法"①才是其核心内容。即使《周礼》，也仅记有周一代之官制，在儒生心目中的地位自然要逊于备载虞廷三代之政事的《尚书》。宣统年间，杨寿昌编成《书经大义》，全书专论民政。卷首即云：

> 吾读《尚书》，见其言民政至详。立君以为民也，设官分职以为民也，《舜典》命官，箕子陈畴，物质精神兼包并举，凡外国一切强国利民之术，及其行政组织之机关所以成今日文明之治者，吾中国数千年前早已举其端倪，握其枢要。而莽莽神州，沈沈古籍，其理未宣，其用未究，遂使外人得以其术陵我，而吾国民亦且悔政治之苦窳，弃经学为无用。呜呼！是岂非吾辈对先圣而有责任者与？②

杨氏所谓民政，涵盖极广，一国之政事几乎全部囊括在内。其原因在于杨氏主张以民为中心，国之政事皆与民相关。杨氏认为外国之机关、制度早已具于《尚书》之中，此说亦可说明《尚书》在沟通西学过程中的独特地位。

其二，清末政治改革的呼声极高。洋务运动的失败使大批有识之士认识到，单纯学习西方的器物、科技是无法达到强国的目的的，于是政治改革呼声日高。甚至在洋务运动后期，郑观应、王韬等人就已要求仿照西法进行经济体制和政教法度的全面变革。③1896年，梁启超在所著《变法通议》中批评洋务运动说："前此之言变者，非真能变也"，进而提出："变法之本，在育人才；人才之兴，在开学校；学校之立，在变科举；而一切要其大成，在变官制。"④成本璞认为此前学习西人，只是"徒袭西法之皮毛"，因而主张"变法宜全变，宜举其大经大法如官制、兵制、科举、学校之类而先变之，而次及于细目末节。图治有本末，收效有迟速也"⑤。

---

① 蔡沉撰，王丰先点校：《书集传》，第1页。
② 杨寿昌：《经学大义》之《书经大义》，宣统间铅印本，第1页b。
③ 参见丁伟志："中体西用"论在洋务运动时期的形成与发展，《中国社会科学》1994年第1期。
④ 梁启超：《变法通议·论变法不知本原之害》，《饮冰室文集之一》，《饮冰室合集》第一册，第8、10页。
⑤ 成本璞：《九经今义》卷二十七《通论》，第510页。

第七章　清末《尚书》学中的西学映像

而作为士林领袖的张之洞于1898年撰成《劝学篇》，提出："中学考古非要，致用为要。西学亦有别，西艺非要，西政为要。"[①]此说一方面起到了明显的号召作用[②]，另一方面也反映出时人已认识到学习西方政制的必要性。

虽然成本璞等人对西学的关注已扩展至政治层面，并进而提出改革的主张，但将希望寄托于两千多年前的经书，归根结底仍未摆脱今不如古的落后观念，本质上仍是"复归三代"的陈旧思路。正如成本璞所宣称的那样，"聊述西人之事，以古经相比附，冀以拒诐说于未兴，回狂澜于既倒，匪云用夷以变夏，良思挈今以返古"[③]。所以仍难逃梁启超"名为开新，实则守旧"[④]的批评。此外，他们的一些观点往往因袭前人，缺少自己的发明。如陈炽早在1893年为《盛世危言》作序时就提出"倚商立国，《洪范》八政之遗也。……议员得'庶人在官'之意。……罪人罚锾，实始《吕刑》"[⑤]，而其后成、刘、李三人仍不厌其烦地详加论述，但其核心内容并未超越前人。

从经学的角度来看，后世对他们的评价也不高。传统的经学研究基本上不外乎义理、考证两途，成本璞等人的著作则被认为乖离了正途，如伦明评《尚书微》云："至于附会泰西学说政制，尤非诂经之体。"[⑥]所以后世的经学史著作往往将他们摒斥在外。不过，本章的主要目的并非批判这些治经方法和理论观点，而是着眼于传统经学在时代巨变之下的一种应对策略，以及他们之间的前后传承。总体来看，他们毕竟向我们展示了经典解释的多样性，也是学随世变的重要例证，研治经学史者对此不可不察。同时，由于清廷积重难返，他们没能挽救其灭亡的命运，但他们主动了解西方，针砭时弊，对西学的传播是有积极意义的，对此我们也应予以承认。

---

① 张之洞：《劝学篇·序》，载《劝学篇》卷首，上海书店出版社2002年版，第2页。
② 李元音于《十三经西学通义叙》中即极为推重张氏《劝学篇》。
③ 成本璞：《九经今义》卷二十八《自叙》，第515页。
④ 梁启超：《清代学术概论》，朱维铮校注：《梁启超论清学史二种》，第71页。
⑤ 陈炽：《盛世危言序》，载赵树贵、曾丽雅编：《陈炽集》，中华书局1997年版，第304页。
⑥ 中国科学院图书馆整理：《续修四库全书总目提要·经部》，第270页。

参考文献

一　古籍

（一）经部

卞斌：《尚书集解》，《续修四库全书》第48册。

卞斌：《周易通解》，《续修四库全书》第28册。

蔡沉撰，王丰先点校：《书集传》，中华书局2018年版。

曹元弼：《古文尚书郑氏注笺释》，《续修四库全书》第53册。

陈经：《尚书详解》，《景印文渊阁四库全书》第59册。

陈栎：《书集传纂疏》，《景印文渊阁四库全书》第61册。

陈乔枞：《今文尚书经说考》，《续修四库全书》第49册。

陈寿祺辑校：《尚书大传》，《四部丛刊》本。

陈柱：《尚书论略》，《民国经学丛书》第二辑第29册。

成本璞：《九经今义》，《四库未收书辑刊》第四辑第10册。

戴钧衡：《书传补商》，《续修四库全书》第50册。

丁晏：《读经说》，《丛书集成续编》第十五册，台北新文丰出版有限公司1988年版。

丁晏：《尚书余论》，《续修四库全书》第48册。

董仲舒：《春秋繁露》，上海古籍出版社1989年版。

段玉裁：《古文尚书撰异》，《续修四库全书》第46册。

方宗诚：《春秋传正谊》，《柏堂遗书》本，《稀见清代民国丛书五十种》第 71 册，国家图书馆出版社 2014 年版。

方宗诚：《书传补义》，《四库未收书辑刊》第二辑第 5 册。

龚自珍：《太誓答问》，《清经解续编》第 4 册，上海书店 1988 年版。

郭嵩焘：《礼记质疑》，《续修四库全书》第 106 册。

郭嵩焘：《尚书疑义——答曾业民太守问》，《郭嵩焘全集》第二册，岳麓书社 2012 年版。

郭嵩焘：《周易异同商》，《四库未收书辑刊》第二辑第 3 册。

郝敬：《尚书辨解》，《续修四库全书》第 43 册。

贺淇：《尚书集解》，《"中央"研究院历史语言研究所傅斯年图书馆藏未刊稿钞本·经部》第五册，台北"中央"研究院历史语言研究所 2017 年版。

洪良品：《古文尚书四种》，《续修四库全书》第 50 册。

华长卿：《尚书补阙》，咸丰元年刻本。

黄鹤：《四书异同商》，光绪壬寅湖南书局刻本。

黄式三：《尚书启幪》，《续修四库全书》第 48 册。

黄以周：《尚书讲义》，《续修四库全书》第 50 册。

惠栋：《古文尚书考》，《续修四库全书》第 44 册。

简朝亮：《尚书集注述疏》，《续修四库全书》第 52 册。

江藩、方东树：《汉学师承记（外二种）》，中西书局 2012 年版。

孔安国传，孔颖达正义，黄怀信整理：《尚书正义》，上海古籍出版社 2007 年版。

孔广森：《公羊春秋经传通义》，《续修四库全书》第 129 册。

库勒纳等：《日讲书经解义》，《景印文渊阁四库全书》第 65 册。

雷学海：《尚书批》，咸丰六年新刊本。

李景星：《书经管窥》，《山东文献集成》第三辑第 9 册，山东大学出版社 2010 年版。

李元音：《十三经西学通义》，《四库未收书辑刊》第四辑第 10 册。

林之奇：《尚书全解》，《景印文渊阁四库全书》第 55 册。

刘宝楠撰，高流水点校：《论语正义》，中华书局1990年版。

刘逢禄：《春秋公羊经何氏释例》，《续修四库全书》第129册。

刘逢禄：《尚书今古文集解》，《续修四库全书》第48册。

刘逢禄：《书序述闻》，《清经解续编》第2册，上海书店1988年版。

刘逢禄：《左氏春秋考证》，《清经解》本，上海书店1988年版。

刘光蕡：《立政臆解》，《丛书集成续编》第268册，台北新文丰出版有限公司1988年版。

刘光蕡：《尚书微》，《续修四库全书》第51册。

刘三吾：《书传会选》，《景印文渊阁四库全书》第63册。

刘沅：《书经恒解》，《槐轩全书》第三册，巴蜀书社2006年版。

陆德明：《经典释文》，上海古籍出版社1985年版。

吕祖谦撰、时澜修定：《增修东莱书说》，《丛书集成新编》第106册，台北新文丰出版有限公司1985年版。

马其昶：《尚书谊诂》，《续修四库全书》第53册。

毛奇龄撰，黄怀信、吕翊欣校点：《古文尚书冤词》，上海古籍出版社2010年版。

梅鷟：《尚书谱》，《北京图书馆古籍珍本丛刊》第1册，书目文献出版社1988年版。

皮锡瑞：《古文尚书冤词平议》，光绪刊《师伏堂丛书》本。

皮锡瑞：《经学通论》，中华书局1954年版。

皮锡瑞：《尚书大传疏证》，《续修四库全书》第55册。

皮锡瑞撰，盛冬玲、陈抗点校：《今文尚书考证》，中华书局1989年版。

阮元校刻：《十三经注疏》，中华书局1980年版。

邵懿辰：《尚书传授同异考》，《续修四库全书》第50册。

释玄应：《一切经音义》，《丛书集成初编》本。

宋翔凤：《论语说义》，《续修四库全书》第155册。

孙承泽：《尚书集解》，《四库全书存目丛书》经部第56册。

孙奇逢：《书经近指》，《孙奇逢集》，中州古籍出版社2003年版。

孙希旦撰，沈啸寰、王星贤点校：《礼记集解》，中华书局1989年版。

孙星衍撰，陈抗、盛冬铃点校：《尚书今古文注疏》，中华书局2004年版。

孙诒让：《尚书骈枝》，《续修四库全书》第51册。

王夫之：《尚书稗疏》，岳麓书社1988年版。

王夫之：《尚书引义》，中华书局1962年版。

王劼：《尚书后案驳正》，《尚书类聚初集》第六册，台北新文丰出版有限公司1984年版。

王闿运：《尚书大传补注》，《续修四库全书》第55册。

王闿运：《尚书笺》，《续修四库全书》第51册。

王鸣盛：《尚书后案》，《续修四库全书》第45册。

王树枏：《尚书商谊》，《续修四库全书》第53册。

王先谦撰，何晋点校：《尚书孔传参正》，中华书局2011年版。

王先谦撰，吴格点校：《诗三家义集疏》，中华书局1987年版。

王顼龄等：《钦定书经传说汇纂》，《景印文渊阁四库全书》第65册。

王引之：《经传释词》，江苏古籍出版社2000年版。

魏源：《书古微》，《魏源全集》第2册，岳麓书社2004年版。

无名氏：《书经集传异同商》，台北"中央"研究院历史语言研究所傅斯年图书馆藏稿本。

吴大廷：《读书随笔》，《晚清四部丛刊》第一编第15册。

吴光耀：《古文尚书正辞》，《四库未收书辑刊》第二辑第5册。

吴嘉宾：《读四书说》，《晚清四部丛刊》第一编第26册。

吴嘉宾：《今文尚书说》，《晚清四部丛刊》第一编第15册，台中文听阁图书有限公司2010年版。

吴嘉宾：《求自得之室周易说》，《晚清四部丛刊》第六辑第8册。

吴闿生：《尚书大义》，《民国时期经学丛书》第二辑第29册，台中文听阁图书有限公司2008年版。

吴汝纶：《尚书故》，《吴汝纶全集》第二册，黄山书社2002年版。

谢庭兰：《读尚书隅见》，清光绪刻本。

谢庭兰：《古文尚书辨》，《四库未收书辑刊》第三辑第 5 册。

徐承庆：《说文解字注匡谬》，《续修四库全书》第 214 册。

徐灏：《通介堂经说》，《续修四库全书》第 177 册。

徐天璋：《尚书句解考正》，《晚清四部丛刊》第二编第 10、11 册，台中文听阁图书有限公司 2010 年版。

徐天璋：《诗经集解辨正》，《民国时期经学丛书》第四辑第 21 册。

阎若璩撰，黄怀信、吕翊欣校点：《尚书古文疏证》，上海古籍出版社 2010 年版。

杨寿昌：《经学大义》，宣统间铅印本。

姚鼐：《惜抱轩九经说》，《续修四库全书》第 172 册。

姚永朴：《七经问答》，《民国时期经学丛书》第六辑第 1 册。

姚永朴：《尚书谊略》，《续修四库全书》第 53 册。

姚永朴：《蜕私轩读经记》，《民国时期经学丛书》第六辑第 1 册。

尹恭保：《尚书琐记》，《晚清四部丛刊》第三编第 16 册。

俞樾：《茶香室经说》，《续修四库全书》第 177 册。

俞樾：《群经平议》，《续修四库全书》第 178 册。

臧琳：《经义杂记》，《续修四库全书》第 172 册。

张崇兰：《古文尚书私议》，《四库未收书辑刊》第二辑第 5 册。

张谐之：《尚书古文辨惑》，《四库未收书辑刊》第三辑第 5 册。

张瓒昭：《经笥质疑书义原古》，《四库未收书辑刊》第四辑第 3 册。

郑樵：《六经奥论》，《景印文渊阁四库全书》第 84 册。

朱骏声：《尚书古注便读》，《四库未收书辑刊》第六辑第 2 册。

朱熹：《四书章句集注》，中华书局 1983 年版。

朱彝尊：《经义考》，《四部备要》第十二册，中华书局 1989 年版。

庄存与：《春秋正辞》，《清经解》本，上海书店 1988 年版。

庄存与：《尚书既见》，《味经斋遗书》本，光绪八年重刊阳湖庄氏藏版。

庄存与：《尚书说》，《味经斋遗书》本，光绪八年重刊阳湖庄氏藏版。

庄存与：《系辞传论》，《续修四库全书》第 22 册。

庄述祖：《历代载籍足征录》，《珍艺宧遗书》本。

庄述祖：《尚书记》，《云自在龛丛书》第 1 册，清光绪刻本。

庄述祖：《尚书今古文考证》，《续修四库全书》第 46 册。

庄述祖：《夏时说义》，《珍艺宧遗书》本。

庄述祖：《夏小正经传考释》，《珍艺宧遗书》本，嘉庆道光间武进庄氏脊令舫刊本。

（二）史部

《德宗景皇帝实录》，《清实录》第 54 册，中华书局 1987 年版。

班固：《汉书》，中华书局 1962 年版。

戴纶喆：《四川儒林文苑传》，《儒藏·史部》"儒林史传"第 79 册，四川大学出版社 2008 年版。

丁寿恒：《柘唐府君年谱》，《北京图书馆藏珍本年谱丛刊》第 148 册。

范晔：《后汉书》，中华书局 1965 年版。

方宗诚：《柏堂师友言行记》，《续修四库全书》第 540 册。

光绪《归安县志》，《中国地方志集成》"浙江府县志辑"第 27 册，上海书店 1993 年版。

光绪《湖南通志》，京华书局 1967 年版。

黄宗羲著，沈芝盈点校：《明儒学案（修订本）》，中华书局 2008 年版。

李景星：《四史评议》，岳麓书社 1986 年版。

刘锦藻：《清朝续文献通考》，台北商务印书馆 1987 年版。

马其昶著，毛伯舟点注：《桐城耆旧传》，黄山书社 1990 年版。

民国《巴县志》，《中国地方志集成》"四川府县志辑"第 6 册，巴蜀书社 1992 年版。

民国《泰县志稿》，《中国地方志集成》"江苏府县志辑"第 68 册，江苏古籍出版社 1991 年版。

缪荃孙纂辑：《续碑传集》，《清代传记丛刊》本，台北明文书局 1985 年版。

司马迁：《史记》，中华书局 2013 年版。

同治《新化县志》，《中国方志丛书》"华中地方"第 319 号，台北成文出版社 1975 年版。

王代功：《湘绮府君年谱》，《北京图书馆藏珍本年谱丛刊》第 178 册，北京图书馆出版社 1999 年版。

王钟翰点校：《清史列传》，中华书局 1987 年版。

魏征等：《隋书》，中华书局 1973 年版。

徐珂编纂：《清稗类钞》，中华书局 1986 年版。

徐世昌等编纂，沈芝盈、梁运华点校：《清儒学案》，中华书局 2008 年版。

应劭撰，王利器校注：《风俗通义校注》，中华书局 1981 年版。

永瑢等：《四库全书总目》，中华书局 1965 年版。

俞樾：《曲园自述诗》，《北京图书馆藏珍本年谱丛刊》第 165 册。

张惟骧撰，蒋维乔等补：《清代毗陵名人小传稿》，《清代传记丛刊》本，台北明文书局 1985 年版。

赵尔巽等：《清史稿》，中华书局 1977 年版。

（三）子部

陈澧：《东塾读书记》，上海古籍出版社 2012 年版。

方宗诚：《柏堂读书笔记》，《柏堂遗书》本，《稀见清代民国丛书五十种》第 72 册。

顾炎武著，黄汝成集释，栾保群、吕宗力校点：《日知录集释（全校本）》，上海古籍出版社 2006 年版。

郭嵩焘：《日记》，《郭嵩焘全集》第十一册，岳麓书社 2012 年版。

纪昀：《阅微草堂笔记》，上海古籍出版社 1980 年版。

黎靖德编，王星贤点校：《朱子语类》，中华书局 1986 年版。

李慈铭：《越缦堂读书记》，上海书店出版社 2000 年版。

林春溥：《开卷偶得》卷二，《丛书集成三编》第 8 册。

刘声木撰，刘笃龄点校：《苌楚斋随笔续笔三笔四笔五笔》，中华书局

1998 年版。

刘咸炘：《学略》，华东师范大学出版社 2009 年版。

缪荃孙：《缪荃孙全集·日记》，凤凰出版社 2014 年版。

皮锡瑞：《师伏堂日记》，《皮锡瑞全集》第九册，中华书局 2015 年版。

宋翔凤：《过庭录》，中华书局 1986 年版。

苏舆：《翼教丛编》，上海古籍出版社 2002 年版。

谭献著，范旭仑整理：《复堂日记》，河北教育出版社 2000 年版。

王仁俊：《格致古微》，《四库未收书辑刊》第九辑第 15 册。

王树枏：《王树枏日记》，《历代日记丛钞》第 88 册，学苑出版社 2006 年版。

吴汝纶：《日记》，《吴汝纶全集》第四册，黄山书社 2002 年版。

叶适：《习学记言序目》，中华书局 1977 年版。

于鬯：《香草校书》，中华书局 1984 年版。

俞樾：《诸子平议》，中华书局 1959 年版。

俞樾著，崔高维点校：《九九销夏录》，中华书局 1995 年版。

恽毓鼎著，史晓风整理：《恽毓鼎澄斋日记》，浙江古籍出版社 2004 年版。

张之洞：《劝学篇》，上海书店出版社 2002 年版。

赵绍祖：《读书偶记》，《续修四库全书》第 1161 册。

朱一新：《无邪堂答问》，《续修四库全书》第 1164 册。

庄有可：《慕良杂著》，《清代学术笔记丛刊》第 32 册，学苑出版社 2005 年版。

（四）集部

宝廷：《偶斋诗草》，上海古籍出版社 2005 年版。

陈寿祺：《左海文集》，《续修四库全书》第 1496 册。

陈忠倚辑：《皇朝经世文编三编》，光绪二十八年上海书局石印本。

程颢、程颐：《二程集》，中华书局 1981 年版。

程廷祚：《青溪集》，《丛书集成续编》第 190 册。

戴钧衡：《味经山馆文钞》，《清代诗文集汇编》第 655 册。

戴望：《谪麟堂遗集》，《续修四库全书》第 1561 册。

邓安生：《蔡邕集编年校注》，河北教育出版社 2002 年版。

方苞：《望溪先生文集》，《续修四库全书》第 1420 册。

方苞著，刘季高校点：《方苞集》，上海古籍出版社 1983 年版。

方潜：《毋不敬斋全书》，光绪刻本。

方宗诚：《柏堂集》，《清代诗文集汇编》第 672 册。

方宗诚：《柏堂集前编》，《清代诗文集汇编》第 672 册。

方宗诚：《柏堂集续编》，《清代诗文集汇编》第 672 册。

郭嵩焘：《养知书屋文集》，《续修四库全书》第 1547 册。

贺淇：《竹园文集》，《清代诗文集珍本丛刊》第 550 册，国家图书馆出版社 2017 年版。

洪良品：《龙岗山人文钞》，《清代诗文集汇编》第 706 册。

胡应麟：《诗薮内编》，《明诗话全编》第 5 册，江苏古籍出版社 1997 年版。

皇甫涍：《皇甫少玄集》，《景印文渊阁四库全书》第 1276 册。

黄式三：《儆居集》，《清代诗文集汇编》第 563 册。

简朝亮：《读书堂集》，《清代诗文集汇编》第 774 册。

蒋湘南：《七经楼文钞》，《续修四库全书》第 1541 册。

焦循：《雕菰集》，《续修四库全书》第 1489 册。

李肖聃著，喻岳衡点校：《李肖聃集》，岳麓书社 2008 年版。

李兆洛：《养一斋文集》，《续修四库全书》第 1495 册。

刘逢禄：《刘礼部集》，《续修四库全书》第 1501 册。

刘光蕡：《烟霞草堂文集》，《清代诗文集汇编》第 751 册。

梅曾亮：《柏枧山房文集》，《续修四库全书》第 1513 册。

钱大昕撰，吕友仁标校：《潜研堂集》，上海古籍出版社 1989 年版。

施补华：《泽雅堂诗二集》，《续修四库全书》第 1560 册。

宋翔凤：《朴学斋文录》，《续修四库全书》第 1504 册。

孙鑛：《月峰先生居业次编》，《四库禁毁书丛刊》第 126 册。

孙星衍：《岱南阁集》，《续修四库全书》第 1477 册。

王树枏：《陶庐文集》，《近代中国史料丛刊》第二十八辑，台北文海出版社 1966 年版。

王先谦：《虚受堂文集》，《续修四库全书》第 1570 册。

王懿荣：《王文敏公遗集》，《续修四库全书》第 1565 册。

吴大廷：《小酉腴山馆文钞》，《北京师范大学图书馆藏稀见清人别集丛刊》第 26 册，广西师范大学出版社 2007 年版。

吴大廷：《小酉腴山馆文集》，《清代诗文集汇编》第 698 册。

吴大廷：《小酉腴山馆主人自著年谱》，《清代诗文集汇编》第 698 册。

吴光耀：《华峰文集》，《北京师范大学图书馆藏稀见清人别集丛刊》第 33 册，广西师范大学出版社 2007 年版。

吴嘉宾：《求自得之室文钞》，《清代诗文集汇编》第 613 册。

吴汝纶：《尺牍》，《吴汝纶全集》第三册，黄山书社 2002 年版。

吴汝纶：《文集》，《吴汝纶全集》第一册，黄山书社 2002 年版。

谢庭兰：《湘谷初稿》，《清代诗文集汇编》第 698 册。

杨椿：《孟邻堂文钞》，《续修四库全书》第 1423 册。

姚永朴：《文学研究法》，《安徽古籍丛书》，黄山书社 1989 年版。

尹恭保：《抱膝山房散体文》，《清代诗文集汇编》第 772 册。

俞樾：《春在堂杂文续编》，《续修四库全书》第 1550 册。

俞樾著，张燕婴整理：《俞樾函札辑证》，凤凰出版社 2014 年版。

臧庸：《拜经堂文集》，《续修四库全书》第 1491 册。

曾国藩：《曾国藩全集·书信》，岳麓书社 1990 年版。

张崇兰：《悔庐文钞》，《清代诗文集汇编》第 594 册。

张佩纶：《涧于集》，《清代诗文集汇编》第 768 册。

张谐之：《敬斋存稿》，《清代诗文集汇编》第 728 册。

赵树贵、曾丽雅编：《陈炽集》，中华书局 1997 年版。

真德秀：《真西山先生集》，《丛书集成初编》第 2400 册，中华书局 1985 年版。

朱一新：《佩弦斋诗文存》，《续修四库全书》第 1504 册。

庄绥甲：《拾遗补艺斋文钞》，《清代诗文集汇编》第 512 册。

庄述祖：《珍艺宧文钞》，《续修四库全书》第 1475 册。

庄述祖：《珍异宧诗钞》，《续修四库全书》第 1475 册。

二 近人著作

《刘古愚年谱》编委会、张鹏一：《刘古愚年谱》，陕西旅游出版社 1989 年版。

[美] 艾尔曼：《经学、政治和宗族——中华帝国晚期常州今文学派研究》，赵刚译，江苏人民出版社 1998 年版。

边家珍：《经学传统与中国古代学术文化形态》，人民出版社 2010 年版。

陈梦家：《尚书通论》，中华书局 2005 年版。

陈其泰、刘兰肖：《魏源评传》，南京大学出版社 2005 年版。

陈天倪：《尊闻室剩稿》，中华书局 1997 年版。

陈桐生：《史记与今古文经学》，陕西人民教育出版社 1995 年版。

陈衍：《陈石遗集》，福建人民出版社 1970 年版。

陈衍撰，陈步编：《陈石遗集》，福建人民出版社 2001 年版。

程尔奇：《晚清汉学研究》，人民出版社 2013 年版。

程元敏：《尚书学史》，华东师范大学出版社 2013 年版。

程元敏：《书序通考》，台北学生书局 1999 年版。

戴君仁：《阎毛古文尚书公案》，台北"国立"编译馆中华丛书编审委员会 1979 年版。

冯友兰：《中国哲学史》，华东师范大学出版社 2000 年版。

符定一：《新学伪经考驳谊》，上海商务印书馆 1937 年版。

傅斯年图书馆善本书志编纂小组：《"中央"研究院历史语言研究所傅斯年图书馆善本书志·经部》，台北"中央"研究院历史语言研究所 2013 年版。

龚书铎主编，张昭军著：《清代理学史（下卷）》，广东教育出版社

2007年版。

古国顺:《清代尚书学》,台北文史哲出版社1981年版。

顾颉刚、刘起釪:《尚书校释译论》,中华书局2005年版。

贺广如:《魏默深思想探究》,台湾大学出版委员会1999年版。

侯外庐主编:《中国思想通史》第五卷,人民出版社1956年版。

胡适:《胡适论学近著》,山东人民出版社1998年版。

黄开国:《清代今文经学的兴起》,巴蜀书社2008年版。

黄侃笺识,黄焯编次:《量守庐群书笺识》,武汉大学出版社1985年版。

黄彰健:《经今古文学问题新论》,台北"中央研究院"历史语言研究所1992年版。

江素卿:《论常州学派之学术特质与经世思想》,花木兰文化出版社2008年版。

蒋善国:《尚书综述》,上海古籍出版社1988年版。

金德建:《经今古文字考》,齐鲁书社1986年版。

柯愈春:《清人诗文集总目提要》,北京古籍出版社2001年版。

雷中行:《明清的西学中源论争议》,台北兰台出版社2009年版。

李伯荣:《魏源师友记》,岳麓书社1983年版。

李振兴:《尚书学述》,台北东大图书股份有限公司1994年版。

李中华:《神秘文化的启示——纬书与汉代文化》,新华出版社1993年版。

梁启超:《国学小史》,商务印书馆2014年版。

梁启超:《国学要籍研读法四种》,吉林出版集团股份有限公司2017年版。

梁启超:《儒家哲学》,《饮冰室合集》第十二册,中华书局1989年版。

梁云:《战国时代的东西差别——考古学的视野》,文物出版社2008年版。

林庆彰:《明代经学研究论集》,台北文史哲出版社1994年版。

林庆彰、张寿安主编:《乾嘉学者的义理学》,台北"中央"研究院中国文哲研究所2003年版。

刘凤强:《〈清儒学案〉研究》,光明日报出版社2013年版。

刘墨:《乾嘉学术十论》,生活·读书·新知三联书店2006年版。

刘起釪:《尚书学史》,中华书局1989年版。

刘人鹏:《阎若璩与古文尚书辨伪——一个学术史的个案研究》,台北花木兰文化工作坊2005年版。

刘声木撰,徐天祥点校:《桐城文学渊源考、撰述考》,黄山书社1989年版。

刘师培:《左盦外集》,《刘申叔遗书》,江苏古籍出版社1997年版。

陆宝千:《清代思想史》,台北广文书局1983年版。

罗检秋:《嘉庆以来汉学传统的衍变与传承》,中国人民大学出版社2006年版。

罗焌:《诸子学述》,华东师范大学出版社2008年版。

马宗霍:《中国经学史》,上海书店1984年版。

钱基博:《近百年湖南学风》,岳麓书社1985年版。

钱基博:《中国文学史》,华中师范大学出版社2011年版。

钱穆:《中国近三百年学术史》,商务印书馆1997年版。

钱穆:《中国学术思想史论丛》,安徽教育出版社2004年版。

桑兵、关晓红主编:《先因后创与不破不立:近代中国学术流派研究》,生活·读书·新知三联书店2007年版。

史革新:《晚清理学研究》,商务印书馆2007年版。

史革新:《晚清学术文化新论》,北京师范大学出版社2010年版。

孙钦善:《中国古文献学史》,中华书局1994年版。

汤志钧:《近代经学与政治》,中华书局1989年版。

田汉云:《中国近代经学史》,三秦出版社1996年版。

汪晖:《现代中国思想的兴起》,生活·读书·新知三联书店2004年版。

王汎森:《古史辨运动的兴起》,台北允晨文化实业股份有限公司1987年版。

王汎森：《中国近代思想与学术的系谱》，河北教育出版社 2001 年版。

王国维：《观堂集林》，中华书局 1959 年版。

王惠荣：《晚清汉学群体与近代社会变迁》，中国社会科学出版社 2013 年版。

王小航：《水东全集》第一册，台北艺文印书馆 1964 年版。

王晓清：《中国地域学派叙论》，湖北人民出版社 2013 年版。

魏节山编：《葵园述略》，长沙经文印刷公司铅印本 1948 年版。

吴通福：《晚出〈古文尚书〉公案与清代学术》，上海古籍出版社 2007 年版。

吴雁南主编：《清代经学史通论》，云南大学出版社 2001 年版。

吴仰湘：《通经致用一代师——皮锡瑞生平和思想研究》，岳麓书院 2002 年版。

熊月之：《西学东渐与晚清社会》，上海人民出版社 1994 年版。

严寿澂：《近世中国学术思想抉隐》，上海人民出版社 2008 年版。

杨旭辉：《清代经学与文学——以常州文人群体为典范的研究》，凤凰出版社 2006 年版。

叶纯芳：《中国经学史大纲》，北京大学出版社 2016 年版。

于省吾：《双剑誃尚书新证》，中华书局 2009 年版。

张寿安：《龚自珍学术思想研究》，台北文史哲出版社 1997 年版。

张舜徽：《清人文集别录》，华中师范大学出版社 2004 年版。

张舜徽：《清儒学记》，华中师范大学出版社 2005 年版。

张纹华：《简朝亮研究》，广东高等教育出版社 2013 年版。

章太炎：《菿汉三言》，辽宁教育出版社 2000 年版。

章太炎：《检论》，《章太炎全集》第三册，上海人民出版社 1982 年版。

章太炎：《经学略说》，洪治纲主编《章太炎经典文存》，上海大学出版社 2003 年版。

章太炎：《量守庐记》，《章太炎全集》第五册。

赵伯雄：《春秋学史》，山东教育出版社 2004 年版。

赵铭丰：《惠栋〈古文尚书考〉研究》，花木兰文化出版社 2008 年版。

支伟成：《清代朴学大师列传》，岳麓书社 1986 年版。

中国古籍总目编纂委员会编：《中国古籍总目·经部》，中华书局 2012 年版。

中国科学院图书馆整理：《续修四库全书总目提要（经部）》，中华书局 1993 年版。

钟肇鹏：《谶纬论略》，辽宁教育出版社 1991 年版。

周中明：《桐城派研究》，辽宁大学出版社 1999 年版。

朱维铮：《求索真文明——晚清学术史论》，上海古籍出版社 1996 年版。

朱维铮：《中国经学史十讲》，复旦大学出版社 2002 年版。

朱维铮编：《周予同经学史论著选集（增订本）》，上海人民出版社 1996 年版。

朱维铮校注：《梁启超论清学史二种》，复旦大学出版社 1985 年版。

朱贻庭：《中国传统伦理思想史（增订本）》，华东师范大学出版社 2003 年版。

三　学术论文

蔡长林：《论常州学派的学术渊源——以钱穆〈中国近三百年学术史〉的评论为起点》，载《中国文哲研究集刊》第 28 期，台湾"中央"研究院中国文哲研究所 2006 年版。

蔡长林：《清代今文学派发展的两条路向》，载彭林编《经学研究论文选》，上海书店出版社 2002 年版。

蔡长林：《庄绥甲与常州学派》，载林庆彰总主编，蔡长林、丁亚杰主编：《晚清常州地区的经学》，台湾学生书局 2009 年版。

蔡方鹿：《朱熹"心统性情"说新论》，《孔子研究》1991 年第 4 期。

曹美秀：《定海黄家之〈尚书〉学》，《台大中文学报》2012 年 6 月第 37 期。

曹美秀：《洪良品的古文〈尚书〉辨真理论》，《台大中文学报》2013年10月第42期。

曹美秀：《黄式三的〈尚书〉学》，载林庆彰、苏费翔主编《正统与流派——历代儒家经典之转变》，万卷楼图书股份有限公司2013年版。

曹美秀：《略论晚清〈尚书〉学》，载程水金主编：《正学》第1辑，中国社会科学出版社2013年版。

陈居渊：《论晚清儒学的"汉宋兼采"》，《孔子研究》1997年第3期。

陈鹏鸣：《魏源与今文经学》，《历史教学》1998年第10期。

陈致：《商略古今，折衷汉宋：论王先谦的今文〈诗〉学》，《湖南大学学报》（社会科学版）2006年第1期。

邓实：《国学今论》，载章太炎、刘师培等撰，罗志田导读，徐亮工编校《中国近三百年学术史论》，上海古籍出版社2006年版。

邓云乡：《〈眉园日课〉书后》，《中国文化》第十三期。

丁伟志：《"中体西用"论在洋务运动时期的形成与发展》，《中国社会科学》1994年第1期。

段渝：《一代大儒刘沅及其〈槐轩全书〉》，《社会科学战线》2007年第2期。

古国顺：《清代尚书著述考》，载《台北市立女子师范专科学校学报》第10期。

顾颉刚：《古史辨自序》，《古史辨》第一册，上海古籍出版社1982年版。

顾颉刚：《五德终始说下的政治和历史》，《古史辨》第五册，上海古籍出版社1982年版。

顾颉刚：《周公执政称王——周公东征史事考证之二》，《文史》第二十三辑，中华书局1984年版。

胡楚生：《俞樾群经平议中之解经方法》，《文史学报》第23期。

黄朴民：《公羊"三统说"与何休"〈春秋〉王鲁论"》，《管子学刊》1998年第4期。

姜广辉：《"宋学"、"理学"与"理学化经学"》，《哲学研究》2007年第 9 期。

姜广辉：《梅鷟〈尚书考异〉考辨方法的检讨——兼谈考辨〈古文尚书〉的逻辑基点》，《历史研究》2007 年第 5 期。

姜龙翔：《朱子疑〈古文尚书〉再探》，《嘉大中文学报》2011 年第 5 期。

蒋秋华：《刘沅〈书经恒解〉对〈古文尚书〉的护卫》，《经学研究集刊》2009 年 11 月第 7 期。

蒋秋华：《刘沅〈书经恒解〉研究》，《经学研究集刊》2006 年 10 月第 2 期。

李军：《论清代今文经学的创立及其思想特点》，《管子学刊》1998 年第 2 期。

李绪柏：《陈澧与汉宋调和》，《南开学报》（哲学社会科学版）2005 年第 6 期。

梁启超：《近代学风之地理分布》，《饮冰室合集》"文集之四十一"。

梁启超：《论中国学术思想变迁之大势》，《饮冰室合集》"文集之七"，中华书局 1989 年版。

刘大年：《评近代经学》，载《刘大年集》，中国社会科学出版社 2000 年版。

刘德州：《"夫子之意为平王设"——论宋儒对〈文侯之命〉的阐释》，《江苏师范大学学报》（哲学社会科学版）2015 年第 1 期。

刘德州：《论段玉裁〈古文尚书撰异〉区分今、古文》，载《经学研究论丛》第十八辑，台北学生书局 2010 年版。

刘力耘：《宋代儒家经典解释的性理化过程——以"虞廷十六字"为例》，《第四届国际〈尚书〉学学术研讨会论文集》，广陵书社 2017 年版。

刘人鹏：《论朱子未尝疑〈古文尚书〉伪作》，中国台湾《清华学报》1992 年第 4 期。

刘义峰：《吴汝纶与〈尚书故〉》，《燕赵历史文化研究之三·冀州历史文化论丛》会议论文，冀州，2009 年。

陆振岳：《关于清代今文经学的几个问题》，《苏州大学学报》（哲学社会科学版）1994年第1期。

伦明：《续书楼读书记》，《燕京学报》1928年第3期。

齐思和：《魏源与晚清学风》，载杨慎之、黄丽镛编：《魏源思想研究》，湖南人民出版社1987年版。

钱玄同：《重论经今古文学问题》，载《古史辨》第五册，上海古籍出版社1982年版。

钱玄同：《左氏春秋考证书后》，载《古史辨》第五册，上海古籍出版社1982年版。

［日］桥本成文：《清朝尚书学》，载《汉文学讲座》第五卷，共立社1933年版。

全汉昇：《清末的"西学源出中国"说》，《岭南学报》1936年第4卷第2期。

商瑈：《易简与稽古——黄式三的〈尚书〉学》，《北商学报》2009年1月第15期。

史革新：《陈寿祺与清嘉道年间闽省学风的演变》，《福建论坛》（人文社会科学版）2002年第6期。

史革新：《孙奇逢理学思想综论》，《郑州大学学报》（哲学社会科学版）2007年第4期。

苏庆彬：《阎若璩胡渭崔述三家辨伪方法之研究》，《新亚书院学术年刊》1961年第3期。

汤志钧：《庄大久之经学研究》，载彭林编《经学研究论文选》，上海书店出版社2002年版。

唐赤蓉、黄开国：《评康有为考辨新学伪经的"采西汉之说"》，《重庆师范大学学报》（哲学社会科学版）2009年第4期。

唐明贵：《简朝亮〈论语集注补正述疏〉的特色》，《聊城大学学报》（社会科学版）2010年第1期。

田丰：《清末民初经学家徐天璋著述考》，《经学研究论丛》第二十辑，台北学生书局2012年版。

田富美：《论伪"古文尚书"中"虞夏书"之思想》，《孔孟月刊》1996年第12期。

田富美：《明体达用——方宗诚尊朱思想及其学术论辩》，《孔孟学报》2013年第91期。

田富美：《乾嘉学风下的尊朱视域——方东树儒学思想研究》，《彰化师大国文学志》（彰化）2012年12月第25期。

王汎森：《邵懿辰与清末思想的激烈化》，《大陆杂志》1995年第3期。

王其和：《论俞樾的训诂思想与方法》，《山东师范大学学报》（人文社会科学版）2008年第1期。

吴国武：《概说宋代经学的发展脉络、基本面貌和学术特色》，《北京大学中国古文献研究中心集刊》第十三辑，北京大学出版社2014年版。

吴义雄：《清代中叶今文经学派学术思想论略》，《中山大学学报》（社会科学版）1993年第2期。

吴泽、陈鹏鸣：《常州学派史学思想研究》，《华东师范大学学报》1995年第3期。

许景元：《新出熹平石经〈尚书〉残石考略》，《考古学报》1981年第2期。

杨菁：《刘宝楠〈论语正义〉的注疏方法及其特色》，载蒋秋华主编《乾嘉学者的治经方法》，台北"中央"研究院中国文哲研究所筹备处2000年版。

杨善群：《辨伪学的歧途——评〈尚书古文疏证〉》，《淮阴师范学院学报》2005年第3期。

杨善群：《评阎若璩考据的欺骗性——〈尚书古文疏证〉综合研究》，《史林》2016年第1期。

杨向奎：《清代的今文经学》，载《杨向奎集》，中国社会科学出版社2006年版。

于省吾：《岁、时起源初考》，《历史研究》1961年第4期。

余全介：《定海黄式三、黄以周〈尚书〉学研究》，《浙江海洋学院学报》（人文科学版）2011年第1期。

虞万里：《正续〈清经解〉编纂考》，载彭林编《经学研究论文选》，上海书店出版社 2002 年版。

张昭军：《方宗诚与柏堂学》，《安徽史学》2007 年第 4 期。

张昭军：《晚清汉宋调和论析》，《清史研究》2006 年第 4 期。

赵铭丰：《程廷祚与毛奇龄——论〈古文尚书〉考辨异时对话的轴线转移》，中国台湾《国家图书馆馆刊》2012 年第 1 期。

朱伯崑：《谈宋明理学中的体用一原观》，《中国哲学史》1992 年第 1 期。

四　学位论文

龚抗云：《王先谦〈尚书孔传参正〉研究》，博士学位论文，湖南大学，2012 年。

何铭鸿：《皮锡瑞〈尚书〉学研究》，硕士学位论文，台北市立师范学院，2004 年。

洪春音：《纬书与两汉经学关系之研究》，博士学位论文，台湾东海大学，2002 年。

骆文琦：《汉书尚书说考征》，硕士学位论文，台湾师范大学，1982 年。

吴萍：《〈尚书平议〉训诂研究》，硕士学位论文，扬州大学，2016 年。

夏乡：《皮锡瑞〈尚书〉学述》，硕士学位论文，台湾师范大学，2003 年。

张政伟：《清代汉宋学与今文经学发展新论》，博士学位论文，台湾东华大学，2005 年。

庄林丽：《清代台湾道、台湾道台与台湾社会研究》，博士学位论文，福建师范大学，2013 年。

后　　记

　　自2006年追随赵伯雄先生攻读硕士学位起,我方始接触经学。此前虽翻览过《论语》《左传》等书,却不知经学为何物。2008年,蒙先生不弃,我又在门下攻读博士学位,以"今文经学背景下的清代《尚书》学"为题撰写毕业论文。三年后虽顺利毕业,但自知论文仍有诸多浅薄疏漏之处,故未敢轻易示人。2014年,在博士学位论文基础上扩充的"晚清《尚书》学研究"获得国家社会科学基金青年项目资助,自此又五易寒暑,终于形成了这样一部小书,呈献给学界。

　　这薄薄的一本书,成绩实在有限,缺憾却着实不少,但这毕竟是自己十余年来辛勤付出的结晶,似乎也不必过于妄自菲薄,更何况这里面还渗透着诸多师友的关爱,本书算是对他们的一个回报,我也必须在此对他们表示由衷的感激。

　　首先要感谢的是赵伯雄先生。先生学综经史、博通古今,能够忝列赵师门墙,是我莫大的荣幸。追随先生整整五年的时间,我从一个历史学的小学生,到现在粗知学问门径所在,每前进一步,每取得一点成绩,都与先生的教诲密不可分。多年来,先生在学习上或是鼓励,或是敦促,惠我良多。只可惜自己资质愚鲁,对于先生的教诲,往往十不能得其一二。每念及此,常惭愧不已。《尚书·洪范》有言"沉潜刚克,高明柔克",清人章学诚以之譬喻治学之道。窃自揣量,"高明"云云,非所能及,今后唯以"沉潜"自勉,幸能学有小成。

　　中国台湾蒋秋华、蔡长林二先生,扬州大学钱宗武教授,南开大学乔治忠教授，以及本人所在单位的杨绪敏、张文德、刘玲诸位教授，在本书的撰写过程中都给予了无私的帮助，对于他们的提携和厚爱，在此表示最诚挚的谢意！

刘德州

2020 年 3 月 1 日